KB273628

마지막 여행

감동으로 엮은 존엄사 실천 가이드

마지막 여행

매기 캘러넌 지음 | 이기동 옮김

평화롭고 아름답게 생의 마지막 시간을 보낸 용기 있는 사람들의 이야기

도서출판 프리뷰

옮긴이 **이기동**은 서울신문에서 모스크바 특파원과 국제부장, 논설위원을 지낸 언론인이다. 국제전문 기자로 수십 개국을 순회취재했으며 지금은 대학 강의와 집필, 번역 활동에 전념하고 있다.

마지막 여행

초판 1쇄 발행 | 2009년 7월 10일
초판 3쇄 발행 | 2013년 2월 15일

지은이 | 매기 캘러넌
옮긴이 | 이기동
펴낸이 | 이기동
펴낸곳 | 도서출판 프리뷰
주소 | 서울시 성동구 성수2가 300-1 삼진빌딩 8층
이메일 | icare@previewbooks.co.kr
홈페이지 | www.previewbooks.co.kr

전화 | 02)3409-4210
팩스 | 02)3409-4201
등록번호 | 제206-93-29887

교열 | 이경우
편집디자인 | 에테르
인쇄 · 제본 | 상지사 P&B

ISBN 978-89-962763-0-2 03040

차례

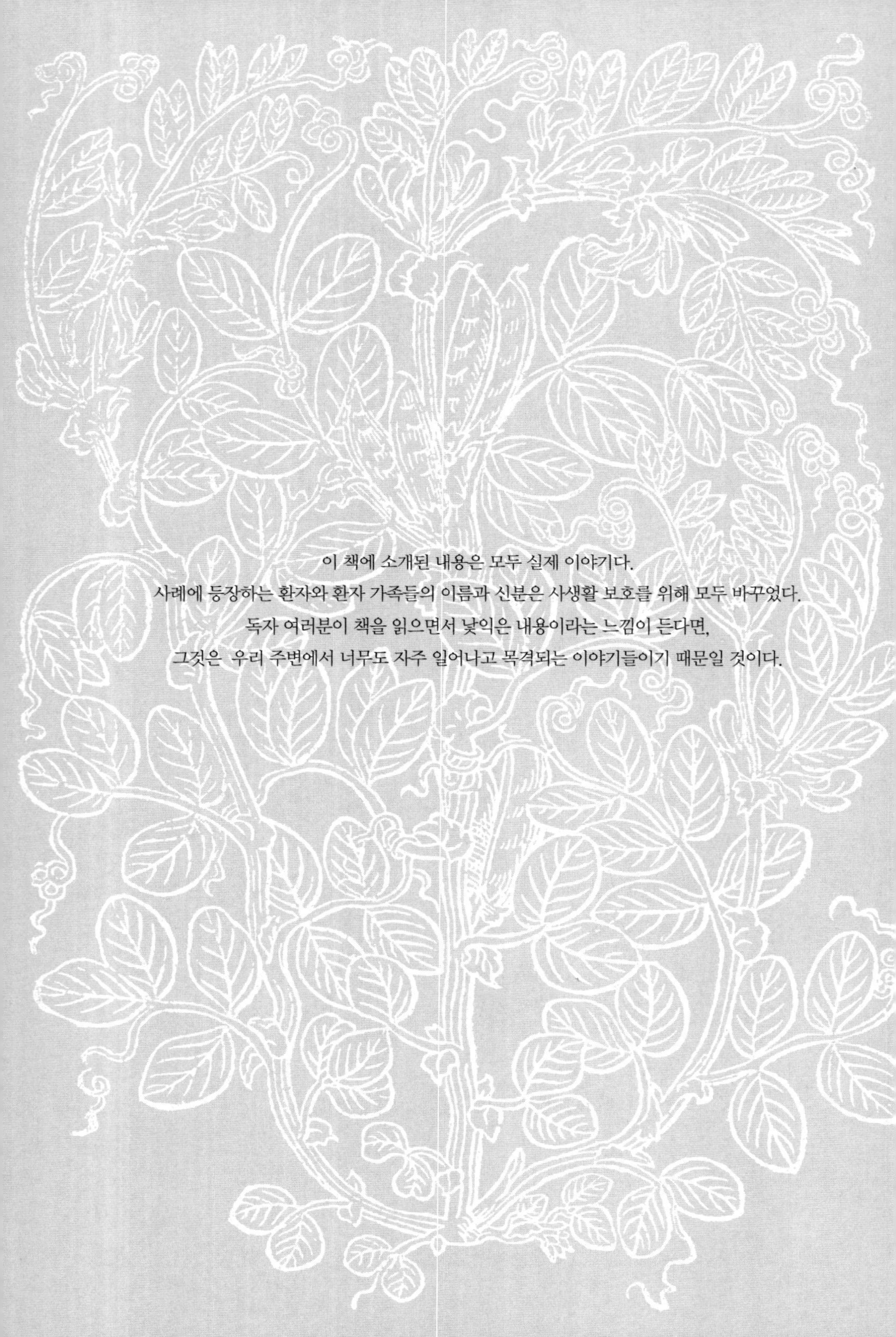

이 책에 소개된 내용은 모두 실제 이야기다.

사례에 등장하는 환자와 환자 가족들의 이름과 신분은 사생활 보호를 위해 모두 바꾸었다.

독자 여러분이 책을 읽으면서 낯익은 내용이라는 느낌이 든다면,

그것은 우리 주변에서 너무도 자주 일어나고 목격되는 이야기들이기 때문일 것이다.

어떻게 하면 올바르게 죽을 수 있지?

나의 아버지는 아일랜드 이민 2세로 자존심이 강하면서 자상한 분이셨다. 미국 국무부에서 직업 외교관으로 오래 근무하셨고 명예와 품위를 무엇보다도 중요하게 생각하셨다. 천성이 내성적인 분으로 말수가 적었다. 그런데도 아버지가 내게 해 주신 몇 마디가 내 일생의 가르침이 되었다. 1981년 폐기종肺氣腫과 심장병을 심하게 앓으면서 아버지는 말수가 더 적어지고 골똘히 생각에 잠기는 분이 되셨고 그러다 결국 돌아가셨다.

당시 나는 인접한 주에 살았는데 아버지 집에서 자동차로 45분이면 닿을 수 있는 거리였다. 아이가 둘이고 일에 매여 있었지만 나는 가능한 한 자주 친정집을 찾아 아버지의 간호를 도왔다. 간호보조원인 셀라가 아버지의 간호를 돕고 있었는데 일을 아주 깔끔하게 잘했다. 어머니는 요리 외에도 집안의 계단을 오르내리며 아버지가 요구하는 갖가지 까다로운 수발을 들었다. 어머니는 45년을 함께 살아온 아버지가 가시고 나면 여생을 혼자서 어떻게 살아가야 할지 걱정에 싸여 있었다.

나는 무작정 아버지께 자주 찾아가서 내가 할 수 있는 한 최선을 다하려고 애썼다. 아버지가 내게 얼마나 소중한 존재인지 알게 해 드리고, 엄마와는 슬픔을 함께 나누려고 했다. 집안을 쓸고 닦고, 장 보고, 요리도 하고, 아버지가 좋다고 하면 등도 쓸어 드렸다. 수시로 나는 아버지 침대 머리맡에 앉아 아버지의 손을 꼭 잡아 드리며 우리가 함께 있는 매순간에 감사했다. 하지만 아무리 그렇게 해도 마음 한구석이 허전한 것은 어쩔 수가 없었다. 아버지는 점점 더 자기 내면으로 빠져들어 가셨고 우리로부터 더 멀어지는 것 같았다. 그런데도 나는 아버지를 보내 드릴 마음의 준비가 되어 있지 않았다.

나는 아버지의 손을 꼭 잡고 일생 동안 아버지가 내게 가르쳐 주신 것에 대해 곰곰이 생각했다. 아버지는 내게 말보다는 행동을 통해 너무도 많은 것을 가르쳐 주셨다. 나는 매일 밤 어린아이처럼 침대 옆에 무릎 꿇고 간절하게 기도를 드리는 아버지를 보면서, 얼마나 훌륭하고 성공적인 삶을 사신 분인가라는 생각을 했다. 아버지는 우리보고 어떻게 행동하라는 말을 하신 적도 없고, 자기가 하는 행동을 본받으라고 하신 적도 없다. 아버지는 저녁 기도를 무척 중요하게 생각하셔서 절대로 거르는 법이 없었다. 아버지가 기력이 너무 떨어지셔서 어머니가 이웃 사람에게 도움을 청해 함께 아버지를 침대에 눕혀 드려야 했던 그 끔찍한 날 밤 이전까지는 그랬다. 그날 우리는 아버지가 이제 삶의 끈을 놓기 시작했다는 사실을 알았다. 그날 이후 아버지는 무릎을 꿇지 않으셨고, 대신 골똘히 생각에 잠기셨다. 기도를 하시는 건지도 모르지만 그 뒤 몇 주가 지나면서 그런 현상은 더 자주 일어났다. 나는 '아버지가 도대체 무슨 중요한 생각에 잠겨서 우리는 거들떠보지도 않는 걸까' 하고 의아한 생각이 들었다. 그러면서도 나는 그런 아버지를 방해하지 말아야 한다고 굳게 믿고 있었다. 아버지는 아주 중요한 무언가에 골똘히 매달려 있는 게 분명해 보였다. 나는 언젠가 아버지가 그 중요한 것에 대해 털어놓으신다면, 그건 나의 삶을 바꾸어 놓을 만한 내용일 것이라고 생각했다.

그래서 병의 마지막이 가까워 오던 그날 어머니한테서 아버지가 내게 할 말이 있으시다는 말을 전해 듣고 계단을 걸어 올라가 아버지 방으로 가며 나는 흥분과 기대감으로 설렜다. 아버지는 침대 곁에 있는 의자를 손으로 톡톡 치며 가까이 와서 앉으라는 시늉을 하셨다. 할 말이 있는 듯한 눈치였다. 아버지는 내 손 위에 자기 한쪽 손을 얹으셨다. '드디어 말씀하시려는구나' 라는 생각이 들자 나는 가슴이 쿵쾅거렸다.

아버지는 결연한 어조로 "지금부터 내가 하는 말을 잘 들어라"라며 말을 시작하셨다. "내가 생각하기에 이건 중요한 일이야." 나는 숨이 멎는 것 같았다.

“그래요, 아빠, 말씀하세요.” 나는 더듬거리는 소리로 이렇게 말했다.

“우린 운명을 거스를 수 없어”라고 아버지는 말을 시작하셨다. “우리는 모두 죽는다.” 아니 이건 웃기는 말씀인데 하는 생각이 들었다. 겨우 이거였어? 내내 생각하신 게 이거였다는 말이야?

아버지는 이렇게 말을 이어 가셨다. “육아, 금융계획, 집안 관리, 집짓기를 가르쳐 주는 곳은 많이 있지. 그런데 왜 ‘어떻게’ 죽는지를 가르치는 곳은 없어? 왜 우리는 죽음에 대해 아무 말도 하지 않는 거지? 나는 이 문제를 어떻게 다루어야 할지 모르겠다.” 아버지는 내 두 눈을 지그시 쳐다보시며 이렇게 계속하셨다. “나는 제대로 죽고 싶단다. 내가 어떻게 하면 너희들 모두에게 죽는 일에 모범을 보일 수 있겠니? 나는 지금까지 바르게 살려고 애썼어. 이제는 바르게 죽고 싶단다.” 아버지는 놀랄 정도로 세게 내 손을 꽉 잡으며 말을 이으셨다.

“죽는 건 어떤 기분일까?” 여태 한번도 그래 본 적이 없는 절박한 소리로 아버지는 내게 물으셨다.

아버지의 심각한 물음에 나는 당황했으나 이내 내 안에 있는 훌륭한 간호사 기질이 이렇게 답을 만들어 냈다. “글쎄요, 아버지의 생명 징후는 아마도… 그리고 전해질은…” 하는 식으로 나는 학교에서 배운 대로 설명을 시작했다. 하지만 아버지는 머리를 가로저으며 다시 물으셨다. “그게 아니라 죽는 기분이 어떨까? 신체적인 거 말고 느낌 말이야. 누구도 이 세상을 살아서 떠날 수 없는 것이라면 이 문제에 대해 알아야 되지 않겠니? 왜 떠나는 게 겁나지?” 바로 그 순간 나의 인생살이는 물론 나의 직업까지도 완전히 바뀌었다.

나라는 존재를 구성하는 대부분은 호스피스 경험으로 이루어져 있다. 내게 호스피스는 그저 단순한 일인 적이 한번도 없었다. 그것은 하나의 철학, 그것도 죽음의 철학이 아니라 삶의 철학이다. 이 책에서 소개하는 이야기는 대부분 호스피스와 관련된 것인데, 그 이유는 바로 그것을 통해 내가 세상을 이해하기 때문이다. 하지만 지금까지도 호스피스의 보살핌을 받으며 죽는 사람은 아주 소수에 불과하다는 사실을 나는 알고 있다. 이 책을 읽는 여러분도 각자 나름대로 사정이 있겠지만, 어쨌든 내가 그동안 배운 내용들이 여러분께 위안과 도움을 줄 수 있을 것이다. 나는 죽음으로 나아가는 심각한 여행을 앞두고 있는 모든 사람을 위해 이 책을 쓴다. 다시 말해 우리 모두를 위해 이 책을 쓰는 것이다.

아버지가 병의 마지막 단계에 도달했을 당시 나는 이미 18년째 간호사로 일하고 있었지만 호스피스 일을 시작한 건 1년 반밖에 안 되었었다. 호스피스는 이제 전 세계적으로 널리 보급된 운동인데, 중세 아일랜드에서 순례길에 있는 수도원들이 순례자들에게 쉼터로 수도원을 개방하면서 시작되었다. 지치고 병들어 죽어 가는 순례자들은 그곳에 들어가 휴식을 취하고 먹을 것을 얻어먹으며 보살핌을 받았다. 수세기가 지난 지금도 '호스피스'란 말은 여행 중인 사람들에게 보살핌과 위안을 제공하는 안전한 쉼터를 의미한다.

1967년 영국의 내과의인 시슬리 손더스 부인이 런던 교외에서 최초의 현대적인 호스피스인 세인트 크리스토퍼스를 열었다. 손더스 부인은 그곳에서 다른 직원들과 함께 완화간호라는 새로운 개념을 이용해 말기 환자들을 체계적인 방법으로 돌보아 주었다. 이들의 목적은 환자들을 낫게 하는 데 있는 게 아니라 불편한 증세, 특히 고통을 덜어 주려는 데 있었다. 세인트 크리스토퍼스는 현재 운영되는 수천 개에 달하는 호스피스 병원의 원형 모델이 되고 있다.

나는 죽어 가는 사람들을 특별히 돌보는, 이 쉽지 않은 일을 좋아했다. 도대체 어떻게 하는데 생의 마지막 단계에 와 있는 사람들을 신체적 고통을 느끼지 않도록 해줄 수 있는지 놀랍다고 생각했다. 환자들은 대부분 자기 집에서, 친숙하고 편안한 환경에서 친구와 친지들의 보살핌을 받으며 지냈다. 나는 호스피스 철학이 최고의 현대의학과 진정한 보살핌, 창의성을 결합시킨 것이라는 사실을 알아냈다.

하지만 호스피스 훈련을 받으면서도 아버지께서 내게 그토록 다급하게 던지셨던 문제들은 해결되지 않았다. 아버지가 던지신 물음은 나를 계속 따라다녔고 나는 그 답을 찾기 위해 매달렸다. 나는 진짜 전문가는 내가 돌보는 죽어 가는 사람들과 그들의 가족이라는 사실을 깨달았고, 어느덧 그들로부터 배우기 시작했다. 이 책에 나는 그분들이 내게 가르쳐 준 그 가르침을 적어 놓았다. 그들은 내게 죽는 것은 힘든 일이라는 사실을 가르쳐 주었다. 죽는다는 것은 아마도 우리가 겪는 일 가운데 가장 힘들고 어려운 경험일 것이다. 하지만 그분들은 내게 죽음을 맞이하는 게 비록 힘들고 슬픈 일이기는 하지만, 아무리 그렇더라도 긍정적이고 풍요로우며, 마감과 성장, 추억거리를 만드는 창조적인 시간이 될 수 있다는 사실을 알려 주었다.

이 책은 내가 1981년 호스피스 간호사로 일하기 시작한 뒤, 운 좋게도 2000명이 넘는 죽어 가는 사람과 그들의 가족들을 돌보면서 터득한 모든 '지식과 요령'을 가지고 만든 것이다. 나는 이 책이 여러분의 동반자, 여러분의 옹호자가 되어 앞으로 여러분을 이해하고 도와주는 소중한 자산이 되었으면 한다. 나는 이 책에서 여러분이 겪을지도 모를 의학적, 정신적, 일상적, 법적, 윤리적, 그리고 창의적인 어려움을 모두 다 다루려고 했다. 어떤 장에서는 주로 죽어 가는 사람들을 다루었고, 또 어떤 장에서는 간병인, 가족, 친구들에 관해 다루었다. 우리들 대부분은 이 가운데 한 가지 이상의 역할을 하게 될 것이다. 무엇보다도 나는 이 책을 아버지께서 필요로 하셨던, 어떻게 죽을지에 대해 알려 주는 '하우 투(how to) 가이드북'으로 만들려고 했다.

궁극적으로 나는 이 책이 우리 모두에게 죽음으로 나아가는 여행에 대한 두려움을 덜어 주는 역할을 했으면 좋겠다. 겁날 때 우리는 빗장을 걸어 잠그고, 입을 다물고 세상과 등지려 하곤 한다. 어떤 사람은 마치 작은 짐승처럼 얼어붙듯 어둠 속에 몸을 웅크리고 숨어 다른 사람들의 눈에 띄지 않으려고 한다. 그렇게 하면 죽음이란 것도 지나갈 것이라는 생각을 하는지 모르겠다. 어떤 이들은 노여움과 분노에 몸을 내맡기고 말없이 절망과 좌절감에 빠져들기도 한다.

그런 식이 되어서는 안 된다. 아버지께서 내게 던지신 것과 같은 물음을 나도 던져 본다. "누구도 살아서 이 세상을 떠날 수 없다면 왜 굳이 두려움에 떨며 떠나야 하는 거지?" 이 책은 그렇게 되지 않을 수 있다는 가능성을 여러분에게 보여 준다.

1부

죽음에 대한
고정관념 바꾸기

1

이겨 낼 방법을 알려 주세요

"지난주까지만 해도 잎들이 그토록 아름다웠는데." 이런 생각이 문득 들었다. "떨어져 죽기 바로 직전에 그토록 활기에 넘쳤다는 것은 얼마나 아이러니인가. 그런데 이제 우리에게 남은 것이라곤 젖은 낙엽 더미와 뼈를 저미는 듯한 추위뿐이라니."

많은 환자들이 이런 기분일 것이라는 생각이 들었다. 삶은 그렇게 아름다웠는데 한순간 의사가 당신의 진단 결과를 손에 들고 들어와서 "안 좋은 소식입니다"라는 말을 한다. 여러분이나 여러분이 사랑하는 사람이 그런 진단을 받게 되면, 이후 여러분의 삶은 그 전과 같을 수가 없다. 암 진단을 받은 나의 친한 친구가 이렇게 말한 적이 있다.

"병이 내게서 삶에 대한 순진한 생각을 빼앗아가 버렸어. 지금은 항상 낯선 사람이 어둠 속에 숨어 있다가 언제라도 뛰어나와 나를 해칠 것 같은 기분이 든단다. 부정적인 존재인 그 어둠 속의 사람이 항상 그곳에서 나를 노리고 있어."

나는 내 친구와 그가 말한 순진함의 종말을 생각하며 차를 몰고 낙엽 더미를 지나 넓은 잔디밭과 큰 식민지 시대 양식의 주택들이 늘어선 동네를 빠져나오고 있었다. 나는 곧 만나게 될 새 환자의 진료 기록을 한번 더 살펴보았다.

제이크

제이크 씨는 60살 가까이 된 사람으로 3개월 전에 췌장암 진단을 받았는데 벌써 말기 환자다. 오랜 세월을 함께해 온 제이크 씨 부부는 슬하에 출가한 두 자녀가 있는데, 둘 다 아이도 낳아 가까이서 살고 있다. 제이크 씨를 보니 정말 안됐다는 생각이 들었다. 이제 좀 편해지려고 하는데…. 평생 힘들게 일만 하고 살다가 이제 은퇴해서 여행이나 다니고 손주들 재롱이나 보면서 느긋하게 지낼 나이인데…. 그런데 덜컥 몹쓸 병에 걸리고 만 것이다. 이 얼마나 불공평한 일인가.

내가 보기에는 이 가족도 내가 그동안 만났던 다른 많은 사람들처럼 가능한 한 호스피스를 부르지 않고 버티다 이제 막바지 위기에 내몰린 것 같았다. 현관문 앞 계단을 걸어 올라가는데 어떤 부인이 바깥으로 튀어나온 거실 퇴창을 통해 밖을 응시하는 모습이 눈에 띄었다. 제이크 씨의 부인 루이즈인가? 벨을 눌렀더니 문 뒤에서 인기척이 느껴졌다. 그리고 한참 있다가 문이 열렸는데, 보니 울어서 얼굴이 푸석푸석했다.

호스피스 간호사로 여러 해 일해 왔지만 나는 지금도 나 같은 사람에게 처음으로 현관문을 열어 주고 집 안으로 들여놓는 사람들의 그 순수한 용기에 경외감을 느낀다. 내가 함께 일한 대부분의 환자나 환자 가족들은 마지막 순간까지도 기적이 일어나거나, 치료법이 개발되고, 심지어 숨을 거두기 직전까지도 오진일지 모른다는 희망의 끈을 놓지 않으려고 했다. 나의 존재는 이제 종말을 피할 수 없게 되었다는 것을 뜻한다. 마지막 진실을 받아들인 사람들은 종종 자기들에게 남은 얼마 남지 않은 소중한 시간이 나 같은 사람한테서 침해받고 싶지 않다는 생각을 한다. 나라는 존재가 나타내는 모든 것이 두려움과 관련되어 있다는 사실을 나는 안다. 나와 대면해야 하는 일이 자신들한테 일어나기를 원하는 사람은 세상에 단 한 명도 없을 것이다. 그럼에도 불구하고 나는 현관문을 두드리고 또 두드린다. 그것은 사람들에게 남은 마지막 몇 주, 몇 달을 더 멋지고, 더 의미 있게 보내도록 만들어 줄 수 있다는 사실을 내가 알기 때문이다.

루이즈 부인은 인사를 나눈 다음 푸른색 델프트 타일로 벽면이 장식되고 햇빛이 밝게 드는 부엌으로 나를 데리고 갔다.

"남편의 상태가 어떤지 말씀해 주세요." 부엌 식탁에 앉으면서 나는 루이즈에게 말했다.

그런 말을 들었을 때 사람들이 어떤 반응을 나타내는지에 대해 나는 항상 관심이 많다. 그건 마치 사람을 만날 때 "안녕하세요?"라는 인사말 대신 "당신의 삶에 지금 어떤 일이 일어나고 있어요?"라는 말을 건네는 것과 마찬가지다. 앞의 인사말에는 항상 형식적인 답변이 돌아오게 마련이다. 반면에 내가 하는 두 번째 인사말은 함께 나누어 가져야 할 진짜 정보를 말하도록 유도한다. 새로운 환자와 환자의 가족을 만날 때 내가 생각하는 첫 번째 목표는 그들과 진지한 방식으로 관계를 맺는 것이다. 그들이 갖고 있는 관심사, 걱정거리, 두려움이 무엇인지 내가 알아야 하는 것이다. 루이즈 부인의 대답을 통해 그런 정보들을 듣겠다는 것이다.

루이즈는 남편의 증상과 겪고 있는 문제, 그동안의 진료 내역을 적은 목록을 내게 보여 주었다. 두 사람은 진찰을 받기 위해 수시로 병원을 드나들었다. 그리고 혹시 다른 의견을 들을 수 있을까 해서 큰 암센터를 찾아 다른 주로 두 번 세 번 네 번씩 다녔다. 이런저런 치료를 받아 보았지만 제이크 씨는 금세 지쳐서 치료를 중단해야 했다. 루이즈 부인은 정말 따라 하기 힘든 끔찍한 식이 요법까지 써 보았다고 했다. 이런 과정을 거쳐 두 사람은 결국 집으로 돌아왔고 이제 나를 맞아들이기로 한 것이었다. 희망은 사라졌고 남은 시간도 별로 없었다. 우리가 어느 방향으로 가야 할지 알게 된 나는 심호흡을 한 번 했다. 루이즈 부인은 그동안 남편 제이크의 병을 낫게 할 신체의 치료에만 정신이 온통 쏠려 있었다. 출발점은 바로 거기였다.

"지난 몇 달 동안 남편과 부인 두 분 모두 정말 힘든 과정을 겪으셨군요. 육체적으로나 정신적으로나 많이 지치셨을 거라고 생각해요. 남편께서 신체적으로 겪고 계시는 문제들을 완화시켜 드리기 위해서 몇 가지 특별한 처방을 알려 드릴 거예요. 하지만 그것 말고 오늘 내가 부인께 도와 드릴 일이 있으면 말씀해 주시겠어요?"

그 말을 듣자 루이즈 부인은 마음을 진정시키느라 안면 근육이 바르르 떨렸다. 나는 진정시키려고 테이블 위로 한 손을 뻗어 부인의 어깨에 얹었다. 내가 걱정한다는 사실을 알아챈 듯 부인은 갑자기 딱 멈추더니 거의 절규하는 소리로 이렇게 말했다. "내게 잘해 주려고 애쓰지 마세요! 나는 지금 나 자신이 겨우 서로 붙어 있는 종잇조각 같은 기분이에요. 누가 조금만 잘 대해 주어도 나는 금방 떨어져서 날아가 버릴 것만 같아요. 저 양반 때문에 나는 강해져야 하는데. 저 양반은 나만 의지하고 있는데. 어떻게 해야 할지 도무지 모르겠어요. 내게 필요한 건 동정이 아니라 힘입니다. 눈물을 닦을 휴지가 아니라 고통을 이겨낼 도구가 필요해요. 너무 무서워요! 나를 좀 도와줘요!"

"바로 그것 때문에 제가 온 겁니다"라고 나는 말했다. "물론 지금은 무얼 어떻게 해야 좋을지 모르실 겁니다. 겁이 나는 것도 당연합니다. 남편의 병은 그분의 신체 안에서 진행되고 있지만, 그 여파는 그분의 삶과 부인의 삶, 그리고 자녀와 손자, 그분의 동료와 이웃, 친구들의 삶에 모두 미치는 것입니다. 모두가 고통스러워하지요. '불치'라는 말을 듣는 순간 모두의 가슴은 찢어집니다. 이제 정말 중요한 것은 어쩌어떠한 방법을 써 봤는데도 안 되더라, 이제 시간이 없다는 것이 아니라, 당신이 무엇을 할 수 있을까 하는 데 정신을 집중하는 일입니다."

"뭘 어떻게 해야 할지 모르겠어요"라고 루이즈 부인은 말했다. "내게 필요한 게 뭔지도 이제는 모르겠어요."

그동안 숱하게 들어온 말이다. 죽음이라는 여행에서 제일 먼저 듣게 되는 말이 바로 이런 말이다. 나는 부인을 위로했다. "직접 뛰어들어서 그동안 진행 상황을 일일이 챙기신 것만 해도 정말 큰 일을 하신 겁니다." 나는 이렇게 말을 이어 갔다. "제가 이곳에 온 것은 부인의 남편이 현재 겪고 있는 문제, 혹은 앞으로 겪게 될 문제에 대해 전문가들로부터 가능한 한 최상의 보살핌을 받도록 해 드리기 위해서입니다. 나는 또한 삶을 통째로 바꾸어 놓은 이 일을 가능한 한 긍정적인 방식으로 감당할 수 있도록 가족들 누구라도 돕기 위해서 왔습니다. 내가 여러분을 돌봐 줄 사람들을 구해 드릴 것입니다. 우리는 주치의, 사회복지사, 성직자, 간호보조사, 자원봉사자, 슬픔을 달래 주는 카운슬러, 영양사, 심리요법사, 그리고 여러분의 간호사인 제가 포함되는 한 팀이 되어 움직일 것입니다. 그러니 이제는 단 한순간도 부인 혼자라는 생각은 하지 마세요. 왜냐하면 혼자가 아니시니까요."

"하지만 의사 선생님들 모두 이제는 더 어떻게 해볼 도리가 없다고 했어요. 저 사람은 이제 죽는 거지요"라며 루이즈 부인은 흐느꼈다.

"그런 말을 들으셨으니 얼마나 두렵고 가슴이 아프시겠어요." 나는 이렇게 맞장구를 쳤다. "하지만 지금부터 우리가 할 수 있는 일은 얼마든지 있습니다. 우리는 부인의 남편께서 가능한 한 편안하고 맑은 정신으로 지내도록 해 드릴 아주 효과적이고 쉬운 방법들을 알고 있습니다. 우리는 남편께서 여생을 최대한 활용하고 가시도록 도와 드릴 것입니다. 부인도 도와 드릴게요. 이 기간은 두 분 모두에게 대단히 창조적이고 친밀한 사랑의 시간이 될 수 있습니다. 두 분의 가슴속에 영원히 남을 추억을 만들고 또 되새겨 보는 시간이 될 것입니다. 저는 두 분이 겁먹지 않고 의욕을 갖도록 도와 드리기 위해 왔습니다. 우리는 이 일을 함께 해낼 수 있어요."

"나는 그저 만사가 예전처럼 제자리를 찾았으면 해요"라고 루이즈 부인은 말했다. "이렇게 살 수는 없어요."

"이 일이 여러분 모두의 삶을 바꾸어 놓은 건 사실입니다"라고 나는 대꾸했다. "그렇다고 그걸 모두 버리지는 마세요. 지금까지 남편께서 지내온 삶의 모든 부분이 소중하고 풍요로운 것이었는지는 모르겠어요. 다만 부인께서 삶의 마지막 장을 남편에게 맞는, 그리고 두 분이 함께 보낸 삶에 맞는 맞춤형 시간이 되도록 도와 드리고 싶어요. 지금은 그분이 이 땅에 와서 머문 게 보람 있는 일이었다는 사실을 우리가 그분께 보여 드릴 기회입니다. 나는 부인께서 그분이 부인께 얼마나 소중한 존재였는지를 그분께 보여 드리고 싶어 한다는 걸 압니다."

루이즈 부인의 두 눈이 환해졌다. 순간적으로 두 눈의 초점이 두려움과 무거운 짐에서 벗어나는 것이 보였다. 그 짐은 제이크 씨의 신체가 겪고 있는 여행의 큰 부분이었다. 나는 죽음까지 포함되는 그 고통스러운 여행을 사랑과 풍요로움으로 채울 수 있다는 사실을 사람들에게 이해시키기 위해 가능한 한 빨리 상황을 다시 짜려고 했다. 루이즈는 그러한 가능성을 감지하고 잠시 표정이 밝아지는 듯하더니 이내 두 어깨를 다시 떨어뜨렸다.

"남편은 너무 자기 생각에만 갇혀 지내서 말이 없고 심술궂다고 할 정도가 되었어요"라고 부인은 말했다. "그 전에는 툭하면 짜증을 내고, 불같이 화를 내고, 달려들 듯이 으르렁댔어요. 그렇다고 어떻게 그 사람을 탓할 수 있겠어요? 남편이 자기에게 일어난 일을 도저히 받아들이지 못해 그러는 것이라고 나는 생각해요. 그래서 남에게 도움을 청하는 데 이처럼 시간이 많이 걸렸던 거예요." 루이즈 부인은 슬픈 어조로 이렇게 말했다.

"사람들이 보통 끔찍한 소식을 듣게 되면 나타내는 반응이 분노하고 현실을 부정하는 것입니다"라고 나는 말했다. "정신과 의사인 엘리자베스 쿠블러 로스 박사에 대해 들어보셨을 줄 압니다. '죽음과 죽는 것'On Death and Dying이라는 책을 통해 사람들이 삶의 마지막 단계를 바라보는 방식을 바꾸어 놓은 분이지요. 이 책에서 저자는 죽음을 앞둔 사람들이 보통 다음과 같은 '5단계'를 거친다고 했습니다. 현실을 받아들이지 못하는 부정과 분노에서 출발해 타협, 절망, 그리고 마지막으로 인정하는 것입니다. 이 단계들이 반드시 순차적으로 일어나는 것은 아닙니다. 심각한 병을 앓는 환자들이 대화 중에 몇 가지 감정을 한꺼번에 나타내는 경우를 볼 수 있어요. 물론 모든 환자가 그런 감정을 다 겪는 것은 아니지만 대부분이 몇 가지 감정을 겪는다는 걸 저는 압니다." 나는 이렇게 설명을 이어갔다. "이는 환자뿐 아니라 환자 가족도 마찬가지로 겪는 일입니다."

"나도 개인적으로 부정하는 것을 좋아한답니다"라고 나는 말했다. "살아가면서 가능한 한 그것을 많이 써먹으려고 하지요." 루이즈 부인의 마음이 약간 진정되며 입가에 반쯤 미소가 번지는 것을 보고 나는 기뻤다. "부정은 자신에게 일어난 일을 한꺼번에 받아들일 준비가 감정적으로 아직 안 된 사람들을 지탱시켜 주는 멋지고 강력한 버팀목입니다. 부정한다고 무슨 해로운 일이 일어나는 게 아니라면, 그리고 그것을 대체할 만한 더 강한 어떤 것을 갖고 있지 않다면 그냥 놔두세요."

"분노가 어떤 것인지는 부인께서 이미 말씀하셨는데요. 그것은 쉽게 볼 수 있는 현상이니 그대로 이해하시면 됩니다." 나는 말을 계속했다. "타협은 아주 개인적인 현상인 경우가 많습니다. 남자의 경우에는 지금 앓고 있는 병이 낫기만 하면 장애인들과 함께 일하겠다는 결심을 할 수 있습니다. 여성의 경우에는 아이들이 다 자라는 것을 보게 된다면 교회에 열심히 다니겠다고 결심할 수도 있지요. 우리는 다른 사람이 어떤 타협을 하는지에 대해서는 알지 못하는 경우가 많습니다."

"그런데 남편은 최근 들어 절망감이 심해진 것 같아요."

"제가 가서 한번 보겠습니다. 한번 살펴본 다음에 우리가 어떻게 해볼 여지가 있는지 알아보도록 할게요."

나는 제이크 씨에게로 갔다. 은둔해 들어앉은 자기 방을 병실로 썼기 때문에 별도로 계단을 오르내릴 필요가 없었다. 분위기는 따뜻하고 아늑했으며 책이 많이 있었다. 벽난로 바로 앞에 병원용 침대가 놓여 있었다. 제이크 씨는 췌장암이 간으로 전이되었을 때 자주 나타나는 현상인 정신이 오락가락하고 꿈꾸는 듯한 아주 몽롱한 상태에 빠져 있었다.

"방금 사랑스러운 당신 부인을 만납답니다." 나는 그가 안갯속에서 빠져나오는 것을 돕기 위해 기회를 엿보며 이렇게 말을 건넸다. "정말 아름다운 집이군요."

그의 두 눈이 점점 초점이 잡히며 또렷해졌다. 나는 상냥한 목소리로 지금 기분은 어떠며 무엇이 걱정되느냐 등을 물었다. 제이크 씨는 목소리가 힘이 없고 떨렸으며 대답은 무디고 밋밋했다. 우울증에 흔히 나타나는 증상이었다. 제일 큰 걱정거리는 무엇이냐고 물어 보았다.

"루이즈한테 너무 힘든 일을 시키는 것 같소." 그는 자책하듯 말했다. "아내가 무슨 수로 나를 돌보는지 모르겠소. 너무 못할 일을 시키는 거요. 이러다 아내 먼저 죽이겠소. 차라리 내가 요양원으로 들어가는 게 더 나을 거 같아요."

제이크 씨가 걱정하는 것은 자신의 병이나 죽음이 아니라 아내의 고생이었다. 아내를 도와주기 위해 자기가 집에 머무는 것을 포기하겠다는 말에 나는 가슴이 뭉클했다.

"제가 이곳에 온 건 제이크 씨 때문만이 아닙니다"라고 나는 말했다. "부인이 괜찮으신지도 살펴보고 좋은 방도가 있는지 찾아보기 위해 온 것입니다. 나는 제이크 씨 가족 모두를 보살펴 드리려고 온 것이에요." 그의 얼굴에 안도감이 돌더니 두 눈에 눈물이 고이며 안도의 한숨을 내쉬었다.

"부인도 들어오시라고 할까요?" 나는 이렇게 물었다. "당신이 걱정하는 게 무엇인지 부인께 말씀해 보세요." 그러자 제이크 씨는 망설였다.

"제 말을 믿으세요." 나는 그를 안심시키려고 했다. "괜찮을 거예요."

루이즈 부인이 방으로 들어오자 제이크 씨는 다소 퉁명스러운 말투로 나한테 한 말을 부인한테도 똑같이 했다.

"나 때문에 집을 떠나시겠다구요?" 그 말을 들은 루이즈 부인이 말했다. "어떻게 집을 떠나 다른 곳으로 갈 생각을 하실 수 있어요?" 부인은 눈물을 글썽거리며 말했다. "이곳은 우리 삶이 담긴 곳이고 우리 집이에요. 기쁠 때나 슬플 때나 함께하겠다고 혼인서약 때 한 말 기억 안 나요? 내가 당신을 돌봐 드리겠어요. 우리 둘이서 같이 해 나갈 수 있어요."

제이크 씨는 부인의 손을 잡고는 흐느끼기 시작했다. 나는 두 사람이 이 가슴 벅찬 순간을 자기들끼리 나눌 수 있도록 자리를 잠시 피해 주었다.

"자기 생각을 상대방에게 솔직히 드러내는 게 가장 강력한 무기입니다." 나는 이렇게 단언했다. "이 무기를 계속 쓴다면 싸움의 절반은 이미 이긴 거나 마찬가지입니다."

"제가 다시 와도 되겠어요?"라고 나는 물었다. 나는 어딜 가나 이 말을 항상 한다. 환자와 환자 가족은 누구나 더 이상 오지 말라고 말할 권리가 있다.

"우리가 한 팀이 되어 이 일을 해낼 수 있을 것이라고 생각해요. 그렇게 하면 두 분 모두에게 더 나은 결과를 만들 수 있어요."

"부디 다시 와 줘요." 제이크 씨가 나지막이 말했다. 그러고는 오랫동안 내 손을 꼭 쥐고 흔들었다.

작별 인사를 하고 나는 현관으로 걸어 나갔다. 그때 루이즈 부인이 조용히 나를 불러세웠다. "잠깐, 잠깐만요!" 부인은 두 팔로 나를 감싸 안았고 우리는 한참 동안 그렇게 말없이 끌어안고 있었다. 그런 다음 나는 그 집을 떠났다.

희망의 불씨 키워 주기

그 부부에게 남편의 말기암 진단은 누군가가 두 사람만 남겨 놓은 채 뒤에서 문을 쾅 닫고 잠가 버린 것과 같았다. 제이크 씨와 루이즈 부인은 그렇게 해서 무섭고 빠져나갈 수도 없는 어떤 곳에 갇히게 된 것이었다. 말기 환자와 환자 가족들을 정서적으로 돌봐 주는 일의 대부분은 그들에게 빛, 공기, 그리고 희망을 방 안으로 들여보내 주고 새로운 문을 열어 주는 것이다.

나는 말기 진단이 가져다 주는 슬픔을 먼저 인정하는 것으로 이 일을 시작한다. 너무도 많은 사람들이 이 끔찍한 소식을 접하면 일단 좋은 뜻으로 대수롭지 않은 듯 받아넘기려고 한다. 하지만 "그래도 설마…"로 시작되는 말은 비통한 마음을 덜어 주기는 하겠지만, 당사자에게 관심이 부족한 것으로 비칠 수 있고, 일종의 자기과시 같은 인상을 줄 수도 있다. 나는 불치 진단을 받고 어쩔 줄 몰라 하는 사람들을 처음 만나면 굳이 그들의 불안감을 덜어 주려고 애쓰지 않는다. "맞아요. 이건 정말 끔찍한 소식입니다. 너무 슬픈 일이에요"라고 나는 말한다. "슬픈 기분이 든다는 걸 숨길 필요는 없어요. 당연히 그런 기분이 들지요." 이런 말을 해 줌으로써 나는 죽어 가는 사람과 환자 가족들이 겪고 있는 어려움이 무엇인지 알려 주고 또한 그것을 인정해 준다. 이렇게 인정해 주는 것이야말로 다른 가능성의 문을 여는 데 가장 중요한 도구 가운데 하나다.

그런 다음 비로소 나는 이미 잃어 버린 것이 아니라 아직도 가능한 것이 무엇인지 찾아내어 거기에 초점을 맞춘다. 목숨이 다하는 날까지 어떤 삶을 살아갈지에 대한 아이디어는 엄청나게 중요하다. "우리가 할 수 있는 일들이 있어요"라고 나는 환자들에게 분명히 이야기한다. "당신을 편안하게 해 주고, 당신이 평소 꿈꿔온 일들을 이루고, 좋은 추억거리를 더 만들고, 당신이 사랑하는 사람들과 정을 나누는 시간을 갖도록 우리가 도와 드릴 수 있어요."

기적이 일어나 줄 것이라는 희망을 놓지 못하고 있는 사람들을 보면 나는 이렇게 말해 준다. "맞습니다. 기적이 일어나기도 합니다. 의학적인 방법이든 아니면 당신이 생각하는 대체 치료법이든 무엇이든 다 시도해 봅시다. 당신이 효과가 있을 것이라고 생각하는 방법이 병세를 호전시키고 예후를 좋게 만드는 데 도움이 될 수 있으니까요. 그렇게 하면서 한편으로는 개인적으로 품었던 목표들을 실현시킬 수 있도록 함께 노력해 나갑시다. 시간을 하나도 남김 없이 다 쓰는 겁니다. 그러다 보면 많은 성취감을 느낄 것이고, 반면에 후회는 최대한으로 줄일 수 있게 될 것입니다."

사랑하는 누군가가 말기 진단을 받으면, 여러분은 그 사람이 하는 말을 듣기 위해 귀를 기울여 주고, 기대어 울 수 있도록 어깨를 내어 주고 손을 내밀어 잡을 수 있도록 해 주어야 한다. 위로의 말과 함께 이러한 작은 제스처들이 환자에게는 엄청난 위안이 될 수 있다. 이 사소한 제스처들이야말로 루이즈 부인이 남편과 함께 힘든 여정을 함께하는 데 가장 필요한 '도구'였다.

기억하기

말기 진단을 받았다고 세상이 끝나는 것은 아니다. 한쪽 문이 닫히면 반드시 다른 문이 열릴 수 있다.

2

엄마한테 돌아가신다는 말 하면 안 돼요

"내가 입 밖에 꺼내지 않으면 문제가 될 게 없고, 따라서 골치 아파할 필요도 없을 거야." 사람들은 자기가 죽어 간다는 엄연한 현실도 이를 입 밖에 내지 않으면 문제가 없을 거라는 생각을 흔히 한다. 환자와 가족 모두 앞으로 어떻게 될지 알고 싶어 하면서도 실제로 정보를 물어 보거나 알려 주는 걸 두려워한다. 그들은 가슴이 찢어지는 듯 아픈데도 그런 마음을 겉으로 드러내면 주위에 있는 다른 사람들이 마음을 상할까 봐 걱정한다. 혹은 그런 식으로 약한 마음을 드러내면 자신이 '무너져 버릴까 봐' 두려워하는 것이다. 그래서 사람들은 참는다는 이름 하에 모든 것을 속으로만 삭인다.

자신의 생각과 감정을 속으로 삭이는 것은 일면 자기를 보호해 줄 것처럼 생각될 수 있겠지만, 실제로 그것은 환자와 환자를 돌보는 사람 모두에게 고립을 자초하는 행위가 된다. 침묵은 더 많은 침묵과 고독, 그리고 절망을 낳는다. 환자는 스스로에게 이렇게 타이른다. "이것은 내 주변 사람들에게 너무 못할 짓이야. 내 한 몸 아픈 것이야 참으면 돼. 그 사람들이 갖게 될 두려움과 불안감을 내가 생각해 줘야지." 그래서 자신을 돌봐 주는 사람이 하는 역할을 자기가 떠안고, 가족의 마음을 아프게 할 말은 피하며, 그렇게 함으로써 자신을 더욱 더 고립시킨다. 환자를 돌보는 사람은 또 나름대로 이렇게 생각한다. "상황이 어떤지 곧이곧대로 이야기하면 환자가 감당해 내지 못할 거야."

나는 이것을 '투투 신드롬에 나오는 핑크 하마'라고 부른다. 핑크 하마(죽어 가는 현실)가 방 한가운데 앉아 있는데 모두들 이 놈을 쳐다보고 주위를 빙빙 돌면서도 마치 그곳에 아무것도 없는 듯이 이 놈에 대해서는 한마디도 하지 않는다. 죽어 가는 사람을 둘러싸고 벌어지는 상황도 이처럼 일부러 모두들 침묵하는 상황이 되어 간다는 말이다.

가족들이 현재 일어나고 있는 상황에 대해 솔직하게 털어놓지 않으려고 하면 그들은 부지불식간에 서로 감정적으로 소원해지게 되고 그러면 고통은 더 커진다. 침묵은 이처럼 힘든 시기에 우리 모두에게 필수적인 도움인 인간적인 유대를 단절시킨다.

잭슨 부인

잭슨 부인의 집을 처음 찾아간 날 근심이 가득 찬 표정으로 환자 가족과 친지 열두 명이 나를 맞아 주었다. 현관 쪽에 모인 사람들은 넘쳐서 앞마당까지 이어졌다. 거기 모인 사람들이 갖고 있는 불안감을 먼저 해소해 주기 전에는 잭슨 부인을 만나러 집 안으로 들여보내 줄 것 같지 않은 기세였다. 오랜 경험으로 미루어 나는 이 사람들이 갖고 있는 불안감이란 주로 내가 환자한테 할 말과 해서는 안 될 말이 무엇인지와 관련된 것임을 알고 있었다.

"할머니는 자신이 얼마나 편찮으신지 모르세요"라고 환자의 자녀 누군가가 말했다. "할머니는 아직 자기가 불치병에 걸렸다는 걸 모르세요." 다른 사람이 말했다. "만약 죽을 병에 걸렸다는 말을 하면, 할머니를 정말로 돌아가시게 하는 거예요." 세 번째 사람이 이렇게 말했다.

암, 불치, 죽을 병, 호스피스 같은 말은 입 밖에 꺼내지 말아야 한다고 그 사람들은 내게 단단히 일러 주었다. 그러니 호스피스 명찰도 떼라고 했다. "할머니한테는 당신이 정원 가꾸기 클럽에서 나왔다고 말하는 게 좋겠어요. 그렇게 해 주실 수 있어요?"

"내가 나무 꼴을 어떻게 해 놓는지 본다면 내게 그런 부탁은 못할걸요." 나는 이렇게 대꾸했다. 그 말에 터진 웃음소리가 팽팽하던 긴장감을 어느 정도 누그러뜨려 주었고 나는 윤리규정상 호스피스 명찰을 뗄 수 없다고 설명했다.

모든 환자는 간호하기 위해 자기 집에 오는 사람이 누군인지에 대해 알 권리를 갖고 있다. 게다가 만약 잭슨 부인이 자기 병을 인정하지 않는다면 내 명찰을 본다고 해도 아무런 문제가 될 게 없었다.

"어떤 사람들은 스트레스를 받으면 눈앞의 현실을 부정합니다." 나는 이렇게 말을 이었다. "그것은 우리가 감당할 수 없는 무엇으로부터 자신을 지키려는 일종의 강력한 보호막이지요. 나는 현실 부정을 대단히 소중하게 생각합니다. 그래서 그것을 대신할 더 강력한 보호막이 준비되지 않는 한 굳이 그걸 깨드릴 생각이 없습니다." 모인 사람들은 이게 무슨 말인지 되씹어 보고 있었다. "우리가 진실을 감당할 준비가 되어 있는 경우 이 차단막은 저절로 서서히 사라진다는 사실도 저는 알고 있습니다." 나는 말을 이어갔다. "드문 경우지만 이 차단막이 끝내 사라지지 않는 경우도 있습니다. 하지만 자기 자신이나 남에게 해를 끼치지 않는다면, 현실 부정은 그냥 내버려 두는 게 최선이라고 나는 생각합니다."

현관문을 막아서고 있던 사람들이 머뭇머뭇 한쪽으로 비켜서며 나를 들여보내 주었다. 방마다 졸졸 따라오는 여러 부류의 잭슨가 사람들을 보면서 나는 속으로 웃음을 금치 못했다. 내가 잭슨 부인한테 건강이 어떠며, 의사들이 병에 대해 무슨 말을 했는지 등을 묻는 동안 사람들은 마치 절을 지키는 강아지들처럼 잭슨 부인의 침대 양 옆을 지키고 앉아 있었다.

"잭슨 부인, 저는 매기 캘러넌이라고 합니다. 저는 간호사인데 부인의 주치의께서 저더러 부인을 찾아뵙고 상태가 어떤지 살펴보라고 해서요." 나는 말을 이었다. "의사들이 부인의 몸 상태가 어떻다고 하는지 제게 말씀해 보세요."

백발에 자그마한 체구를 가진 부인은 정신이 흐릿하고 자신의 상태에 대해 제대로 알지 못하는 것 같았다.

"견디기 힘들어요"라고 부인은 내게 말했다. "쉬고 싶어요. 내 새끼들이 법석을 떨어 나를 너무 힘들게 한다오."

"잭슨 부인, 제가 혈압도 재고, 청진기로 폐, 복부 진찰도 할 수 있도록 가족들한테 잠깐만 나가 달라고 해도 괜찮겠습니까?"

"그럼, 그렇게 해 줘요. 그리고 나를 그냥 할머니라고 불러요. 모두들 그렇게 부르니까."

사람들이 줄지어 방을 나가는 데 몇 분이 걸렸다. 모두 방에서 나간 다음에도 궁금증을 못 이긴 몇몇 사람은 방문 바깥에 귀를 대고 있다는 것을 알 수 있었다.

마침내 우리 두 사람만 남게 되자 할머니는 내 손을 잡더니 얼른 이렇게 속삭이는 것이었다. "내 병이 무엇인지 알아요. 내가 죽을 거라는 것도 알고 있어요. 하지만 제발 부탁이니 내 가족들한테는 말하지 말아요. 그 아이들은 아직 그 사실을 받아들일 준비가 안 돼 있어요. 당신이 그 아이들한테 사실대로 말한다면 그건 그 애들을 죽이는 것이 돼요."

어찌 보면 한 편의 코미디 같기도 하지만 나는 웃을 수가 없었다. 할머니나 가족들 양쪽 모두 매우 진지했고 서로를 끔찍이 사랑하고 있다는 사실을 알기 때문이다.

할머니의 상태를 살펴본 다음 나는 앉아서 한쪽 손을 꼭 잡았다. "제게 말씀해 보세요." 나는 이렇게 말을 이었다. "할머니께서 그토록 사랑하는 사람들한테 이 큰 비밀을 숨기는 게 힘들지 않으세요?" 그러자 할머니의 두 눈에 눈물이 가득 고였다. "쉬운 일은 아니라오. 하지만 나는 평생 내 새끼들을 보살펴 왔어요. 이제 와서 그걸 멈출 수는 없어요. 벌써 나이 60대 늙은이가 된 아이들도 있지만 그래도 나한텐 새끼들이라오. 사실대로 털어놓지 않으려니 외로워요. 하지만 그래도 아이들이 슬퍼하는 걸 볼 수는 없어요."

"분명히 말씀드리지만 부인께서는 자녀분들을 그냥 키우기만 한 게 아닙니다"라고 나는 말했다. "부인께선 평생 자녀분들께 가르침을 주셨습니다. 제 말이 맞죠?"

"오, 하느님. 맞아요. 내가 그랬지요!" 부인은 환하게 웃으며 답했다.

"그러면 자녀분들에게 죽어 가는 것에 대해 가르치는 데 부인보다 더 적격인 사람이 있겠습니까? 그들도 언젠가는 모두 죽을 텐데. 부인은 지금 자기한 테 어떤 일이 벌어지고 있는지 잘 이해하고 계신 것 같아 보입니다. 아주 마음 편하게 보이고, 크게 두려워하지 않는 것 같으시네요. 자녀들이 죽음에 대해 나중에 직접 부딪치기 전에 미리 배우는 게 아주 중요한 일이라고 생각지 않으 세요? 그분들한테 그걸 가르쳐 줄 선생님으로 부인이 제일 훌륭한 적임자라는 생각이 들지 않으세요?"

"그건 잠깐 생각해 봅시다." 할머니는 조심스럽게 말했다.

"좋아요." 나는 이렇게 답했다. "할머니가 얼마나 편찮으신지 말하지 않겠 다는 약속을 지켜 드리지요. 하지만 가족들이 어떻게 하고 있는지 알아보기 위 해 지금 나가서 잠깐 이야기해 봐야겠어요. 몇 분 있다 다시 오겠습니다. 그래 도 되죠?"

할머니는 고개를 끄덕이며 동의를 표했다.

나는 그집 식구들과 함께 식탁에 앉아서 우리 호스피스 팀이 어떻게 이 문 제를 풀어 나갈지 곰곰이 생각해 보았다. 첫 번째 문제는 할머니가 잘 먹지 못 한다는 것이었다. 식구들은 이러다간 할머니가 기력이 떨어져서 그대로 돌아 가시지 않을까 걱정했다. 그들은 할머니가 침대에 누워 보내는 시간이 더 많아 지기 시작했고, 그래서 욕창으로 피부가 짓무를까 걱정했다. 결국 이런 질문들 이 터져 나왔다. "그 다음에는 어떻게 되죠?" "얼마나 자주 오실 수 있어요?" "어떤 일을 각오해야 하나요?" "얼마나 더 사실 것 같아요?" "우리한테 병세를 물으시면 어떻게 대답해야 하나요?"

나는 이토록 할머니를 사랑하고 끔찍이 위해 주는 식구들이 옆에 있으니 할 머니는 복 받으신 거라는 말을 식구들에게 해 주었다. 그러고는 경과를 식구들 한테 계속 알려 주고 어떤 변화가 일어나는지, 그리고 거기에 대해 우리가 어 떤 조치를 취할 것인지 낱낱이 알려 주겠노라고 했다.

"어떤 난관이 닥치더라도 우리가 힘을 모은다면 반드시 헤쳐 나갈 수 있을 것입니다"라고 나는 말했다. "하지만 모두들 비밀이 탄로 나지 않도록 하느라고 기운을 모두 소진해 버리지 않을까 걱정이네요. 이제 그런 걱정은 그만두고 할머니와 좀 더 많은 시간을 보내 드리도록 하세요. 병세 진행상황을 그대로 받아들이며 서로 사랑을 나누는 시간을 갖도록 하는 겁니다. 지금은 추억거리를 만들고 서로의 사랑을 나누는 시간입니다."

모두들 말이 없었다. "그 문제는 좀 더 생각해 보도록 할게요"라고 할머니의 딸 가운데 한 명이 말했다.

나는 잭슨 부인의 방으로 돌아가서 앞으로 부인과 가족들을 보기 위해 계속 찾아와도 좋겠는지 물어 보았다. "오, 그럼요. 예쁜 아가씨!" 할머니는 내 손을 쓰다듬으며 말했다. "당신이 내 마음을 편하게 만들어 주었어요."

당장 더 해드릴 일이 있는지 물어 보자 부인은 환한 미소를 머금으며 이렇게 말했다. "내 새끼들한테 모두 들어오라고 해요. 가르쳐 줄 일이 몇 가지 있다오. 그리고 당신도 여기 좀 더 남아서 만약에 내가 곤경에 처하면 도와 줄래요?"

"그럼요, 할머니. 할머니가 자랑스러워요. 잘해 내실 거예요." 나는 할머니의 손을 꼭 잡으며 이렇게 대답했다.

할머니가 자기 '새끼들'을 주위에 불러모으는 동안 나는 침실 뒤켠으로 물러나 할머니가 과거와 마찬가지로 지금도 영광스러운 삶을 누리고 있는 장면을 지켜보았다. "오, 내 새끼들." 할머니는 이렇게 말을 시작했다. "나는 너희들 모두를 정말 사랑한단다. 그래서 정말 너희들을 떠나기가 싫구나. 그렇지만 나는 내가 없어도 너희들이 잘해 나갈 것임을 안다. 하느님이 나를 기다리고 계시니 이제 그분이 계시는 나의 집으로 돌아가려고 한다. 그러니 이제 이곳에서 울고 웃고 기도하며 할 일이 조금 남았구나. 이 일은 우리가 같이 하자꾸나. 나는 두렵지 않으니 너희들도 그랬으면 좋겠다. 이곳에 있든 없든 나는 항상 너희들을 지켜볼 테니 말이야."

가족들은 할머니께 다가와 포옹하며 사랑을 나누었다. 모두들 안도의 눈물을 주르르 흘렸다. 나는 두 눈에 흐르는 눈물을 닦으며 조용히 방을 나왔다. 이제 그들이 이 여정을 함께할 것임을 나는 알았다.

기억하기

침묵은 병을 낫게 하지도 우리를 지켜 주지도 못한다. 우리를 고립시켜 더 외롭게 만들 뿐이다.

3

침묵 깨기

환자가 자신의 죽음에 관해 이야기하고 싶어 하면서도 한편으로는 여러분이 마음 아파할까 봐 주저할 때는 어떻게 해야 하나? 이 이야기를 어떻게 꺼내는 게 가장 좋은 방법일까?

이 이야기를 하려면 마음이 편치 않고 언짢은 게 당연하다는 점을 이해해야 한다. 많은 의사와 간호사들 역시 죽어 가는 환자와 이 문제를 놓고 솔직하게 이야기하려면 마음이 편치 않고, 또한 제대로 말을 못하는 경우가 더러 있다. 진지한 대화 자체를 꺼리는 사람도 있으며 많은 사람들에게 죽음이란 터놓고 말하기 쉬운 주제가 아니다. 하지만 좀 더 쉬운 방법으로 침묵을 깨 나가는 단계들이 있다.

어떻게 말을 꺼낼 것인가

죽음에 대한 여러분 자신의 생각을 정리한다.

단 몇 분간이라도 혼자 생각을 정리할 시간을 갖는다. 바깥에 나가서 잠시 걸으면서 해도 좋고, 뜨거운 물에 몸을 담근 채 생각하는 시간을 가져도 된다. 여러분이 느끼는 불안감이 두려움에서 비롯된 것은 아닌지 생각해 본다. 이러한 상황이 여러분 자신도 언젠가는 죽는다는 생각이 들어 마음이 무거운 건 아닌가? 만약에 내가 없으면 가족들이 어떻게 살아갈까 하는 걱정이 생기는가? 정말 도움이 되는 일을 아무것도 할 수 없다는 무력감을 느끼는가? 죽어 가는 사람 앞에서 자제력을 상실해 이미 감정적으로 힘든 상황을 더 어렵게 만들지나 않을까 두려운가? 죽음의 과정이 어떻게 진행되는지 지켜보기가 겁나는가?

이러한 근심은 사람들 모두 똑같이 갖고 있다. 하지만 환자들이 갖고 있는 걱정은 여러분이 갖고 있는 것과는 완전히 다르다는 점을 이해하자. 여러분이 갖고 있는 두려움이나 불안감이 아니라 환자가 필요로 하는 게 무엇인지 알아서 거기에 집중하도록 하자. 그렇게 하면 여러분과 환자 사이의 대화가 훨씬 쉬워진다.

환자의 특성을 파악한다. 스트레스에 평소 어떻게 대응하는 사람인지 고려한다. 환자가 평소 말수가 적은 사람이라면 대화를 간단히 하도록 한다. 몇 차례 이야기를 통해 모든 문제를 다 다루도록 하는 게 좋다. 내성적이고 말수가 적으며 생각이 깊은 사람일 경우는? 그런 경우 말수가 점점 더 줄어들고 고립감에 빠질 수 있다. 만약 환자가 평소 외향적이고 호기심이 많은 사람이라면, 여러분을 비롯해 다른 사람들과의 소통이 더 필요할 수 있고, 환자가 실제로 그것을 원할 수도 있다. 이러한 개인적인 차이를 염두에 두고 어떤 식으로 도와주면 좋겠는지 직접 말해 달라고 환자에게 부탁한다.

말을 꺼내기에 가장 좋은 시점을 잡는다.
보통 오후 2시면 환자 돌보는 일을 잠시 쉬고 휴식을 취하는 시간이라고 하자. 그렇다고 그 시간이 환자한테도 반드시 좋은 시간이라는 법은 없다. 오전 진료 받느라 지쳤을 수도 있기 때문이다. 하지만 환자를 찾아가 언제가 이야기하기에 좋을지 상담 시간을 잡을 수는 있다. 여기 몇 가지 아이디어를 소개한다.

눈앞에 보이는 그대로 이야기한다: "오늘 기분도 안 좋고 쓸쓸해 보이시네요. 무슨 일인지 털어놓으면 도움이 되실 거예요. 제가 들어 드릴게요."

무엇이 걱정되는지 분명하게 밝힌다: "당신한테 무슨 일이 있는지 제대로 알고 싶어요. 몸 아픈 것뿐만 아니라 말하고 싶은 게 있으면 뭐든지 내게 이야기하세요. 그렇게 하실 거죠?"

환자가 처한 어려움을 인정한다: "아픈 게 정말 지긋지긋하실 거예요. 정말 힘드시죠?"

아니면 그저 간단하게 이렇게 말해도 좋다: "저는 당신을 돌봐 드리려고 여기 오는 거예요."

열 마디 말보다 따뜻한 손길 한번이 더 효과적일 수 있다.
단순히 보살핌과 관심을 나타내기만 해도 환자가 마음을 열게 할 수 있다. 이렇게 해도 환자가 대화에 응할 뜻을 보이지 않을 수 있다.

그런 경우에는 의지와 관심을 지속적으로 보여 주면 당장 대화가 시작되지는 않더라도 일단 소통의 문은 열어 놓을 수 있다. 그 다음에는 환자가 그 열린 문을 통해 걸어 나오는 결정을 내릴 때까지 기다린다. 어떤 환자는 절대로 그렇게 할 태세를 보이지 않는데 그래도 상관 없다. 결과에 관계 없이 관심과 애정을 보여 줌으로써 여러분은 할 일을 다한 것이다.

의료진이 알아 둘 일

호스피스 일을 시작한 초창기 몇 년 동안 환자들이 나를 끊임없이 괴롭힌 질문은 "죽는 게 어떤 느낌일까요?"라는 것이었다. 내가 느끼는 불안감은 차치하고라도 우선 환자들에게 들려줄 정보가 거의 없다는 게 너무 슬펐다. 이런 직설적인 질문에는 직설적인 답이 필요한 법이다. 요즘 나는 이렇게 말해 준다. "저도 죽어 본 적이 없으니 제 경험을 말해 드릴 수는 없고요. 하지만 다른 환자들이 돌아가시는 모습을 지켜 보고, 그분들이 죽는 기분이 어떤지 내게 말해 준 것을 전해 드릴 수는 있어요."

나는 레이먼드 무디 박사가 쓴 책 '사후의 삶' Life After Life을 환자들에게 추천해 준다. 이 책은 죽음 문턱까지 간 경험을 한 사람들의 이야기를 일인칭 서술로 소개한 것이다. 자동차 사고, 익사, 심장발작을 비롯해 여러 이유로 의학적으로 사망했다가 의식을 되찾아 소생한 사람들이 체험한 죽음의 이야기를 담고 있다. 이들은 흔히 환희에 찬 재상봉, 고통 없는 상태, 멋진 평화로움의 느낌을 이야기한다. 내가 도와주는 많은 환자와 그 가족들은 이러한 이야기에서 큰 위안을 얻는다. 무디 박사의 책에는 또한 환자와 간호하는 사람 사이에 대화의 문을 여는 방법도 소개돼 있다. 그들이 원하는 바와 필요로 하는 것, 두려워하는 게 어떤 것인지에 대해 잘 이해할 수 있도록 해 준다.

　죽어 가는 사람들도 우리가 답을 다 안다고 기대하지는 않는다. 죽는다는 것과 죽음, 그리고 사후에는 어떻게 되는지 등에 대해서는 누구도 정답을 이야기해 줄 수 없다. 그런 질문을 통해서 죽어 가는 사람은 우리가 진정으로 자기를 돌봐 주고 도와주기를 바란다. 그리고 무엇보다도 우리가 최선을 다해 자신의 마지막 여행에 동참해 주기를 바라는 것이다. 다음에 소개하는 이야기는 그러한 사례들이다.

율라

미시간 주에 있는 한 종합병원으로부터 '죽어 가는 사람과 함께 있는 법'을 주제로 강연을 해 달라는 요청을 받은 적이 있다. 초청자 측은 나보고 병원 직원들이 부서별로 서로 다른 색의 작업복을 입고 있다는 말을 해 주었다. 청중 속에서 적포도주색 작업복이 많은 것을 보고 무슨 부서냐고 물어 보았더니 놀랍게도 '건물 청소 부서'라는 것이었다.

　내가 한 발표 내용 가운데는 어떤 사람에게 죽음에 관해 말한다는 게 얼마나 거북한 일인지에 대한 이야기도 들어 있었다. 강연 중에 적포도주색 작업복 차림의 율라 씨가 벌떡 일어서더니 한쪽 손을 들고 흔들었다. '슈퍼바이저'라는 명찰을 달고 있었다. 나는 말해 보라고 고개를 끄덕여 주었다.

　율라 씨는 이렇게 말했다. 어느 날 남자 환자 욕실 바닥 청소를 하고 있는데 의사가 들어오더니 그 남자 환자한테 모든 치료방법이 다 실패했노라는 말을 하더라는 것이었다. 다른 방법은 이제 더 이상 없다는 말이었다. 그 환자는 이제 불치 환자가 된 것이었다. 의사는 환자 옆에 몇 분 동안 앉아서 그를 위로해 준 뒤 조용히 그곳을 떠나더라는 것이었다.

율라 씨는 이렇게 말을 이었다. 욕실 청소는 아주 깨끗하게 끝난 상태였고, 그래서 자기는 그곳에 더 남아 있을 수도 없고 딱히 어떻게 해야 할지도 몰라 당황스러웠다는 것이었다. "그래서 나는 고개를 숙인 채 욕실 바닥만 쳐다보며 걸레질을 계속하고 있었습니다. 빨리 청소를 끝내고 이 불쌍한 사람에게 방해가 되지 않도록 조용히 나가겠다는 생각뿐이었어요. 바로 그 순간 그 환자가 내게 이렇게 말하는 것이었어요. '도대체 왜 내게 이런 일이 일어나는 거죠? 나는 항상 착하게 살려고 노력했습니다. 아내와 아이들한테는 내가 있어야 해요. 그런데 내가 죽는다니요!' 그는 흐느끼며 말했습니다. '왜 하느님이 나를 이렇게 버리시는 것입니까?'"

청중석은 물을 끼얹은 듯 조용해졌다.

나는 율라 씨에게 그래서 어떻게 했느냐고 물었다. 율라 씨는 이렇게 답했다. "걸레 자루에 몸을 기댄 채 잠시 서 있다가 나는 이렇게 말했죠. '그런 문제에 대한 답을 안다면 내가 왜 여기서 청소질이나 하고 있겠어요?'" 청중석에서는 안도의 한숨 소리와 함께 낄낄거리는 웃음소리가 뒤따라 터져 나왔다.

"그 사람이 뭐라고 하던가요?"라고 나는 물었다.

"내가 방을 나설 때 그 환자는 그때까지도 웃고 있었어요. 하지만 나는 간호사실에 들러 그때 일어난 일을 보고했고, 그 사람한테 목사인지는 모르지만 하여튼 누군가가 보내진 것으로 압니다."

그날 발표회가 끝난 다음 율라 씨의 동료라는 사람이 나를 찾아왔다. "율라가 선생님께 말씀드리지 않은 게 있답니다." 그 여성은 이렇게 말했다. "율라는 그 환자가 퇴원해서 집으로 돌아가는 날까지 매일 자진해서 그 방을 청소했어요. 매일 율라는 그 환자를 찾아가 환하게 웃으며 방을 말끔히 청소하고, 환자가 잘 지내는지 살펴보았습니다."

율라 씨는 그 환자에게 자기가 할 수 있는 최선을 다했고, 그 환자는 이 단순한 성의 표시에 감사했다. 죽어 가는 사람들이 우리에게 바라는 것은 자기들이 안고 있는 문제를 분석, 진단, 해결해 달라는 게 아니다. 그들은 자신들의 고통을 이해해 주고, 좋건 나쁘건 자기들이 가고 있는 여정에 동참해서 성의껏 귀를 기울여 달라는 것이다.

현실 부정에 관해

이 책에서는 이 문제에 대해 앞으로도 여러 차례 언급할 예정인데 그만큼 중요하기 때문이다. 현실 부정은 환자를 지켜 주는 강력한 버팀목이기 때문에 더 강력한 버팀목을 대신 갖다 놓기 전에 치우면 안 된다. 부정은 그것이 환자나 다른 사람한테 위험한 결과를 초래하지 않는 한 그대로 두도록 한다. 현실을 부정하는 행위는 환자(혹은 환자의 가족)가 진실을 감당할 수 있는 정도가 되면 없어진다. 좀체 사라지지 않는 경우가 있기도 하지만 그럴 때는 그냥 내버려 두면 된다.

현실을 못 믿겠다는 사람에게 어떻게 하면 솔직하게 사실대로 이야기해 줄 수 있을까? 우선은 아주 성의껏 그 사람의 말에 귀를 기울여 줌으로써 적극적인 지지 의사를 보여 주어야 한다. 예를 들어 남은 시간이 얼마 없는 사람이 이런 말을 한다고 치자. "얼른 나아서 봄에 친구들과 캠핑을 갈 수 있었으면 좋겠는데." 여기다 대고 "낫지 못할 겁니다. 캠핑은 잊어 버리세요"라고 말하는 건 너무 잔인하다. 이럴 때는 대신 그가 회상하는 좋은 시절들에 관심을 가져 주도록 한다. 매일매일의 걱정거리에서 벗어나 자신의 세상을 자기 의지대로 하던 시절, 자연을 즐기고 느긋하고 편안하게 친구들과 어울려 웃고 떠들며 자기가 좋아하는 일을 하던 그 시절에 대한 생각을 많이 하도록 유도해 주는 것이다.

이런 추억거리들은 매 순간 자신이 겪는 고통, 상실감과 씨름하는 것보다 훨씬 더 그 사람을 기분 좋고 행복하게 만들어 준다. "그런 좋았던 시절을 생각하니 기분 좋지 않아요? 저런 한심한 친구들! 정말 엉뚱한 일을 저질렀군요. 그 이야기 들으니 정말 재미있어요." 이렇게 맞장구를 쳐 주며 그 사람의 긍정적인 마음가짐을 부추겨 준다. 그럼으로써 여러분은 그 사람이 회상하는 긍정적인 추억의 순간을 강화시키고 확장시켜 주게 된다. 그리고 환자의 행복한 기분을 잠시나마 함께하는 것이 된다. 그것은 그 사람과 휴가를 함께 즐긴 것과 같다. 그것은 그 사람의 기분을 새롭게 전환시켜 주는 행동이다.

하지만 그런 경우에도 꿈이 정말 이루어질 것이라는 약속은 절대로 하면 안 된다. "그럼요. 캠핑 갈 수 있고 말고요"라고 말하는 건 정직하지 않을 뿐 아니라 인정을 베푸는 것도 아니다. 나중에 그 사람이 현실을 제대로 받아들여서 당신이 자기를 속였다는 사실을 알게 되었을 때 여러분은 그 사람에게 분노의 표적이 될 수 있다. 그렇게 되면 지금은 물론 앞으로도 그 사람이 어떻게 당신이 하는 말을 믿을 수 있겠는가? 설혹 그가 여러분이 그렇게 말한 동기를 이해한다 할지라도 당신에 대한 그의 신뢰는 크게 손상된다.

특히 자신이 아프다는 사실을 알고 당황스러운 나머지 집요하게 현실 부정에 매달릴 수 있다. 이들은 그 현실 부정의 생각을 당장 행동에 옮기겠다고 한다. 이런 때는 주의를 딴 데로 돌리거나 실행을 뒤로 미루도록 하는 게 도움이 되는 경우가 많다. 예를 들어 그 환자가 이런 말을 한다고 치자. "지금 당장 캠핑을 떠나야겠다. 그러니 자동차에 짐을 챙겨 싣고 장비도 가져다 줘요." 이런 경우 여러분은 다음과 같은 말로 그 사람의 주의를 다른 데로 돌리도록 한다. "떠날 계획은 다 세워졌어요. 하지만 자동차 타이어를 갈아 끼우고, 망가진 팬 벨트를 고치기 전에는 출발할 수 없습니다. 아저씨께서 항상 자동차 손질을 꼼꼼히 해 놓으셔서 큰 문제는 없지만 지금 당장 떠나긴 위험해요. 하지만 내일 수리점이 문을 여는 대로 끌고 가서 손을 보겠습니다." 이런 식의 대응은 당사자의 현실 부정 행위를 묵살하거나 우스개로 치부하지는 않지만, 그렇다고 그 현실 부정을 더 강화시키거나 부추기는 것도 아니다.

　현실 부정에 대해 이런 식으로 대처하고 반응하면, 여러분은 현실 부정이라는 버팀목이 아직 필요한 환자에게 정신적으로 많은 도움을 줄 수 있다.

기억하기

무조건 쉬쉬하지 말고, 현실을 부정하려는 환자의 마음을 이해해 주면 마지막 여행을 함께하기가 한결 더 수월해진다.

4

포기하지 않아! 아직 희망이 있어!

사랑하는 사람이 말기 진단을 받으면 우리는 충격을 받고 슬픔에 휩싸이는 게 정상이다. 아울러 그러한 진단 결과에 맞서서 싸우는 것 또한 자연스러운 일이다. 자신감, 다시 말해 "우리는 포기하지 않아! 아직 희망이 있어!"라는 식의 태도는 지금까지 많은 환자와 환자 가족들에게 도움이 되었다. 하지만 만약 살아남는다는 게 희망을 가진다고 되는 간단한 일이라면 이 세상에 죽을 사람이 어디 있겠는가. 그렇다면 병원 치료도 필요 없을 것이다. 희망과 인내심만 있으면 될 테니까.

몇 년 전에 나는 말기 울혈성鬱血性 심부전을 앓고 있는 84세의 여성 환자를 돌보러 갔는데 그 할머니는 아들 가족과 함께 살고 있었다.

어떤 만성 질환이든 굴곡이 있게 마련이어서 정확히 언제 마지막이 될지 판단하기 어려운 경우가 많다. 내가 맡기로 한 그 환자는 수시로 병원에 입원했지만 매번 별 차도가 없었다. 그분은 이제 방 안에서 걸어 다닐 수도 없는 지경이 되었고 숨이 가빠 점점 더 이동식 산소 탱크에 의지하며 지내고 있었다. 그분 아들이 호스피스의 도움을 원했고 담당 의사도 동의했다.

나는 할머니의 딸이 오하이오 주에서 오고 있으며, 우리와의 첫 번째 만남 때 자리를 함께할 것이라는 말을 들었다. 현관 벨을 누르자 집 안에서 하이힐이 마루에 경쾌하게 부딪치며 딸각거리는 소리가 들렸다. "됐다!" 나는 이렇게 생각했다. "딸이 온 모양이네."

문이 열렸는데 그 여성의 몸이 내가 집 안으로 들어가는 걸 막을 정도로만 열렸다. "이곳까지 운전해 오시느라 시간만 허비하게 해 드려 미안합니다." 그 여성은 퉁명스럽게 말했다. "내 동생이 당신이 일하는 기관에 전화하기 전에 내게 먼저 물어 봤어야 했어요. 우리는 포기하지 않을 것이기 때문에 당신의 도움이 필요 없어요. 우리에겐 아직 희망이 있단 말입니다."

그 딸의 어깨 너머로 나의 환자가 될 사람의 모습을 볼 수 있었다. 그분은 부엌 식탁에 있는 휠체어에 파묻혀 있었다. 그분은 고개를 한번 흘깃 들더니 머뭇거리는 듯하다 나보고 들어오라고 손짓을 했다. "로즈야, 이제 그만" 하고 할머니는 말했다. 그러자 딸은 마지못해 한쪽으로 비켜섰다.

나는 할머니에게로 다가갔다. 울혈성 심부전 말기라 폐를 포함해 몸속에 있는 주머니들에 체액이 고였다. 할머니는 힘들게 숨을 쉬려다 보니 눈이 휘둥그레진 표정이었다. 폐에서 산소 흡입을 제대로 못해 입술이 새파랗게 질려 있었고 끈으로 묶은 신발 위쪽에는 퉁퉁 부은 두 발목이 흔들거리고 있었다.

"너무 불편해 보이시네요." 나는 할머니의 한 손을 쓰다듬으며 이렇게 말했다. "이런 일을 겪게 되셔서 정말 안됐어요. 이제 제가 좀 더 편하게 지낼 수 있게 해 드릴게요." 이뇨제 처방을 제대로 하면 폐속의 과도한 체액을 제거함으로써 폐에서 산소 흡수를 용이하게 만들어 입술을 정상적인 분홍빛으로 되돌릴 수 있다.

할머니는 눈을 돌려 딸을 쳐다보더니 양 어깨를 으쓱해 보이며 이렇게 말했다. "저 얘가 안 된다네요." 바로 그때 딸이 내 팔을 끌고는 나를 문밖으로 데리고 나갔고 문은 내 뒤쪽에서 굳게 닫혔다.

그 따님의 완고한 입장은 자기 엄마가 죽어 가고 있다는 사실에 대해 그녀가 속상해하는 정도와 아마 비례하고 있을 것이다. 그것은 사랑의 표현이었고 자기 나름대로 자기 어머니에 대한 강력하고 감동적인 보호의 제스처였다. 하지만 만약 희망을 갖는다는 게 올바로 돌보지 않아 어떤 사람이 불필요하게 고통을 감수해야 하는 것이라면 '희망'이라는 게 도대체 무슨 의미가 있을까?

"우리는 포기하지 않아. 아직 희망이 있어"라는 식의 마음가짐에는 이 밖에도 다른 문제들이 있다. 만약에 죽음을 앞둔 사람이 살 수 있다는 희망을 포기한다면 그것은 비난받을 일인가? 말기 상태의 환자들은 자신이 그 싸움에서 이길 수 없다는 사실을 차츰 알게 되는 경우가 많다. 그들은 자신이 죽어 가고 있다는 사실을 어느 정도 분명하게 안다. 가족이나 간호하는 사람이 절대로 포기하지 않겠다고 우기면 환자는 자기 병과의 싸움에서 진다는 절망감에다 주위 사람에 대한 죄책감까지 떠안게 된다. 조만간 사랑하는 사람들을 떠나야 한다는 사실만 해도 끔찍한 일인데, 자기가 떠남으로써 남은 사람들을 실망시킨다는 생각에 더 마음이 아프지 않을까?

육체의 죽음은 정신적인 과정이 아니라 신체적인 과정이다. 물론 사람의 마음가짐이 병의 진전에 영향을 미칠 수 있고 죽음이 다가오는 속도에 영향을 미치는 경우도 있는 건 사실이다. 하지만 마음가짐이 신체의 죽음을 좌지우지하는 것은 아니다. 사람은 병 때문에 죽는 것이다. 치료될 수 있는 그 날을 '기다리느라' 신체적 고통을 계속 감내할 필요는 없다. 계속되는 고통, 메스꺼움, 구토, 혹은 변비는 병든 육체에 엄청난 희생을 안겨 줄 수 있다. 그럴 경우 앞으로 치료법이 개발되더라도 육체적으로 그것을 감당할 수 없게 되고 만다. 이러저러한 여러 불편한 증상은 완화시킬 수가 있으며, 그래야 환자가 병의 진전을 늦추거나 혹은 앞으로 병의 진전방향을 뒤바꿀 수 있는 치료를 받을 수 있게 된다.

호스피스 간호에서 제일 중요시하는 것은 환자의 고통을 덜어 주는 것과 가능한 한 기능 위주로 접근하는 것이다. 왜냐하면 만약 환자가 신체적 고통에 빠져 있으면, 정신적으로나 정서적으로, 심리적으로 고통 외에 다른 것은 다룰 수가 없게 되기 때문이다. 다음은 '포기'를 통해 우리 모두가 바라는 의미 있고 사랑으로 가득 찬 생의 마지막을 맞이하게 된 어느 가족의 이야기다.

프랭크

프랭크 씨는 은퇴한 우편집배원으로 눈이 오나 비가 오나 항상 힘든 일을 해낸 자신의 능력을 자랑스럽게 생각해온 사람이다. 하지만 암이 뼈마디 마디마다 번지며 말할 수 없이 견디기 힘든 고통에 시달리고 있었다. 그의 주치의인 암 전문의는 진통 펌프를 써 보자고 제의했다. 이것은 정맥 튜브를 통해 계속해서 정맥으로 소량의 고농축 처방약을 공급해 주는 문고판 크기만 한 작은 기구다. 하지만 프랭크 씨는 이를 거부했다. 그 펌프를 몸에 달면 이제 거기에 얽매여서 마지막 남은 자유와 프라이버시마저 빼앗기고 말 것이라고 생각했기 때문이다.

프랭크 씨는 집에서 아내 도리스의 간호를 받기로 했다. 그리고 생애 마지막 날들을 고통 속에서 보냈다. 진통제 의존도가 점점 더 높아졌지만 별 소용이 없었다. 하지만 고통은 그를 점점 더 쇠약하게 만들고 기력을 소진시켰으며 삶을 즐길 여지를 좁혀 버렸다.

발병 초기에 프랭크 씨는 자신이 비밀리에 간직하고 있던 프랑스 노르망디 상륙작전 D-데이 50주년 기념행사 참석이라는 꿈을 실천에 옮기기로 결심했다. 그는 2차 세계대전 당시 연합군 파일럿으로 그 전투에 참전했다. 먼 곳까지 여행하는 것과 이런저런 수고를 생각하니 자기가 감당하기에는 너무 무리일 것 같았다.

주치의는 호스피스를 추천했지만 프랭크 씨와 도리스 부인 모두 반대했다. "우리는 그때 '이제 마지막이야'라는 생각을 받아들일 수 없었어요"라고 도리스 부인은 나중에 내게 말했다.

하지만 프랭크 씨의 통증이 극심해진 어느 날 밤 도리스 부인이 의사한테서 받은 번호로 전화를 걸었다. 부인은 전화로 간호사에게 남편의 상태가 어떤지 설명했고 그 간호사는 호스피스 간호사인 켈리에게 가능한 한 빨리 와 달라고 연락했다.

켈리가 와서 보니 프랭크 씨는 침대에서 일어날 수 없을 정도로 약해져 있었다. 두 다리에 통증이 엄청났으며 식생활이 바뀌고 운동량이 줄고, 약물 부작용으로 인해 심한 변비도 앓고 있었다. 변비 때문에 가뜩이나 엉망인 식욕은 더 떨어졌다. 거의 아무것도 먹지 못하게 되었고 그 때문에 기력이 떨어져 기진맥진해 있었다. 운동량이 부족해 혈액순환은 더욱더 원활치 않게 되었고 근육이 줄어들기 시작했다.

프랭크 씨는 평생을 부지런하게 살아온 사람이었기 때문에 이제는 절망감과 고립감에 빠져 있었다. "너무 아파요." 켈리와 단 둘이 있을 때 그는 이렇게 털어놓았다. "그런데 더 안 좋은 것은 내게 남은 시간이 얼마 되지 않는 것 같다는 사실이라오. 내가 정말 마지막으로 꼭 하고 싶은 일이 하나 있어요."

프랭크 씨는 노르망디에 가고 싶다는 꿈을 켈리에게 말했다. 처음으로 또렷한 목소리로 털어놓은 것이다.

"통증을 한번 줄여 보기로 하죠. 그런 다음에 선생님의 꿈을 실현시킬 수 있을지 알아보기로 할게요." 켈리는 이렇게 말했다. 켈리는 진통 펌프를 써 보자고 제의하며 일주일만 써 보고 효과가 없으면 다시 알약을 쓰겠다고 약속했다. 프랭크 씨는 그렇게 해 보겠다고 동의했다. 켈리는 진통 펌프는 적극적으로 진통효과를 내지만 그렇다고 병에 '굴복하는 것'은 아니며 오히려 병의 부작용을 억제하는 것이라는 점을 프랭크 씨에게 분명하게 말해 주었다.

그날 오후 켈리가 떠난 다음 프랭크 씨는 일주일 만에 처음으로 잠을 푹 잤다. 나중에 켈리가 다시 찾아왔을 때 그는 부축받지 않고 이방 저방 다닐 수 있을 정도였다. 걸음걸이는 느리고 조심스러웠지만 프랭크 씨는 어쨌든 걸을 수 있게 된 것이었다. 그는 그 사실에 기분이 고무되어 있었다.

그 다음 주에 프랭크 씨는 켈리에게 거실로 함께 가서 이야기를 좀 해 보자고 했다. 결의와 흥분이 가득 찬 눈으로 그는 이렇게 선언했다. "기념식이 3주 남았다오. 아내와 내가 같이 참석할 수 있는 가능성이 얼마나 되는가요?"

"야, 이거 간단한 일이 아닌데요." 켈리는 이렇게 대답했다. 불과 두 주 만에 사정이 너무 많이 바뀌어 켈리는 기뻤다. 하지만 통증이 완화되었다 하더라도 프랭크 씨의 소원이 실현되려면 많은 창의적인 생각과 사전계획이 필요했다. "이 문제를 우리 호스피스 팀의 다른 사람들과 상의해 보겠습니다." 켈리는 이렇게 말했다. "지금으로선 아무 약속도 해 드릴 수 없습니다만 이야기는 한 번 해 보겠어요."

　나는 그 호스피스 팀의 일원이었기 때문에 프랭크 씨에 관해 상세한 이야기를 알게 되었다. 사회복지사, 성직자, 의사, 그리고 다른 간호사들과 나는 서로 머리를 맞대고 지혜를 모았다. 프랭크 씨는 마약 성분이 든 진통제를 휴대하고 국경을 넘어야 할 뿐만 아니라 그가 사용하는 진통 펌프는 금속탐지기를 통과할 때 걸리기 때문에 여행 내내 의심을 사게 될 것이다. 그리고 병세에 대한 설명과 마약 성분을 복용해야 하는 이유, 진통 펌프를 휴대해야 하는 이유에 관한 서한도 준비해야 했다. 그리고 혹시 여행 중에 병세가 더 악화되면 어떻게 하나? 우리는 국제 호스피스 연락처와 여행 경로상에 있는 영어를 구사하는 의사들과 병원 목록을 만들었다. 우리가 작성한 연락처 외에 미국 영사관이나 대사관을 통해서도 영어를 구사할 줄 아는 의사와 가까운 곳에 있는 병원을 찾는 데 도움을 요청할 수 있을 것이다. 우리는 또한 프랭크 씨가 프랑스에 체류하는 동안 위급한 상황에 처할 경우에 대비해 여행용 약 상자도 준비했다.

　며칠 뒤 켈리가 어쩌면 여행이 가능할 것 같다는 말을 전해 주자 프랭크 씨는 흥분해서 어쩔 줄 몰라 했다. 하지만 아직 자기 아내에게는 여행 이야기를 꺼내지 않은 터라, 그는 아내한테 말을 꺼낼 때 켈리도 함께 있어 달라고 부탁했다. 도리스 부인은 당연한 일이지만 여러 가지 걱정을 했다. "만약에 내가 실수해 약을 잘못 복용하면 어떡해요?" 부인은 켈리에게 이렇게 물었다. "우리를 봐 주는 의사 선생님과 병원에서 그렇게 멀리 떨어진 곳에서 남편한테 무슨 일이 일어나면 어떡해요? 이곳의 의사 선생님들은 우리가 잘 알고, 대하기 편하고, 같은 언어를 구사하고, 또한 남편의 진료기록을 모두 갖고 있으니 걱정이 안 되는데."

　켈리는 자기들이 전화로 언제든지, 그리고 필요하면 국제전화로 호스피스 간호사를 불러 줄 수 있다며 부인을 안심시켰다. 그리고 자기가 외국의 호스피스 기관에 있는 의사와 간호사들에게 얼마든지 전화를 걸어 줄 수 있다는 말도

해 주었다. "이번 여행이 한 치의 착오도 없이 진행된다는 보장은 못해드려요." 켈리는 이렇게 말했다. "하지만 남편께는 매우 중요한 일인 것 같습니다. 그분의 소원이 이루어지게 해 드리고, 남편과 그 여행을 함께 하시는 건 멋진 일이지 않습니까?"

도리스 부인은 사랑스런 눈길로 남편을 쳐다보았다. "이 일이 당신에게 그렇게 중요해요, 여보?" 그는 머리를 끄덕이며 아내의 손을 잡았다.

"좋아요, 까짓것 한번 해 보지요." 도리스 부인은 이렇게 말하면서도 자신이 하는 말에 스스로 놀랐다. "켈리 씨, 우리와 함께 가 주실 수 있어요? 그렇게 해 주신다면 우리의 걱정이 조금은 덜어질 거예요."

"그렇게 해 드리면 얼마나 좋겠어요." 켈리는 말했다. "하지만 제가 돌봐야 할 다른 환자들이 많고 돌봐야 할 가족도 있고 미안합니다."

결국 두 사람의 장성한 딸인 로라가 동행해서 짐 가방, 휠체어, 휴대용 산소 탱크 등을 챙기기로 했다. 켈리는 두 여성에게 만일에 대비한 교육을 모두 시켰다.

우리는 모두 그들의 여행 소식을 손꼽아 기다렸고 그들이 돌아오자마자 찾아보겠다고 방문 신청을 했다. 프랭크 씨는 우리 모두에게 유명 인사가 된 것이었다. 우리는 그의 용기와 의지에 깊은 감명을 받았다. 나는 그들이 돌아오고 나서 나흘 뒤에 집으로 찾아갔다.

"옛 전우들을 만났어요!"라고 프랭크 씨는 환호성을 질렀다. 두 눈은 흥분으로 생기가 넘쳤다. 그는 내게 사진을 한 뭉치 건네주고 싱글벙글 웃으며 이렇게 말했다. "로라가 어릴 때부터 우리 셋이서 가족여행을 함께 가 보지 못했거든요."

"너무 좋았어요. 아빠 최고였어요."라고 로라가 유쾌한 목소리로 거들었다. "아빠를 새롭게 봤어요. 아빠의 전쟁 이야기는 내게 새로운 의미를 가져다 주었답니다."

"우리가 왜 호스피스한테 전화하는 걸 그토록 두려워했는지 모르겠어요"라고 도리스 부인은 눈물을 글썽이며 말했다. "호스피스를 부르면 희망을 잃고 포기하는 것이라고 생각했답니다. 우리 가족한테 이토록 멋진 경험을 할 수 있게 해 주리라고는 꿈에도 생각지 못했어요. 감사합니다."

기억하기

호스피스를 부른다고 '희망을 포기하는 것'은 아니다. 호스피스는 꿈에도 생각지 못한 일을 할 수 있도록 도와준다.

5

아빠한테는 제일 좋은 것만
해 드리고 싶어요

이런 말하는 사람을 본 적 있나요? "나는 아버지를 사랑하고 아버지를 위해서라면 무슨 일이든 다 하겠습니다. 하지만 아버지께 수준 낮은 삼류 진료를 받게 해 드릴 수는 없을까요?" 물론 세상에 이런 사람은 없을 것이다. 우리는 돈을 아끼려고 사랑하는 사람한테 불편한 진료를 받도록 하지는 않는다. 특히 사랑하는 사람이 죽어 갈 때는 더 말할 나위가 없다.

간혹 무의식적으로라도 힘든 대가를 치르고 어려움을 참아 내는 것이 우리의 사랑과 헌신의 깊이를 측정하는 하나의 척도라고 생각하는 사람이 있을 것이다. 그래서 최고의 의사와 최고 수준의 병원을 찾아가는 것이 곧 아픈 사람의 목숨 값을 매기는 척도인 양 여겨지기도 한다. 소중한 사람이니 마땅히 치료도 최고 수준으로 받도록 해야 마땅하다는 논리인 것이다.

물론 희귀병인 경우 특수치료를 위해 먼 곳에 있는 병원을 찾아가야 할 때도 있다. 하지만 사는 곳 가까이에서 최고 수준의 진료를 받을 수 있는 경우도 흔히 있다. 가까운 곳에 있는 전문가라도 여러분이 앓고 있는 병을 수백 번 성공적으로 치료했을 수 있는 것이다. 더구나 요즘은 많은 의사들이 스태프 가운데 리서치 간호사를 두고 있어서 특정 인터넷 사이트에 들어가 컴퓨터 마우스로 클릭만 하면 전 세계에 있는 전문가들로부터 정보를 얻고 자문해 볼 수 있는 세상이다. 큰 병원에 가면 여러분한테 훌륭한 진료계획을 제공해 주겠지만 사는 곳 가까이 있는 작은 병원이나 암 전문의들도 그런 진료계획을 편하고 친근한 분위기에서 제공해 줄 수 있다.

치료약은 어디서나 똑같다. 뉴욕에서 쓰는 페니실린이 캘리포니아나 아이

오와에서 쓰는 페니실린과 다를 리가 없는 것이다. 화학요법 약, 강력한 진통제, 스테로이드를 비롯해 중증 환자들에게 쓰는 여러 가지 치료제도 마찬가지다. 그러니 '최고' 진료를 찾는답시고 먼 길을 헤매고 다니는 게 사실은 관계되는 모든 사람들한테 해가 될 수도 있는 것이다.

김 선생

리 김 선생은 65세 때 이미 뼈마디로 번진 만성 전립선 암 판정을 받았다. 김 선생 부부는 불과 8년 전 한국에서 이민 온 사람들이었다. 부부 모두 영어도 아직 서툴렀다. 그분들의 딸 에이미는 아이 둘 딸린 젊은 미망인이었는데 약사로 일하며 온 가족의 생계를 책임지고 있었다. 김 선생이 아파서 일을 할 수 없게 되었기 때문이다. 그들은 경제적으로 겨우 생계를 꾸려 나갈 정도였다.

　김 선생이 앓고 있는 병의 예후豫後는 참담했지만 현지 암 전문의는 방사선 치료를 강력히 권유했다. 그 의사의 사무실은 자동차로 10분 거리에 있었다. 방사선으로 그의 암을 치료하지는 못하지만 뼈 통증을 완화하는 데는 도움이 될 수 있었다. 에이미는 이와 함께 미국 내 최고 수준의 암센터 한 곳을 찾아가 도움을 청해 보았다. 그곳 암 전문의들도 지방 암 전문의가 내린 진단과 치료 계획에 동의했다.

　김 선생 집을 처음 방문하던 날 나는 전형적인 미국 교외에 있는 빅토리아 시대 스타일 주택의 계단을 걸어 올라가 초인종을 눌렀다. 에이미가 나를 맞아 주었는데 날씬하고 매력적인 삼십대 여성이었다. 부엌에서는 군침 도는 음식 냄새가 풍겨 나오고 있었다.

　"저 멋진 요리 솜씨의 주인공은 누구신가요?"라고 나는 물었다.

　"어머니예요." 에이미는 이렇게 말한 다음 한국말로 자기 어머니를 부르며 부엌으로 갔다. 문이 열리며 자그마한 여인이 걸어 나왔다. "엄마, 미스 캘러넌 씨 오셨어요." 에이미는 영어로 이렇게 말한 다음 같은 말을 자기 모국어로 되풀이했다. "어머니는 아직 영어를 배우지 못하셨어요. 제가 일하는 동안 아이들과 함께 집에 머물며 집안일을 돌보시죠."

우리가 있는 쪽으로 다가오는 것을 보니 김 선생 부인의 얼굴에는 마치 슬픔으로 새긴 로드맵처럼 주름이 깊게 패어 있었다. "당신 가족에게 떨어진 이 비극을 보니 너무 가슴이 아프다는 말을 어머니께 전해 주세요"라고 나는 말했다.

에이미가 통역하자 어머니는 나한테 깊이 머리 숙여 인사했다.

나는 삼십 분 동안 에이미와 함께 머물며 부친의 상태가 어떤지 등에 대해 이야기를 나누었다. 에이미는 부친이 다시 수소문해서 알아 본 병원으로 일주일에 다섯 번씩 방사선 치료를 받으러 다닌다고 했다. 50마일 떨어진 곳인데 편도에 한 시간 반씩 걸린다고 했다.

"그 일을 어떻게 감당하시나요?"라고 나는 물어 보았다. 대부분의 보험이 그런 데 드는 교통비는 지원해 주지 않는다는 사실을 알기 때문이다.

"자동차 빌리고 운전기사도 고용해야 돼요"라고 에이미는 말했다. "나는 일하러 가야 하기 때문에 아버지를 직접 모시고 갈 수가 없어요. 우리 형편에는 벅찹니다. 하지만 아버지는 최고 시설에서 치료를 받고 계십니다. 나는 아버지께 최고만 해드리고 싶어요."

에이미는 그렇게 말하면서 자기 아버지가 누워 있는 방으로 나를 안내했다. 방에는 차양이 내려져 있었다. 침대에는 깡마른 연약한 체구의 남자가 벽 쪽을 향해 마치 태아처럼 몸을 웅크린 채 누워 있었다.

"아빠" 하고 에이미가 속삭이듯 불렀다. "한번 돌아누워 보세요. 미스 캘러넌이 아빠를 보러 오셨어요." 그러자 김 선생은 천천히 우리 쪽으로 몸을 돌렸다. "기분이 좀 어떠세요, 아빠?"라고 에이미는 물었다. 그는 건성으로 고개를 끄떡여 보이고는 억지로 미소를 지어 보였다. 나는 인사를 마친 다음 혈압과 맥박을 재고 청진기로 폐와 복부를 진찰해 보고는 기분이 어떤지도 물어 보았다.

그는 양 넓적다리와 갈비뼈 통증이 심하다는 시늉을 해 보였다. 만성 전립선 암이 뼈까지 전이되었을 때 나타다는 공통적인 증상이었다. 이런 경우에는 방사선 치료를 받아도 효과가 나타나기까지는 시간이 걸릴 수 있다..

나는 김 선생 주치의한테 전화를 걸어 더 센 진통제 처방을 주문했다. 그리고 에이미한테 아버지께 새로운 처방에 대해 설명해 드리라고 일러 주었다. 약사인 에이미는 말귀를 금방 알아들었다.

"이제 너무 힘들어요"라고 김 선생은 말했다. "병원 가기 힘들어요. 그런데 에이미가 제일 좋은 병원이라고 굳이 우기니…." 그는 겨우 말을 이었다.

"아빠, 그곳 의사들이 최고예요." 에이미는 아버지의 손을 잡은 채 말했다. "거기까지 가는 데 시간이 많이 걸린다는 건 저도 잘 알아요. 하지만 그럴 만한 가치가 있다고 저는 생각해요."

김 선생은 딸에게 한국말로 말했다. 하기야 어떤 언어로 하든 무슨 상관이랴. 그의 말투로 미루어 나는 그가 자기 딸을 지극히 사랑하고, 또한 딸이 지극정성으로 자기를 돌봐주는 데 대해 고마워하고 있다는 것을 알 수 있었다. 그는 딸을 기분 좋게 해 주고 싶어 했고 딸이 자기 병 치료를 위해 옳다고 내린 결정이니 그대로 따른다는 생각이었다. 그리고 딸도 의학 공부를 한 사람이니 믿겠다는 것이었다.

만약 김 선생이 희귀 암을 앓고 있는 것이라면 특수 암센터를 찾아가 치료를 받는 게 이해될 만하다. 하지만 김 선생의 암은 아주 흔한 것이고 일주일에 다섯 번씩 장거리 여행을 한다는 것은 그의 심신을 엄청나게 힘들게 했다. 그는 한국말을 모르는 운전기사와 함께 혼자 병원으로 다니는 것이었다. 나는 그가 병원에서 말 못하는 어린아이처럼 이방 저방 불려다니는 모습을 그려 보았다.

어느 날 집에 도착해서 보니 김 선생은 그날 따라 유난히 더 지쳐 보였다. "차에 담요와 베개를 가져가서 병원에서 집으로 돌아오실 때 누워서 좀 주무시지 그래요?"라고 나는 에이미를 통해 물었다. 그는 머리를 좌우로 흔들며 단호하게 거부 의사를 밝혔다.

"아빠는 절대로 그렇게 하지 않으실 거예요"라고 에이미가 말했다. "아빠는 그렇게 하지 않으세요. 우리 가족 모두 그렇게 하지 않는다고 해야겠네요. 그건 점잖지 못한 행동이니까요." 그녀는 아버지의 도덕규범이 남에게 허약함이나 몸의 불편함을 내보이는 것을 허락하지 않는다는 사실을 덧붙였다.

나는 이 자긍심 강한 남자가 통증에 시달리고 치료 받느라 녹초가 된 몸으로 빌린 자동차 뒷좌석에 정신을 바짝 가다듬고 꼿꼿이 앉아 있는 모습을 그려 보았다. 이국땅에 와서 자신의 쇠약한 몸을 낯선 사람들한테 맡긴 다음 자신을 침묵 속에 가두어 버린 채. 그 생각을 하니 나는 가슴이 미어졌다.

나중에 에이미는 아버지가 병원에서 집으로 돌아오면 완전히 녹초가 되어 비틀거리며 통증에 시달린다고 털어놓았다. "그런데도 아버지는 절대로 불평하시는 적이 없으세요"라고 그녀는 말했다. 목소리가 떨리더니 그녀는 얼굴을 두 손에 파묻고 흐느꼈다.

그쯤 되자 나는 사정을 알 만큼 알았으니 이제 끼어들어도 되겠다는 생각이 들었다. 나는 집 가까이에 있는 병원으로 옮겨서 치료를 받도록 하는 게 어떻겠느냐고 가족들에게 제안했다. "그렇게 하는 것이 금전적인 부담은 물론이거니와 아버님이 받는 스트레스와 불편함을 한결 완화시켜 줄 것입니다"라고 나는 말했다. 에이미는 내가 한 말을 고려해 보는 듯했으나 여전히 지금 가는 유명 암센터가 아버지에게 더 좋은 결과를 가져다 줄 것이라고 믿었다.

"돈을 많이 들이고 심적 부담을 많이 지는 것이 더 질 좋고 더 성공적으로 간호하는 것이라고 착각해서는 안 돼요. 아버지에 대한 당신의 사랑을 증명하는 것으로 오해해서도 물론 안 되고요." 나는 차분하게 말했다.

2주간의 방사선 치료를 받은 다음 김 선생은 극도로 기력이 떨어졌다. 먹지도 않고 침대에서 나오려고도 하지 않았다. 가서 보니 내가 처음 찾아갔을 때와 똑같은 자세로 웅크리고 있는 것이었다. 움직이는 건 그때보다 더 힘들어했다. "아빠, 미스 캘러넌이 왔어요." 에이미는 이렇게 간청했지만 아버지는 한국말로 무언가 중얼거리고는 벽 쪽으로 돌아누운 채 꿈쩍도 안 했다. 김 선생 부인이 맛있는 냄새가 나는 작은 접시를 몇 개 들고 들어왔지만 본 체도 하지 않았다. 우리가 방을 나올 때 에이미는 손도 안 댄 음식 접시들을 들고 나왔다.

"말기 환자들한테는 우울증이 흔히 나타납니다." 환자 귀에 들리지 않는 곳으로 가서 나는 이렇게 설명했다. "의사가 항우울증제를 처방해 줄 수도 있지만 약효가 충분히 나타나려면 두 주 정도 기다려야 해요. 아버님께서 지금 복용하시는 스테로이드와 진통제도 우울증을 유발할 수 있습니다."

"차마 못 봐 드리겠어요, 매기 선생님." 에이미는 이렇게 말했다. "이렇게 장거리를 다니는 게 아빠에게는 너무 힘드신 것 같아요. 내가 잘못한 게 아닌가 하는 생각이 듭니다."

"아버님은 어떻게 하고 싶어 하시죠? 아버님이 겪는 일이니 아버님 자신의 뜻에 따르는 게 좋아요. 하지만 내가 보기엔 가까운 병원에서도 똑같이 좋은 진료를 받을 수 있어요. 이곳 병원도 훌륭한 병원으로 이름이 나 있습니다. 아버님께 불필요한 수고를 시켜 드릴 이유가 없어요. 이제는 가능한 한 집에 있는 시간을 많이 갖도록 해 드리는 게 좋아요. 내 생각엔 그게 최선의 약인 것 같군요." 나는 이렇게 말했다.

사흘 뒤에 김 선생은 멀리 있는 암센터에서 치료를 더 이상 받지 않겠다고 했다. 에이미는 아버지의 치료를 처음 암 진단을 내렸던 가까운 병원 의사에게 맡기기로 했다. 하지만 아버지는 점점 더 쇠약해지고, 병세는 더 악화되어 갔다. 가능한 한 신속하게 치료 병원을 바꾸었지만 에이미가 아버지와 함께할 시간은 얼마 남지 않았다. 에이미는 저녁 시간을 이용해 서류를 복사하고 의사들에게 전화를 걸고, 서류를 우편으로 부치고, 병원을 바꾼 게 제대로 되고 있는지 체크했다.

그 다음 내가 찾아갔을 때 김 선생은 다소 기분이 좋아지고 반응도 보이고 정신도 좀 더 말짱해진 것 같았다. 에이미와 내게 이런 말까지 했다. "먼 데 있던 그 병원보다 여기가 더 좋아." 하지만 치료뿐 아니라 가족과 함께 보낼 수 있는 시간들이 너무 낭비된 다음이었다.

김 선생은 몇 주 뒤 숨을 거두었다. 그의 가족들에게 슬픔뿐 아니라 "이렇게 했으면 어땠을까"라는 너무 많은 아쉬움까지 남겼다.

김 선생이 돌아가신 다음 나는 가족들을 찾아가 그동안 정말 애썼으며 훌륭하게 힘을 합쳐 노력했다는 위로의 말을 해 주었다. 그들은 헌신적인 가족이었으며 분명히 힘닿는 데까지 최선의 방법으로 그를 간호했던 것이다.

나는 내가 찾아가 돌본 환자 가족들이 '만약 그렇게 했더라면' 하는 식의 아쉬움으로 인해 죄책감에 빠지는 것을 원치 않는다. 이 '만약 그렇게 했더라면' 이라는 아쉬움이야말로 사랑하는 사람을 잃을 때 감당해야 하는 가장 힘든 부분인 경우가 많기 때문이다. 어떤 집에 가면 나는 이런 말을 듣는다. "만약에 어머니가 그때 화학요법이나 방사선 치료, 수술에 동의하셨더라면 좀 더 사실 수 있었을 텐데." 그런가 하면 어떤 집에서는 이런 말을 듣는다. "아버지께서 그때 화학요법이나 방사선 치료, 수술에 동의하지 않으셨더라면 그렇게 고통스럽게 돌아가시지는 않으셨을 텐데." 특히 암인 경우에는 확실한 것보다는 '만약에 그랬더라면' 하는 아쉬움이 더 많이 남는다.

나는 이런 문제에서 선택을 내리는 게 얼마나 어려운 일인지 안다. 그리고 많은 경우에 그러한 결정은 최상의 선의와 넘치는 사랑, 걱정을 담아서 내려진다. 자기가 사랑하는 사람이 최상의 보살핌을 받도록 해 주고 싶어 하는 게 모두의 마음이기 때문이다.

기억하기

시간, 돈, 스트레스를 아끼도록 한다. 집 가까운 곳에서 치료 받도록 하는 게 최상의 선택일 수 있다.

6

내 기록은 의사 선생님이
모두 갖고 계세요

삼십여 년 전 처음 간호사 일을 시작했을 때 나는 환자가 자기가 먹는 약이 무슨 약이냐고 물어 와도 그걸 알려 주지 않았다. 대신 의사한테 직접 물어 보라고 했다. 많은 환자들이 자기한테 어떤 약이 왜 처방되는지 물어 보지도 않고 모른 채 지낸다. 그런 맹목적이고 순진하게 맹신하던 시절은 이제 지났다. 아니 지나가야 한다. 의료 전문가들에 따르면 치료과정에 적극적으로 관여하고 많은 정보를 아는 환자일수록 더 수월하게 지낸다.

그런데 지금도 환자들, 특히 나이 많은 여성들에게 어떤 약을 먹고 있는지, 아니면 어떤 치료를 받고 있는지에 대해 물어 보면 간혹 다음과 같은 답을 듣게 된다. "작은 흰색 알약 두 개하고 노란색 알약 한 개"라는 식의 답을 듣는 경우도 있고, 이보다 더 안 좋은 것은 "나는 몰라요. 내 기록은 의사 선생님이 모두 갖고 계십니다"라고 하는 경우다.

나는 늙은 의사가 수백 개에 달하는 진료기록을 베개 밑에 쑤셔 넣은 다음 잠자리에 드는 작은 시골마을을 떠올린다. 응급실 간호사가 이 중요한 진료기록이 필요하다고 전화를 걸어 올 경우에 대비해 그렇게 하는 것이다.

물론 오늘날 우리가 처한 현실은 이와 전혀 다르다. 내가 다닌 지난번 직장에서는 건강보험을 6년 동안 세 번 바꾸었는데 그런 경우 담당 의사뿐만 아니라, 방사선 촬영과 실험실 회사까지도 모두 바뀐다. 그 전 해에 유방 촬영을 어디서 했는지 기억해서 그해 찍은 것과 비교하는 것은 점점 어렵고 복잡한 일이 되었다. 진료의 연속성을 유지한다는 건 거의 불가능한 일이 된 것이다. 간호사라 그러한 시스템을 잘 아는 나도 마찬가지다. 내 보험사의 약관을 정확히 모르면 엄청난 비용 부담을 추가로 떠안게 된다.

이처럼 진료의 연속성이 없는 경우 심각한 병을 앓고 있는 사람들은 특히 더 위험하다. 그래서 나는 모든 환자들에게 정확한 진료기록과 진료과정 기록을 한데 모아 쉽게 찾을 수 있는 곳에 보관하라고 당부한다. 심각한 병에 걸렸다는 진단을 처음 받은 사람들이 찾아오면 나는 제일 먼저 포켓 사이즈의 스프링 노트를 준비해 기록을 시작하라고 말한다. 의사가 진찰을 다녀간 날짜, 검사 결과, 약 처방, 중요한 연락처 이름과 전화번호 등을 적어 둔다. 그리고 명함을 받으면 노트에 함께 끼워 두고 환자더러 항상 곁에 두라고 한다.

나는 가족을 따라 미국 국무부의 외교관들 사이에서 자랐다. 우리는 2~3년마다 이사를 다녔기 때문에 어머니는 온 가족의 기록을 꼼꼼히 모아 두셨다. 새로운 임지로 이사 갈 때는 이 기록들을 반드시 손에 챙겨 들고 가셨다. 어머니는 값싼 메모 노트에 가족들 모두의 병력, 알레르기, 골절 등을 날짜 및 진료기록까지 꼼꼼하게 적어 두셨다. 예방접종 기록, X-레이를 비롯한 각종 서류는 큰 서류 봉투에 보관하셨다. 일본에서 브라질에 이르기까지 여러 곳을 돌아다니는 동안 이 기록들은 항상 안전하게 우리 곁을 지키고 있었다. 군인 가족들도 보통 우리와 마찬가지다. 지금 우리 가족은 여기저기 이사를 다니지는 않지만 어머니로부터 물려받은 이런 전통을 그대로 지키고 있다.

9·11 테러가 발생했을 때 내 친구 루이즈는 몇 주째 난소암 화학요법 치료를 받고 있었다. 루이즈는 워싱턴 DC에 살았는데 CIA 본부에서 불과 7마일밖에 떨어지지 않은 곳이었다. 사고 직후에는 추가 테러 우려 때문에 도시 전체에 적색경보가 내려져 있었다. 그때 나는 루이즈에게 이렇게 말했다. "너희 해변 별장이 있는 델라웨어나 아니면 다른 어떤 주로 가더라도 여기서 받는 것과 똑같은 화학요법 치료를 받을 수 있어. 해외로 가더라도 마찬가지인 경우가 많아. 혹시 이곳을 급하게 떠나야 하는 일이 생길지도 모르니, 만약을 대비해서 간호사에게 네 치료법과 약 처방을 써 달라고 부탁해 두는 게 어떻겠니. 나중에 어디로 가든 훌륭한 암 전문의가 네가 여기서 처방받는 것과 똑같은 약을

복용할 수 있게 해 줄 거야."

다행히 워싱턴 DC를 떠나야 하는 일은 일어나지 않았고 루이즈는 주치의 한테서 받는 치료를 성공적으로 마칠 수 있었다. 그렇기는 하지만 루이즈는 그때 준비한 소견서와 처방, 진료기록을 자동차에 실어 놓고 나서부터는 마음이 그렇게 든든할 수가 없었다고 했다.

내 경험으로는 자신의 건강기록, 진찰기록, 처방내용을 정확하고 간략하게 보관하고 있는 환자들은 그게 진료를 계속하는 데 큰 도움이 된다. 원래의 의료기록은 의료기관 여기저기 흩어져 있는 경우가 많다. 응급상황이 벌어졌을 경우 원하는 의사한테 찾아가는 게 어려울 수 있고, 또한 검사를 받았던 시설이 문을 닫았을 수도 있다. 꼭 필요한 정보가 없으면 진료를 받을 때 손해를 볼 수도 있다.

반면에 서류로 된 진료기록을 갖고 있는 환자나 보호자는 마음이 든든해진다. 정보 부족으로 쩔쩔 매는 대신 이런 사람들은 어떻게 하는 것이 최선책인지 의료진과 함께 결정한다. 환자들은 아주 편안한 마음을 가질 수 있게 되고, 나아가 자기가 최선의 진료를 받고 있다는 믿음을 갖게 된다. 진료기록을 보관하고 있으면 이미 받았던 검사를 이중으로 받지 않아도 되고, 과거 진료 내용을 어림짐작으로 추측하는 일도 없게 된다. 이전에 부작용이나 알레르기 반응을 일으킨 약물을 처방하지 않도록, 혹은 다른 의사가 처방한 약과 부작용을 일으키는 약을 처방하지 않도록 의사에게 도움이 되는 정보를 주는 건 대단히 중요하다.

오늘날 환자들(혹은 환자의 건강 대리인으로 지명된 사람들)은 거의 언제나 자기가 받은 의료정보를 읽고 어떤 절차에 동의하는 서명을 해 달라는 요청을 받는다. 만약 여러분이 '심폐소생술 금지' 서약서 같은 응급시 정보를 갖고 있다면 운전면허증처럼 항상 몸에 지니고 다녀야 한다. 그렇게 해야 여러분이 말을 할 수 없는 상황이 되었을 경우 응급실 직원들이 이러한 중요한 정보를 먼저 알아볼 수 있다.

그리고 혈액 검사를 하거나 X-레이 검사, 혹은 X-레이 치료를 받게 되는 경우에는 진료결과 사본을 받아서 여러분이 갖고 있는 폴더에 함께 보관하도록 한다. 의사의 진료실이나 병원 측에 사본을 한 부 달라고 부탁하면 된다. 사본을 받을 때 사인을 해 줘야 하는 경우도 있지만, 이러한 정보를 달라고 하는 것은 여러분의 권리다. 내 생각에는 들고 다니기 편하게 가로세로 5×8인치쯤 되고 분류 레이블이 붙어 있는 밝은색 스프링 노트가 좋을 것 같다. 의사가 보낸 편지와 보고서, 검사결과, X-레이 결과 보고서를 보관할 수 있게 페이지를 끼웠다 뺐다 할 수 있도록 된 바인더도 편리하다. 플라스틱 명함철도 마련해 두면 의사들의 주소, 전화번호, 팩스번호를 쉽게 찾을 수 있다. 담당의도 여러분의 의료정보를 종종 다른 의사들과 공유할 필요가 있을 수 있다. 그러니 연락처 정보를 신속하고 정확하게 제공해 줄 수 있다면 그것은 여러분에게 도움이 될 것이다.

기억하기

혈액 검사와 X-레이 검사 결과 같은 의료정보는 사본을 한 부씩 반드시 보관한다. 좋은 의료 보호를 받으려면 여러분 스스로 적극적으로 기록을 보관하는 의료 소비자가 되어야 한다.

2부

힘든 결정을
내려야 할 때

7

고통받지 않을 권리

사람들에게 죽는 데 무엇이 제일 두려우냐는 물음을 던지면, 흔히 이런 답을 한다. "죽는 건 겁 안 나요. 문제는 죽을 때 얼마나 고통스러울까 하는 것이지요."

오늘날은 호스피스와 고통 완화법이 크게 발달했기 때문에 통증을 비롯한 여러 힘든 증상은 거의 모두 관리되고 완화되고 있다. 우리는 이제 불치 환자들이 마지막 단계에서도 고통 없이, 말짱한 정신으로 지낼 수 있도록 도와주는 아주 간단하고 효과적인 방법들을 알고 있다.

많은 사람들이 치료와 고통 완화의 차이를 혼동한다. 치료의 목적은 병을 치료 내지 더 이상 악화되지 않도록 억제하는 것이다. 완화는 흔히 '위안치료'라고 부르는데, 환자가 가능한 한 편안한 마음으로 지낼 수 있도록 해 주는 것이 목적이다. 환자를 편안하게, 그리고 고통을 느끼지 않도록 해 주는 것은 현재 미국공중위생국Surgeon General과 보건의료기관합동신임위원회JCAHO에서 책임지고 관리한다. 이러한 임무를 소홀히 하는 의료기관은 면허를 취소당할 수 있다.

지난 여러 해 동안 다음과 같은 환자의 4가지 증상을 규칙적으로 점검하는 것이 표준관행으로 지켜져 왔다. 체온, 맥박, 호흡, 그리고 혈압. 이제는 통증이 다섯 번째 중요 증상으로 새롭게 추가되었다. 이에 따라 진료 시 환자가 느끼는 통증이나 불편함의 정도를 모니터하고 처치, 기록, 재검토해야 한다.

아기를 낳으려고 치과의사한테 찾아가는 사람은 없다. 마찬가지로 모든 의사가 죽어 가는 사람에게 필요한 특별한 보살핌을 제공해 줄 자격을 갖추고 있다고 기대하는 것도 무리다. 호스피스와 완화치료는 심장학이나 신경학처럼 전문 의료 분야이다. 다 그런 것은 아니지만 대부분의 의사들이 완화치료 등 죽어 가는 사람에게 필요한 사항에 대한 교육이 안 되어 있다. 뿐만 아니라 적극적인 완화치료에도 전문지식이 없는 경우가 많다. 전통적인 의료교육의 목표는 질병을 정복하는 것이다. 환자 위안도 다루기는 하나 주요 관심사는 아니다. 하지만 살 가망이 없는 경우 치료는 더 이상 적절한 방법이 될 수 없으며 환자에게 이득이 되지도 않는다.

그렇다고 치료가 중단된다는 말은 아니다. 완화치료에는 여러 가지 방법이 있으며 환자 개개인의 필요에 맞춰 전문적으로 적용되어야 한다. 정확한 처방과 모니터링에 의한 약물복용이 필요한 경우도 많다. 암으로 인한 뼈의 통증을 완화하고 종양을 줄이기 위해 방사선 치료가 이용되기도 한다. 종양의 크기를 줄이고 종양으로 인한 압박을 완화하려면 수술이 필요할 수도 있다. 몸의 막힌 통로를 열기 위해 스텐트를 삽입해야 할 수도 있다(예를 들면 담낭에 담관 삽입하기). 그밖에도 물리치료, 마사지 요법, 아로마 요법, 명상 등의 방법이 쓰일 수 있다. 어떤 방법을 쓸지는 환자한테 돌아가는 이득과 부담을 저울질해 결정된다. 위안을 주는 게 목적이기 때문에 이득이 돌아가더라도 가능한 한 환자한테 주는 부담을 최소화해야 한다. 말기 환자들은 상태가 계속 변하기 때문에 이러한 방법들도 계속해서 평가를 다시 해서 얻어지는 위안의 정도에 따라 더하고 빼고, 합칠 것은 합쳐야 한다. 이때 고려해야 할 가장 중요한 것은 환자 본인의 희망 사항이다.

완화치료를 받으면 환자의 신체, 정신, 심리적인 에너지는 소모된다. 어떤 사람의 에너지가 통증, 메스꺼움, 구토, 초조에 근거를 두고 있으면 그 사람은 마무리 짓지 못한 특별한 일을 끝마치거나, 생의 마지막 장을 자신의 삶의 가치에 따라 마무리하는 등 다른 중요한 일에 마음을 집중할 수 없게 된다.

죽어 가는 사람이 완화치료를 받는 동안 어떤 의미 있는 일이 있었는지에 대해 가족들과 말을 나눠 보면 십중팔구는 그 시기에 일어난 어떤 특별한 신체

상의 변화가 일어났는지가 아니라, 환자와 함께 나눈 대화와 소중한 순간들에 대해 하는 말을 듣게 될 것이다. 이런 일들이야말로 죽음에 이르는 슬픈 과정을 함께한 모든 사람들에게 도움이 되는 멋진 선물이다. 이것이 바로 고통완화 간호의 목적이다. 그것은 바로 죽어 가는 사람의 편히 갈 수 있는 권리를 존중하는 것이다.

로즈와 이블린

이블린과 로즈 두 사람은 서로 남편이 죽고 몇 달 뒤 마련된 위로 점심 자리에 참석했다가 우연히 만났다. "우리가 전에 정식으로 만난 적은 없지만 내 기억으로는 아마도 당신이 남편인 듯한 신사분과 함께 있는 것을 닥터 둘리의 진찰 대기실에서 뵌 적이 있어요"라고 이블린이 먼저 말을 걸었다.

"저도 안면이 있어요." 로즈도 이렇게 대답했다. "남편께서 언제 돌아가셨어요?"

"남편 빌은 떠난 지 7개월 됐어요." 이블린은 이렇게 말했다. "호스피스의 간호를 받았답니다."

"우리 남편 조지는 6개월 반 전에 큰 암병원에서 떠났어요." 로즈는 이렇게 말했다.

같은 처지에 금방 마음이 통한 두 사람은 적어 놓은 메모를 서로 비교해 보았다. 두 사람의 남편은 모두 폐암에 걸렸는데 진단을 받았을 때는 이미 다른 장기로 전이가 되어 있었다. 두 사람 모두 방사선 치료를 받았는데 전이 속도를 늦추긴 했지만 치료에는 실패했다. 두 경우 모두 의사들이 치료 확률에 대해 솔직히 이야기해 주었다. 적극적인 치료법을 쓰더라도 치유될 확률은 5%밖에 안 된다는 것이었다. 남은 시간을 약간 늘린 경우도 20% 정도 되었지만 그 시간의 길이와 삶의 질은 환자들마다 달랐다.

조지와 빌 두 사람 모두 화학요법 치료를 받았고 기력 감소, 메스꺼움, 구토

와 함께 심각한 체중 감소 같은 부작용에 시달렸다.

로즈의 남편 조지는 '낫고 말겠다는 집념'에 매달렸다.

"남편은 절대 포기하지 않으려고 했어요." 로즈는 자랑스럽다는 표정으로 말했다. "남편은 끝까지 싸웠어요." 로즈의 남편은 화학요법이 효과가 없자 중단했다. 그리고 3개 주나 떨어져 있는 곳에 있는 큰 암병원에서 하는 임상시험을 받겠다고 고집했다.

로즈는 암병원 가까운 곳에 호텔을 잡고 머물며 집에 있는 자녀, 친구들과는 전화로 계속 연락을 주고받았다. 임상시험은 실패로 끝났고 의사들은 조지에게 집으로 돌아가 호스피스 간호를 받으라고 권했다. 그런데 감염이 잇달아 일어나면서 여행을 할 수 없을 정도로 몸이 쇠약해졌다. 그는 병원에서 숨을 거두었는데 예상치 않게 너무 급작스레 당한 일이라 가족들은 준비가 안 되어 있었다. 로즈는 남편의 임종을 지켜보았지만 자녀나 친구들은 그를 다시 보지 못했다.

빌의 경우는 달랐다. 화학요법을 한 차례 받고 난 다음 그는 아내 이블린과 자녀들을 모아 놓고 장시간 이야기를 나누었다.

"치료 확률에 대해 나도 이야기를 들었다." 그는 이렇게 말했다. "내 손 안에 든 새 한 마리가 덤불 속에 있는 두 마리보다 나아. 지금 상태라면 그동안 내가 계획해 놓은 일들을 조금이라도 할 수 있어. 나는 그 가능성을 잃고 싶지 않다."

가족들은 슬펐지만 화학요법을 중단하고 호스피스 환자가 되겠다는 그의 결정을 따랐다. 숨이 가쁜 증상과 가슴 통증이 있었지만 호스피스가 통증완화 처치를 해 주어서 빌은 아내 이블린과 함께 꿈에 그리던 유람선 여행을 떠났다. 호스피스가 필요 시 휴대용 산소와 휠체어를 쓸 수 있도록 주선해 주었다. 호스피스는 또한 유람선 의료실과 접촉해 빌이 필요한 게 없는지 체크해 달라고 부탁하고, 문제가 생기면 연락하라고 호스피스 전화번호도 건네주었다.

이런 준비 때문에 편안한 마음으로 여행을 떠났지만 그런 게 필요한 상황은 끝내 일어나지 않았다. 빌과 이블린 두 사람은 멋진 '두 번째 신혼여행'을 즐겼다. "남편이 너무 좋아했답니다." 이블린은 말했다. "마치 아프고 나서 얻은 소중한 휴가 같았어요."

유람선 여행으로 힘을 얻은 빌은 두 번의 짧은 주말여행을 계획해 형제들을 찾아보았다. "내일보다는 오늘이 나을 것이고, 아직 떠들어대고 싶은 이야기가 끝나지 않았기 때문"이라고 그는 말했다.

이런 계획들을 편안한 마음으로 마친 다음 몇 주간에 걸쳐 빌은 조용히 사그라져 갔다. 증상은 계속해서 잘 다스려지고 있었지만, 그는 차츰 쇠약해져서 침대에 꼼짝 못하고 누워 있었고, 계속 잠을 자며 가끔 정신이 오락가락했다. 그는 가족들이 지켜보는 가운데 잠시 혼수상태에 빠졌다가 편안하게 숨을 거두었다.

위로 점심 식사를 마친 다음에 이블린은 딸한테 전화를 걸어 로즈와 만난 이야기를 해 주었다. "그 사람들은 우리와는 다른 길을 택했더구나." 이블린은 이렇게 설명했다. "솔직히 나도 우리가 옳은 결정을 한 건지 자신이 없을 때가 더러 있었단다. 네 아빠를 하루라도 더 우리 곁에 머물게 해 드리기 위해 무슨 일이라도 했어야 하는 게 아닐까 하는 생각이 들기도 했어. 로즈 씨 남편은 네 아빠보다 두 주 정도 더 사셨지만 그분들이 함께 보낸 마지막 6개월의 삶이 우리와 너무도 판이했더구나. 로즈 씨와 조지 씨 모두 정말 안됐다는 생각이 드는구나. 이제 나는 우리가 내린 결정이 옳았다는 것을 알았어."

나는 지금 여기서 '절대로 싸움을 포기하지 않는 것'이 항상 틀린다는 말을 하려는 게 아니다. 사람들 개개인이 자신의 독특한 여행에 맞는 선택을 내릴 권리를 갖고 있다. 하지만 나는 여러분의 건강을 돌봐주는 팀과 함께 상의해서 각각의 선택이 가져다 줄 혜택과 부담이 어떤 것인지 균형을 잘 저울질해 볼 것을 당부하는 것이다. 그렇게 하면 여러분이 옳은 결정을 내리는 데 도움이 될 것이다.

특히 암으로 죽어 가는 사람을 돌보는 데 가장 어려운 일 가운데 하나는 불확실성이다. 여러분이 무슨 수를 써도 환자의 상태는 계속 나빠지기 때문에 자기가 틀린 결정을 내린 게 아닌가 하는 기분이 들게 되기 때문이다. '그랬더라면 어땠을까' 하는 생각이 드는 것은 불가피한 일이다. 이런 생각이 드는 것은 따지고 보면 우리가 죽음 앞에서 얼마나 부족하고 무기력한지에 대해 통탄스러워하는 하나의 표시다.

기억하기

생의 마지막 시간을 고통에만 매달려 보낼 필요는 없다.

8

이렇게 고통스럽게 죽어야만 해?

—통증 완화술

당시 나는 70세의 노신사인 새로운 환자를 배정받아 살펴본 다음 그분의 집을 나서는 중이었다. 환자의 아들인 매튜 씨가 밖으로 나와 담배를 뻑뻑 피워 대며 진입로를 따라 급히 내려왔다. 무슨 일이 있는 게 틀림없었다. 그래서 나는 그에게 다가가 말을 걸었다.

"매튜 씨, 서류 검토에다 서명에 정말 지루한 방문이었지요. 매튜 씨도 제 말씀 듣느라 지치셨을 거예요. 저도 제 말에 질렸답니다." 그 말을 듣고도 매튜 씨는 웃지 않았다. "한 번 방문에 다 소화하기는 많은 내용이죠. 그런데 화난 표정이시네요. 아버님이나 가족에 대해 제가 파악하는 데 도움이 될 특별한 내용이라도 혹시 있으신가요?"

"좋아요, 그렇게 물으시니 말씀드리지요. 선생님이 하신 말씀 중에 너무 엉터리 같은 이야기들이 많은 것 같아요." 그는 내게 달려들 기세로 이렇게 대꾸했다.

"어떤 말이 터무니없다는 건지 알아듣기 쉽게 이야기해 보세요."

"한번 들어 보세요." 그는 이렇게 대답했다. "이 '통증 없애 주는' 운운하는 것으로 내 눈을 속일 수는 없어요. 나도 친구와 친지들한테서 암에 관해서는 들을 만치 들었어요. 병에 걸리면 약간 통증을 느끼지요. 그리고 병세가 심해지면 통증도 더 많아지지요. 그러다가 끔찍한 고통 속에서 죽게 되지요. 요점은 그거잖아요. 결국 그렇게 되고 마는 거예요."

"병원에서 어떤 일이 일어났는지 내 눈으로 봤어요. 아버지께서 하시는 일이라곤 시계를 쳐다보며 세 시간이 얼른 지나가길 기다리는 일 뿐이었어요. 그래야 또 진통제 주사를 맞을 수 있거든요."

나는 그가 화내는 게 하나도 이상할 게 없다고 생각했다. "그런 아버님을 지켜보시느라 얼마나 마음고생이 심하셨어요." 나는 이렇게 말했다. "하지만 저는 집에서는 절대로 그런 일이 일어나지 않을 거라는 약속을 해 드릴 수 있어요. 우리는 그렇게 하지 않습니다. 우리가 갖고 있는 계획에 시계 보는 일은 들어 있지 않습니다. 우리는 바로 여기 이 집에서 아버님께 해 드릴 처방을 많이 갖고 있습니다. 아드님과 어머님께 아버님이 편안해지시는 데 필요한 일들이 무엇인지 알려 드릴게요. 필요한 만큼 얼마든지 자주, 그리고 많이 드실 수 있게 해 드릴 수 있어요" 매튜 씨는 못 믿겠다는 눈길로 나를 쳐다보았다.

"내가 부탁하고 싶은 것은 아버님께 처방약을 언제, 얼마만큼 드리는지 일일이 기록만 해 달라는 것입니다." 나는 계속 말을 이었다. "두 분이 챙기기 쉽도록 처방전을 준비해 드릴게요. 하루 24시간 내내 전화 한 통만 하시면 곧바로 간호사가 대기 중이라는 사실을 절대 잊으시면 안 돼요. 궁금하고 걱정되는 게 있거나, 아버님이 약을 드시고도 빨리 편안해지시지 않는다면 언제든 전화하세요."

"아버님이 원하시는 일이면 한밤중에라도 우리가 하던 방식을 바꿀 수가 있어요." 나는 이렇게 그를 안심시키려고 했다. "내가 하는 일은 여러분에게 필요한 모든 일을 미리 알아서 처리하는 것이에요."

"선생님과 어머님께서 적어 주시는 정보는 통증의 정도와 빈도에 따라 아버님께 얼마나 많은 약이 필요한지 우리가 알아내는 데 도움이 됩니다. 천칭을 든 심판의 여신과 같은 것입니다. 통증을 없애 드리기 위해 우리는 아버님이 느끼시는 통증과 처방해 드릴 약의 양 사이에 균형을 맞춰 드려야 합니다. 나는 앞으로 24시간 안에 아버님께 처방해 드릴 약이 어느 정도인지 계산할 겁니다. 그런 다음에는 아버님께 제일 부담이 안 되는 약 복용 방법이 뭔지 궁리해 낼 거예요. 예를 들면 두 시간마다 저단위 알약을 드시게 하는 대신 더 강력하고 효과가 더 지속되는 캡슐을 하루에 한두 번만 드시게 할 것입니다. 아니면 고단위 스킨 패치를 72시간마다 처방해 드릴 수도 있어요." 그러자 그의 두 눈썹이 약간 치켜 올라갔다.

"낮에 누가 처방약을 들고 와서 먹으라고 하면 기분이 안 좋지요." 나는 이렇게 설명했다. "그건 여러분이 지금 아프며 약에 의존하고 있다는 사실을 너무 자주 일깨워 주는 것이지요. 그러면 대부분의 경우 사람들은 마음에 상처를 입고 기분이 상하지요. 그래서 우리는 가능한 한 빨리 약 복용을 중단시켜 드리려고 합니다."

매튜 씨는 이제 눈을 약간 흘기는 듯한 채 몸을 내 쪽으로 기울이고 있었다. 그렇지만 내가 하는 말에 귀를 기울이며 무슨 말인지 알겠다는 듯이 고개를 끄덕였다.

"내게 이삼일만 여유를 주면 아버님의 통증을 다스리는 것뿐 아니라 변비도 고쳐 드리고 밤에 잠도 더 잘 주무실 수 있게 해 드리겠어요. 약속합니다. 만약에 그렇게 못하면 나를 내쫓고 다른 간호사를 구하세요. 나보다 더 젊고, 더 예쁜 간호사를 구할 수 있을 거예요." 내 말에 그는 싱긋이 웃으며 고개를 가로저었다.

그 순간부터 우리는 함께 일하는 한 팀이 되었다. 내 말을 믿으시라. 집 앞 진입로에서 이루어질 수 있는 일도 세상에 얼마든지 있다.

말기 환자나 그 가족들이 통증을 완화하는 데 도움을 받을 최상의 전문가를 찾아나서지 않는 데는 여러 가지 이유가 있다. 죽어 가는 사람한테 통증은 피할 수 없는 증상이라고 믿기 때문일 수가 있다. 약 먹는 게 싫을 수도 있다. 아니면 모든 의사들이 다 통증을 다스리는 법을 알고 있다거나, 통증은 모두 다 같은 것이라고 (잘못) 알고 있을 수도 있다. 의사나 병원이 무서울 수도 있다. 언어 장벽 때문에 그런 상황에서 의사소통에 나서는 걸 머뭇거릴 수도 있고 의료보험이 없어서 그럴 수도 있다. 용하다는 자가 치료법을 알고 있는데 실제로는 효과도 없고, 환자에게 필요한 것을 충족시켜 주지 못할 수가 있다. 모르핀 같은 마취제에 중독될까 봐 겁내는 것일 수도 있다. 하지만 실제로 완화요법에서 그러한 진통 처방은 효과도 있고 안전하다. 마지막으로 고통을 겪는 게 좋다고 믿는 문화적 혹은 정신적인 신념 때문에 고통 완화 치료를 받지 않으려고 하는 것일 수도 있다.

미국에서는 오랜 세월 동안 통증 치료는 제대로 하지 않았다. 관심이나 연민의 마음이 없어서가 아니고 의사들이 통증에 대해 제대로 배우지 않았고, 그래서 제대로 알지 못했기 때문에 그랬다. 미국의학협회지Journal of American Medical Association에 따르면 미국에 있는 의과대학 가운데 3%만이 통증완화에 대해 별도의 종합적인 과정을 설치해 놓고 있다. 그리고 25개 의과대학 가운데 불과 5개 대학만이 죽음과 임종 과정에 관한 학과를 개설하고 있다고 한다. 의사들이 돌보는 모든 환자가 결국엔 죽는다는 엄연한 사실에도 불구하고 현실은 이렇다.

통증을 제대로 진단하지 않고 제대로 다루지 않으면 환자가 불필요한 고통을 겪게 될 뿐만 아니라, 쓸데없는 일에 시간을 허비하고 건강관리 비용의 증가라는 비싼 대가를 치르게 된다는 사실을 우리는 지금 배우고 있다.

하지만 호스피스를 비롯해 완화치료라고 하는 비교적 새로운 전문 의료분야 때문에 이제 사정이 바뀌고 있다. 이들은 통증의 원인과 진행상황을 이해하고 그것을 억제하는 새롭고 창의적인 방법을 찾고, 나아가 여러 불편한 증상들을 보다 잘 관리하는 데 초점을 맞춘다. 이제는 많은 병원들이 통증 클리닉이나 통증완화 치료팀을 두고서 담당의와 상담할 수 있도록 하고 있다. 호스피스와 통증완화 치료 의사들은 모든 종류의 통증 및 기타 여러 고통스러운 증상들을 관리하고 제어하는 법에 대해 철저한 교육을 받는다. 이들은 고통완화 치료의 전문가들이다.

통증이란 우리 몸속에 있는 무언가가 잘못되었기 때문에 관심을 가져 주어야 한다는 경고를 우리에게 하는 것이다. 죽어 가는 사람이 통증을 느끼는 데는 다음과 같은 여러 가지 이유가 있다.

관절염처럼 오래된 부상이나 질병

종양으로 인한 압박

흉통과 궤양을 유발하는 위산 등의 분비

뼈나 신경에 전이된 암

발열

화학요법과 방사선 같은 치료의 부작용

활동부족과 영양부족으로 인한 욕창

하지만 스트레스, 두려움, 불안 등 비신체적인 요인에도 주의를 기울이는 것이 중요하다. 우리가 영위하는 정신적인, 감정적인, 그리고 개인적인 삶은 우리의 몸과 마음에 큰 영향을 미친다. 통증은 감정적이고 정신적인 스트레스가 몸에 나타나는 결과인 경우가 흔하다. 여러 분야 사람들이 모인 호스피스 팀이 완화 치료를 위해 쓰는 방법이 믿기 힘들 정도로 큰 성공을 거두는 이유도 바로 이것이다.

통증과 기타 불편함으로 야기되는 고통을 방치하면 삶의 모든 분야에 상실감이 퍼지게 된다. 삶의 즐거움을 상실하게 되고, 가족들의 삶에 대한 관심을 잃게 되며 식욕 상실로 인해 극심한 체중 감소, 수면 상실, 희망 상실 등의 증상을 겪게 된다. 또한 가족들은 환자가 겪는 고통을 완화시켜 주지 못해 무력감에 빠지고 근심과 걱정에 시달린다. 이 모든 문제들이 간단하고 쉽게 접할 수 있는 치료로 해결될 수 있다.

완화치료의 핵심은 문제의 근원을 찾아내는 일이다. 환자들이 통증을 호소하며 쓰는 단어들이 그 근원을 가리켜 주는 경우가 흔히 있다. 예를 들어 "계속 아프다"고 하는 경우는 보통 장기나 연조직의 통증을 나타낸다. "움직이면 더 아프다"고 불평하는 경우는 뼈나 관절통증일 가능성이 높다. "숨 쉴 때 더 아프다"고 하면 십중팔구 폐나 늑막염 때문에 오는 통증이다. "바늘로 콕콕 찌르고 화끈거리고 칼로 찌르는 것처럼 아프다"고 하면 전형적인 신경 통증이다. 그리고 환자가 "경련이 난다"고 하면 근육 통증, 아니면 신장결석이나 심한 변비 같은 내부 폐색으로 인한 발작적 통증일 가능성이 높다.

모든 종류의 통증을 완화시켜 주는 만병통치약은 없다. 통증완화 교육을 받지 않은 의사들이 가끔 통증이라면 무조건 타이레놀Tylenol #3이나 퍼코셋Percocet 같은 비교적 약한 마약 성분의 약을 우선적으로 처방한다. 이런 약들은 특정한 증상을 해소시켜 주는 좋은 약이고 효과적인 처방이기는 하지만, 잘못 복용할 경우에는 변비를 초래하고 제대로 통증완화 작용을 하는 대신 일시적인 진정 효과만 가져다 줄 수 있다.

의사들을 탓하려는 게 아니다. 의사들은 통증완화 교육을 제대로 받지 않을 뿐만 아니라 종종 마약 성분을 부적절하게 처방했다는 비난을 받을까 봐 걱정한다. 또 잘못하면 징계를 받거나 주州 의약품검토위원회로부터 의사면허를 취소당할까 두려워한다. 그래서 이들이 '법적으로 관리되는 의약품' 소량 이상은 처방하기를 꺼리는 게 이해가 된다. 해결책은 호스피스 교육과 완화치료 훈련을 받은 의사들한테서 진료를 받도록 하는 것이다. 그런 의사들은 관리 의약품을 적절하게 처방하고 감시하는 전문가들이며, 주 의약품검토위원회는 이들이 맡은 환자들이 완화치료를 받다가 문제를 일으키는 경우에는 평소보다 더 많은 양을 처방받아야 한다는 점을 알고 있다.

통증의 종류에 따라 서로 다른 약물이 효력을 발휘한다. 예를 들어 모트린 Motrin이나 알레브Aleve 같은 비스테로이드성 항염증제NSAIDS 계통의 의약품은 모르핀 같은 마약제보다도 뼈 통증에 더 효능이 있다. 신경 통증은 마약제보다도 일부 항발작제나 항우울제가 더 효과적이다. 그리고 많은 환자들이 한번에 한 가지 이상의 통증을 느끼기 때문에 약을 혼합해서 쓰는 경우가 흔히 있는데 특정 약이 다른 약의 효능을 강화시켜 주기도 한다.

약 복용 타이밍도 중요한 분야다. 어떤 약은 문제가 생길 때마다 소위 'p.r.n.' 다시 말해 '필요에 따라' 복용한다. 특히 약효가 장시간 지속되는 약은 규칙적으로 복용해서 지속적이고 효과적인 완화효과를 내도록 한다. 통증이 지속적인 대부분의 경우에는 통증이 나타나기 전에 규칙적으로 약을 복용시키고, 통증이 다시 나타나는 것을 예방하기 위해 완화된 다음에도 계속 복용시키도록 한다. 통증은 조기에 대응할수록 억제하기 쉬워진다. 정해진 약물 투여 시간이 돌아올 때까지 기다린다고 환자를 고통 속에 방치하는 것은 불필요하고 비생산적이다. 호스피스의 간호 기준으로 보면 그것은 잔인한 일이다.

몇 년 전 말기 환자인 자기 어머니의 소원대로 어머니한테 극약 주사를 놓은 탐사보도 전문 여기자에 관한 뉴스가 화제가 된 일이 있었다. 그 여기자는 자기 어머니가 끔찍한 고통을 겪고 있었고 진통제 알약을 삼킬 수가 없었기 때문에 자기가 한 행동이 정당하다고 주장했다. 어머니를 사랑하기 때문에 한 행동이라고 주장했지만 안락사를 시킨 것이다. 이는 미국 내 한 개 주를 제외하고는 모두 불법이다.

엄마를 잃는 딸의 심정으로 나는 당시 그 여기자의 행동에 동정심을 가졌던 기억이 있다. 하지만 나는 또한 그녀의 편협하고 정보가 빈약한 마음가짐이 전국적인 화젯거리가 되는 현실에 놀라고 화가 났다. 여기자와 그녀의 어머니는 효과적으로 통증을 완화할 수 있는 정보를 손쉽게 얻을 수 있는 데도 불구하고, 제대로 알아보지도 않고 다시는 되돌릴 수 없는 결정을 너무 쉽게 내렸던 것이다.

알약을 삼킬 수 있어야 좋은 통증완화 처치를 받을 수 있는 것은 아니다. 진통제 몇 방울을 어머니의 혀 밑에 떨어뜨려 넣어도 된다. 구역질, 숨가쁨, 불면증, 불안 등의 처방약도 마찬가지다. 어떤 약은 피부 패치나 연고로 사용하고, 혹은 좌약 형태로 만들어 직장直腸으로 넣어도 된다. 흡입할 수 있는 약도 있다. 가늘고 작은 주삿바늘을 통해 피부에 주사해 넣을 수도 있으며, 이때 주삿바늘은 며칠마다 한 번씩 갈아 주면 된다. 그리고 외과적으로 삽입하는 정맥 카테터인 중심정맥장치CVAD가 개발됨에 따라 간호하는 가족이 집에서도 간편하게 정맥을 통해 약물을 투여할 수 있게 되었다. 이런 방법들은 모두 환자가 의식이 없더라도 사용할 수 있다.

여기자인 딸이 탐사취재 실력을 발휘해 전문가들에게 부탁하기만 했더라면 모녀는 물론 여기자의 독자들도 사정이 얼마나 달라졌을까. 이 기사로 인해 그

기사를 읽은 독자들 모두가 부정확한 정보를 읽게 되었고, '고통스럽게 죽어야 하는구나' 하는 두려움을 확고히 하게 되었다.

나는 정말 많은 호스피스 환자들을 돌보았는데, 훌륭한 통증완화와 증상완화 덕분에 그들은 진단받은 것보다도 훨씬 더 오래 살았으며 추가로 얻은 시간을 이용해 하고 싶었던 중요한 생의 마지막 목표들을 이루었다. 전문가들을 찾아가자. 도움의 손길은 항상 여러분을 기다리고 있다. 나의 환자들과 그들을 돌봐주는 사람들 모두가 가능한 한 오래, 그리고 편안하게 자신들에게 주어진 시간을 즐겼으면 좋겠다.

기억하기

호스피스의 도움과 통증완화 간호를 받으면 생의 마지막 시간을 고통 속에서 보내지 않아도 된다.

9

언제 그만둘지 스스로 결정하기

10년 전에 나는 지미를 간호하는 행운을 가졌는데 그는 당시 34세라는 생의 한창 시기에 악성 뇌종양으로 죽어 가고 있었다. 그는 아내 데비와 결혼한 지 10년밖에 되지 않았고 두 아들은 여덟 살과 아홉 살이었다.

지미는 엔지니어였다. 그는 아주 현실적인 사람이었는데 정보를 수집해서 처리하고 이를 성공적으로 적용하는 데 전문가였다. 그는 자신의 병에도 똑같은 태도로 임했다. "내게 사실 그대로 알려 주세요." 그는 늘 이렇게 말했다. 하지만 아내와 이야기하거나 '포옹하는 시간'에 아이들이 방 안으로 들어오면 그 실용주의를 비집고 연약한 마음을 드러냈다.

호스피스에 가입한 지 얼마 안 된 때였는데, 지미는 아내가 바깥에 나가 있는 틈을 타 내게 이런 말을 했다. "나는 모든 것을 알고 싶어요. 내가 이 병으로 어떻게 되며, 내가 할 수 있는 일이 정확히 무엇입니까?" 나는 A4 용지 한 장을 가지고 와서 한가운데 세로로 줄을 그었다. 그리고 한쪽 맨 위에 '고칠 수 있는 일/손쓸 수 있는 일'이라고 썼다. 그 밑에 나는 통증, 변비, 수면장애 같은 증상들을 적었다. 그리고 가족의 장래와 자녀들이 갖는 두려움과 슬픔 같은 문제들도 적었다. 간호할 일이 늘어나면서 아내한테서 받을 수 있는 도움, 그리고 그가 죽은 다음 가족들의 슬픔을 달래는 일도 함께 적었다. 그의 담당 호스피스 팀이 이런 모든 증상과 걱정거리를 덜어 줄 전문적이고 효과적인 도움을 줄 수 있었다.

다른 쪽 위에는 '고칠 수 없는 일/손쓸 수 없는 일'이라고 적었다. 이곳에 적은 목록에는 점차 심해지는 신경계 기능 저하가 포함되었다. 오른쪽 팔다리는 점차 약해질 것이며 잠이 많아지고, 침대에서 누워 보내는 시간이 점점 더 많아지다가 나중에는 침대에 누워서만 지내게 될 것이다. 감염이나 혼수상태에 빠질 수 있고 결국 그는 이 때문에 죽게 될 것이었다. 나는 그에게 '고칠 수 없는 일/손쓸 수 없는 일' 목록에 적힌 문제들은 이겨 내도록 우리가 도와주고 증상을 가능한 한 최소화하기 위해 약물을 사용하겠지만, 우리가 일차로 관심을 갖는 분야는 그의 인생에서 '고칠 수 있는 일/손쓸 수 있는 일' 분야라는 점을 설명했다. 우리는 그가 훌륭한 삶의 질을 유지해 가족들과 시간을 함께 보내고, 이 중요한 시기를 가능한 한 창조적이고 뜻있게 보낼 수 있도록 적극 도울 계획이었다. 우리는 그에게 선택할 수 있는 여지를 가능한 한 많이 주고 자기한테 일어나는 일에 대해 가능한 한 자신이 통제력을 행사하도록 할 작정이었다.

지미는 한참 동안 이 모든 일들을 곰곰이 생각했다. 마침내 그는 체념한 듯한 목소리로 이렇게 말했다. "이 병으로 죽는 건 내가 선택한 것이 아닙니다. 하지만 그럴듯한 계획이 있는 것 같네요. 그 수밖에 없다면 해낼 수 있을 것 같아요." 그 분석적인 엔지니어는 정보를 분석해 본 다음 현실적인 결정을 내렸다. 나는 그가 통렬하게 결론을 내려 준 덕분에 곧장 핵심으로 들어갔다. 그것은 바로 내가 원하는 바는 아니지만 '그 수밖에 없다면 한번 해 보겠다' 는 것이었다.

자기 아내와 이 목록에 대해 상의해도 괜찮겠냐고 물었더니 그는 그렇게 하라고 동의했다. 앞으로도 상의해야 할 일이 많이 있었지만 나는 때가 되면 지미가 스스로 물어 올 것임을 알았다.

I-95 고속도로

다음번에 찾아가자 지미는 몇 가지 주문사항과 질문할 게 있다고 말했다. "지난번에 선생님이 내 병과 치료법에 대해 내가 몇 가지 선택할 수 있다고 하셨습니다. 그걸 나와 같이 한번 검토해 주시겠어요?"

그래서 나는 그 일을 시작했다. "대부분의 불치병은 1-95번 고속도로를 따라 내려가는 여행과 같습니다. 메인 주의 출발지에서부터 플로리다 주 끝에서 여행이 끝날 때까지 계속 고속도로를 타고 내려갈 수도 있습니다. 하지만 일찍 고속도로를 벗어나 여행을 좀 더 일찍 끝낼 수도 있습니다." 지미는 한마디도 놓치지 않으려는 듯 귀를 쫑긋 세우고 들었다.

"병으로 인해 생기는 부작용과 문제점들은 1-95번 고속도로를 벗어나 출구로 빠져나가는 것과 같습니다. 그중에 어떤 경우는 여행을 계속하면서 잠시 벗어날 필요가 있어서 생긴 사소한 문제입니다. 또 어떤 경우는 보다 심각한 문제가 생긴 것입니다. 그런 경우에는 여행을 계속하기 위해 보다 많이 벗어나야 합니다. 벗어나는 것은 정말 기회입니다. 당신은 당신이 여행을 계속할 수 있도록 해 주는 치료법을 선택할 수도 있고, 아니면 출구로 빠져나와 당신 방식대로 여행을 끝내는 선택을 할 수도 있습니다."

지미의 얼굴이 밝게 빛났다. "이제 알았어요!" 그는 이렇게 소리쳤다. "병이 나를 완전히 지배하도록 내버려 두는 게 아니라 내가 어느 정도까지는 병을 통제할 수 있겠어요." 그는 천천히 말을 계속했다. "이런 식으로 병에 대처할 수 있다는 생각을 해본 적은 없었어요. 그동안 내 방식대로만 했습니다. 이렇게 하니 내가 갖고 있는 두려움과 그토록 막막하던 기분을 다스리는 데 정말 도움이 됩니다."

나는 그에게 병과 관련해 무엇이 그렇게 겁나느냐고 물었다.

"아들들이 내가 발작을 일으키는 것을 보고 겁을 먹는 것입니다." 그는 이렇게 말했다. "그리고 내가 제대로 생각을 못하고 가족들과 의사소통을 못 하면 차라리 죽는 게 낫다고 생각합니다."

나는 발작을 통제할 수 있는 좋은 약이 있다고 그를 안심시켜 주었다. 뇌속의 부기를 가라앉혀 주는 스테로이드를 처방해 주면 가능한 한 오래 맑은 정신을 유지할 수 있게 될 것이다. 그가 원하면 스테로이드 처방은 언제든지 줄이거나 중단할 수 있다. 하지만 그 약을 쓰지 않으면 그는 순식간에 병세가 악화되어 죽을 것이다. 아내와 아들들이 지켜보기 힘들 정도가 되면 마지막 며칠간은 그를 우리 입원환자 호스피스 부서로 옮겨 줄 수 있다고 했다.

그는 "그렇다면"이라며 말을 이었다. "생각해 볼 점이 많네요. 하지만 아까 말씀하신 출구에 대해 다시 한번 이야기해 보고 싶어요. 그게 어떤 것인지 좀 더 자세히 말씀해 주세요."

나는 이렇게 말했다. "폐렴 같은 감염이 그중 하나입니다. 그걸 치료하든가 아니면 그냥 내버려 두든가 당신이 선택할 수 있습니다. 뇌졸중 같은 것도 마찬가지입니다. 세 번째로는 아무것도 먹거나 마시지 않는 것입니다. 자기 의지로 그렇게 하는 수도 있고 아무것도 삼킬 수 없을 정도로 몸이 약해져서 그렇게 될 수도 있습니다. 네 번째로 약 복용을 중단해서 발작이 일어나는 걸 방치하는 것입니다. 이는 내가 권해 드리고 싶지 않은 출구들입니다. 비록 당신은 아무것도 느끼지 못한다 하더라도 그걸 바라보는 당신 가족은 몹시 괴로울 것이기 때문입니다."

내 말을 듣더니 지미는 "생각해 볼 점이 많네요"라며 다시 한번 이렇게 말했다. "아내 데비와 이 문제를 상의해 보고 싶어요. 만약 우리한테 필요한 게 있으면 모든 걸 이야기해 주시겠어요?

"물론이죠." 나는 이렇게 답했다. "당신한테 필요한 게 있으면 언제든지 그렇게 하죠. 그리고 어떤 결정을 내리시든 바위에 단단하게 새기는 건 아니라는 점을 명심하세요. 행동 방향을 어떤 쪽으로 잡았다가 생각이 바뀌면 언제든지 되돌릴 수 있습니다. 하지만 어떤 일이 일어나는지, 가능한 선택에 어떤 것들이 있는지, 당신이 택한 결정에 어떤 혜택과 어떤 부담이 있는지를 제대로 아는 게 중요합니다."

나는 이어서 "내 임무는 당신이 원하는 정보, 당신한테 필요한 정보를 가능한 한 많이 드리는 것입니다"라며 이렇게 말을 이었다. "아무런 정보도 필요없다고 말하는 사람들도 있어요. 그런 사람들과는 이런 대화를 나누지 않습니다."

지미는 "내가 모든 걸 알고 싶다고 말씀드린 것은 진심입니다. 어떤 출구든 나타나면 내게 알려 주세요."

나는 정신을 바짝 차리고 있다가 알려 주겠다고 약속했다. 그는 안심하는 것처럼 보였다.

우리는 전통 의학에 익숙해져 있기 때문에 많은 사람들, 특히 환자 가족들은 부작용이 나타나도 치료를 안 하거나 치료하려는 노력을 안 한다는 말을 들으면 기겁을 한다. "감염을 치료하지 않는다니 도대체 무슨 말씀이세요?" 그들은 내게 이렇게 묻는다. "그건 살인행위 아닌가요?"

관계되는 모든 사람들한테는 받아들이기 힘든 생각이지만 여기에는 반드시 구분해서 생각해야 할 중요한 부분이 있다. 비록 환자의 요청이 있더라도 환자의 죽음을 재촉하는 일을 환자에게 하는 행위는 적극적인 안락사, 환자의 자살을 도와주는 행위, 혹은 자비로운 살인 등으로 불린다. 이런 행위는 미국에서 한 개 주만 제외하고는 모두 불법이다. 적극적인 안락사는 어떤 호스피스나 통증완화 프로그램에서도 용인되지 않는다.

내가 지미와 나눈 이야기는 전혀 다른 문제다. 그것은 죽음의 과정을 인위적으로 연장하기 위한 개입행위는 하지 않기로 선택하는 것이다. 대신 자연스러운 죽음의 길을 택하겠다는 것이다. 이를 두고 수동적인 안락사로 부르기도 하지만 미국 내 어떤 주에서도 이를 불법으로 규정하고 있지 않다. 이는 죽어가는 사람이 자신의 마지막 여행의 어려움을 통제하고 여행 기간을 통제하는 기회가 되는 경우가 많다.

왜 어떤 환자들은 우리가 그렇게 도와주는데도 일찍 출구를 빠져나가기로 결정하는 것일까? 그런 사람들은 내게 이렇게 말한다.

"이제 지쳤고 이 일은 그만두고 싶어요."

"애를 쓸수록 점점 더 나빠지네요. 이제 할 만큼 했어요."

"결국엔 죽을 텐데 왜 이 짓을 계속해야 하나요. 가족들도 힘들게 하는 것 같은데."

"이 싸움을 계속해서 얻는 게 무엇인가요?"

"이제 아내와 가족들을 더는 힘들게 하고 싶지 않아요."

"이렇게 사는 건 아무 의미가 없어요."

지미와 같은 많은 환자들이 자기 의지로, 그리고 자기가 생각하는 이유에 따라 이 길에 얼마나 오래 머물지를 결정할 수 있다는 생각에 큰 위안을 받는다.

출구로 빠져나가기

몇 달이 지나자 지미는 온종일 침대에서 시간을 보내게 되었다. 간혹 정신이 혼미해졌고 잠을 많이 잤다. 아내 데비, 자식들과의 의사소통 능력도 차츰 떨어지고 목욕하고 화장실 가고 식사할 때도 다른 사람의 도움이 점점 많이 필요해졌다. 나는 또한 그가 음식과 알약을 으깬 다음 볼 안쪽에 다람쥐처럼 감추기 시작하는 것을 알게 되었다. 뇌질환이 진전되는 환자들이 보이는 공통적인 행동이기는 하지만 나는 그러다 이물질이 폐속으로 잘못 들어가 호흡기 폐렴을 일으키지나 않을까 걱정되었다.

정서적인 면에도 변화가 감지되었다. 정신이 맑을 때면 그는 죽음에 대해 이야기하는 시간이 많아졌다. 그리고 여러 해 전에 돌아가셨지만 무척 좋아했던 조부모님 꿈을 생생하게 꾼다는 말을 내게 했다. "그분들이 나를 기다리고 있어요." 그는 꿈에서 덜 깬 듯 미소를 머금은 채 이렇게 말하곤 했다. 점차 현실세계를 떠나 표류하기 시작한 것 같았다.

방문하는 날이면 나는 그의 심장과 폐를 청진기로 진찰했다. 어느 날 한쪽 폐에 초기 폐렴 가능성을 나타내는 추가 점액과 미약하게 문지르는 소리가 들렸다. 지미의 담당의에게 전화를 걸어 이 같은 사실을 알리자 주치의는 내게 지미와 데비 부부가 치료를 어떻게 해 주기를 원하는지, 아니면 치료를 하지 않기를 원하는지 물어 보라고 했다. 그들이 원하는 대로 해 주자는 것이었다.

나는 다시 지미의 방으로 들어갔다.

"지미, 몇 가지 변화가 감지되어서 이를 당신 담당의한테 알렸어요." 나는 부드러운 목소리로 말했다. "무슨 일인지 알고 싶으세요?"

지미가 초기에 자기는 무슨 일이 일어나는지 모두 알고 싶다는 말을 분명하게 했지만, 그래도 나는 환자가 마음이 변해 무서워서 나쁜 소식을 못 듣겠다고 할 것에 대비해 항상, 그리고 매번 다시 체크한다. 지미는 마치 머릿속의 혼란함을 떨쳐내 버리려는 듯 가늘게 뜬 두 눈을 깜빡이며 "말해 주세요"라고 했다.

"우려했던 폐 폐색 소리가 나는 것 같습니다." 나는 이렇게 말했다. "폐렴이 될 수 있어요. 이건 큰 변화입니다." 나는 그의 한쪽 팔을 부드럽게 쓸어 주며 말했다.

"출구로 나가는 것인가요?" 그는 웅얼거리며 말했다.

"아마도." 나는 부드럽게 말했다.

"오…젠장…나도…이제 지쳤어요." 그는 웅얼거리듯 말했다. "나도 이제 끝내고 싶어요. 데비한테 말해 주세요. 내가 이 싸움을 그만둔다면 아내가 받아들일까요?"

나는 부엌에서 내 어깨에 기대어 흐느끼는 데비를 끌어안고 오랜 시간을 보냈다.

"이런 일에 대해 우리도 많이 이야기했어요." 그녀는 이렇게 말했다. "내년, 아니면 내달, 내주라도 좋겠어요. 그런데 바로 지금이라니. 난 아직 준비도 안 됐어요."

"나도 알아요 데비." 나는 말했다. "나도 알아요."

"남편의 증세가 악화되는 걸 차마 볼 수가 없어요. 그리고 남편이 자기 의지로 선택하는 일이면 나도 그의 선택을 지지할 거라고 약속했어요. 하지만 너무 힘들어요. '준비 됐어요' 라고 하는 그런 순간이 정말 있습니까?"

한숨이 절로 나왔다. "이지적으로는 가능하다고 생각해요." 나는 이렇게 말했다. "하지만 사랑하는 마음으로는 정말로 작별 인사를 하고 떠나보낼 준비가 되는 일은 결코 없어요."

그런 다음 데비와 나는 함께 지미의 침대 옆으로 가서 앉았다. 나는 우리가 어떻게 하면 그를 편안하게 해 주어서 수월하고 평화롭게 죽음을 맞을 수 있도록 할 것인지 생각했다. 나는 부부가 원하고 또 빈자리가 있다면 그를 호스피스 입원 환자실로 옮기는 게 어떻겠느냐고 했다.

"싫어요!" 데비는 단호하게 말했다. "나는 남편이 여기서 우리와 함께 있도록 하고 싶어요. 우리는 지금까지 이 여행을 같이 해 왔고, 남편이 겁내던 발작도 일어나지 않았어요. 아이들과 나는 우리가 함께 이루어낸 팀워크를 자랑스럽게 생각합니다. 그리고 부모님이 우리를 도와주러 오시는 중이에요. 온 가족이 이 일을 같이 하는 게 중요해요. 남편을 여기 두겠어요."

"좋아." 지미도 꿈꾸듯 웅얼거렸다. "우리 계획대로 합시다." 그는 데비의 손을 잡은 채 다시 잠속으로 빠져들었다.

나흘 뒤 지미는 그가 원하던 대로 평화롭고 편안하게 숨을 거두었다. 그의 환자용 침대와 아내가 쓰는 침대를 맞붙여 놓아 그는 아내, 두 아들과 서로 부둥켜안고 함께 어루만지고 함께 숨쉬고 함께 꿈꾸는 가운데 마지막 숨을 거두었다.

장례식에서 데비는 내게 이렇게 말했다. "그가 떠났다는 게 도무지 실감이 안 나요. 그렇지만 우리가 이 여행을 함께 시작하기 전에 가졌던 죽는 것에 대한 두려움은 없어졌어요. 남편은 우리한테 많은 것을 가르쳐 주었어요. 나는 그래서 남편한테 너무 감사해요."

완화처치로 편안한 죽음을

죽어 가는 사람이 암 같은, 실제로 앓고 있는 병 때문에 죽는 경우는 거의 없고, 쇠약해진 심신과 병이 결합되어 초래되는 각종 부작용 때문에 죽는다는 사실을 알면 많은 사람들이 놀란다. 흔한 합병증은 감염, 내출혈이나 부적절한 산소공급을 초래하는 혈액화학의 이상, 신체화학과 전해액의 불균형 등이다. 건강한 사람일 경우 이런 문제들은 통증이나 몸이 불편한 정도로 나타나겠지만 그것은 의학적인 치료로 해소될 수 있다. 하지만 죽어 가는 사람의 경우 이러한 합병증은 치명적이다.

수년 전 나는 폐렴을 앓았는데 그 때문에 닷새 동안 병가를 냈다. 이틀 뒤에 항생제를 투여하자 나는 기분이 한결 좋아져서 욕실 페인트를 새로 칠할 정도가 되었다. 당시 나는 폐렴에 걸렸지만 건강한 사람이었다. 몸이 다소 불편했는데 약을 투여하자 간단히 나았던 것이다.

하지만 죽어 가는 사람이 폐렴에 걸리면 사정은 달라지며, 건강한 사람의 경우에는 일어나지 않는 문제로 연결될 수 있다. 죽어 가는 사람은 쇠약하기 때문에 흡입 능력이 떨어지는 경우가 많다. 그래서 적은 양의 음식물이나 용액이라도 환자가 이를 먹고 마실 때 폐로 흡입될 수 있다. 폐렴을 유발하는 박테리아는 우리 주위의 공기속에 있는 경우가 많은데, 폐에 용액이나 미량의 음식물, 점액이 들어갈 경우 쉽게 발병할 수 있다. 모두 다 박테리아가 자라는 데 좋은 환경을 만들어 주기 때문이다. 이밖에도 병이나 화학요법, 방사선 같은 치료 때문에 면역체계가 이미 약화되어 있는 상태이다. 폐렴이 심하게 아프거나 죽어 가는 사람한테 가장 흔한 사망원인이 되는 것도 바로 이런 이유 때문이다.

감염과 내출혈 같은 문제가 일어나는 경우, 환자(혹은 지정 건강 대리인)는 선택에 직면하게 된다. 우선 고칠 수 있다는 희망으로 이런 문제들을 적극적으로 치료하겠다는 결정을 내릴 수가 있다. 혹은 이들 문제의 근본적인 원인을 치료하지 않겠다는 생각을 할 수도 있다. 예를 들어 박테리아 감염을 이기기 위해 항생제를 사용할 수 있고, 진행 중인 혈액 상실로 인한 빈혈을 치료하기 위해 수혈을 할 수도 있다. 하지만 이 두 가지 방법 모두 기껏해야 일시적인 완화책밖에 되지 않는다. 진행 중인 병 때문에, 그리고 환자가 점점 더 쇠약해지기 때문에 이런 문제들은 계속 일어난다. 반면에 치료하지 않기로 결정한 사람들은 이러한 부작용들을 이 병과 더불어 살아가는 하나의 기회로 생각한다. 이런 경우에는 완화처치가 가장 논리적이고 온정적인 선택이 된다.

폐렴(그리고 다른 대부분의 감염)이나 내출혈이 있더라도 적극적으로 훌륭한 완화처치를 해 주면 환자가 평화롭고 편안하게 죽을 수 있다는 사실을 알면 대부분의 사람들은 놀란다. 지미와 같은 경우에 두 가지 선택이 서로 어떤 결과를 낳는지 설명해 보기로 한다.

폐렴으로 불편함을 겪는 것은 감염으로 인한 발열과 폐속의 점액 때문이다. 이 때문에 호흡곤란이 나타나고 '산소 부족'의 불안감이 드는 것이다. 이럴 경우 몸의 중요 장기들에 충분한 산소가 공급되지 않아 전반적인 호흡장애를 겪고, 결국 죽음에 이르는 경우가 흔하다.

치료에는 입원, 수시로 주삿바늘을 꽂아서 피를 뽑고, 각종 X-레이, 계속해서 코로 산소 주입, 열을 내리기 위한 해열제 처방, 정맥주사IV 영양·항생제 투여, 그리고 흡입기를 통한 약물 복용 등이 포함된다. 이런 치료를 받았는데도 효과가 없으면 환자는 산소호흡기 신세를 지게 된다. 이러한 특단의 조치들을 중단하는 결정은 가족이나 건강 대리인, 혹은 의료처치위임장HCPOA에 의거해 내려지도록 되어 있다. 대부분의 사람들은 이러한 결정을 내리는 것을 끔찍한 일로 생각한다.

말기 환자들의 경우 폐렴이 심한 경우가 종종 있고, 적극적으로 대처해도 다스려지지 않는 경우가 많다. 대개 환자는 증세가 악화되어서 결국 죽게 되는데, 그것도 자기 집 침대에서가 아니라 병원에서 죽음을 맞는다.

폐렴을 앓는 말기 환자들에 대한 완화치료는 아주 특이하고 아주 온정적이다. 우리는 발열로 인한 고통을 없애 주기 위해 시원한 옷과 목욕, 그리고 해열제 처방을 함께 쓴다. 환자가 원하는 경우에 한해 비강배관(코 안에 집어넣는 짧고 가는 튜브)을 통해 산소를 투여해 준다. 폐 분비액을 말려 주고 호흡을 수월하게 해 주는 약은 입으로 먹이거나 좌약, 혹은 피부 패치를 통해 복용시킬 수 있다. 혀 밑에 진통제 액을 몇 방울 떨어뜨려도 숨가쁜 것을 완화시키고 호흡을 수월하게 만들어 줄 수 있다. '산소 부족'으로 인한 불안감을 없애기 위해 혀 밑에 약을 처방할 수도 있다. 주삿바늘도 정맥주사도 필요 없고 피를 뽑는 일도 없다. 낯선 사람의 간호도 필요 없고 병원에 가지 않아도 된다. 이런 손쉬운 치료들을 모두 집에서 받을 수 있다.

항생제를 쓰지 않기 때문에 감염이 오래 지속되고 결국 죽음에 이르게 되는 경우가 많다. 하지만 그것은 평화롭고 편안한 죽음이다. 환자는 잠을 점점 더 많이 자기 시작한다. 정신이 혼미해지다가 잠깐씩 혼수상태가 뒤따르며 죽음을 맞게 된다. 이런 과정이 불과 며칠 만에 일어난다. 이런 식의 죽음은 아주 조용하고 순조롭게 진행되기 때문에 환자 침대 주위에 모여선 사람들은 어떤 일이 일어나는지도 모르는 경우가 많다. 환자가 마지막 숨을 쉬고 난 뒤 몇 분이 지난 뒤에야 환자가 떠난 사실을 알게 된다.

기억하기

죽음도 고속도로 주행과 마찬가지로 일찍 빠져나갈 수 있는 출구가 있어서 마지막 여행의 기간과 고통의 정도를 여러분의 뜻대로 선택할 수 있다.

10

심폐소생술로 여러 번 죽을 것인가?

죽어 가는 사람이 직면하는 가장 어려운 선택은 자신의 심장이나 호흡이 멎을 때 소생술을 받을 것이냐 말 것이냐 하는 것이다. 이런 문제는 아예 생각하지 않으려는 사람들이 있는가 하면, 어떤 사람들은 결정을 계속 미루다가 결국 배우자나 가족이 그런 결정을 대신 내려 주는 경우도 있다. 아무리 좋게 생각해도 유쾌하지 않은 결정임이 분명하지만 다른 사람이 대신 그런 결정을 내려야 한다든가, 한창 위험한 순간에 그런 결정을 내리려고 하면 더 어려워진다.

환자가 '심폐소생술 거부DNR' 사전 의료지시서에 사인을 하지 않았거나, 의사가 환자가 원하는 바가 무엇인지 모르는 경우에는 환자에게 심폐소생술을 시행한다. 말기 환자가 사랑하는 사람들에게 줄 수 있는 가장 친절한 선물 가운데 하나는 이 문제에 대한 결정을 빨리 내려서 서류에 서명하고, 모든 이들에게 그러한 사실을 알리는 것이다. 그렇게 해 주면 그를 사랑하는 사람들이 이 두렵고 죄책감까지 들게 만드는 결정을 내리지 않아도 되는 것이다.

심폐소생술CPR 때문에 요즘은 많은 말기 환자들이 두 번, 심지어 세 번씩 죽는다. 의식도 회복하지 못한 채 그렇게 되는 경우가 많다. 이는 환자와 가족들한테 불필요한 외상을 안겨 준다. 그것은 편안함, 평화, 그리고 존엄성이 지켜지지 않는 죽음이다. 무엇보다도 가족들은 사랑하는 사람을 지켜보고 싶어도 그 자리에 있지 못하도록 바깥으로 내보내진다.

심폐소생술은 멈춘 심장과 폐를 다시 뛰게 만들려는 시도다. 이는 이 중요한 장기들이 다시 뛰게 할 수 있고, 계속 작동해서 생명을 유지할 수 있게 만들 수 있다는 가정 아래 행해진다. 나는 간호사가 되고 난 지 십 년 동안 응급실과 중환자실에서 일하며 셀 수 없을 정도로 많은 심폐소생술에 참여했다. 여러분은 심폐소생술을 받을 권리를 갖고 있다. 하지만 나는 여러분이 진짜 제대로 알고 동의하기를 바라기 때문에 이에 관해 여러분에게 진실을 이야기하려고 한다.

가장 중요한 것은 시간이다. 어떤 사람의 심장이 멈추게 되면 산소 부족으로 회복불능의 뇌손상이 일어나기 전에 이를 다시 뛰게 만들어야 하는데 그 시간은 약 4분이다. 생명이 없는 사람의 몸은 넓은 판지 같은 딱딱한 곳에 눕혀진다. 정맥을 찾아서 정맥주사를 놓는다. 큰 호흡 튜브를 목구멍을 통해 밀어넣어서 호흡기로 폐에 산소를 강제로 공급한다. 양손 바닥을 환자의 흉골이나 가슴뼈 위에 얹고 리듬에 맞춰 세게 내려 눌러서 피가 심장에서 다른 장기로 공급되도록 한다. 이렇게 함으로써 심실들이 채워졌다 비워졌다 하도록 만들어 인위적으로 심장의 리듬을 되살려 주는 것이다. 가슴뼈를 누르는 동안 환자의 갈비뼈들이 부러지는 경우도 흔하다. 그렇게 되면 곤란하지만 그게 중요한 문제는 아니다. 목적은 '살릴 수 있는' 생명을 구하는 것이다.

심장에 충격을 가해 다시 저절로 움직이도록 만들기 위해 환자의 가슴 한쪽에 전기 패들을 얹어 놓고 강력한 충격을 한두 차례 가하기도 한다. 이렇게 하는 경우 그 충격은 엄청나게 강하기 때문에 주위에 있는 사람들은 모두 침대에 가해지는 충격을 피하기 위해 뒤로 물러서야 한다. 이와 함께 정맥주사 튜브를 통해 약을 주입하거나 직접 심장 근육에 주사한다. 기계에서는 '삐삐' 하며 요란한 소리가 들린다. 소음을 뚫고 이래라 저래라 지시하는 의료진들의 고함소리가 들린다. 그러는 동안 겁에 질린 가족들은 다른 방에서 기다려야 한다.

효과를 거두지 못하면 심폐소생술은 중단되고 사망시간이 기록된다. 성공하는 경우 환자를 비롯해 모든 생명유지 기계들은 중환자실로 보내진다. 환자가 어느 순간 상태가 호전되어서 의식을 회복하고 호흡기를 떼도 생명을 유지할 수 있게 될 것이라는 희망속에 면밀히 모니터링을 받는다. 회복되는 환자도 있고 그렇지 못한 환자도 있으며, 어떤 이는 여러 차례 심폐소생술을 받고도 의식 한번 회복하지 못한 채 죽는다.

40여 년 전 심폐소생술이 처음 도입되었을 당시 그것은 죽어 가지만 되살릴 수 있는 사람을 구하기 위한 응급처치였다. 예를 들면 약물에 대해 생명이 위태로운 알레르기 반응을 보이는 경우, 물에 빠지거나 심장 발작을 일으킨 경우 등이다. 죽음을 되돌리거나 피할 수 없는 말기 환자들한테는 이 심폐소생술이 시행되지 않았다. 말기 환자의 경우 심폐소생술은 삶이 아니라 죽음의 과정을 연장시킬 뿐이다.

많은 사람들이 이 응급처치가 어떤 것이고 어떤 결과가 나오는지에 대해 왜곡되고 부정확한 생각을 갖고 있다. 내게 이렇게 말하는 환자들도 있었다. "나한테는 심폐소생술을 약간만 하세요. 가슴을 몇 번만 때려 주세요." 혹은 "심폐소생술을 해보기는 하되 병원으로 데려가진 말아 주세요." 혹은 "내가 그만하라고 하면 중단해 주세요."

기술이 진보하면서 죽어 가는 사람의 몸을 살려 놓기 위해 우리가 할 수 있는 일에 대한 기대치도 함께 높아지고 있다. 환자와 의사가 서명한 '심폐소생술 거부' 서약서가 없는 경우 심폐소생술은 현재 '모든 상황에서 사용되는 응급처치'로 생각되고 있다. 존엄사를 희망하는 유언과 의료위임장을 남기는 중요한 이유는 가족들이 이처럼 어려운 상황에 처하는 피해자가 되기 전에 여러분의 뜻을 알리고 법적 효력이 있는 문서로 남기기 위한 것이다(존엄사를 희망하는 유언과 의료처리 위임장에 관한 상세한 정보는 부록 참고).

델피니엄

델피니엄은 병마와 싸우면서 길고 힘든 과정을 보내야 했다. 그녀가 보여 주는 잔잔한 미소는 고통과 강렬한 대조를 이루었다. 15년 전에 선고받은 유방암은 그동안 잠복과 재발을 수차례 되풀이했다. 이제는 죽음을 피하기 힘들 것처럼 보였다. 하지만 밝은 표정을 보면 병마와의 싸움에서 패배함으로써 떠안았던 절망감을 딛고 일어선 것 같았다.

"정말 아름답고 특이한 이름을 가지셨네요." 나는 그녀를 처음 만났을 때 이렇게 인사를 건넸다.

"와, 정말 그렇죠?"라며 그녀는 깔깔 웃었다. "우리 할머니가 제일 좋아하신 꽃이었어요. 하지만 나를 부를 때는 그저 델라라고 해 주세요. 다른 사람들도 다들 그렇게 부른답니다."

"지금 자신이 처한 상황을 편안하게 받아들이시는 것 같네요." 나는 조심스레 말했다. 델라가 보이는 편안함이 진짜인지 아니면 그 뒤에 어떤 거부감이 감추어져 있는지 확신할 수 없었기 때문이다.

"나는 그동안 싸우고 싶은 만큼 싸웠고 이제는 하느님이 나를 부르신다는 것을 알아요. 그래서 이제는 떠날 준비가 되었고, 마지막 여행의 속도를 늦추고 싶지 않습니다. 남편 드웨인이 문제입니다. 남편은 의사 선생님들을 들볶아서 치료를 계속할 필요가 있다고 생각한답니다. 아직도 현실을 받아들이려고 하지 않아요. 아휴, 그 사람이 정말 골칫덩어리예요." 그녀는 두 눈을 굴리며 한숨을 내쉬었다.

"이곳에 있는 부인의 차트를 보니까 '심폐소생술 거부' 서약서에 벌써 서명을 하셨더군요. 그리고 남편 드웨인 씨를 부인의 영구적인 건강 대리인으로 지명하셨구요. 남편께서 부인이 원하는 게 무엇인지 제대로 알고 또 그걸 존중하신 건가요? 그렇게 해도 남편께서 괜찮으시겠어요?"

"그래야겠지요. 그렇지 않으면 내가 무덤에 들어가서도 가만 안 둘 테니까요. 호스피스 사회복지사인 마사가 모든 서류양식을 설명할 때, 남편이 나와 같이 앉아 있었어요. 남편도 내 기분을 잘 알아요. 나는 다시 병원으로 들어가고 싶지 않고 기계에 의존해서 목숨을 연명하지도 않을 겁니다. 이젠 예수님한테로 돌아갈 거예요. 이제 할 만큼 했어요."

나는 드웨인 씨를 만나 우려되는 점들을 이야기했다.

"델라가 무엇을 원하든 델라 뜻대로 합니다." 그는 쾌활한 웃음을 활짝 웃어 보였다.

델라 부인의 호스피스 간호 코스는 7개월 동안 순조롭게 진행되었다. 우리는 그녀한테 가끔씩 일어나는 구역질과 뼈 통증에 대해서는 증상 억제를 잘해낼 수 있었다. 암은 이미 그녀의 등뼈와 갈비뼈까지 퍼져 있었다. 날로 쇠약해지는 가운데서도 그녀는 자기 자녀들, 수양 자녀들, 그리고 엄청나게 많은 일가친척들과 즐겁게 시간을 보냈다. 왁자지껄하고 행복이 넘치는 집안이었고 그 안에서 그녀는 만족스럽고 편안한 시간을 보냈다.

마지막 시간이 다가오는 것이 분명해지면서 그녀는 약 두 주 정도 침대 신세만 졌다. 계속 자다가는 잠깐씩 혼수상태에 빠져들었는데 혼수상태는 마치 커다란 솜이불처럼 그녀의 온몸을 뒤덮었다. 그녀는 가끔 잠을 깨고는 환한 미소를 지어 보였으나 이내 평화로운 잠으로 다시 빠져들었다.

그러던 어느 날 나는 드웨인 씨의 전화를 받았다. 그는 델라의 상태에 대해 이야기를 나누고 싶어 했다. 나는 우리 팀에서 사회복지사로 함께 일하는 마사와 함께 자동차를 타고 두 사람의 집으로 갔다.

집 안으로 걸어 들어가자 드웨인 씨는 이렇게 말했다. "자, 델라는 이제 의식이 없어요. 그러니 지금부터 내가 대신 결정을 내리겠어요." 나는 갑작스레 바뀐 그의 태도가 걱정스러웠다.

"나는 아내를 구하기 위해 무슨 짓이든 다할 겁니다. 나는 아내가 그 서류에 사인할 때 제정신이 아니었다고 생각해요. 하지만 어쨌든 지금은 내가 책임지고 결정합니다."

마사는 델라 부인이 심폐소생술 거부DNR 서류에 서명할 때 증인이었다. 그래서 마사는 드웨인 씨에게 델라가 서명할 때 정신이 온전했다고 말했다. 나는 그에게 델라가 자신의 희망대로 남편이 따라 주기를 바란다고 적혀 있는 위임장을 보여 주었다. 나는 덧붙여서 델라의 예상 여명이 이제는 며칠밖에 남지 않았을 것이라는 설명도 해 주었다. 만약에 그가 심폐소생술과 생명보조장치를 계속 고집한다면 우리는 거의 20마일이나 떨어진 병원으로 그녀를 옮겨야 했다. 심폐소생술은 중환자실 팀에 있는 기계와 인력 없이는 제대로 실행할 수 없다. 집에서는 그걸 제대로 실시할 수가 없다.

나는 그에게 아내의 갈비뼈와 등뼈에까지 암이 퍼졌다는 사실을 다시 환기시켜 주고 심폐소생술을 쓰면 뼈가 여러 개 부러질 것이라는 점도 주지시켜 주었다. 설사 심폐소생술이 성공하더라도 그녀는 불과 몇 분, 아니면 몇 시간 뒤면 다시 죽어 갈 것이었다. 병이 워낙 진전된 상태라 계속 목숨을 부지하기란 불가능했다.

우리는 또한 병원까지의 거리를 감안할 때 다른 친척이나 자녀들이 그녀와 시간을 함께 보내기 힘들게 될 것이라는 점도 지적해 주었다. 의식이 오락가락하는 가운데서도 사랑하는 사람들이 곁에 없으면 그녀는 서운해할 것이었다.

하지만 우리와 담당의 모두 갖은 방법을 다 써 봤지만 드웨인 씨를 설득할 수 없었다. 그래서 델라 부인을 병원으로 싣고 가기 위해 앰뷸런스를 불렀다. 그녀는 심장이 멎기 전까지 닷새를 병원에서 보냈다. 그녀는 30분간 심폐소생술을 받고 다시 심장박동을 회복했지만 불과 45분 동안 혼수상태 속에 목숨을 부지했다. 그러다가는 다시 숨이 끊어졌다. 드웨인 씨는 곁에서 지켜보며 2차 심폐소생술을 해 달라고 요구했다. 40분간 시도해 봤지만 실패했고 델라 부인은 공식 사망선고를 받았다.

그로부터 몇 주가 지난 뒤 침대에서 떨어져 팔이 부러진 환자를 찾아보기 위해 병원에 들른 길에 그 담당 의사를 만났다. 델라 부인의 일에 대해 물었더니 그는 머리를 절레절레 저으며 이렇게 말했다.

"그렇게 세심한 여인을 그렇게 죽게 만들다니 끔찍한 일이었어요." 그는 이렇게 말했다. "그녀는 자기가 원하는 바를 알리기 위해 아주 세심한 배려를 해 놓았답니다. 하지만 자기와 생각을 같이하는 건강 대리인을 선택했어야 하는데 그러지 못한 것이지요." 그건 슬픈 일이다. 일단 환자가 직접 말을 할 수 없게 되면 건강 위임권을 부여받은 사람이 환자가 이전에 서명한 서약서 내용을 뒤집을 수가 있다. 여기에 대해서는 의료진이나 호스피스가 아무런 발언권이 없다. 그렇기 때문에 건강 대리인을 신중하게 생각해서 고르고, 되도록 많은 이들에게 여러분이 원하는 내용을 적은 사본을 나누어 주는 것이 좋다.

비입원환자와 DNR 서약서의 중요성

집에서 요양하는 중환자나 말기 환자의 경우 이러한 문제는 더 심각하다. 예를 들어 환자가 침대에서 굴러떨어지는 경우를 생각해 보자. 그 환자의 아내는 본능적으로 911(한국은 119)로 전화를 걸어 남편을 침대로 올려달라고 부탁할 것이다. 하지만 9-1-1을 돌리는 순간, 그 아내는 남편과 자신이 마음대로 할 수 없는 법적인 절차에 돌입하게 된다. 도착하는 구급 의료진은 환자의 목숨을 구하기 위해 자신들에게 허용된 모든 수단을 다 동원해야 한다. 그렇게 해야 하는 법적인 의무가 있다. 만약 바닥에 떨어진 환자한테 정맥주사IV, 심폐소생술, 기타 응급처치가 필요하다는 판단이 내려지면 환자는 자신이나 가족의 뜻과는 상관없이 그러한 응급조치를 받게 되며 병원으로 이송된다.

그레고르

1980년대 초에 나는 유쾌한 독일 신사인 그레고르 씨를 내 환자로 맡은 적이 있다. 결장結腸암 환자인데 간까지 전이가 되어 있었다. 몸은 젓가락처럼 말랐고 황달로 피부와 두 눈이 노란색으로 뒤덮여 있었다. 배는 물이 차서 마치 임신한 사람 같았다. 이렇듯 병색이 완연한데도 그레고르 씨는 기능이 정상적이었으며 활기차고 매력적인 그의 아내 게르타는 그가 의식처럼 유지해온 습관들을 가능한 한 오래 지속하려는 의지가 확고했다.

암과 무관하게 그레고르 씨는 평생 발작장애를 앓고 있었는데 약으로 잘 억제시키고 있었다. 발작 증세는 거의 일으키지 않았고 일으키더라도 게르타 부인이 대처법을 알고 있었다.

그레고르 씨가 좋아하는 의식 가운데 하나는 매일 오후 자동차 드라이브를 나가는 것이었다. 아주 산뜻한 어느 봄날에 그레고르 씨는 멋진 드라이브를 즐기고 나서 집앞 진입로에 차를 세운 다음 심한 발작을 일으켰다. 게르타 부인은 남편이 괜찮을 것이라는 확신을 갖고 저절로 진정되기를 차분히 기다렸다. 증세가 가라앉았을 때 그레고르 씨는 그로기가 된 채 멍한 상태로 대시보드와 앞좌석, 기어변속기 사이에 어정쩡한 자세로 끼어져 있었다. 자기 손으로 남편을 끌어내다가 혹시 남편이 상처를 입을지 모른다는 생각에 게르타 부인은 911에 전화를 걸어 도움을 청했다.

구급 의료진은 사이렌을 요란하게 울리며 신속히 도착했는데 그레고르 씨를 보더니 차에서 끌어내려서 들것에 누이고는 앰뷸런스에 실었다. 게르타 부인은 큰 소리로 항의했다. 남편을 차에서 내려 집 안으로 옮기는 것만 도와달라고 했을 뿐이었던 것이다. 그레고르 씨는 그 전에 자기는 병원에 다시 가지 않겠다는 뜻을 아내한테 분명하게 밝혔던 것이다. 그녀도 그렇게 하겠다고 남편에게 약속했다.

내가 게르타 부인이 보낸 다급한 페이지 호출에 답신을 보냈을 때 구급 의료진은 이미 정맥주사를 꽂은 다음 병원으로 출발할 준비를 갖추고 있었다. 나는 다음과 같이 그레고르 씨의 상태를 설명했다. 그가 다시는 병원으로 가고 싶어 하지 않는 호스피스 환자라는 점을 설명해 준 것이다. 구급 의료진은 이렇게 답했다. "미안합니다만 선생님, 의사 선생님의 서명이 된 별도 서류가 없는 한 이분을 병원으로 데려가야 합니다. 법에 그렇게 되어 있습니다."

이와 같은 상황들이 '심폐소생술 거부' 서약서를 만든 바탕이다. 이 서식은 주치의나 호스피스 단체를 통해 구할 수 있다. 소생술 처치를 원치 않는다는 서식은 환자로 하여금 필요한 도움을 신속하고 선별적으로 받을 수 있도록 해 준다. 아울러 환자가 원치 않거나 환자한테 도움이 되지 않는 처치를 받는 위험을 감수하지 않도록 해 준다. 이 서식은 환자로부터 자기한테 필요하고 자신이 원하는 치료에 대한 선택권을 빼앗아 가지 않는다. 한마디로 치료 선택권을 환자와 간호자의 손에 확고하게 되돌려 주는 것이다.

어떤 사람들은 심폐소생술 거부DNR 서약서를 집 안에 보관하는 것을 두려워한다. 만약에 팔이 부러지는 등 치료할 수 있는 부상을 당했을 때도 이 서약서 때문에 치료를 받지 못하게 되는 것은 아닐까? DNR 서약서가 있건 없건 상관 없이 치료 가능한 부상은 치료를 받는다. DNR 서약서는 심폐소생술과 연명치료의 경우에만 적용된다.

만약 나중에 생각이 바뀌어 적극적인 생명유지 조치를 받고 싶어 할 때 이 DNR 서약서가 장애물이 되지 않을까 걱정할 필요는 없다. 그런 경우에는 DNR 서류를 치우고 보여 주지 않으면 된다. 여러분이 말로 하는 희망이 항상 서면 희망에 우선한다. 하지만 지금까지는 응급상황 하에서 911 시스템에 우선하는 것은 이 문서뿐이다. 이 서약서가 여러분한테서 빼앗아 가는 것은 아무것도 없다. 반면에 여러분이 원하지 않으면 병원에 실려가지 않도록 보장해 준다.

기억하기

여러분은 심폐소생술CPR을 받아서 몇 번이든 죽을 권리를 갖고 있다. 하지만 그런 권리를 행사하는 데 따르는 이해득실을 곰곰이 따져 보는 게 대단히 중요하다.

11

굶어 죽게 할 순 없잖아요!
―인공영양

아기가 태어나면 제일 먼저 엄마 젖을 물려 준다. 이처럼 의식적이건 무의식적이건 음식은 사랑, 양육, 보살핌과 관심의 상징이다. 이 점을 염두에 둔다면 왜 죽어 가는 사람이 식욕과 체중을 잃는 것을 보고 환자 가족과 간호하는 사람들이 감당하기 힘들어하는지 이해하기 쉽다. 가족 모임이건 사회적인 행사이건 음식이 없는 경우는 거의 없다.

죽어 가는 사람이 여위고 수척해지는 것을 보면서 환자 가족들이 느끼는 걱정의 수위는 높아진다. 간호하는 사람으로서 할 일을 제대로 못하는 게 아닌가 하는 생각을 갖게 되는 것이다.

"무얼 좀 먹여서 체중이 늘게 할 수만 있다면." 나는 가족들이 이런 말을 하는 것을 자주 듣는다. 이런 말들도 한다. "의사와 간호사들이 내가 환자한테 소홀히 한다고 생각할 거예요." "환자를 굶어 죽게 할 수는 없잖아요?" 그래서 이들은 환자가 먹도록 만들기 위해 점점 더 구미가 당길 만한 제안들을 내놓는다.

"치킨은 어때, 플로렌틴?" 간호하는 사람이 이렇게 묻는다. "좋아요." 환자는 이렇게 답하지만 대부분의 경우 가족들의 기분을 맞춰 주려고 그러는 것이다. 순식간에 부엌에서는 플로렌틴을 위해 야단법석이 벌어지지만 정작 환자 본인은 딱 한 입 먹고는 그만둔다. 가족들은 낙담하고 의기소침해지며 환자는 환자대로 가족들을 그렇게 만든 것을 보고 기분이 언짢다.

"칠면조 스터핑은 어때?" 이런 식으로 계속 이어진다.

함께한 즐거움이란 즐거움은 이미 다 사라졌기 때문에 이제는 함께 나누어 먹던 좋은 시절을 나타내는 음식과 스낵이 갈등의 원천이 되고 있는 것이다.

체중감소는 당연한 현상

말기 환자의 경우 식욕과 체중이 주는 것은 거의 보편적인 증상이다. 죽어 가는 사람의 체중이 줄지 않기를 기대하는 것은 여성이 임신하고 건강한 아기를 출산하면서 체중이 늘지 않기를 바라는 것만큼이나 비논리적이다.

아기와 마찬가지로 암세포는 숙주보다 신진대사를 훨씬 더 활발하게 한다(신진대사율은 음식이 영양소로 분쇄되어 배가 고파 먹을 것을 내놓으라고 아우성치는 세포들한테 전달되는 속도를 나타낸다). 만약 임신부가 충분한 영양을 섭취하지 못하면 그녀가 먹는 모든 것은 자라나는 태아한테 먼저 보내진다. 그것은 태아가 훨씬 더 빠른 대사율로 성장하기 때문이다. 엄마는 태아가 먹고 남는 아무것이나 섭취하게 된다.

세포가 비정상적으로 빠르게 분열하고 성장하는 병인 암도 이와 거의 마찬가지다. 대부분의 진전된 암인 경우 종양은 환자의 나머지 신체에 비해 더 높은 신진대사율을 갖고 있다. 그래서 섭취된 영양소는 먼저 암을 먹이는 데 쓰이기 때문에 환자는 계속해서 체중이 감소한다.

암이 원래의 영역을 넘어서서 다른 조직이나 장기로 침범해 들어가면 진전된 암이 된다. 이때는 체중저하가 눈에 띄게 나타나고 경우에 따라선 '비가역적非可逆的 소모증후군'이라고 불리기도 한다. 이런 증상이나 과정을 초래하는 데는 다음의 두 가지 요인이 있다. 바로 식욕감퇴와 악액질惡液質이다.

식욕감퇴는 식욕이 저하되거나 먹을 수 없게 되는 것을 말한다. 화학요법으로 인해 나타나는 금속성 맛처럼 입맛이 좋지 않거나 혹은 지독하게 나쁠 수가 있다. 먹으면 통증, 헛배 부르기, 구역질이나 구토 등의 불편함이 야기될 수 있다. 혹은 단순히 음식에 만족을 못 느끼게 되는 수도 있다. 이는 정서적, 지각적 요소를 포함하는 섭식장애의 일종인 식욕감퇴와는 다르다. 식욕을 일시적으로 높여 주는 스테로이드나 호르몬 같은 몇 가지 약이 있다. 그리고 메스꺼움과 구토를 완화해 주는 데 효과가 있는 약도 많이 있다. 하지만 이러한 약을 사용하더라도 체중감소 흐름을 뒤집지는 못한다.

악액질은 분해대사인 이화대사異化代謝 과정을 가리키며 불가역적이고 진전된 암환자들은 거의 피할 수 없는 증상이다. 악액질은 종양괴사인자腫瘍壞死因子나 인터루킨1&6 같은 파괴성 단백질의 생성을 촉진시키는데, 파괴성 단백질은 질병으로 손상된 몸세포가 파괴될 때 생성된다.

특히 진전된 심장질환과 폐질환도 이러한 파괴성 단백질을 몸 안에 배출하고 똑같은 비가역적 소모증후군을 만든다. 이런 일은 환자한테 얼마나 많은 영양분이 공급되는지 또는 음식물 섭취를 통한 정상적인 공급, 혈관주사, 튜브영양, 혹은 비경구적非經口的 영양법 등에 관계없이 일어난다.

많은 이들이 경정맥 용액IVs이 영양분을 공급해 준다고 생각한다. 이것은 사실이 아니다. 주삿바늘을 통해 혈관으로 공급되는 경정맥 용액은 소독수 1리터당 티스푼으로 설탕이나 소금 한 숟가락을 섞어서 만든다. 비타민을 비롯해 포타슘, 나트륨 같은 전해액이 수액에 첨가될 수 있기는 하지만 이러한 수액이 적절한 영양분을 포함하고 있지는 않다. 용액은 탈수증을 이겨 내고 중요한 약물이나 전해액을 신속히 공급하기 위해, 그리고 약물을 신속하게 투여할 필요가 있는 경우 혈관을 열어 두기 위해 사용된다.

튜브 영양 시에는 용액 영양분을 코를 통해 식도를 지나 위에 집어넣은 튜브를 이용해 조심스럽게 주입한다. 이 튜브는 불편하며 시간이 지나면서 콧구멍과 식도의 막을 손상시킬 수 있기 때문에 일시적인 용도로만 사용되어야 한다. 도움이 될 수는 있지만 용액 일부가 목구멍을 타고 올라왔다가 도로 내려가면서 폐로 들어갈 가능성이 높게는 70%까지 된다. 이를 '흡인吸引'이라고 하는데 무서운 폐렴을 유발한다. 장기적으로 튜브 삽입이 필요한 경우에는 수술을 통해 튜브를 곧바로 위에다 밀어넣는 게 일반적이다. 이런 식으로 튜브 삽입을 해도 흡인 폐렴의 위험은 여전히 있다.

세 번째 방법인 총정맥영양법TPN은 일명 과過영양으로도 알려져 있는데 유아용 우유처럼 생긴 무균 용액을 수술을 통해 심장으로 통하는 대동맥에 연결

시킨 카테터(혈관 튜브와 비슷함)를 통해 공급한다. 이 영양제에는 비타민과 전해액도 들어 있는데 조심스럽게 다루어야 한다. 또한 몸이 이런 식의 영양공급을 감당해 내고 있는지 혈액검사를 통해 수시로 모니터해야 한다. 몸이 감당하건 못 하건 상관없이 카테터는 보통 12시간 동안 영양분을 공급하도록 사전 프로그램된 펌프를 통해 작동된다. 혈당 테스트를 규칙적으로 해서 환자가 투여되는 당의 균형을 유지하기에 충분한 인슐린을 반드시 보유하고 있도록 해야 한다. 그렇게 하지 않을 경우 환자가 인슐린 쇼크나 당뇨 혼수에 처할 위험이 있다. 규칙적인 혈액검사를 통해 전해액도 검사해야 한다. 간호사들은 특히 환자의 몸이 체액 과부하에 빠지지 않도록 정신을 바짝 차려야 한다. 체액 과부하가 되면 폐에 체액이 들어가고 울혈성 심장기능 상실이 올 수 있다.

1989년에 미국내과의사협회는 진전된 암을 비롯한 각종 말기 환자들에게 TPN 같은 적극적인 영양지원을 하는 데 반대한다는 의견서를 발표했다. 이들은 환자와 환자 가족들이 TPN을 통해 얻을 혜택과 부담을 제대로 점검하는 것이 내과의들의 의무라고 밝혔다. 이를 통해 소모증후군을 극복할 수도 없을 뿐아니라 생명을 위협하는 전신 감염을 초래할 위험이 네 배나 더 크다. 생명을 구하는 치료법이라고 알고 있는 이 방법이 실제로는 죽음을 초래할 수 있는 것이다.

환자의 뜻을 존중한다

따라서 대부분의 경우 먹는 일이 죽기 전 하나의 생명유지 수단이 아니라 즐거움의 원천이 되도록 해 주는 것이 환자에게 좋은 일이고 온정을 베푸는 일이 된다. 체중감소는 핵심 문제가 아니다. 그것은 고칠 수 없는 일 목록에 올려놓아야 한다. 나는 으레 환자들에게 이렇게 권한다. "드시고 싶을 때 드시고 싶은 것을 드세요. 그리고 드시고 싶은 만큼 양껏 드세요. 먹고 싶지 않더라도 조금은 먹으려는 노력을 해 보세요. 하지만 먹고 싶지 않다고 걱정할 필요는 없습니다."

진짜 사정이 어떤지와 왜 그렇게 되었는지에 대한 이유를 일단 알고 나면 가족들도 마음 놓고 영양 감시자의 역할을 포기하는 경우가 자주 있다. 그러고 나면 가족들은 환자가 먹고 싶어 하는 음식을 조금씩 골라서 준비한다. 하지만 환자가 먹기를 거부하면 그 뜻에 따라주는 게 온정적인 처사다.

조지

조지 씨는 키가 크고 호리호리한 분이었다. 그의 아내인 해티 부인은 남편이 항상 호리호리한 키다리였다고 했다. 조지 씨는 73세였고 자기 말마따나 '삶이 서서히 멈춰 서기' 시작했다. 그는 공무원으로 근무한 뒤 퇴임했고 45년간의 행복한 결혼생활을 통해 성공적이고 독립적으로 자란 두 명의 자녀를 두었으며, 이제 막 걸음마를 떼고 그가 끔찍이 귀여워하는 어린 손자 둘도 가까이에 있었다. 한마디로 조지 씨는 지금까지 자기가 잘살았다는 생각을 하고 있었다.

가족들은 조지 씨의 체중감소 초기 증상을 쉽게 알아챘다. 왜냐하면 체중이 더 이상 빠질 데도 없는 분이셨기 때문이다. 결장에 있는 큰 암덩어리 때문에 생긴 장폐쇄증은 그전에 수술로 제거했지만 대신 옆구리에 인공결장주머니를 달아야 했다. 슬픈 일이지만 암은 이미 간으로 퍼져 있었고 그의 예후는 말기였다. 담당 암 전문의가 호스피스를 부르라고 권유했지만 가족들은 거절했다. 해티 부인이 호스피스를 부르는 것은 '낫기를 포기하는 것'이라고 생각했기 때문이다.

그들은 담당 암 전문의뿐만 아니라 내과의들도 찾아가 제2, 제3, 제4의 소견을 들어 보았다. 모두들 같은 진단과 예후, 그리고 같은 권고를 했다. 그래서 조지와 해티 씨 부부는 자기들이 듣고 싶은 의견을 듣기 위해 점점 더 멀리 찾아나섰다. 그러는 도중에 조지 씨의 병은 점점 더 심해졌고 야위어 갔다. 자동차를 몰고 수많은 의사들을 찾아다니느라 몸은 기진맥진했다.

나는 조지 씨의 딸이 호스피스 측에 "한번 들러서 어떻게 해줄 수 있는지 설명해 달라"는 요청을 해옴에 따라 그들을 찾아가게 되었다. 그녀는 자기 엄마가 호스피스에 대해 갖고 있는 생각을 바꿔 주기를 바랐다.

조지 씨는 자기가 원하는 것은 두 가지뿐이라며 이렇게 말했다. "나는 내가 죽는다는 것을 압니다. 그래서 남은 시간에 힘닿는 데까지 손주들에게 책을 많이 읽어 주고 싶어요." 그리고 눈물을 글썽이며 이렇게 덧붙였다. "그리고 캡틴 잭스 레스토랑에서 크랩 수프도 한 그릇 먹고 싶어요." 그는 마지막으로 이렇게 말했다. "하지만 내가 만약에 치료를 포기한다면 가족들이 크게 상심할 것입니다."

해티와 조지 씨 부부는 내게 적극적으로 보살펴 주기를 바랐고 그래서 나는 계속 연락을 하기로 약속했다. 하지만 두 사람은 호스피스 간호는 아직 받을 생각이 없었다.

마침내 두 사람은 100마일 떨어진 곳에 있는 외과의를 찾아냈는데 그 외과의는 해티 부인의 요구에 적극적인 반응을 나타내지 않았다. 그녀는 그 의사에게 "저 사람을 굶어 죽게 놔두지는 않을 거지요?"라고 다그치며 이렇게 말했다. "이미 뼈만 남았잖아요. 저 사람을 치료해 주지 않으시겠어요?" 그 말에 의사는 마지못해 "TPN을 쓰면 효과를 볼 수 있을지도 모르겠군요"라고 말했다.

그 말에 해티는 해답을 찾은 것처럼 좋아했다. 하지만 조지는 TPN을 받기 위해 요양원으로 가기보다는 계속해서 집에 머물러 있고 싶어 했다. "나는 집에서 죽고 싶어"라고 그는 말했다. 하지만 그들이 가입한 보험으로는 집에서 24시간 돌봐주는 간호에 대한 비용이 지불되지 않았기 때문에 달리 방도가 없었다. 해티 부인은 마지못해 TPN에 필요한 비타민을 비롯한 첨가물을 주사하는 특수교육을 받았다. 하지만 그녀는 만약에 자기가 잘못해 남편에게 해를 끼치지 않을까 하는 두려움 때문에 시달렸다.

그 집 거실은 이제 용액과 주사기, 드레싱 등 각종 장비들을 담은 박스로 넘쳐났다. 그리고 조지 씨의 몸안으로 주사액이 일정하게 흘러들어 가게 해 주기 위해 특수펌프가 달린 수액 병걸이 IV폴도 환자의 침대 머리맡에 설치됐다.

외래 간호사가 일주일에 두 번씩 방문해 감염이나 TPN으로 인한 과다 당 섭취 여부를 체크하기 위해 채혈을 해 갔다. 혈액검사를 통해 추가로 주입되는 용액과 영양분이 이미 약해진 조지 씨의 신장과 간에 부담을 주는지도 확인했다.

조지와 해티 씨 부부가 사는 집은 차츰 중환자실 같은 분위기가 되어 갔다. 하루 200달러가 넘는 TPN 비용의 80%는 보험에서 부담해 주지만 그래도 의료비 가운데 제일 큰 부담을 안겨 주었다. 시간이 몇 주 흐르면서 부담은 늘어만 갔다. 손주들은 매일 할아버지를 보러 왔지만 할아버지 주위에 둘러처져 있는 IV 펌프를 비롯한 각종 장비들을 보고 겁을 먹은 나머지 침대에 올라가 할아버지와 장난칠 엄두를 못 냈다.

용액 주입은 12시간 계속되어 아침이면 끝났기 때문에 조지 씨는 낮 시간은 펌프에 매이지 않고 지낼 수 있었다. 하지만 밤이면 펌프에서 '삐삐' 하는 경고음이 계속 울려댔다. 때로는 잘못 울리기도 했는데 해티 부인은 그 때문에 수시로 침대에서 일어나 펌프를 살펴보아야 했다. 인공항문 주머니를 살펴보고 갈아주는 데도 시간이 걸렸다. 그녀와 조지 씨 모두 기진맥진했고 시간을 잘못 맞춰 용액 주입이 낮에까지 이어지는 때가 점점 잦아졌다.

조지 씨는 이제 애들이 떠들썩하게 찾아오는 것도 성가셔했고 해티 부인도 잠깐 부족한 낮잠을 자다가 애들 때문에 잠이 깨면 짜증이 났다. 그래서 두 사람은 손주들을 자주 데려오지 말라고 했다. 조지 씨는 아구창 감염이 생겼는데 입 안에서 효모균이 과다생성된 것으로 TPN을 받는 환자에게 흔히 일어나는 현상이었다. 그 때문에 이제는 무슨 음식을 먹어도 맛이 없었다. 크랩 수프를 먹고 싶다는 희망도 옛날 이야기가 되고 말았다.

한편 조지 씨의 복부 종양은 인공영양 섭취로 혜택을 누리고 있었다. 복부는 하루하루 눈에 띄게 커져서 임신부처럼 되었는데 커지는 속도가 매우 빨랐다. 배가 불러오면서 조지 씨는 점점 더 불편해졌다. 허리가 늘어나면서 침대에서 움직이기는 더 힘들게 되어 욕창이 생기기 시작했다. 통증이 심해지며 진통제 복용량이 늘었고 그 때문에 허약한 간에 더 무리가 갔다. 약에 취해 정신이 몽롱한 상태로 지냈고 해티 부인은 잠시도 남편에게서 눈을 뗄 수가 없었다.

하루는 부인이 방 안에 있는 안락의자에 기대 잠시 눈을 붙인 사이에 남편이 침대 바깥으로 떨어지는 일이 생겼다. 남편은 크게 긁히고 멍이 들었지만 다행히 뼈가 부러지지는 않았다.

해티 부인은 이제 낮잠도 마음 놓고 잘 수 없게 되었다. 심신이 기진맥진해지자 그녀도 예전에 앓았던 울혈성심부전鬱血性心不全 증상이 다시 도지기 시작했다. 두 발목에는 물이 차서 퉁퉁 붓고 숨이 차서 헐떡거렸다. 그러면서도 남편 곁을 오래 떠나기가 겁나서 진찰을 받으러 가거나 필요한 검사를 받으러 가지도 않았다. 가족들은 조지 씨의 병 때문에 부부 두 사람 다 죽겠다고 걱정했다. 조지 씨는 이제 손주들이 와도 잘 알아보지 못했다. 아이들도 무섭다며 할아버지 방에 잘 들어가지 않으려고 했다.

사정이 그 지경이 되자 가족들은 마침내 호스피스를 부르기로 했다. 내가 담당 간호사가 되었는데 가서 보니 집안의 초점이 조지 씨에게 있는 게 아니라 TPN에 쏠려 있는 것이었다. 나는 가족들과 마주 앉아 어쩌다 이 지경까지 오게 되었는지 설명해 주었다. 의사가 TPN을 쓰면 조지 씨가 도움을 받을 수 있을지 모르겠다는 말을 했을 때 어떤 생각을 가졌었느냐고 물어 보았다.

해티 부인은 의사가 시키는 대로 하면 남편의 체중이 다시 늘어가 건강을 되찾을 줄 알았다고 했다. 딸은 아버지가 암 때문에 결국은 돌아가시겠지만 당분간은 체중이 늘어나 건강을 되찾고 손주들과 함께 여행도 다닐 수 있게 될 줄 알았다고 했다.

아들은 의사의 말이 환자를 '굶어 죽도록' 놔두는 것은 도덕적, 윤리적, 의학적으로 옳은 일이 아니라는 뜻으로 들렸다고 했다. 그러면서 지금은 TPN이 온 가족, 특히 자기 엄마한테 미친 영향 때문에 걱정된다고 했다.

조지 씨는 정신이 없어서 이런 대화에 끼지도 못했다.

나는 그 의사에게 전화를 걸어 상황을 설명했다. 그가 조지 씨를 마지막으로 진찰한 지 벌써 6주가 지난 뒤였다. 조지 씨가 병이 심해지고 기력이 약해지면서 두 시간이나 걸리는 병원까지 갈 수 없었기 때문이다. 의사는 이렇게 말했다. "내가 지난번에 봤을 때는 환자의 병이 매우 심각했어요. 가족들이 TPN을 실시한다고 병이 치료되거나 상태가 크게 호전될 것이라는 기대는 하지 않을 것으로 생각했지요. TPN은 체중감소 속도를 늦춰 주고 시간을 약간 벌어 주는 정도일 뿐입니다."

의사는 계속해서 이렇게 말했다. "특별한 시간표를 마음속에 갖는 게 좋을 것입니다. 예를 들어 TPN을 한 달간 실시한 다음 조지 씨가 체중이 늘고 몸 상태가 나아지는지 살펴보는 것입니다. 그런 것 같지 않으면 TPN은 중단해야 합니다. 왜냐하면 효과가 없다는 뜻이기 때문입니다. 계속하면 감염과 흡인의 위험성이 매우 높아집니다."

의사와 대화한 내용을 가족들에게 들려주자 해티 부인은 화를 버럭 내며 이렇게 말했다. "그건 그 사람의 생명줄이에요. 그것 덕분에 지금 살아 있는 거란 말입니다. 그걸 어떻게 멈춘단 말이에요? 그걸 멈추면 저 사람을 우리가 죽이는 거나 마찬가지예요." 그녀는 조지 씨의 병에 대해 너무 잘못된 인식을 갖고 있어서 이제는 남편이 말기 암으로 인한 장기기능 상실 때문이 아니라 굶어서 죽는 것이라고 믿고 있었다.

가족들이 현실을 직시하도록 만들려는 나의 의도와 달리 해티 부인의 불안감은 더 커졌다. 이제는 TPN이 조지 씨의 건강을 호전시키는 데 도움이 된다는 증거가 없기 때문에 보험에서 TPN에 드는 비용이 커버되지 않았다. 하지만 그녀는 TPN을 계속하겠다고 우겼다. 그래서 가족들은 하루 200달러 되는 비용 전액을 모두 감당해야 했다.

열흘 뒤에 해티 부인은 울혈성심부전으로 앰뷸런스에 실려가 병원에 입원했다. 그녀가 병원에 가 있는 동안 조지 씨는 병세가 급속히 악화되어 TPN에 의지한 채 숨을 거두었다. 그토록 애쓴 보람도 없이 해티 부인은 남편과 마지막 작별 인사도 나누지 못했다. 그리고 조지 씨는 그렇게 애지중지하던 손주들을 한번 안아 보지도 못하고 먹고 싶다던 크랩 수프도 다시 먹어 보지 못한 채 숨을 거두고 말았다.

TPN이 조지 씨의 목숨을 연장시켜 주었을까? 며칠은 연장시켰을 수도 있다. 그가 마지막 몇 달을 자기가 원하던 대로 보낸 것일까? 그가 자기 딸과 내게 한 말을 보면 그렇지 못했던 것 같다. 조지 씨는 자기 집, 자기 침대에 누워서 죽고 싶다는 말을 했는데, 그런 말을 하면서 온 집안이 자신의 치료에 매달려 그토록 많은 스트레스와 부담에 시달리는 것을 원하지는 않았을 것이다. TPN을 통해 기대하던 기적은 일어나지 않았고, 결국 조지 씨는 아무런 대비도 없이 허망하게 떠나고 말았다.

삶의 질과 양, 혜택과 부담

삶의 질과 양의 차이를 인정하는 게 중요하다. 그리고 어떤 치료방법을 선택할 때는 그로 인해 수반되는 혜택과 부담도 비교해 보는 게 중요하다. 구체적인 내용을 따져 보고 그와 관련해 한 사람 이상에게 물어 보도록 한다. 외과의들은 병에 대해 잘 알지만 자신이 처방하는 진료가 실제로 이루어지는 과정에는 관여하는 경우가 드물다. 그렇기 때문에 가정에서 환자를 둘러싸고 실제로 어떤 일이 벌어지는지에 대해 잘 모른다. 그런 문제는 현장 경험이 풍부한 가정 방문 간호사에게 물어 보는 게 좋다. 그리고 TPN과 같은 적극적인 치료법을 택하려 할 경우 일부 호스피스 프로그램에서는 그런 치료법이 무의미하다고 판단해 받아들이지 않을 수 있다는 사실을 염두에 두기 바란다.

하지만 치료방법에 관해서는 확고하게 정해진 방법이란 없다는 점을 알아 두기 바란다. 어떤 방법을 써 보고 그에 따른 부담이 혜택보다 더 크다 싶으면 그때 가서 생각을 바꾸면 된다. 목표를 분명하게 정하고 수시로 그 목표가 달성되고 있는지 점검하도록 하자. 무엇보다도 생의 마지막 몇 주는 환자와 가족

모두에게 멋진 추억의 시간이 되도록 해야 한다는 점을 명심하도록 하자. 그것
이야말로 정말 모두에게 필요한 영양분이다.

기억하기

말기 환자의 체중이 줄지 않기를 바라는 것은 임신부의 체중이 늘지 않은
채 건강한 아기 출산을 기대하는 것처럼 어리석은 짓이다.

12

윤리적인 문제들

외톨이처럼 특별히 독립적인 생활을 하는 사람이 있다고 치자. 의사나 가족들의 걱정에도 불구하고 굳이 혼자서 지내겠다고 우기는 사람이다. 무슨 도움이건 싫다고 거절하고, 따라서 제대로 치료를 받도록 해 주고 싶은 친지들의 걱정은 점점 늘어간다. 의사들도 걱정하기는 마찬가지다. 안전하게 돌봐주고 간호도 할 겸 사람을 집으로 들이자고 아무리 말해도 환자는 요지부동이다. 낯선 사람은 무조건 꺼리기 때문이다. 이런 경우 강제로라도 간호를 받도록 만들어야 하나?

어떤 환자는 담배를 기어코 끊지 못하는데 툭하면 담배를 피우다 입에 문 채 그대로 잠이 든다. 그래서 침대 시트와 카펫 곳곳에 담뱃불 자국이 나 있다. 이 환자의 안전문제가 심각한 것은 그가 수시로 산소통 신세를 진다는 사실 때문이다. 산소는 인화성이 매우 강하고 특히 이 환자는 아파트에 살기 때문에 화재가 날 경우 이웃 주민들까지 위험에 처해질 수 있다. 호스피스 스태프들은 환자를 은밀하게 지켜 주어야 할 의무가 있다. 이런 경우에 호스피스가 빌딩 관리인에게 이러한 잠재적인 위험요소에 대해 통고하는 게 적절하고 윤리적인 일일까?

죽어 가는 사람의 인권을 존중하면서 동시에 그들이 원하는 특별한 요구사항을 충족시켜 주려면 여러 힘든 결정과 갈등에 직면하게 된다. 어떤 사람이 옳다고 내린 결정, 혹은 여러 사람에게 '최상의' 선택이라고 내린 결정이 다른 사람이 택한 선택과 크게 다를 수 있다. 환자, 가족, 친구, 의료진의 생각이 서로 다를 수 있는 것이다. 가족 구성원들 간에도 적대감과 반목이 생길 수 있고 갈등이 수습되지 않을 경우에는 관계가 영구히 손상될 수 있다. 그럴 경우 그렇지 않아도 복잡하고 고통스런 상황이 더 힘들어지게 된다.

말기 환자를 두고 제기되는 전형적인 문제 가운데는 다음과 같은 것들이 있다. 인공영양제 공급(튜브로 투여)과 정맥주사 영양 공급을 언제 시행할지, 혹은 언제 중단해야 할지, 심폐소생술CPR을 요청할지 아니면 거부할지, 환자의 선택을 따를지 아니면 가족의 희망을 따를지, 치료 간호를 할 것인지, 아니면 고통완화 간호를 할 것인지, 환자가 자신의 문제에 대한 결정을 내릴 정신력과 능력을 갖고 있는 것으로 믿고 따를 것인지, 아니면 법적 결정을 내릴 대리인을 임명할 것인지 등등이다.

서로 엇갈리는 의견들과 도저히 해결될 것 같지 않은 문제에 직면했을 때 가족이나 환자는 어떻게 해야 하나? 그러한 복잡한 문제들을 만나면 어떻게 윤리적이고 실질적인 해결책을 찾아낼 수 있을까?

윤리위원회

환자와 환자의 가족들은 의료기관들이 대부분 윤리위원회를 두고 있어서 의료진은 물론이고 환자와 가족들이 도움을 받을 수 있다는 사실을 모르는 경우가 많다. 윤리위원회는 보통 의사, 간호사, 사회 운동가, 성직자, 변호사 등 여러 전문분야 사람들이 자원봉사식으로 시간을 투자해 운용된다. 그렇기 때문에 여러 전문지식, 기술, 경험이 함께 모여 있어서 제대로 된 결정을 내릴 수 있도록 종합적인 판단근거를 제공해 준다는 것이 윤리위원회의 큰 장점이다. 모든 정보는 철저히 비밀이 유지된다.

누구든지 윤리위원회에 연락해서 윤리문제와 관련된 상담을 받을 수 있다. 윤리위원회 위원들이 환자의 기록을 찾아서 검토하고 관련된 사람들과 면담을 할 수도 있다. 그런 다음 윤리적, 도덕적, 현실적인 면을 고려한 해결책을 제시한다. 윤리위원회가 제시하는 해결책에 강제성은 없으며 그러한 해결책을 받들이거나 거부하는 최종 권리는 환자나 환자 가족한테 있다.

이 소중한 자원은 누구나 이용할 수 있도록 되어 있다. 병원, 호스피스를 비롯한 여러 의료시설들이 자체 윤리위원회를 운영하고 있다. 소규모 시설들에서는 필요에 따라 대형 시설에 상담을 의뢰하기도 한다. 예를 들어 지방에 있는 소형 호스피스 프로그램이라면 인근에 있는 대형 프로그램이나 주립 호스피스 단체에 있는 윤리위원회의 도움을 받을 수 있다. 어떤 시설에서 운영하든 윤리위원회는 자원봉사자들로 이루어진 중립적인 기구다. 따라서 윤리위원회는 특정 소속 기관만을 위해 봉사하고 다른 기관에는 폐쇄적일 필요가 없다. 만약 그렇다면 그 윤리위원회야말로 비윤리적이고 전문성까지 의심받게 될 것이다.

모든 상황은 윤리적인 결정을 내리는 데 지켜야 할 다음과 같은 핵심 원칙에 따라 검토된다. (1) 자율 (2) 선의 (3) 피해 주지 않기 (4) 정의

자율

온전한 정신을 갖고 있는 한 각 개인의 자결권을 인정하고 존중하는 의무를 말한다. 이 원칙과 관련해서는 예를 들어 다음과 같은 문제들이 있을 수 있다.

- 외부와 단절하고 사는 이 환자는 서류 뭉치 같은 것을 산더미처럼 쌓아둔다. 욕실, 냉장고, 현관, 침실로 통하는 공간만 겨우 남겨 놓고 있다. 가족들은 바퀴벌레나 쥐가 들끓을까 걱정이다. 호스피스 스태프들은 자신이 세균에 노출되어 다음 순서로 찾아갈 환자한테 옮길까 걱정이다. 화재는 모두의 걱정거리다.

- 시한부 판정을 받은 45세의 어떤 환자는 모든 치료를 다 거부하고 있다. 가족들은 병이 호전되거나 치유될 수 있다고 분명히 믿고 있는데도 정작 환자 본인은 막무가내다.

- 6살 난 어린이 백혈병 환자의 부모가 자기 아이한테 치료나 수혈을 거부하고 있다. 가족의 종교적 믿음에 위반된다는 이유에서다. 친척들은 제대로 치료를 않고 방치하면 살릴 수 있는 아이를 죽인다고 걱정이다.

선의

환자를 비롯한 여러 사람에게 좋은 일이 되도록 해야 하는 의무를 말한다. 이 일을 함으로써 발생하는 부담보다는 돌아가는 혜택이 더 커야 한다.

- 간병인은 인공 영양제를 튜브를 통해 위에 공급할 경우 말기 환자의 기력을 회복시켜 줄 것이라고 확신한다. 하지만 환자의 담당 의사와 간호사들은 극도로 약해진 환자의 위가 용액이 과도하게 들어가면 감당해 내지 못할 것이라며 그런 치료법은 중단해야 한다고 경고한다. 간병인은 환자에 대한 애정이 지극한 나머지 환자의 임종이 임박했다는 사실을 받아들이지 않는다. 뿐만 아니라 간병인은 주입하는 영양제가 흡인되어 식도를 씻어 내고 기도를 따라 폐로 내려갈 것이라는 의료진의 경고도 무시한다. 간병인은 좋은 의도로 그렇게 했다지만 이는 생명을 위협하는 악성 폐렴을 야기할 수 있다. 윤리위원회는 다음과 같은 문제를 제기한다. 이것은 누가 원한 것인가? 환자인가 아니면 간병인인가?

- 성인 자녀들은 싫다는 어머니를 양로원에서 억지로 모시고 나와 자기들 직장 가까이에 있는 요양원으로 옮긴다. 좀 더 자주 찾아볼 수 있도록 하려는 것이다. 어머니는 자녀들이 좋기는 하지만 양로원에 같이 있던 친구들이 보고 싶어서 다시 돌아가고 싶어 한다. 어머니는 자녀들이 자동차로 45분 거리인 그곳으로 자기를 보러 와 주었으면 하고 바란다. 어차피 일주일에 한 번 오는 것이니까. 윤리위원회는 다음과 같은 문제를 제기한다. 이 경우 누구의 편의가 더 중요한가?

피해 주지 않기

어떤 환자한테도 나쁜 일을 하거나 해를 끼치지 않도록 해야 한다는 의무이다.

- 병원 간호사들은 마약 중독자들에게 말기 통증을 덜어 주기 위해 처방된 많은 양의 마약제를 투여하면서 마음이 편치 않다. 많은 양의 마약제가 투여되면 환자에게 신체적 위해를 초래할 수도 있고, 마약제를 투여함으로써 그 사람의 불법적인 행위를 조장하는 셈이 되기 때문이다. 간호사는 이러한 딜레마를 윤리위원회에 제기한다. 의료인은 개인적 윤리와 직업상의 윤리가 상충될 때 어떻게 해야 하는지?

- 젊은 아버지는 여러 차례 이런 말을 했다. "나는 집에서 죽고 싶다." 하지만 의식이 점차 흐릿해지고 임종이 가까워지면서 목의 종양이 목동맥을 손상시켜 엄청난 출혈을 초래할 지경이 되었다. 어린 세 자녀가 많은 출혈을 보면 놀라지 않을까? 아내는 어느 쪽을 더 고려해야 하는지 결정하는 데 도움이 필요하다. 환자인가 아니면 아이들인가.

정의

모든 환자를 공정하고 공평하게, 합법적으로 편안히 보살펴야 하는 의무를 가리킨다. 이 원칙에는 환자한테는 최선이지만 사회 전체적으로 보면 최선책이 아닌 경우도 포함된다.

- 환자가 자신의 비밀보호권을 내세우며 자기의 친한 친구와 가족들에게 자신이 HIV 양성 환자라는 사실을 밝히지 말아 달라고 부탁한다. 그들이 자기를 버리고 차별하고 포기할까 봐 두려워서다. 의료진은 만약 그러한 사실을 제대로 알려 주지 않을 경우 그의 친구들은 목숨을 앗아갈 수 있는 병에 자신들이 노출되어 있다는 사실을 모를 것이고, 간병인은 자기를

보호하는 데 필요한 주의 조치를 취하지 않게 될 것이라는 점을 걱정한다. 다른 사람들의 안전을 위해 환자의 비밀보호권을 무시해야 할까?

윤리위원회에 제기되는 문제들 가운데는 이 정의와 관련된 문제가 가장 적은 편이다. 그것은 의료기관들마다 성별, 나이, 인종, 민족, 종교적 신념, 혹은 성적 취향에 관계없이 환자를 공정하고 공평하게 다루는 데 필요한 입장을 미리 만들어 놓고 있기 때문이다.

기타 윤리적 문제들

윤리적인 문제에 대한 추론은 활발하게 진행되며 핵심 가치들과 함께 다른 많은 가치들도 함께 저울질해서 균형이 맞추어지도록 심사숙고된다. 생명의 존엄성, 삶의 질, 진실성(진실을 이야기해 줄 의무), 성실성(약속을 지킬 의무), 교정(잘못된 것을 바로잡을 의무), 비밀보호(환자와 환자 가족의 프라이버시를 존중함), 실용성(가장 많은 사람들에게 행복은 가장 많이, 피해는 가장 적게 입히는 것) 등이 여기에 포함된다.

조직 윤리

대부분의 병원, 가정보건기관, 호스피스를 비롯해 여타 의료시설들은 많은 노력을 들여서 사명선언Mission Statement을 만든다. 이는 해당 기관의 행동지침으로 일반인들도 쉽게 구해 볼 수 있다. 일반인들을 상대로 자신들이 최상의 의료서비스를 제공하기 위해 노력하겠다는 다짐을 하는 것이다. 정말 윤리적인 기관이라면 항상 자신들의 업무 관행에 주의를 기울여 이 사명선언에 충실한 결과가 나타나도록 노력한다.

관리의료managed care의 시대로 일반 국민의 신뢰가 점차 줄어드는 오늘날 우리는 대형 기관들이 비윤리적인 불법 행위로 인해 무너지는 것을 일상사처럼 목격한다. 타인의 건강을 돌보는 사람들은 자신을 최상의 기준에 붙들어 매는 자세를 가져야 한다. 만약 어떤 환자, 환자 가족, 의료 종사자들이라도 의료 기관의 사명선언이 충실히 지켜지지 않는다는 우려가 들면 곧바로 윤리위원회에 연락해 그러한 우려가 해소될 수 있도록 해야 한다.

기억하기

의료기관의 윤리위원회는 올바른 행동을 하도록 우리를 인도해 준다. 전문가들이 어떤 상황에서도 윤리적인 행동을 하도록 우리를 도와준다.

마지막 여행에 동참하기

13

어디까지 참아야 효도인가?

환자의 사랑하는 딸, 아내, 남편, 아들, 혹은 친구라는 사실을 입증하기 위해 여러분은 감정적으로, 육체적으로, 그리고 재정적으로 도대체 얼마나 많은 대가를 치러야 할까? 직장을 그만두고 모든 시간을 간병인 역할에 전적으로 매달려야 하는 걸까? 어린 애들이 있는 가족이 있고, 다녀야 하는 직장이 있기 때문에 주말에만 환자인 어머니를 찾아볼 수 있다면 어머니에 대한 사랑이 30%밖에 안 된다는 말일까? 만약 언니가 당신보다 더 자주 어머니를 찾아본다면, 언니가 당신보다 더 훌륭한 딸인가? 어머니 간병을 맡았을 때 어머니가 대소변을 못 가린다면 그걸 일일이 당신 손으로 직접 받아내야 하는가? 아니면 한두 번이라도 그렇게 해야 할까? 직접 씻겨 드리지 않는다면 어머니를 사랑한다고 할 수 없는 걸까? 여러분의 애정을 입증하기 위해 여러분은 도대체 얼마만큼 녹초가 되어야 하는 것일까?

이것은 어려운 문제다. 사랑하는 누군가가 죽어갈 때는 아무리 정성을 다해 간호한다 해도 절대로 만족스럽다는 기분이 안 들 것이다. 부족하다고 느끼는 게 당연하다. 간병을 맡은 사람이라면 누구나 스스로 인정하든 인정하지 않든, 어느 정도는 이런 기분이 들 것이다. 이런 감정 때문에 흔히 진짜 문제가 가려지는 수가 있다. 그것은 바로 조만간 사랑하는 누군가를 잃게 될 것이며, 그런데도 여러분은 아무것도 할 수 없이 무기력하고, 이미 그 상실감 때문에 슬퍼한다는 사실이다. 이는 일명 '예견된 슬픔'이라고 부르는데 앞으로 닥칠 일을 미리 슬퍼하는 것이다. 하지만 그렇다고 그게 여러분이 간호를 제대로 하지 않는다는 뜻은 아니다.

그렇지만 죽어 가는 사람을 간호한다는 것은 대부분의 경우 강렬하면서도 민감한 경험이 될 수 있다. 어떤 환자의 딸이 내게 이런 말을 한 적이 있다. "내가 좋아서 한 일 중에 제일 힘든 일이었어요. 비록 어렵고 슬픈 일이었지만 나는 단 일 분도 다른 사람에게 그 일을 양보할 생각이 없었어요. 엄마와 저는 멋진 사이였고 상상할 수 있는 최고로 긍정적인 방향으로 끝맺음을 했답니다. 우리가 함께 보낸 엄마 생애의 마지막 그 몇 달 동안 우리 모녀 두 사람의 삶 모두 풍성해졌다는 생각이 들어요."

이 딸이 말한 것처럼 그 순간을 단 일 분도 남에게 양보하고 싶지 않다는 것이야말로 우리가 추구하는 정말 멋진 목표다. 하지만 그 목표에 도달하기까지에는 도중에 숱한 장애들이 도사리고 있다. 가장 힘든 일 가운데 하나는 죽음을 향해 가는 사람들은 자신의 개성과 성질을 점점 바깥으로 드러낸다는 사실이다.

나는 내가 돌보는 환자 가족들에게 이런 말을 자주 하는데, 사람은 보통 살아 있으면서 죽는다. 말이 없는 사람은 더 말이 없어지고, 걱정이 많은 사람은 주위 사람들에 대한 걱정이 점점 더 많아진다. 바삐 움직이는 사람은 더 바빠진다. 실제로 그렇게 못하면 꿈에서라도 바쁘게 움직인다. 자제력이 강한 사람들은 자기 고집대로 하려는 경우가 많다. 자기 몸이 말을 듣지 않을수록, 간병인의 시간과 인내력이 감당하기 힘든 무리한 요구를 점점 더 많이 쏟아내는 것이다. 화를 잘 내는 사람은 점점 더 거칠고 다루기 힘들게 된다. 간호하는 사람은 좌절감을 느끼고 견디기 힘들어하게 마련인데, 그런 다음 곧바로 죄책감이 뒤따른다.

살아가는 동안 우리의 행동 패턴과 반응은 우리가 어려움에 처할 때 자신을 지탱해 주는 아주 개성 있는 버팀목이 된다. 처한 어려움이 심각할수록 이 버팀목도 더 강해진다. 어떤 때는 평소보다 열 배는 더 강해진다. 스스로 이렇게 한번 자문해 보자. "과거에 건강했을 때 이 사람은 어려움에 어떻게 반응했더라?" 그러면 앞으로 다가올 일을 예상할 수 있을 것이다. 일단 그 사람이 어떻게 대응하는지에 대해 훨씬 더 잘 알고 나면 환자의 행동에 대해 자책감을 갖지 않을 수 있다. 그렇게 되면 그로 인해 혼란스러워하거나 화가 나고, 환자 때문에 상처받는 일은 덜하게 될 것이다.

신체 상태가 변하면 마음과 정서에도 변화가 일어날 수 있다는 사실을 기억해 두는 게 도움이 된다. 환자들은 간과 신장 기능이 저하되면서 독소가 쌓이고, 그 때문에 예측하기 힘든 행동을 하게 된다. 병이 뇌로 번지면 인성의 모든 면에 영향을 미친다. 폐가 뇌로 제대로 산소공급을 못하게 되면 환자는 무엇보다도 특히 혼란, 그리고 초조와 불안감에 휩싸이게 된다. 그리고 체내 용액, 혈액, 전해질에 불균형이 초래되면 치매를 비롯해 정신질환이 급격히 악화될 수 있다.

정기적으로 전문적인 검진을 받는 것은 이러한 신체상의 변화가 실제로 일어나기 전에 예측하고 대비하는 데 대단히 중요하다. 그래야 이런 변화가 통제 불능의 상태로 빠져들기 전에 미리 손을 쓸 수가 있다. 전문가의 도움을 받으면 최소한 환자가 왜 평소와 다른 행동을 하는지, 그리고 도저히 감당해 내지 못할 것처럼 보이는 어려움을 이해하는 데 도움이 된다.

환자의 요구를 어디까지 들어줄 것인가?

불치병으로 죽어 가는 것은 전구 스위치를 눌러서 끄듯이 순간적으로 지나가는 사건이 아니라 계속 이어지는 일련의 상실감이다. 가족 사이에서, 그리고 직장에서 늘 해오던 자신의 역할을 상실하고, 골프나 여행처럼 살아오면서 맛보았던 많은 즐거움을 상실하고, 신체기능을 비롯해 경우에 따라서는 정신적인 기능의 상실까지도 감수해야 한다. 이렇게 많은 것들을 모두 포기한다는 건 죽어 가는 사람으로서 보통 힘든 일이 아니다. 또 이러한 과정을 지켜보아야 하는 환자의 가족과 친구들 또한 힘들기는 마찬가지다.

죽어 가는 사람이 원하는 것이 우리의 바람보다 더 중요하게 보일 수 있다.

죽음을 앞두고 있다는 게 얼마나 힘든 일인지 우리 모두 알기 때문이다. 우리는 설령 그들이 원하는 게 기본적인 사리에 어긋난다고 해도 그것을 들어 주려고 애쓴다.

이렇게 말하는 사람도 있다. "엄마 혼자 집에 계시는 게 좋은 생각이 아니라는 걸 알지만 엄마가 원하시니 그렇게 해드려야죠." 또 이런 경우도 있다. "그분은 혼자 계시는 게 싫다며 꼭 나보고 같이 있어 달라고 해요. 나도 이제 너무 힘들고 지쳤지만 그분이 원하니 그렇게 해 드리는 수밖에요."

사람들은 보통 사랑하는 마음이 앞서더라도 나름대로 적정한 한계와 영역 제한을 둘 줄 안다. 하지만 삶이 얼마 남지 않은 사람 앞에서 그 마지막 소원을 묵살하기란 쉽지 않다. 그런 경우 사람들은 환자의 요구를 들어 주면서도 그 사람에 대한 진정한 사랑을 속이는 것 같은 기분은 물론 환자에게 무책임하고 무관심하게 대한다는 자책감도 들 것이다.

이런 문제에 처했을 때는 스스로에게 다음과 같은 네 가지 질문을 한번 던져 보도록 한다.

(1) 환자가 맑은 정신으로 생각을 하는 건가? 저 사람이 건강할 때도 이와 같은 부탁을 했을까?

(2) 부탁이 합리적인가? 만약 죽을 병에 걸리지 않았다면 환자가 그와 같은 부탁을 하는 게 온당한가?

(3) 내가 들어줄 능력이 있는 부탁인가?

(4) 안전한 부탁인가?

이 네 가지 질문 모두에 "그렇다"는 답이 나온다면 부탁을 들어 주는 쪽으로 고려해 본다. 그렇지 않다면 다시 한번 곰곰이 생각한 다음 적절한 선에서 한계를 설정한다. 적절한 한계를 두는 것이 사랑과 공정성을 지키는 길이다. 간호하는 사람마저 분별력을 잃으면 모든 게 엉망이 된다. 그렇게 되면 환자는 기댈 데가 없어진다. 간호하는 사람이 스스로 추스를 줄 아는 게 중요하다. 사랑하는 사람이 죽어 간다고 여러분 자신을 무조건 희생하려 들면 안 된다.

로라

로라의 어머니 해리엇 씨는 95세인데 만성 호흡기 질환으로 회복될 가능성이 없었다. 해리엇 씨는 2년 전 요양원으로 들어갔는데 딸 로라더러 일주일에 다섯 번씩 꼭 자기를 보러 와야 한다고 우겼다. 로라로서는 그렇게 하는 게 큰 부담이었다. 자기도 나이가 만만치 않은 데다 가족 부양하느라 바쁘게 일해야 했기 때문이다. 어머니를 보러 갈라치면 시내에서 택시를 한 번 탄 다음 지하철을 두 번 갈아타고 멀리 교외로 나가야 했다. 하지만 달리 방법이 없었다. 엄마는 자기를 필요로 했고 더구나 얼마 더 살지도 못할 사람이었다. 로라는 엄마를 무척 사랑했고 엄마를 보러 가지 못하는 날이면 죄지은 기분이 들었다. 그러면 금세 후회와 절망감이 뒤따랐다.

로라는 어느 날 이 문제를 곰곰이 생각해 보다 엄마께 정말로 필요한 건 낯익은 사람이 일대일로 돌봐 주는 것이라는 사실을 깨닫게 되었다. 그래서 로라는 요양원에서 일하는 젊은 보조원 한 명에게 부탁해 자기가 직접 먼 길을 오지 못하는 날이면 근무시간 뒤에 한 시간씩 자기 엄마를 돌봐 달라고 했다. 그 젊은 여성은 기꺼이 그렇게 하겠다고 나섰고 매일 로라에게 어머니의 상태를 알려 주었다. 이렇게 하자 해리엇 씨가 딸에게 이것저것 요구하던 것은 크게 누그러졌고 로라는 엄마와 함께 있는 시간을 한결 더 만족스럽게 보낼 수 있게 되었다. 물론 죄스러운 마음도 훨씬 덜해졌다.

남의 도움을 최대한 많이 받는다

믿을 만하고 면허가 있고, 정식으로 등록된 기관을 통해 필요한 도움을 얻는 것이 중요하다. 모든 일을 혼자서 처리하려 드는 건 무리다. 죽음을 앞둔 사람이 정서적인 위안을 얻으려고 여러분에게 기댈 때 여러분은 그렇게 해줄 에너지를 유지하고 있어야 한다. 전문적으로 병간호를 해 주는 훈련받은 사람은 다른 데서 구할 수 있지만 사랑하는 가족이나 친구로서 여러분이 자리를 지키는 일은 바로 여러분 자신만이 할 수 있다. 정원 일이나 장보기 같은 일도 다른 사람한테서 도움을 받도록 한다. 그렇게 하면 여러분은 그런 일로 지치거나 짜증나는 일 없이, 그저 사랑하는 사람 옆에 붙어 앉아서 즐거운 추억을 함께 나눌 수 있게 된다. 즐거운 추억은 죽어 가는 사람으로 하여금 자신의 삶을 긍정적으로 되돌아 보게 해 준다. 그렇게 되면 지금은 물론 나중에 여러분이 감당해야 할 슬픔의 크기도 크게 줄어든다.

아버지, 외삼촌, 어머니가 돌아가실 때 나는 정성을 다해 돌봐 드렸다. 하지만 그때그때 처한 상황과 가족들이 원하는 게 어떤 것인지에 따라 내가 기울이는 노력의 정도는 매번 달라졌다. 아버지가 돌아가셨을 때 우리 아이들은 아직 어렸고 부모님은 이웃 주에 살고 계셨다. 아버지는 어머니가 주로 돌보셨기 때문에 나는 주말에 남편한테 아이들을 맡기고 아버지께 갔다. 어머니는 아주 훌륭한 파트타임 가정건강 보조원인 셀라를 개인 간병인으로 들여 아버지를 돌보게 했다. 이렇게 추가로 도움을 받았기 때문에 어머니와 나는 아버지 병구완을 해낼 수 있었다.

외삼촌은 돌아가실 때 여러 주 떨어진 곳에서 혼자 사셨는데, 당시 나는 '마지막 선물' Final Gifts을 집필 중이었고 아이들은 대학에 다녔다. 나는 어머니와 함께 컴퓨터를 챙겨 가지고 외삼촌이 돌아가시기 두 달 전 아예 외삼촌네로 들어갔다. 그곳에 있는 호스피스가 가정건강 보조원 한 명을 배정해 목욕 등 여러 개인적인 일들을 챙기며 외삼촌께 규칙적으로 도움을 주었다. 그러한 도움을 받은 덕분에 어머니와 나는 그저 외삼촌 곁에 있으며, 서로 아끼며 지속되어온 우리의 관계를 마무리하는 데 필요한 정서적이고 정신적인 일들에 집중할 수 있었다.

어머니는 93세가 되자 쇠약해져서 마침내 병석에 누우셨다. 그때 우리 아이들은 다 커서 독립한 성인이 되어 있었다. 나는 직장에 다니고 있었기 때문에 아주 훌륭한 개인 가정건강 보조원인 셀마를 채용했다. 셀마는 주당 40시간을 일하며 어머니 병구완을 거의 도맡아서 했다. 어머니가 회복할 가능성이 없다는 판단이 내려진 다음에 나는 직장에 가족 병가를 내고 어머니가 사는 아파트로 들어갔다. 놀랍고 기쁘게도, 그렇게 하라는 말도 하지 않았는데 아들과 딸, 사위까지 각자 슬리핑백을 팔에 하나씩 끼고 나를 따라 왔다. 그로부터 3주 뒤 돌아가실 때까지 우리는 힘을 모아 어머니를 돌봐 드렸다. 나는 그것을 '부모님께 보답한 날들'이라고 부른다. 엄마께 보답한 것뿐 아니라 나 자신도 보답을 받았다. 나는 내 아이들에게서 고마움과 자랑스러움을 느꼈다. 어머니는 우리 모두가 머리맡에 둘러선 가운데 평안하게 눈을 감으셨다.

나는 내가 딸이나 생질녀로서 엄마나 외삼촌에 대한 나의 사랑이 내 몸이 녹초가 되도록 돌봐 드리고 기저귀를 갈아 드리는 것으로 측정된다고 생각하지 않았다. 나는 평소에도 내가 져야 할 가장 큰 책임은 우리 가족에 대한 책임이라고 생각했다. 그리고 그러한 책임은 나의 부모님이나 외삼촌이 돌아가실 병에 걸리셨다고 해도 마찬가지라고 생각했다.

호스피스 간호사로 일하며 나는 이러한 목숨이 걸린 문제에서 살아남기 위한 중요한 교훈을 하나 배웠다. 남들로부터 가능한 한 많이, 빨리, 오랫동안 도움을 받을 것! 나는 부모님과 외삼촌을 정말 사랑했기 때문에 정말 힘닿는 데까지 최선을 다해 그분들을 보살펴 드렸다. 나는 내 가족의 사정이 허락하는 한도 내에서 그분들과 시간을 함께하고 최선을 다해 도와 드렸다. 나는 자진해서 '기꺼이 했던 그 힘든 일들'을 그 무엇과도 바꿀 생각이 없다.

하기야 개인적으로 도와줄 사람을 구해서 쓸 수 있는 경제적 여유가 있었던 건 다행한 일이다. 많은 가족들이 이런 정도의 여유가 없는 게 사실이다. 하지만 찾아보면 보험회사로부터 생명보험을 담보로 돈을 빌린다든지, 죽어 가는 환자의 재산을 담보로 역모기지를 해서 대출을 받는 방법 등 돈을 융통할 수 있는 방법이 있다. 합당한 사람(변호사, 금융설계사, 보험회사 대리인)을 소개해서 의료보험 혜택을 받을 수 있도록 도와주는 것도 호스피스나 병원의 사회복지사들이 하는 중요한 역할 중 하나다. 호스피스 같은 기관의 도움 없이도 이 모든 일을 여러분 혼자서 해낼 수 있을까? 물론 할 수는 있겠지만 전문적인 도움을 받는 것보다는 훨씬 더 힘들고 시간도 많이 걸릴 것이다.

많은 이들이 부지런히 돈을 모아 '비 오는 날을 위한 저축'을 하고서도 죽음을 앞두고 필요한 병구완에 그 돈을 쓰기를 주저한다. 흔히 이런 사람들은 '유언장에 자녀들에게 물려줄 유산을 조금이라도 남기는 것'을 자기 인생의 성공 여부를 재는 중요한 하나의 척도라는 생각을 갖고 있다. 하지만 죽는다는 것이야말로 우리가 대비해서 저축을 한 바로 그 비 오는 날 이다. 자녀들에게 남겨줄 최고의 선물은 미리 계획을 세우고, 필요할 때 쓸 자원을 만들고, 그 자원을 필요할 때 써서 가족이나 친구들에게 힘든 부담을 지우지 않음으로써 모범을 보여 주는 것이다. 병구완해 줄 사람 구하는 데 돈을 쓰면 가족들을 힘든 병구완에서 해방시켜 주어 정서적이고 정신적인 보살핌에 집중할 수 있도록 해 준다. 이를 위해 미리 준비하는 것이야말로 정말 사랑하는 이들을 위해 남기는 값진 유산이다.

기억하기

죽어 가는 사람을 위해 무조건 희생만 하려 들면 안 된다. 다른 사람으로부터 가능한 한 많이, 빨리, 그리고 오래 도움을 받도록 하자.

14

환자도 간병인도 무리하지 말 것

정말 자기 하고 싶은 대로만 하는 사람을 관찰하려면 갓난아기들을 보면 된다. 아기들은 잠이 오면 사람들이 모여 아무리 왁자지껄한 잔치를 벌여도 거실 마루 한가운데서도 잔다. 그리고 다 잤다 싶으면 깬다. 아프면 울고 통증이 가라앉으면 울음을 그친다. 배고프면 먹고 배가 부르면 그만 먹는다.

이처럼 자신의 몸이 원하는 대로 따라서 하는 즉각적인 반응 방식은 우리가 아기들의 몸이 보내는 신호에 대한 반응을 늦추거나 느긋하게 대하고, 무시하면서 서서히 바뀌게 된다. 우리는 아기에게 대소변 가리는 것을 가르치고, 우리가 힘들 때는 낮잠을 재운다. 아기가 먹기 싫다고 고집을 부려도 억지로 음식을 먹인다. 그러면서 아기들은 자신의 욕구에 따라 움직이는 게 아니라, 편의성과 다른 사람의 기대에 따르는 법을 배우게 된다.

자라면서 우리는 매사가 자기 뜻대로만 되는 건 아니라는 사실을 배운다. 아침에는 자명종 시계가 요란한 소리를 내며 우리를 잠에서 깨운다. 바빠서 아침 식사는 건너뛴다. 우리의 신체 엔진을 가동시키는 것은 단백질이 아니라 카페인이다. 저녁 늦게 기름진 음식을 많이 먹기도 한다. 온갖 허드렛일을 다 끝낸 다음, 그리고 TV에서 '주말의 영화'가 끝나야 비로소 잠자리에 든다. 충분한 수면을 취하기도 전에 자명종이 우리를 깨운다. 매일매일 이 같은 사이클이 되풀이되는 것이다.

우리가 돌보는 사람이 아프다는 것은 그 사람의 몸이 병 때문에 일종의 스트레스를 받고 있다는 사실을 인정할 필요가 있다. 몸은 추가적인 부담을 받으면 그것을 이겨 내려고 전투를 벌인다. 이 싸움을 하는 동안 우리의 몸은 계속해서 이렇게 말한다. "나는 약해. 그러니 제발 나보고 이래라저래라 하지 말아 주오. 기력을 회복하려면 잠시 휴식이 필요해. 나를 공격하는 이 병과 싸우느라 내 에너지가 모두 소진되었어. 나는 쉬어야 해."

우리 몸의 에너지는 은행에 저축되어 있는 얼마 안 되는 저축과 같다고 생각하면 된다. 몸의 에너지를 필요로 하는 수요는 은행에서 예금을 인출하는 것이다. 보통은 휴식을 통해 에너지가 비축되는데 그 양은 얼마되지 않는다. 만약 우리가 저축은 하지 않고 인출만 계속한다면 예금 잔고는 순식간에 바닥날 것이다. 그렇기 때문에 환자는 자신에게 남은 소량의 비축 에너지를 현명하게 쓰도록 해야 한다. 중요한 문병객들이 찾아오기 전에 휴식을 취해 두고, 자동차에서 내려 병원 진료실까지 갈 때 걷지 말고 휠체어를 이용하고, 여러 활동을 할 때 중간중간 휴식을 취하는 일 등이 여기에 해당된다. 여러분이 올림픽에 출전하는 운동선수라면 '고통을 참고 운동하는 것'이 효과가 있을지 모르지만 중병에 걸린 환자라면 사정이 다르다.

신체의 반응에 귀를 기울이는 것은 환자뿐 아니라 병구완하는 사람에게도 마찬가지로 중요하다. 환자를 돌보는 사람들은 자기 몸을 돌보지 않기 쉽다. 심각하게 아픈 누군가를 돌보다 보면 흔히 몸은 녹초가 되고 스트레스를 받는다. 자칫 여러분 자신까지 약해져서 아프게 되기 쉬운데 그것은 바로 스트레스 때문이다.

전화 음성 메지지를 과감하게 다음과 같이 바꾸는 것도 한 방법이다. "휴식 중일 때는 전화기 코드를 빼놓으니 메시지를 남겨 주시면 나중에 연락드리겠습니다." 환자가 잘 때는 같이 자도록 하라. 간병인들은 흔히 자신한테 찾아오는 병의 초기 증상을 무시한다. 너무 기진맥진해 있는 데다 자신이 돌보는 환자한테만 완전히 몰두해 있기 때문이다. 삶의 마지막 단계에 와 있는 사람들은 자신을 돌봐 주는 사람이 기진맥진해 있는 것을 보면 불안하고 죄책감을 갖게 된다는 말을 내게 한다.

환자의 집으로 앰뷸런스 두 대가 한꺼번에 오는 경우를 나는 너무 자주 보았다. 한 대는 환자, 다른 한 대는 간호하는 사람 때문에 오는 것이다. 나는 죽어 가는 사람을 간호하는 영웅적인 일을 하고 있는 환자의 가족과 친구들에게 이런 말을 자주 한다. "환자는 한 집에 한 명만 허용됩니다." 그러면 사람들은 웃으면서 내 말에 공감한다.

스티븐

스티븐은 두 발 짐승과 네 발 짐승 모두로부터 사랑받는 사람이었다. 그는 명석한 사람으로 수의사 분야에서 성공적인 활동을 하며 가르치고, 많은 글을 썼다. 그는 따뜻한 마음씨를 가졌고 자신을 바쳐서 남을 돕는 사람이었다. 그런 그가 사십대에 악성 뇌종양에 걸렸다. 종양은 급속히 자라 내가 그와 그의 멋진 아내 도나를 만날 무렵 그는 두 다리를 쓰지 못하고 말도 거의 못하는 지경이 되어 있었다.

막판에 꼭 필요한 지경이 되기 전에는 호스피스로 상징되는 상황을 받아들이고 싶지 않았던 부부는 나름대로 그럭저럭 꾸려 나가고 있었다. 하지만 나는 이들을 어떻게 해야 할지 고민이 많이 되었다. 도나 부인은 언뜻 보기에도 기진맥진해 있었고 아름다운 까만 두 눈 밑에는 3단 주름이 드리워져 있었다.

그녀는 매일 남편을 침실에서 데리고 나와 욕실로 데리고 들어가서 씻기고 면도까지 해 주었다. 그리고 옷을 입혔다. 남편의 몸은 치료 때문에 납덩이처럼 무거웠고 퉁퉁 부어 있었다. 그는 아내가 바지와 셔츠를 입힐 때 스스로 다리를 바짓가랑이 안으로 집어넣고 팔을 셔츠 안으로 밀어 넣어서 도와줄 힘조차 없었다. 그녀는 편안하고 멋진 스타일로 남편을 차려입히고 나면 휠체어에 태우고 베란다로 밀고 나갔다. 그래 봐야 남편은 베개로 몸을 고여 주어야 겨우 바로 앉을 수 있었다. 그렇게 어정쩡한 자세로 바깥바람을 쐬고 나면 오전이 거의 지나고 그때쯤이면 남편 역시 지쳐서 녹초가 된다.

도나 부인은 나를 처음 만났을 때 남편이 "가능한 한 정상적인 생활을 할 수 있도록 해 주려고 애쓴다"는 말을 했다. 하지만 내가 정작 현실을 보니 남편은 젊은 나이에 죽어 가고 있고, 그러다간 얼마 못 가 그녀도 따라 죽을 것 같았다. 겁 없이 정상인 흉내를 내다가 두 사람 모두 지쳐 가고 있었던 것이다.

그로부터 얼마 지난 어느 날 아침, 나는 여느 때처럼 2주에 한 번씩 찾아가는 가정방문을 위해 그 집 차고를 통해 거실로 걸어 들어서다 놀라서 숨이 멎을 뻔했다. 당시 그 집은 거실을 스티븐의 침실로 쓰고 있었는데 도나 부인이 남편을 침대에서 안아 일으켜 휠체어에 태우려고 두 사람이 서로 끌어안고 안간힘을 쓰고 있었다. 두 사람 모두 얼굴이 벌겋게 상기되어 있었고 휠체어 발판에 위태롭게 걸려서 함께 바닥으로 나뒹굴기 직전이었다. 아내가 자기를 끌어안고 있는 가운데 스티븐은 겁에 질려 두 눈을 동그랗게 뜨고 있었다. 나는 얼른 달려가 두 사람을 도왔는데 그의 몸이 얼마나 무거운지 놀랐다. "당장 침대에 도로 눕혀 드려야겠어요." 나는 이렇게 말했다. 겨우 그를 도로 눕히고 나니 나도 온 힘이 다 빠지고 여기저기 아프고 쓰렸다. 도나 부인을 쳐다보니 그녀도 이번 일로 놀라고 겁먹은 표정이 역력했다.

"내 말 들어 봐요." 나는 분위기를 바꾸려고 이렇게 말했다. "내가 한 말 잊으면 안 됩니다. 환자는 한 집에 한 명만 있어야 돼요." 나의 놀리는 말에 로라 부인은 힘없이 웃었다.

"이제 이야기를 좀 해 봐야 될 것 같네요"라고 나는 말했다. 우리는 스티븐의 침대 한쪽에 각각 앉은 다음 그의 손을 한쪽씩 잡았다. 그는 다급한 듯 나를 쳐다보며 어떻게 좀 해 달라는 듯한 시선을 보냈다. "스티븐 씨, 겁나셨죠"라고 내가 말했다. 그는 우리 두 사람의 손을 꽉 쥐었다(그는 더 이상 말을 할 수 없었기 때문에 그것은 그렇다는 표시였다). "우리가 선생님을 떨어뜨릴까 봐 겁나셨어요?" 그는 다시 한번 꽉 쥐었다. 그의 두 눈을 들여다보니 하고 싶은 말이 더 있는 게 분명했다. "아내가 다칠까 봐 겁나세요?" 그는 양손을 여러 차례 꽉 쥐면서 흐느끼기 시작했다.

도나 부인의 눈에도 눈물이 고였다. "여보." 그녀는 이렇게 말했다. "나는 당신이 가능한 한 정상적인 생활을 할 수 있도록 해 드리고 싶었어요." 그녀는 잠시 멈추었다가 다시 말을 이었다. "아직은 당신이 하루 종일 침대에 누워서 시간을 보내도록 하고 싶지 않단 말이에요." 그녀는 머리를 남편의 다리에 파묻었고 우리 모두 소리 내어 울었다. 그는 아내의 머리를 계속해서 가볍게 토닥여 주었다. 티슈를 찾을 수 없어서 나는 화장실로 뛰어들어가 두루마리 화장지 뭉치를 하나 가져와서는 도나와 번갈아 가며 눈물을 훔치다가 서로 쳐다보며 울다가 웃다가 했다.

"좋아요, 이제 새로운 계획을 세워야 할 시간이 됐어요." 나는 이렇게 선언했다. "오늘 우리는 스티븐 씨를 우리의 기대에 맞추도록 할 게 아니라 우리가 스티븐 씨의 능력에 맞추어야 한다는 사실을 알았습니다. 그렇죠?"

그는 한쪽 엄지를 치켜세우며 '섬업'을 해 보였다.

"지금부터 가정건강 보조원의 도움을 더 요청하겠습니다." 나는 이렇게 말했다. "남성 자원봉사자들이 이따금 스티븐 씨를 들어올려 안락 휠체어에 앉혀 줄 거예요. 그렇더라도 이제부터는 두 사람 모두 여러분의 몸이 말하는 바에 귀를 기울일 필요가 있어요. 도나 씨는 지금부터 오늘 아침에 했던 것과 같은 일을 두 번 다시 하려고 해서는 안 됩니다. 스티븐 씨도 아셨죠?" 그는 양손 엄지를 모두 치켜세웠다. 이번에는 만면에 웃음까지 지으면서.

기억하기

간병인도 자신의 몸 상태에 귀를 기울여야 한다. 그러면 몸이 무엇을 필요로 하는지, 어떤 일을 감당할 수 있는지 분명하게 알 수 있다. 몸이 보내는 메시지를 따르도록 한다.

15

가족 못지않게 소중한 친구

호스피스 간호사로 25년 넘게 사람들의 집을 찾아다니면서 나는 가족에 대한 우리의 생각이 엄청나게 변하고 있다는 사실을 목격하고 있다. 1950년대식의 서로 사랑하고 인정으로 넘치는 대가족은 이제 우리 시야에서 사라졌다. 당시는 위급한 일이 일어나도 전화 한 통이면 필요한 모든 도움과 지원을 모아들일 수 있었다. 연로한 부모들이 장성한 자녀들과 함께 사는 경우가 많았고, 남편은 아내를 도왔고, 고모가 언제든지 달려와 조카들을 챙겨주었으며 부모는 자녀들을 돌봤다.

우리는 지금도 특히 위급한 상황이 벌어지면 마음속으로는 그때처럼 되었으면 하고 바랄지 모른다. 하지만 지금 세상에서는 많은 사람들이 여러 가지 다양한 이유로 사정이 이렇게 돌아가지 않는다.

지금은 게이 커플이 자녀를 입양해서 키우며, 조부모가 손자들을 키우고, 직업을 가진 미혼모가 서로 일부담을 줄이기 위해 다른 미혼모들과 같이 산다. 그런가 하면 어떤 미혼 남녀들은 독신으로 살면서 친구들끼리 '가족'을 이루기도 한다.

예전에는 사랑하는 사람이 노쇠해지면 친척들이 즉각 달려와서 보살폈는데 지금의 독립적이고 내성적인 신세대들은 어려움에 처하면 낯선 사람들에게 도움을 청하거나, 한번도 가까이 지낸 적이 없는 가족 친지한테 신세를 져야 한다. 이는 요즘 사람들이 생각하는 독립의 개념에 상반되는 것 같고 어쩌면 많은 사람들이 삼키기 힘든 가장 쓴 약일지도 모르겠다.

나이 든 사람들은 대부분 자신들이 허약하기 때문에 도난이나 학대의 희생자가 되지 않을까 두려워한다. 그래서 남의 도움을 청하거나 사람 고용하기를 꺼리고 심지어 마당일 같은 힘든 일까지도 마찬가지다. 이런 두려움 때문에 많은 이들이 마지막 순간까지 자기 손으로 직접 자신을 돌보는 길을 택한다. 그럴 경우 안전이나 삶의 질이 위축되는 데도 불구하고 그렇게 하는 것이다.

다른 한편 가족 개념의 변화로 우리는 생의 마지막 단계에서 하게 되는 경험의 폭을 넓힐 수 있게 되기도 했다. 만약 이제는 '가족'이라는 개념에 아주 친한 친구와 동료, 이웃, 같은 교회 사람들이 포함된다면 이들 후천적으로 선택한 가족들이 우리를 간호하는 데 적극적으로 참여해서 역할을 하도록 할 수 있다.

노약자나 죽어 가는 사람은 다른 사람들로부터 도움을 받도록 자신의 마음을 열 수 있다. 그리고 도움을 주는 친구들은 서로 어울려서 새로운 종류의 책임감과 사랑을 나누는 가족이 될 수 있다. 그렇게 함으로써 혈연으로 맺어진 여느 가족들처럼 애정이 넘치는 가운데 서로 경험을 나눌 수 있게 된다.

제인

제인은 평생을 스스로의 힘으로 살아온 여성이었다. 육군 대령으로 조달 업무를 담당하면서도 엔지니어링과 비즈니스 공부를 계속해 박사학위를 취득했다. 군에서 예편한 다음에는 플로리다에서 건설회사를 설립해 성공적으로 운영했다. 여성이 잘해 낼 수 있을까 하는 고정관념 따위는 안중에도 없었다. 자기 집을 자기 손으로 직접 지었고, 자기 집 바로 옆에다 결장암을 앓고 있는 여동생을 위해 아늑한 집을 지어 주었다. 직장에서는 책임감 강한 사람, 가까운 친구들 사이에서는 리더였으며 여동생에게는 자상한 언니였다. 그러면서도 제인은 자기 몸이 보내는 문제 신호는 무시하고 살았다.

처음에는 심한 기침을 하다가 점차 악화되더니 계속해서 숨이 가쁘기 시작했다. 이따금씩 각혈을 하기도 했다. 제인은 평생 남을 돌봐 주며 살았다. 철저히 독립적이었고 항상 건강하고 활력이 넘치는 사람이었다. 문제 증상들이 나타나자 그녀는 남에게 알리거나 검사를 받는 대신 이를 무시해 버리려고 했다. 여동생이 병원으로 언니를 끌고 들어가는 날까지 그랬다.

친구들도 오래전부터 걱정을 해 오던 터라 그녀가 폐암 진단을 받자 정작 본인 외에는 크게 놀라지도 않았다. 하지만 3개월의 짧은 예후는 모두에게 충격이었다. 담당의는 호스피스 도움을 받으라고 권했지만 제인은 거절했다. 그녀는 여동생 가까이에서 머물다 집에서 죽고 싶다고 했다. 현실적이고 효율을 중시하는 평소 스타일대로 그녀는 자기를 돌보는 일에 대해 친구들에게 각자 역할을 부여하기 시작했다. 대령 시절로 돌아가 다시 지휘봉을 잡은 것이다.

영구적인 의료 및 재정 대리인은 가장 친한 친구인 재키한테 맡겼다. 의사를 보러 갈 때는 다른 친구가 데려가기로 했다. 먹을 것은 여러 친구들이 함께 챙겨 주기로 했는데 이것도 한 친구가 책임지고 조정 역할을 맡았다. 잔디와 마당 관리는 또 다른 친구가 맡았다. 음악은 제인한테 항상 기쁨과 위안을 주는 원천이었다. 그래서 제인은 여러 해 동안 함께 활동해온 합창단에 수시로 들러서 자기를 기쁘게 해 달라고 부탁했다.

평생 매사를 효율적으로 처리해 온 것처럼 제인은 순식간에 주위의 모든 사람들에게 각자 할 일을 정해 주고 훌륭한 협조체제를 갖추었다. 그러고 나서도 제인은 한 가지 더 바라는 게 있었다. 그녀는 우리 두 사람이 서로 아는 친구인 다이앤에게 자기를 돌봐 달라고 부탁했다. 다이앤은 박사 학위를 가진 간호사로 군에서 제인과 같이 근무했다. 다이앤이 와서 돌봐 주면 한결 마음이 편해질 것이라고 생각했던 것이다.

우리 인간들은 자기가 하는 일이 옳다고 믿고 싶어 하는 마음이 매우 강하다. 한번도 해본 적이 없는 일을 할 때는 특히 더 그렇다. 다이앤은 버지니아에서 플로리다로 최대한 빨리 비행기로 날아 왔다. 그녀는 평소처럼 다소 과장된 제스처를 하며 제인의 방으로 들어섰다. 그녀는 관록이 넘치고, 권위 있고, 해박하고, 친절한 사람이며 이런 요소들이 한데 합쳐져서 그녀를 강력한 존재로 만들었다. 그녀는 또한 친구들한테는 어머니와 같은 존재였기 때문에 제인이 생각하는 '가족' 개념을 완성시켜 주는 데 없어서는 안 될 요소였다.

다이앤은 순번을 맡아 제인을 돌보러 온 친구들을 둘러보았다. 꽃병에는 싱싱한 꽃이 꽂혀 있고 화장대에는 많은 카드들이 진열되어 있었다. 제인은 깨끗한 이불을 덮고 편안하게 누워 있었다. 다이앤은 이렇게 말했다. "제인, 저렇게 돌봐 주는 친구들이 있으니 넌 정말 운이 좋은 사람이야. 이건 그동안 네가 어떻게 살아 왔는지 네가 다른 사람한테 얼마나 잘 대해 주었는지 보여 주는 증거야. 나는 네가 너무 대견스럽고 네가 이 일을 친구들과 함께 이겨 나가는 게 너무 자랑스럽구나. 네가 할 일은 다했어. 그러니 이제는 편안하게 쉬렴."

마치 제인에게 "이제 가도 좋아"라고 허락하는 듯한 말투였다. 자기가 일을 제대로 해 놓았다는 확신이 든 듯 제인은 급속히 사그러들기 시작했다.

친구들은 반드시 두 명은 항상 제인 곁에 붙어 있기로 했다. 죽음의 시간이 다가오는 게 분명해지자 간호에 참여한 모든 이들이 제인의 집에 모였다. 친구들은 그녀가 죽어 가는 동안 침대 주위를 둘러싸고 노래를 불러 주었다. 장례 담당자들이 그녀의 시신을 집 밖으로 옮기는 동안에도 노래는 계속되었다.

장례식이 끝난 뒤 위임장을 보관하고 있던 재키는 제인의 금고에 들어 있는 편지 한 장을 찾아냈다. 자신이 보낸 마지막 몇 주 동안 소중한 선물을 안겨 준 모든 이들한테 보내는 감사와 당부의 편지였다. "너희들 모두 기름칠이 잘된 기계처럼 착착 움직여 주었어. 이제 너희들의 사랑스러운 손길을 내 여동생한테도 나누어 줄 수 있겠니?" 친구들은 모두 그렇게 하기로 했다. 친구들 모두 제인을 돌본 것은 자기들한테도 소중한 선물이었다고 생각했다.

장성한 자녀들에게 당부하는 말

장성한 자녀들 가운데는 노인이 된 자기 부모들의 삶에서 친구가 얼마나 중요한 역할을 하는지 제대로 인식하지 못하는 경우가 종종 있다. 부모와 멀리 떨어져서 사는 경우, 혹은 부모와 소원한 관계를 유지해온 경우 자녀들은 죽어 가는 사람한테 이러한 가족 아닌 사람들이 얼마나 소중한 존재인지 잘 모를 수 있다. 죽어 가는 부모한테 남은 시간을 기를 쓰고 타인으로부터 보호하려는 것은 일면 이해가 가기도 한다. 좀 더 일찍 부모한테 잘해 드리지 못한 것에 대해 죄책감을 갖고, 이번이 부모와 화해할 수 있는 마지막 기회라고 생각하는 자녀들의 경우 그런 경향이 특히 더 심하다. 하지만 내 경험으로는 과거에 부모한테 소홀히 대하거나 무관심했던 사람들일수록 부모의 마지막 남은 날들에 갑자기 끼어들어 와 그것을 망치는 경우가 드물지 않다. 그러면서 부모가 사랑하는 친구들과 마지막 작별 인사를 하는 것마저 못 하게 막아 버리는 것이다.

자녀 여러분, 여러분이 부모를 떠나 제 갈 길을 갔다고 여러분 부모들의 삶이 그날로 멈춰 버린 게 아니라는 사실을 제발 알아 주기 바란다. 그분들도 새로운 삶을 시작하셨고 사랑하는 많은 사람들을 새로운 '가족' 으로 맞아들였을 수 있다. 부모와의 화해도 대단히 중요한 일이기는 하지만 부모의 친구관계도 존중해야 한다. 그리하여 여러분의 부모가 자기 친구들과 자기들끼리 작별 인사하는 기회를 빼앗지 말기 바란다.

기억하기

서로 사랑하고 걱정해 주는 가족 구성원이 되는 데 생물학적 혈연이 필수 조건은 아니다.

16

친구가 해줄 수 있는 도움

죽음을 앞둔 사람한테 친구의 역할은 각별한 것이며 생의 마지막 단계에 와 있는 사람에게 친구의 존재는 큰 의미를 부여한다. 그렇다면 삶을 마감하는 친구에게 위로와 격려를 해 주는 최선의 방법은 무엇일까?

첫째, 죽어 가는 친구가 느낄지 모르는 기분을 이해하는 게 도움이 된다. 당사자가 여러분이 내미는 도움을 반가워하면서도 자신의 일상적인 간호에 관한 결정은 자기가 내리려고 할 수 있다. 독립심이 강해서 자신의 삶을 친구에게 의지하려고 하지 않으려는 경우들이 있다. 여러분의 도움에 대해 환자는 오히려 자신이 친구에게 짐이 된 듯한 기분이 들고, 자기 체면과 자긍심이 손상된다는 느낌을 가질 수도 있다. 그렇기 때문에 어떤 도움을 주겠다고 나서기 전에 환자가 원하는 게 무엇인지 분명하게 파악하는 게 중요하다.

하지만 여러분이 친구를 얼마나 소중하게 생각하는지 보여 주는 것 또한 중요하다. 두려움이나 신경을 과민하게 써서 뒤로 물러서지 말아야 한다. 이것은 여러분 자신에게도 아주 소중한 경험이 될 수 있다. 이 경험은 여러분 자신이 죽음과 죽음의 과정에 대해 갖고 있는 두려움을 떨쳐 내는 데도 도움을 줄 수 있다. 나는 우리들 대부분이 본래 용기 있게 태어났으며, 우리가 죽음과 죽음의 과정에 대해 실제로 알고 경험하는 것은 우리가 생각했던 것보다 덜 무섭다는 사실을 알게 되었다.

내가 직접 친구를 도우며 체험한 사례를 몇 가지 소개한다.

작별 파티

보니는 60대 후반에 급속히 악화되는 다발성경화증多發性硬化症 진단을 받았다. 치료가 불가능한 일종의 퇴행성 신경장애였다. 발병 초기에는 오른손에 힘이 없고 움직임이 어둔해졌다. 평소에 활달하고 매사에 적극적인 친구였는데 얼마 안 가 걷기가 힘들어지고 심한 근경련도 겪었다. 활동이 위축되면서 몇 년 뒤 찾아온 생의 마지막 순간에 그녀의 열정적인 정신이 다시 한번 빛을 발했다.

보니는 인테리어 디자이너로 섬세하고 창의적인 솜씨를 갖고 있었다. 그렇기 때문에 그녀가 자신의 작별 파티 계획을 직접 만들기 시작한 것도 놀랄 일은 아니었다. 음식을 마련하고 가족, 친구들과 함께 찍은 사진들을 모은 포스터도 준비했다. 보니는 사진을 고르는 데 특히 신경을 썼다. 말하는 힘이 떨어져서 시각적으로 자신의 마음을 표현할 필요가 있었기 때문이다.

"친구들은 내게 너무 소중한 사람들입니다." 보니는 확성기의 도움을 받아 이렇게 말문을 열었다. "가족은 태어날 때부터 주어진 것이지만 친구들은 내 의지로 선택한 사람들입니다. 나는 친구들이 나와 함께 나의 삶을 축하해 주었으면 좋겠어요."

친구들은 파티 음식과 형형색색의 부케를 장만하고 보니가 좋아하는 사진들을 모아 준비하는 등 그녀의 뜻에 따라 주었다. 나는 모두가 최고의 사진으로 꼽은 그 사진을 결코 잊지 못할 것이다. 휠체어에 앉은 보니가 많은 친구들한테 둘러싸여 있는 사진이었다. 함께했던 뜻깊은 날들을 담은 사진을 한 장 한 장 넘기면서 모두들 요란하게 웃고 떠드는 모습이었다.

어떻게 도울 것인가

헨리 씨는 퇴역 장교였는데 누군가 자기 말을 들어 줄 사람만 있으면 더 바라는 게 없는 사람이었다. 81세로 1, 2차 세계대전에 모두 참전한 것을 자랑스러워했고, 군의 역사와 군인은 어떻게 참고 견뎌야 하는지 등에 대해 나를 교육시키는 것을 무척 좋아했다. 천국에 대해서도 이야기했는데 보고 싶은 사람들을 다시 만날 수 있는 평화로운 곳일 것이라고 했다.

"내 오랜 벗인 앨을 다시 볼 수 있으면 좋으련만." 한번은 이런 말을 했다. "그리고 불쌍한 어머니. 어머니는 정말 힘들게 사셨지요. 정말 지금은 좋은 곳에서 편하게 지내셨으면." 헨리 씨는 사랑은 영원하다고 확신했고 그 사랑의 기쁨을 즐기게 될 것이라고 생각했다.

죽어 가는 사람들은 흔히 죽음이 끝이 아니라고 생각하는 것처럼 보인다. 나는 죽음을 목전에 둔 사람들이 이러한 재상봉으로 행복해하는 경우를 여러 차례 지켜봤다. 그것은 우리 눈에는 보이지 않는 장면이다. 유산이나 조산으로 잃은 아기들을 만나는 엄마도 있고, 일찍 떠난 아내와 다시 만나 포옹하는 남편들도 있다. 비통함 속에 죽거나 두려움에 떨며 죽는 경우는 드물다. 죽음이 임박해지면 사람들은 보통 모든 것을 받아들이는 마음의 상태가 되며, 자기 앞에 무엇이 기다리든 실제로 앞으로 나아가고 싶어 한다. 나는 환자들이 이 마지막 여행에 자기 혼자가 아니라는 사실을 깨닫는 것을 지켜보았고 그런 것을 지켜보면서 나의 삶도 바뀌었다.

나는 대부분의 죽어 가는 사람들이 자신이 살아오면서, 그리고 죽어 가는 과정을 겪으면서 배우게 된 것을 다른 이들한테도 나누어 주고 싶어 한다는 사실을 알았다. 삶이 얼마나 값진 것인지, 그리고 자기들은 이 세상에 와서 얼마나 보람 있게 살았는지를 우리한테 가르쳐 주고 싶어 하는 경우가 많다. 그들은 우리가 이 마지막 여행에 대해 갖고 있는 신비감이나 두려움을 없애도록 도와주고 싶어 한다. 한마디로 그들은 자신이 살아오면서 만난 사람들에게 자신의 삶이 의미가 있었다는 점을 확인하고 싶어 한다. 죽어 가는 사람들이 신체적으로 필요로 하는 것을 돌봐 줄 뿐만 아니라 그들이 가진 지혜를 받아들이고 음미하고 맞다고 확인시켜 주는 게 우리의 책임이다.

생의 마지막 순간에 와 있는 사람에게 이러한 솔직함과 이해심을 보여 주는 것은 특히 중요하다. 무슨 말을 어떻게 해야 할지 잘 모르는 것은 당연하다. "정말 안됐네." 우리는 이렇게 생각한다. "내가 무슨 말이라도 해 주고, 무슨 일이라도 도와 줄 수 있다면 얼마나 좋을까." 하지만 불행하게도 우리는 혹시라도 말을 잘못해서 일을 그르칠까 두려운 생각에 그저 뒤로 물러나 아무 일도 하지 않으려는 경향이 있다. 환자가 하는 말을 그저 들어 주기만 해도 충분한 경우가 흔히 있다. 그저 옆에 있어 주기만 해도 된다. 아무리 좋은 뜻에서 그랬다 하더라도 우리가 뒤로 물러나 있으면 죽어 가는 사람은 더 외로워진다.

솔직하게 대해 주기

질은 31세의 성공한 여배우였다. 그녀는 흠잡을 데 없이 매끈한 피부에 약간 튀어나온 광대뼈, 아몬드 모양의 눈, 예쁘고 가는 입술을 하고 있었다. 그리고 뛰어난 기억력 덕분에 대본을 금방 외워 배우생활도 잘해 냈다. 그런데 어느 날 기억력이 엉망이 되기 시작했다. 아무리 되풀이해서 외우려고 해 봐도 한 줄도 외워지지 않는 것이었다. 그녀는 당황스러웠지만 끔찍한 두통이 시작되기 전까지는 신체적으로 잘못되었을 것이란 생각은 꿈에도 하지 않았다. 검사 결과 수술 불가능한 뇌종양을 앓고 있는 것이 드러났다. 화학요법과 방사선 치료로도 암 진전을 막을 수 없었고 그 빼어난 미모도 빛을 잃어 가기 시작했다.

"내가 아프니까 주위의 많은 사람들이 내게 무슨 말을 해야 할지, 무슨 일을 해 주어야 할지 몰라서 쩔쩔 매더군요." 질은 내게 이렇게 말했다. "어떤 친구는 전화도 안 하고 나를 찾아보지도 않더라구요. 찾아오는 친구들도 내가 아프다는 현실을 애써 외면하려고 애쓰는 경우가 많습니다. 친구들은 내가 이렇게 머리카락이 빠지고 살이 찌는 것을 보고도 마치 안 그런 것처럼 행동한답니다. "너 정말 예쁘다, 얘." 내가 거짓말인 줄 뻔히 아는데도 친구들은 내게 이렇게 말합니다. 나를 마치 무슨 일이 벌어지는지 아무것도 모르는 어린애처럼 대하는 친구들도 있어요. 나는 내가 얼마나 아픈지 잘 알아요. 내게 표나게 따뜻하게 대하려는 태도를 보면 정말 화가 치밀어요. 나는 그저 친구들이 가까이 있어 주기만 하면 좋겠어요. 특별한 말도 필요 없어요. 내가 필요로 하는 건 동정이 아니라 공감이에요. 동정은 아무짝에도 쓸모없는 감정입니다. 나는 친구들이 나를 기피하는 게 정말 싫어요."

환자의 감정 상태를 먼저 고려한다

죽어 가는 친구를 둔 사람들은 종종 자신들이 그와 어느 정도의 관계를 유지해야 하는지 고민하게 된다. 이럴 때는 그가 아프기 이전에 자신과 어느 정도 친밀한 관계였는지를 되새겨 보는 것이 도움이 된다. 만일 예전에 친구와 한 달에 한 번 정도 만나는 사이였다면, 친구가 아픈 지금은 그를 한 달에 두 번씩 만나는 것이 매일 두 번씩 만나는 것보다 적절할 것이다. 그리고 그가 아주 친한 친구여서 매일 만났던 사이였을지라도 방문하기 전에 간병인의 의사를 물어보는 것이 중요하다. 내성적이고 조용한 성격의 환자들은 죽어 가고 있을 때 혼자만의 시간을 다른 사람에 비해 더 많이 필요로 할 수 있기 때문이다. 그에 반해 외향적인 사람들은 다른 사람들과 함께 있기를 더 원할 수도 있다. 때때로 죽어 가는 사람들은 자신이 무엇을 원하고 무엇을 필요로 하는지 모르기도 하기 때문에 방문을 계획할 땐 조심스럽고 세심하게 신경 써야 한다. 친구의 병이 많이 악화되어 있는 경우에는 방문 시간을 15분 정도로 잡을 것을 권한다. 만일 그가 당신이 좀 더 오랫동안 머물러 있기를 바란다면 그렇게 해 달라고 당신에게 이야기를 할 것이다.

죽음을 앞둔 사람들은 정기적으로 보내 주는 카드나 격려, 또는 응원의 메시지를 우리가 생각하는 것보다도 더 감사하게 여기는 경우가 종종 있다. 아픈 친구에게 글을 쓸 때는 여러분이 그에 관해서 좋아하는 점이나 그와 함께했던 소중했던 순간들에 대해서 이야기해 보라. 사람들은 우리가 다른 사람에게 끼친 좋은 영향에 대해서 알고 싶어 한다. 죽음을 눈앞에 둔 사람들은 자신이 누구인지, 살아가는 동안 무엇을 했는지 되새겨 보게 되므로 더더욱 그러하다.

친구의 걱정거리가 무엇인지도 신경을 써주어야 할 중요한 부분이다. 당신의 방문에 앞서 그는 "내가 혹시 친구 앞에서 수치심을 느끼게 되진 않을까? 친구 앞에서 내가 제대로 행동할 수 있을까? 내가 고통스러워하는 모습에 친구가 겁을 먹지는 않을까? 친구가 혹시 내가 두려움에 떨고 있을 것이라고 생각하진 않을까? 나의 고통스러움을 함께 나눠 달라고 하는 것이 과연 잘한 일일까?" 같은 걱정을 할지도 모른다.

죽음을 앞둔 사람은 자신의 상태를 여러 사람들에게 보이기 전에 스스로 적응하는 데 필요한 조용하고 정신적인 공간을 필요로 할 수도 있다. 그는 더 이상 일을 하지 못하게 되고, 가정 내에서 맡아온 역할을 하지 못하게 되고, 하는 수 없이 쉬어야 되고, 자제력을 포기하고, 남의 도움에 기대고, 자신의 몸 내부에서 일어나는 변화들을 받아들이면서 새로운 자신에 대해서 생각할 시간이 필요할 수도 있다. 인생의 마지막 단계에 와 있는 친구를 둔 사람으로서 우리는 그들을 격려하고 그들이 때론 우리를 보고 싶어 하지 않을지라도 그것에 실망하지 않도록 노력해야 한다. 우린 그들이 무엇을 원하는지를 더 잘 알수록 그들을 더 효과적으로 도울 수 있다. 그들이 정신적, 그리고 정서적으로 어떤 상태에 있는지 최대한 공감하려고 노력한다.

상상력 동원하기

내 친구인 다프네는 쾌활하고 어디로 튈지 모르는 성격의 소유자였다. 그녀와 그녀의 남편인 알렉스는 여행을 많이 다니고 재미있는 친구들과 만나며 즐겁고 열정적인 삶을 살았다. 그녀가 갑자기 앓아눕게 되자 많은 친구들이 그녀의 곁에 있고 싶어 했다.

뇌동맥류 파열로 인해 그녀는 순식간에 죽음의 문턱에 서게 되었고, 그 상태로 몇 주, 그리고 몇 달을 보내게 되었다. 마침내 상태가 호전되었지만 여전히 쇠약한 상태에서 퇴원한 다음 집에서 강도 높은 물리요법과 언어요법을 받았다.

헌신적인 가족들은 기쁜 마음으로 그녀를 맞이했지만 엄청난 에너지를 필요로 하는 간호에 매달려 다른 일은 할 수 없게 되었다. 마당에는 쓰레기와 낙엽이 뒤덮였고, 식탁에는 각종 우편물로 넘쳐났다. 지난 신문들은 비닐 안에서 누렇게 색이 바래진 채로 있었으며 치료비 청구서도 끊임없이 날아왔다. 다프네는 집에 있게 된 것만으로도 행복했기에 집안이 엉망이 되어 가는 것을 알아채지 못했지만 가족들은 그러한 생활이 힘겨웠다.

그러던 어느 날 화창한 가을 오후에 다프네는 마당에서 나는 부산한 소리에 받고 있던 치료를 멈추었다. 남편이 다프네의 휠체어를 끌고 창문 앞으로 가 보니 바깥에서 놀라운 광경이 벌어지고 있었다. 그녀의 세 친구들이 마당에 쌓인 낙엽들을 긁어 모아 "우리는 다프네를 사랑해"라는 모양의 글씨를 새겨 놓은 것이었다. 다프네가 창문에 나타나자 그들은 팔을 엮은 채 엉터리 음정으로 낙엽을 주제로 한 노래를 부르기 시작했고 서툰 발레 동작을 하면서 깔깔거리다 낙엽 위에 엎어졌다.

친구들을 보면서 다프네는 오랜만에 실컷 웃을 수 있었다. 그녀의 친구들은 낙엽을 깨끗하게 모아서 봉투에 담아 쓰레기차가 치울 수 있도록 도로변에 놔두었고, 애플 사이다 한 병과 알록달록한 국화들을 문 앞에 놓아둔 다음 돌아갔다.

뭘 도와주지?

"뭘 도와 주지?"라는 질문은 좋은 뜻으로 하는 것이지만 간병인이 아픈 친구에게 뭘 도와 줄까를 생각하기란 쉬운 일이 아니다. 다프네의 친구들이 한 행동이 내게 감명을 준 가장 큰 이유 중 하나가 바로 '그들' 스스로 돕는 방법을 찾았다는 것이다. 죽음을 앞둔 친구를 도울 수 있는 방법을 몇 가지 소개한다.

- "만일 네가 내일 아침 차를 쓰지 않아도 된다면 자동차 키를 현관 매트 밑에 놔두렴. 내가 기름을 채우고 세차해서 낮 12시 이전에 가져다 놓을게."

- "내일 아침에 장 보러 갈 예정이야. 네가 필요한 물품을 적어서 현관에 두면 내가 같이 사다 줄게."

- "네 차 정비기간이 다 되어 가는 것 같던데. 내가 네 차를 내일 아침 일찍 몰고 가서 정비를 받아다 줄까?"

- "보험금을 받으려면 치료비 청구서 사본을 만들어 놓아야 할 텐데, 복사할 서류와 몇 부 복사할지를 적어서 봉투 안에 담아 현관 앞에 두면 내가 준비해서 오늘 저녁 때까지 갖다 줄게."

- "오늘은 네가 많이 피곤해 보인다. 내가 오늘 오후에 와서 네가 낮잠을 푹 자고 샤워하도록 네 시간 정도 네 아내를 거들어 주는 것은 어떨까."

- "마사지와 머리 손질을 하고 매니큐어, 페디큐어를 받으며 휴식을 취하면 기분전환이 좀 되지 않을까? 내가 예약해 둘 테니 몇 시쯤이 좋을지 알려줘. 그리고 네가 없는 동안에 네 남편 간호는 내가 대신 맡아 줄게."

- "가까운 극장에 새로 나온 아동영화가 상영되고 있어. 내가 오늘 저녁에 네 아이들을 데리고 나가서 영화 보고 피자를 먹이면 어떨까?"

- "내가 아침에 들러서 너희 집 강아지 산책시켜 줄게. 문고리에 개줄을 걸어 놓으렴. 그리고 네가 괜찮다면 내가 강아지 목욕도 시키고 손질도 해 줄게."

- "진눈깨비가 올 예정이래. 우리 남편에게 오늘 저녁에 너희 집에 들러서 수도관의 물을 잠그라고 할게."

- "핼러윈이 다가오는데 내가 방과 후에 아이들을 데리고 그날 입을 옷을 사러 가는 건 어떨까? 다음 주에는 내가 아이들을 데리고 호박 밭에 갔다가 우리 집에서 함께 호박 속을 판 다음에 저녁식사를 마치고 너희 집에 데려다 줄게. 그렇게 하면 너와 아이들 모두 좋은 휴식시간을 갖게 되지 않을까?"

- "너와 네 남편이 폴 뉴먼 영화를 좋아한다는 걸 알고 몇 개 골랐어. 보고 나서 돌려주지 않아도 되는 거야."

환자를 성가시게 하지 않고 돕는 방법

환자와 그 보호자에게 전화를 걸어 안부를 묻고, 도와줄 게 없는지 물어 보고, 요리를 해서 갖다 주는 것은 모두 좋은 일이다. 만약 아홉 명의 다른 친구들이 당신과 똑같은 계획을 하고 한꺼번에 같은 요리를 가져다 주는 일이 생기지만 않는다면 말이다.

나는 환자의 가족에게 방문자들을 책임지고 관리할 사람을 한 명 정해서, 그가 방문자들이 무엇을 언제 가지고 올지를 관리하도록 하라고 권한다. 만일 친구들이 모두 컴퓨터를 사용한다면 그 관리자가 친구들에게 네 상태에 대해 매주 알려줄 수도 있을 것이다. 또한 친구들은 환자에게 편지를 직접 보내는 대신 그 관리자에게 이메일로 메시지를 보내서 그것이 환자와 보호자에게 전달되도록 할 수도 있다. 그렇게 하면 환자와 보호자는 끊임없이 울리는 전화벨 소리에 시달리지 않고, 쉬는 시간에 방해받지 않고도 친구들로부터 격려와 사랑의 메시지를 받아볼 수 있게 될 것이다. 그런 식으로 하면 필요한 정보는 서로 공유하게 되고 친구들은 환자의 생활을 침해하지 않으면서도 도움을 줄 수 있게 되는 것이다.

기억하기

환자 곁에 있어라. 죽어 가는 사람에게 그가 당신에게 중요한 존재였다는 것을 보여 주고 조금이라도 실질적인 도움을 주도록 하라.

17

어린애들에게 사실대로 말해야 하나?

내 손녀 엘리가 두 살이 될 무렵까지 나는 매일 아이 곁을 즐겁게 지켜 왔다. 불행히도 그 무렵 나는 목 디스크 네 곳의 추간판탈출증椎間板脫出症으로 인한 극심한 통증 때문에 수술을 받게 되었다. 뼈 이식과 티타늄판을 척추에 고정시키는 수술을 받았으며 그 뒤로는 목을 제대로 들기도 힘든 지경이 되었다.

수술을 받고 난 다음에 나는 엘리가 기어서 내게 다가오도록 하는 것은 좋은 생각이 아닐 것 같았다. 그래서 딸과 상의해서 내가 아이를 다시 안을 수 있을 만큼 기운을 되찾을 때까지는 엘리를 병실에 데려오지 말라고 했다. 하지만 나는 매일 엘리에게 전화해서 노래를 불러 주거나 함께 이야기를 나눔으로써 아이가 내게서 버림받았다는 느낌을 받지 않도록 했다. 우리는 엘리에게 할머니가 상처가 나서 큰 딱지가 생겼지만 조금씩 나아가고 있으며, 조금만 기다리면 할머니를 다시 볼 수 있게 될 것이라고만 이야기해 주었다. 어차피 그 두 살배기가 디스크 수술에 대해서 무엇을 알 것이며, 할머니가 왜 자기를 평소처럼 끌어안고 간지럽혀 줄 수 없는지 곧이곧대로 설명해 봐야 어떻게 이해할 것인가?

회복을 시작한 지 6주가 되어갈 즈음에 나는 다시 엘리를 봐도 되겠다는 기분이 들었다. 전화 통화는 계속했지만 그래도 아이가 너무도 보고 싶었다. 엘리는 주춤주춤하며 내가 기대어 누워 있는 소파 쪽으로 다가왔다. 나는 커다란 목 고정장치를 하고 있었는데, 그때서야 이것이 아이에게 겁을 준다는 사실을 알았다. 그래서 나는 그것이 '상처에 붙인 큰 반창고' 일 뿐이라는 것을 보여 주기 위해서 보호대를 풀었다. 목에 나 있는 4인치나 되는 흉터를 보자 엘리의 눈이 휘둥그레졌다. 아이는 통통한 손으로 내 무릎을 토닥이며 "우리 할머니, 우리 할머니"라는 말만 계속해서 반복했다. 나는 계속해서 할머니는 괜찮다고 안심시켰지만 아이는 여전히 침울한 표정으로 말이 없었다.

나를 만나고 간 후 며칠 동안 엘리는 밤에 악몽을 꾸다가 울면서 깼다고 딸이 알려 주었다. 그리고 그렇게 좋아하던 이웃에 사는 강아지 두 마리를 갑자기 무서워한다고 했다. 엘리는 엄마가 한참 동안 안아서 살살 흔들어 주고 달래 준 뒤에야 눈물을 글썽인 채로 "멍멍이" "얌얌(물었다는 뜻)" "할머니"라고 했다는 것이다. 아이에게 할머니에게 왜 그렇게 큰 상처가 났었는지 설명해 준 적이 없었기 때문에 우리는 놀랄 수밖에 없었다. 개가 할머니 목을 문 것으로 자기 나름대로 사실보다 더 무서운 결론을 내렸던 것이다.

돌이켜 보면 아이를 내게 수시로 데려오도록 하는 편이 더 나았을 것이란 생각이 든다. 그러면 목 고정장치를 한 나의 모습이 아이한테 좀 더 일상적이게 보였을 것이다. 사실을 침착하고 꾸밈없는 방식으로 전달해 주면 아이들은 겁을 먹지 않는데 나는 이런 현상을 '정보의 맥너겟' 이라고 부른다. 이와 반대로 아무런 설명 없이 사실을 감추면 아이들은 겁을 먹는다. 유아기를 막 벗어난 아이라도 어린 마음에 실제보다도 더 끔찍한 이미지와 이야기를 그려 낸다.

그런 식으로 어렸을 적에 생성된 두려움은 나중에 장성해서 병이나 죽음, 그리고 슬픔에 대처하는 데 어려움을 겪게 되는 바탕이 될 수도 있다. 사람들이 "우리 남편은 병원에 가는 것을 두려워해요"라든지 "서른 살 된 아들은 함께 못 왔어요. 자기 엄마의 이런 모습을 겁이 나서 못 보겠답니다" 또는 "아이들이 할머니를 아프기 이전의 모습으로 기억해 주기 바라기 때문에 병원에는 데리고 가지 않을 겁니다" 등의 말을 하는 것을 들으면 나는 어렸을 때 어떤 일을 겪었기에 이런 비정상적인 두려움을 갖게 된 것일까 하는 생각이 든다. 그러한 비정상적인 두려움을 자기 아이들에게 그대로 적용시키는 경우가 허다하다.

유년 시절의 상처

부자와 유명 정치인들만 따로 모여 사는 동네로 들어서자 작년에 눈위에 뿌려 둔 미끄럼 방지용 모래가 자동차 밑에서 우두둑 우두둑 부서지는 소리가 났다. 네덜란드 식민지 시대 양식의 하얀색 집은 주위에 있는 맨션들보다는 덜 위압적이었지만 세심하게 관리가 되어 있었다. 아마도 이 지역에 사람이 많이 살지 않던 시절부터 있던 집들 가운데 한 채인 것 같았다.

76세의 로널드 챔버스 씨가 문앞에서 나를 반겨 주었는데 잘생긴 외모에 풀 먹인 하얀 셔츠와 타이, 그리고 브이넥 스웨터를 말쑥하게 차려입고 있었다. 나를 따뜻하게 환대하고 있었지만 두 눈에는 두려움이 뚜렷했다.

"어서 오세요. 외투는 이리 주시고. 집사람 클라우디아는 지금 자고 있는데 방해하면 안 돼요. 아시다시피 요즘 많이 약해졌어요. 자, 우리는 부엌으로 가서 이야기합시다."

식탁에는 식탁 깔개가 깔끔하게 놓여져 있고 따뜻한 분위기를 내는 뚜껑이 덮인 주전자, 그리고 그것과 잘 어울리는 컵 받침들이 놓여 있었다. 레몬 조각을 접시에 가지런히 담아 놓았는데 접시는 크림통, 설탕통과 잘 어울렸다. 모두가 반짝이는 마호가니색의 우아하고 오래된 대저택 내부에 걸맞은 분위기를 풍겼다.

나는 "정말 예쁘네요. 고맙습니다"라고 미소를 지어 보이며 말했다. 그가 예쁜 컵에 뜨거운 물을 따르는데 보니 손이 떨리고 있었다. 나는 숨을 죽인 채 그를 쳐다보고 있었다.

"죄송합니다." 그가 웅얼거리듯 낮은 소리로 말했다. "당신이 소속되어 있는 단체에 대해서 좋은 이야기를 많이 들었습니다. 나는…전혀 예상하지 못했어요…. 생각지도 못했어요…아내는 항상 건강했었기 때문에… 그런데 너무 갑작스럽게…너무 심하게 병이 들어 버렸어요…." 그는 테이블 맞은편에 앉아 두 손으로 얼굴을 감싼 채 한참 동안 격한 감정을 억누르고 있었다.

"오, 이런!" 그가 자세를 바로잡으며 이렇게 말했다. "실례했군요. 아 참, 서류. 내가 서명해야 하는 서류들이 있지요?"

이 애정 어린 부부의 집에 방문하면서 나는 챔버스 씨에 대한 걱정이 커졌다. 그는 부인을 매우 잘 간호하고 있었고, 게다가 요리와 집안일을 비롯해 아내의 개인 수발까지 들어 줄 사람도 별도로 구해 놓았다. 그는 걱정과 조바심이 점점 심해져서 나중에는 단 몇 분도 가만히 앉아 있지 못하게 되었다. 누가 시킬 때까지 가만히 앉아 있는 것은 불가능했고 실제로 몸을 벌벌 떨고 있었다. 나는 지금까지 이런 경우는 한번도 본 적이 없었다. 그는 끊임없이 움직이면서 먼지를 털고, 잡지책을 정돈하고, 물건을 들었다 놓았다 했다.

아내 클라우디아의 상태가 악화되면서 그의 조용한 흥분상태는 점점 더 심해졌다. 그가 언제 폭발할지 모른다는 생각이 계속해서 들었고, 마치 급속히 진행되는 신경쇠약 과정을 지켜보는 것만 같았다.

나와 같은 팀의 사회복지사인 레슬리가 내게 챔버스 씨의 42세 된 딸 주디를 함께 만나 달라는 부탁을 해서 우리는 근처에 있는 커피숍에서 만났다. 우리 팀은 그녀의 아버지에 대해서 큰 걱정을 하고 있었고, 알고 보니 주디도 우리와 같은 걱정을 하고 있었다. 주디는 어머니 간호에 대단히 열성적이었는데 매일 저녁 일을 마친 다음에는 어머니를 찾아보고 아버지와 함께 저녁식사를 했다.

그녀는 "그렇게 해야만 아버지가 제대로 된 식사를 한 끼라도 드시도록 해 드릴 수 있어요"라며 이렇게 말했다. "아버지는 요리도 잘하시고 늘 자기 앞가림은 충분히 하시는 분인데 요새는 너무 힘들어하고 계세요. 그래서 제가 매일 와서 엄마가 약을 제대로 챙겨 드시는지도 보고 상태도 체크하는 겁니다."

우리는 그녀 어머니의 상태가 악화되며 아버지의 상태도 안 좋아지고 있다는 점에 대해 같이 걱정했다. 우리는 주디에게 아버지를 의사에게 모셔 가 건강에 문제가 없는지 진찰을 받도록 하라고 권했다. 또한 어머니에게 손이 점점 더 많이 갈 것에 대비해 아버지께서 다른 사람으로부터 충분한 도움과 지원을 받고 있는지 확인해 보라고 부탁했다. 이후 주디는 직장에 가족의 건강 때문에 휴가를 냈다고 우리에게 알려 왔다. 그녀는 한동안 부모님 댁에 머물면서 돕기로 했는데 우리도 아주 잘한 일이라고 생각했다.

레슬리는 주디에게 우리가 걱정하는 것은 아버지가 지금 극심한 스트레스에 빠져 있는 것이라고 설명했다. 극심한 걱정 때문에 공포 직전의 상황까지가 있는 것 같았다. 사랑하는 배우자가 병으로 죽어 가고 있을 때 스트레스를 받는 것은 정상이지만 그의 반응은 유별났다.

"당신 아버지에 대해서 좀 더 말해 줄 수 있어요?"라고 레슬리가 물었다. "그러면 당신 아버지를 좀 더 효과적으로 도와 드릴 수 있는 방법이 떠오를지도 모르니까요."

"아버지는 당신의 어린 시절에 대해 어머니 외의 다른 사람에게는 절대로 얘기하신 적이 없으세요." 주디는 이렇게 말을 꺼냈다. "하지만 제가 어머니한테서 들은 이야기를 해 드릴게요."

"아버지는 외동아들이셨어요. 아버지는 할머니를 무척 좋아하셨는데, 아버지를 낳다가 돌아가실 뻔했고 그 이후로는 건강을 예전처럼 회복하시지 못하셨지만 아버지께는 사랑과 정성을 다하셨대요. 할아버지께서는 조용하고 무뚝뚝하시며 다정다감하지 않은 분이셨지만, 성실하게 일하셔서 집에 부족함이 없도록 하셨다고 해요. 조부모님은 오클라호마에 있는 작은 농장에 사셨고 그곳은 외부로부터 상당히 떨어져 있었기 때문에 아버지와 할머니는 서로를 끔찍이 위하셨어요."

"아버지는 다섯 살이 되던 해 여름에 갑자기 아무런 설명도 없이 아이다호에 있는 아버지의 할아버지 댁으로 보내지셨대요. 아버지는 그분들을 거의 알지 못했고, 그분들은 할아버지만큼이나 조용하고 엄격하신 분이셨대요. 아버지는 겁이 나고 어머니가 보고 싶었지만 만날 수 없었다고 해요. 당시에는 전화기도 없었지요."

주디는 계속해서 이렇게 말을 이었다. "아버지는 학교에 갈 나이가 되었을 때쯤 다시 집에 돌아갈 수 있었지만, 그때는 이미 할머니가 안 계셨다고 해요. 할머니께서는 아버지가 안 계신 동안 심장병 같은 것으로 돌아가신 거였어요. 아버지는 할머니의 병 때문에 증조부님께 보내졌던 것이었습니다. 하지만 누구도 그런 이야기를 어린 아버지께 해 주지 않았던 것입니다. 할머니를 추억할 수 있게 할 만한 것은 하나도 남아 있지 않았습니다. 할머니의 사진도 한 장 없고 누구도 할머니 이야기는 입에 올리지도 않았다고 해요. 아버지 앞에서 어머니의 죽음을 아무도 슬퍼하지 않았고, 그리워하는 기색조차 보이지 않았다고 해요. 아버지께서는 할머니께 작별 인사를 할 기회조차 갖지 못하셨는데 사람들은 할머니가 존재한 적도 없었던 것처럼 행동했다는 것입니다."

주디의 눈가가 촉촉해졌다. "사람들이 그 작은 소년에게 얼마나 끔찍한 짓을 했는지 이해가 가세요?"라고 물으며 그녀는 테이블 위로 노랗게 빛바랜 사진 한 장을 건네 주었다. 예쁜 담황색 머리칼을 한 6살의 로널드가 두 팔을 양 옆에 붙이고 소년 병정처럼 꼿꼿이 서 있었다. 심각한 표정의 작은 얼굴은 한 쪽으로 기울어져 있었고, 도대체 누가 자신의 사진을 찍으려고 하는 것인지 모르겠다는 듯 살짝 찌푸린 탓에 곁눈질하는 것처럼 보였다.

"이걸 보면 가슴이 찢어지는 것 같지 않아요?"라고 그녀가 물었다. "이게 제가 알고 있는 아버지의 어린 시절 이야기의 전부예요."

잠시 침묵이 흐른 다음 주디는 이렇게 말을 이었다. "그렇기 때문에 아버지를 의사 선생님께 모셔 가는 것조차 거의 불가능한 일이에요. 아버지께서도 자기가 갖고 있는 두려움이 터무니없는 짓이라는 걸 아시지만 어쩔 도리가 없으신 겁니다. 생각만 해도 실제로 몸이 아프신가 봐요. 어머니의 장례식에도 참석할 수 있으실지 모르겠어요."

주디는 계속해서 이렇게 말했다. "우리 어머니는 아버지께서 만나 본 유일한 여자였어요. 아버지는 어머니께 넉넉한 살림을 보장해 주실 때까지 결혼을 미루셨어요. 아버지께서는 어머니를 무척 사랑하세요. 어머니는 자신의 암에 대해서 알고 계셨고 아버지께 말씀 드리기 전부터 병이 얼마나 심각한지 아시고 아버지가 어떻게 반응하실지에 대해 매우 걱정하셨어요. 그렇다고 아버지께 말하지 않는다면 그건 훨씬 더 나쁜 일이지요. 그렇게 하면 아버지가 할머니를 잃었을 때와 너무 비슷한 상황이 되어 버리니까요."

해결되지 않은 채 잠복해 있던 그의 정서적인 장애가 다시 모습을 드러내고 있었다. 다시 겁에 질린 작은 소년으로 돌아간 이 어른은 어머니와 딸 외에 자신이 사랑하는 유일한 여자를 다시 한번 잃을 상황에 놓인 것이었다. 이번에도 그는 그 상황을 멈추거나 호전시킬 힘이 없는 상태였다. 그래서 그는 다시 겁에 질린 채 세상에 홀로 남겨진 처지가 되었다.

주디가 떠난 뒤에 레슬리와 나는 다 식어 버린 차를 앞에 놓고 한동안 그대로 앉아 있었다. "아이를 보호하겠다는 말로 어떻게 그토록 끔찍한 짓을 할 수 있단 말인가요"라고 레슬리가 나지막하게 말했다.

그녀는 "우리 사별담당 팀에 클라우디아 씨가 돌아가실 때까지 기다리지 말고 지금 당장 챔버스 씨를 찾아뵈라고 부탁해야겠어요"라며 이렇게 말했다. "불쌍한 챔버스 씨는 다가올 부인의 죽음뿐만 아니라 돌아가신 지 70년이 지난 어머니의 죽음까지도 지금 슬퍼하고 있어요."

만약 다섯 살의 로널드가 어머니의 건강이 악화되는 동안 집에 남아 있고, 아버지가 안아주며 착한 아이라고 칭찬해 주고, 어머니가 아픈 게 네 책임이 아니라는 말을 해 주었더라면 지금 그가 얼마나 다른 모습을 하고 있을까. 그는 그때 어머니는 물론 집안의 다른 식구들이 자기를 얼마나 사랑하는지에 대해 얘기를 들었어야 했다. 그는 자신이 외톨이가 되지 않을 것이며, 자기가 느끼는 감정들은 정상적인 것이고 소중한 것임을, 그리고 어머니의 몸이 떠나더라도 어머니에 대한 기억은 지워지지 않을 것이라는 이야기를 다른 사람으로부터 들었어야 했다. 그의 부모는 그에게 엄마가 아프며 어쩌면 다시 나아질 수 없을지 모르지만, 그렇더라도 어린 그가 엄마 간호를 돕고 엄마를 위해 착한 일들을 할 수 있으며(엄마 방에 그림을 그려서 붙여 놓다든지 엄마에게 주스 심부름을 하고, 엄마 손에 로션을 발라 주고 자기 전에 이야기를 들려 주고, 안아 주고 노래를 불러 주는 등의 일), 그러면 엄마가 좋아할 것이라는 이야기를 자상하게 해줄 수 있었다.

엄마의 상태가 악화되며 부모는 그를 안아 주면서 그가 엄마 돌보는 일을 아주 잘하고 있지만, 그래도 엄마는 곧 죽을 수밖에 없다는 말을 해줄 수 있었다. 엄마는 아들을 두고 떠나기 싫지만 너무 아파서 다시 나아지기 어렵기 때문에 이제 곧 하늘나라로 (종교에 따라 다른 어떤 곳이든) 가야 한다는 얘기를 해 주었어야 했다. 엄마는 그에게 자기가 없더라도 그가 안전하게 보살핌을 받을 것이며, 아빠와 다른 가족들로부터 사랑을 받을 것이라고 이야기해 주고, 엄마는 그를 항상 사랑할 것이고 계속 지켜볼 것이며, 영원히 아들의 특별한 수호천사가 될 것이라는 이야기를 해 주었어야 했다.

사랑하는 사람을 잃는 상실감을 줄여 줄 방법은 없다. 하지만 어른들은 병과 죽음의 의미를 이해하고, 슬픔과 상실감에 대처하는 데 도움이 될 만한 인생의 경험들을 더 많이 가지고 있다. 어른들은 자신들이 이해하고 있는 것들을 아이들과 나누어야 한다. 어린 로널드가 어머니와 관련된 일들에 관여할 수 있도록 해 주고, 그가 어른들의 눈물을 볼 수 있도록 해 주는 것이 그가 누군가 아플 때 슬퍼하는 게 부끄러워할 일이거나 숨겨야 하는 일이 아니라는 것을 알도록 해 주었을 것이다. 그를 껴안아 주고 엄마가 아픈 게 자기 잘못이 아니라는 것을 재차 확인시켜 주었어야 했다.

그리고 그림 그리기나 글쓰기, 또는 운동 등을 통해 그의 감정에 건강한 출구를 만들어 주었더라면 그는 아픈 마음을 보다 유익한 방법으로 표출시킬 수 있었을 것이다(요즘에는 카운슬링이나 심리치료를 받는 것도 좋은 방법 가운데 하나다). 마지막으로 그를 잠깐이라도 장례식에 데리고 가서 그가 목격하는 일들에 대해 설명해 주고 그가 궁금해하는 것들에 대답을 해 주었더라면, 그의 엄마가 아무 말 없이 그저 훌쩍 사라져 버린 게 아니라는 점을 이해시키는 데 도움이 되었을 것이다.

다시 한번 말하지만, 진실도 나이에 맞는 방법으로 보여 준다면 아이들을 겁먹게 하거나 다치게 하지 않는다. 오히려 육체적으로나 정신적으로 배제시키고 방치하는 것이 아이들에게 상처를 준다. 아이들이 그 정도로 극심하게 충격적인 시기를 혼자서 헤쳐 나갈 것이라고 기대해서는 안 된다. 아이들 스스로 그런 일을 감당해 낼 수는 없다. 아이들은 자신들이 가지고 있는 궁금증이 터무니없는 게 아니라는 말을 듣고, 자기들의 나이에 걸맞은 대답을 들어야 한다. 아이들은 어른들로부터 이제 어떻게 행동하고 어떤 식으로 슬픔을 나타낼지에 대해 배울 수 있어야 한다. 아이들은 그들의 슬픔과 눈물을 어른들과 함께 나누어야 하며, 우리 모두가 그렇듯이 삶을 바꾸어 놓을 이 중요한 시기에 많은 사랑과 보살핌을 받아야 한다.

기억하기

어른들은 아이들에게 걸음마, 글 읽는 법을 가르쳐 주는 것처럼 상실감과 슬픈 일을 당했을 때 어떻게 대처할지에 대해서도 가르쳐 주어야 한다. 죽음도 우리 삶의 일부이기 때문이다.

18

죽음을 앞두었다고 사람이 변하지는 않아!

죽어 가는 사람 및 환자의 가족들과 얼굴을 맞대고 일하는 사람들에게는 잘 알려진 행동 패턴이 하나 있다. 그것은 바로 사람들은 자신이 살아왔던 방식으로 죽음을 맞이한다는 것이다. 착한 사람은 죽을 때가 되면 더 착해지고, 바쁘게 산 사람은 죽을 때가 되면 더욱더 바빠진다. 하다못해 꿈속에서라도 바쁘게 지낸다. 조용한 사람은 더 조용해지고 까다로운 사람은 요구하는 것이 더 많아진다. 남을 조종하려고 하는 사람은 그러한 성격이 이전보다 더 심해질 것이다. 이러한 패턴은 죽어 가는 사람의 간호인이나, 가족, 또는 친구들이 알아두어야 할 아주 중요한 사실이다. 왜냐하면 죽음을 앞둔 사람이 변한다는 것은 현실성이 없고 매우 어려운 일이기 때문이다.

임신부들은 대부분 시간이 지나면서 아기의 성격이 어떨지 짐작하게 된다. 산모가 움직이거나 쉴 때 아기가 어떤 반응을 보이는지, 또는 음악이나 앰뷸런스의 사이렌 소리 같은 큰 소리에 어떻게 반응하는지 등을 보고 짐작하는 것이다. 사람의 성격은 엄마 뱃속에 있을 때부터 형성되는 것이다. 이러한 각자의 성격이 인생을 사는 동안 어려움과 신나는 일, 비극을 겪을 때 그대로 나타난다. 그렇다면 죽을 때도 그러한 성격대로 죽는다고 생각하는 것은 당연한 일 아닐까?

샘

샘은 어른이 된 이후 줄곧 건설 노동자로 일해 왔다. 낚시를 가거나 사냥을 가려고 쉬는 날을 제외하고는 쉬지 않고 일했다. 투박한 성격인 그는 팔다리에 이유 없이 생기기 시작한 상처들을 보고 신경 쓰지 않았지만, 현기증이 나고 기운이 없고, 호흡곤란까지 생겨 결국엔 공사장에 있는 비계를 올라가거나 사다리를 타고 올라가기조차 어려워졌다. 그가 급성 백혈병 진단을 받자 사람들은 놀라움을 감출 수 없었다. 샘은 39살의 나이에 충격 속에 일을 그만두었다.

화학요법으로 증상이 잠시 완화되었지만 몇 개월 만에 다시 심해져서 그를 괴롭혔다. 두 번째 소강상태는 첫 번째보다 더 힘들게 찾아왔지만 지속시간은 더 짧아졌다. 매달 하는 수혈은 처음에는 기력을 찾는 데 크게 도움이 되었지만, 시간이 지나며 효과가 점점 줄어들어 이제는 매주 수혈을 해 주어야 했다. 이런 식으로 가다간 매일 수혈을 받아도 모자랄 정도로 악화되는 것도 시간문제인 것 같았다. 샘은 이제 대부분의 시간을 안락의자나 침대에 누워서 보내게 되었다. 샘은 이제 회복되지 않을 것이며 자신이 죽어 가고 있다는 생각이 들기 시작했다.

아내는 그에게 헌신적이었고 그의 무뚝뚝한 성격도 잘 받아 주는 사람이었지만, 내가 그의 집으로 찾아간 첫날 그녀는 남편이 가장으로서의 역할을 "철저히 등한시했다"며 이렇게 말했다. "남편은 일할 때를 제외하고나 언제나 사냥, 아니면 낚시를 가고 친구들과 술집에서 어울리는 일밖에 하지 않았어요. 남편은 크리스털이나 나와 집에서 시간을 보내기보다는 밖에서 다른 남자들과 어울리는 것을 더 좋아했지요."

20살의 크리스털은 수줍음이 많고 말을 조용조용하게 하는 아가씨였다. 그녀는 아버지의 의자나 침대 곁을 몇 시간이고 지키면서 조용하지만 간절히 아버지가 자신을 알아봐 주기를 기다렸다. 시간이 흐를수록 그녀는 아버지가 자기를 상대하지 않는 것에 대해 눈에 띄게 절망하고 화를 내기 시작했다. 딸의 그러한 행동에 샘은 당황했지만 딸을 상대하기엔 너무 기운이 없어서 그저 눈을 감고 잠이 들어 버리곤 했다.

어느 날 나는 크리스털에게 그녀가 원하는 게 무엇인지를 물어 보았다.

"아시잖아요. 그냥 진심이 통하는 대화 말이에요"라고 그녀는 슬픈 말투로 이야기했다. "아버지가 돌아가시기 전에 내게 알려줄 마지막 교훈처럼 내가 아버지로부터 배워야 할 중요한 이야기 같은 것 말이에요." 눈에는 눈물이 가득 고여 있었다. "아버지가 건강하실 때 진실한 대화를 나누어 본 적이 있어요?" 내가 이렇게 묻자 그녀는 그저 웃으면서 고개를 가로저었다.

죽는다고 사람이 변하지는 않아

영화에서 보면 사람들은 죽어갈 때 솔직하게 마음을 터놓으며 격앙된 감정으로 비밀을 털어놓고 진심을 고백한다. 크리스털은 아버지가 '초원의 집'에 나오는 자상한 아버지처럼 변해 주기를 기대하지만 현실에서 샘이 갑자기 자상한 아버지가 될 가능성은 별로 없다.

물론 그렇게 사람이 변하는 경우도 없지는 않지만 그건 극히 드물다. 나는 이런 이야기를 크리스털에게 조심스럽게 해 주었다. 그녀는 내 말을 들으며 눈물을 보이다 결국은 훌쩍훌쩍 흐느껴 울었고 나는 그런 그녀를 껴안아 주었다. 그녀는 건강했을 때 집을 자주 비운 아버지의 모습이 바로 아버지의 실제 모습이라는 사실과 함께 아마도 그가 갑자기 변해서 딸이 그토록 원하는 아버지로서의 모습을 보여 주는 일은 없을 것이라는 사실 또한 받아들이게 되었다.

내가 크리스털과 이야기를 나눈 후에 같은 팀에 있는 모린이 크리스털과 함께 보내는 시간을 늘려서 그녀가 이중의 슬픔을 감당할 수 있도록 도와주었다. 그녀는 아버지를 잃어 버리는 것뿐만이 아니라 자기가 지금까지 기다려 왔던 멋진 아버지에 대한 꿈이 사라지는 것에 대해서도 비통해하고 있었다. 모린은 노련한 솜씨로 크리스털이 착하고 사랑스러운 딸이며, 비록 아버지가 알려 주지 않더라도 실제로 그녀가 이 세상에서 해야 할 일이 많이 있다는 것을 깨닫도록 도와주었다.

나는 가족과 그의 친구들에게 같이 모여서 샘을 좀 "놀려 보라"고 권했다.

그들은 어느 금요일 오후 늦게 샘의 침대 곁에 모여 샘이 그동안 저지른 갖가지 '비행'들을 늘어놓았다. 그는 실로 유별나고 철없는 파티광이었다. 지금까지 자신이 저지른 실수나 엉뚱한 짓들에 대한 이야기를 들으면서 그는 표정이 환하게 밝아졌다. "그런데도 마지막에는 꼭 집으로 들어갔단 말이야!" 그의 제일 친한 친구가 이렇게 소리쳤다. 그 친구는 큰 한쪽 팔로 크리스털을 감싸 안으며 이렇게 말했다. "아가씨, 아가씨가 태어났을 때를 난 기억하지. 아버지는 그날 세상을 다 가진 사람 같았어. 마치 다른 사람들한테는 어린 딸이 없는 줄 알더라고. 그리고 이 애 아버지가 우리한테 딸이 나가서 이긴 축구 경기나 성적표 이야기를 한 적이 있던가?" 그는 친구들을 둘러보며 이렇게 짓궂게 말했다.

"아이고! 말도 하지마! 끝도 없이 자랑을 늘어놓았지. 그 애 아버지는 딸 자랑밖에 할 줄 모르는 사람이었어." 이어서 그는 샘의 아내를 돌아보며 "데니스 씨, 샘은 당신을 무척이나 자랑스러워했어요"라고 말을 이었다. "그는 당신이 자기 때문에 얼마나 참고 살아야 했는지 잘 알고 있어요. 그런데도 당신은 늘 그의 곁을 지켜 주었지요. 도대체 왜 그를 안 버렸는지 우린 도통 이해가 가지 않네요." 무릎을 치며 잡고 웃는 소란한 웃음소리가 방안을 가득 채웠다.

데니스의 눈가가 남편에 대한 사랑의 눈물로 가득 고이면서 얼굴이 부드러워지는 것이 보였다. 그녀와 딸 크리스털이 그토록 기다렸던 그의 사랑을 확인하는 순간이었다. 그의 사랑은 남의 입을 빌려서 간접적인 방법으로 전달되었을지 몰라도 그것이 샘의 방식이었고, 중요한 것은 그 마음이 분명히 전달되었다는 사실이다.

내가 좋아하는 말 가운데 하나가 바로 이런 말이다. "돼지에게 노래를 가르치려 들지 말라. 그것은 네 시간낭비일 뿐만 아니라 돼지를 성나게 할 뿐이니까."

내가 맞다고 생각하는 방식이라고 해서 다른 사람도 그와 같은 방식으로 행동하도록 기대하거나 강요해선 안 된다. 그건 어차피 안 되는 일이다. 우리가 할 일은 각자의 개성을 인정하고 그것을 존중해 주는 것이다. 만일 당신이 그 사람의 개성을 존중하고 그 사람의 마지막 여행길을 함께하면서 그에 대한 기대치를 현실적으로 설정한다면 일은 훨씬 수월하게 풀릴 것이고, 그와 당신의 관계는 깨지는 것이 아니라 더 확고해질 것이다.

기억하기

사람은 자기가 살아온 방식대로 죽음을 맞이한다. 죽음을 앞두고 있다고 변화된 행동을 기대하다간 실망하고 일을 더 그르치게 되고 만다.

4부

가족 간의
충돌 피하기

19

서로의 개성을 인정한다

죽어 가는 사람에게는 나름대로 죽음을 맞는 독특한 스타일이 있다고 했는데 이는 가족의 경우도 마찬가지다. 환자의 어머니는 바쁘게 시간을 보내는 스타일일 수 있다. 그녀는 효율적이고 현실적이며, 쓸데없는 일은 하지 않고, 집안의 실질적인 가장 노릇을 한다. 반면에 아버지는 조용하고 침착하며, 어려운 일을 당하면 자신만의 공간에 스스로를 가두어 버리는 내성적인 몽상가일 수 있다. 그리고 여동생은 수줍고 걱정이 많으며, 소심하고 다른 사람에게 의존적이고 남이 돌봐 주기를 바라는 사람이다. 남동생은 활달하고 외향적이며 남들과 어울리는 것을 좋아하고, 친절한 마음씨를 가지고 있지만 자기 일에 신경 쓰느라 남이 무엇을 필요로 하는지 모른다. 할머니는 예전에 활기에 넘치던 분이었지만 이제 연세가 90세가 되고 보니 몸은 말을 듣지 않고 청력과 시력도 흐릿해지며 활기를 잃으셨다. 그녀는 자기가 좋아하는 안락의자에 앉아 예전의 추억과 꿈으로 가득 찬 자신만의 고독한 세계에 빠져서 지낸다. 그리고 길 아래쪽에 사는 고모도 빼놓을 수가 없다. 삶에 대한 고모의 생각은 과거 1950년대에 얼어붙은 것처럼 그대로 머물러 있다.

이제 이 가족이 지금까지 한번도 해본 적이 없는 마지막 여행에 동참해 각자의 재능을 발휘한다고 생각해 보자. 이들이 어떤 식으로 일을 진행해 나갈지 상상해 보자. 그들은 과연 사랑과 우애가 넘치는 가족이 될 것인가, 아니면 슬픔의 초기 형태인 고통과 절망, 두려움과 분노, 그리고 흥분에 빠져서 찢어지고 말 것인가? 죽어 가는 과정은 사람들에게서 그들의 가장 좋은 모습과 나쁜 모습을 한꺼번에, 그것도 동시에 드러내기 때문에 이 마지막 여행이 어떻게 될지 짐작하기는 매우 어렵다.

죽어 가는 사람과 가족 사이의 올바른 관계 정립은 반드시 필요하면서도 어려운 일이다. 그렇다면 이 어려운 일을 어떻게 해결해 나가야 할까? 나는 새로운 환자를 처음 맡으면 환자의 가족이나 친구들과 같이 앉아 이야기하면서 그들의 성격과 장단점, 어떤 어려움을 겪고 있는지 등을 알아낸다. 어떤 일을 하면 성취감을 느끼는가? 과거 위기상황에 처하면 어떻게 대처했는가? 지금 눈앞에 닥친 이 위기 상황에는 어떻게 대처하려고 하며 곧이어 가까운 사람을 떠나보내야 하는데 그 상실감을 과연 어떤 식으로 감당할 것인가? 이러한 정보를 파악하는 것이다.

이런 대화에서 사람들이 보이는 반응은 흥미롭다. 내가 던지는 질문에 대부분 익살스럽게 농담을 섞어 대답을 하는데 감동적인 경우도 더러 있다. 자신의 약점을 털어놓은 다음 다른 사람들이 그것을 이해하고 사랑해 준다는 생각에 안도감을 느끼는 경우가 많다. 이러한 모임을 가지는 것만으로도 팀워크에 도움이 되고 서로에게 힘이 된다.

그런 다음에 나는 호스피스 종사자들에게는 익숙한 행동 패턴에 대해 설명해 준다. 그것은 바로 사람들은 인생에서 가장 심각한 이 죽음의 스트레스를 다룰 때 자신들이 지금까지 살아오면서 각종 스트레스를 다룰 때와 같은 방식으로 다룬다는 것이다. 그 방식이 좀 더 극단적으로 나타난다는 차이가 있을 뿐이다. 어머니는 집안 소독을 하고 약 상자에 담겨 있는 의약품들을 알파벳순으로 정리하는 일에 열중한다. 아버지는 TV의 교육채널을 보거나 수시로 낮잠을 오래 자며, 여동생은 엄청나게 불안해하고 안절부절못하며 희미한 발진이 생기고 수면 장애를 겪게 된다. 남동생은 술을 더 많이 먹고 친구들과 어울려 다니는 시간이 더 많아지며 집에는 거의 붙어 있지 않는다. 숙모는 진통펌프 등 집안에 새로 들여온 의료기계들의 가격이 얼마나 비싼지 모른다는 등 도움 안 되는 수선만 떤다. 할머니는 집안에서 무슨 소동이 벌어지고 있다는 것은 알지만 잘 듣지 못하니 무슨 일인지 제대로 알지 못해 마치 꿈꾸듯이 점점 더 자신만의 세계로 빠져든다.

가족 구성원들이 이러한 행동 패턴들에 대해서 서로 이해하도록 도와주는 것은 아주 유용한 일이다. 그렇게 하면 가족 구성원들 간에 서로 개성의 차이가 있다는 사실을 인정하고, 그러한 차이점을 가지고 성공적으로 같이 일할 수 있도록 해 준다. 그럼으로써 앞으로 자신들에게 어떤 어려움이 닥쳐올지 예상하고 이에 대비할 수 있게 된다. 만약 이런 식으로 어느 정도 수준의 이해와 타협이 이루어지지 않는다면 각자의 욕구와 개성이 부딪치는 과정에서 서로 충돌하게 될 수도 있다. 예를 들어 아버지는 마치 도망쳐 숨듯이 동물복제에 관한 프로그램만 보면서 지내는데, 어머니는 아버지 발밑에서 계속 청소기를 돌려대고 방안에 놓인 가구를 닦고 옮기고 하면 두 사람의 평화로운 관계가 과연 얼마나 지속될 수 있을까?

이런 와중에 아들이건 남동생이건 이 집안에 죽어 가는 사람이 있다고 생각해 보자. 환자는 자기가 왜 불공평하게 어린 나이에 죽어야 하는지에 대해 분노하고 있고, 몸은 급속히 쇠약해지며, 자기가 없으면 가족들은 어떻게 살까 하는 생각에 두렵고 걱정스럽다. 병들기 전에 그는 세심한 것까지 신경 쓰는 성격에 '자신만의 공간'에서 의욕적으로 연구에 몰두하던 과학자였을 수도 있을 것이다. 그리고 많은 독서를 하고 혼자 산책하기를 좋아했을 것이다. 이제 많은 시간을 집에 갇혀서 지내다 보니 지루함에 시달리고, 다른 사람에게 의존하는 일이 많아지면서 못마땅하고 신경 거슬리는 일이 자주 일어난다.

지금 이야기한 사람들의 반응 가운데 어느 하나라도 잘못된 것이라고 이야기할 수 있을까? 그들이 보이는 반응은 유쾌하지 않고 남의 눈에 거슬리기는 하지만 그렇다고 잘못된 것은 아니다. 내가 정해 놓은 원칙은 바로 이런 것이다. 그것은 바로 '자신이나 남에게 해를 끼치지 않는 한 그 행동은 용인될 수 있다'는 것이다.

이 마지막 여행에 포함된 사람들 개개인은 가족이라는 우주 안에서 서로 부대끼며 도는 행성들이다. 그들은 자기 마음 내키는 대로 행동하기도 하지만,

어떤 때는 서로 부딪치며 더 많은 스트레스와 마음의 상처를 입는다. 만일 잠깐 동안만이라도 각자 한 걸음씩 뒤로 물러나 이 상황을 바라본다면 각자가 그런 식으로 행동하는 게 누구의 잘못도 아니라는 점을 깨달을 수 있을 것이다. 그저 각자가 태어날 때부터 타고난 개성에 따라 움직이는 것일 뿐이다. 그러니 무엇보다도 중요한 것은 각자 타고난 개성에 따라 행동하도록 그대로 두는 것이다. 그리고 이런 원칙은 이 여행에 포함된 모든 이들에게 똑같이 적용되어야 한다. 서로를 인정하고 존중하면서 각자 상대의 생활방식에 간섭하지 않도록 하는 것이다.

기억하기

죽음을 앞둔 사람 앞에서도 가족과 친구들은 각자 살아온 개성대로 행동한다. 이 점을 이해하면 가족 간의 관계가 돌이킬 수 없을 정도로 손상되거나 무너지는 것을 막을 수 있다.

20

누구의 죽음인가?

사랑하는 사람이 죽어 가는 것을 보면 죽음에 대한 우리의 감정이나 정신적인 믿음, 문화적인 예측은 평소보다 더 예민해지고 격해진다. 그러한 감정은 대단히 강력해서 나와 생각이 다른 사람을 보면 놀라서 충격을 받는다. 이럴 때 자신이 가지고 있는 희망이나 두려움, 또는 꿈과 예측을 죽어 가는 사람에게 드러내지 않도록 하는 것은 대단히 힘든 과제다.

니컬러스

"지금 손에 들고 계신 게 기저귀인가요?" 어떤 젊은이가 문 앞에서 내 앞을 막아서며 이렇게 말했다. 나는 전에 패닝턴 부부가 벽이며 가구에 자랑스럽게 붙여 놓은 사진을 본 적이 있기 때문에 그의 얼굴을 알아 볼 수 있었다. 그는 바로 부부의 외아들인 니컬러스였다. 내가 들고 있는 봉투를 가리키며 하도 정색을 하고 말하는 바람에 나는 혹시 엄청나게 큰 실수라도 한 게 아닌가 하는 생각이 들었다. 그는 자기 소개를 하거나 나보고 어서 오라는 말도 하지 않았다. 나는 어른용 기저귀 봉투를 내려다보며 그의 다음 말을 기다렸다.

"우리가 아버지를 집에서 돌아가실 수 있도록 모셔온 가장 큰 이유 가운데 하나는 바로 아버지의 존엄을 지켜드리기 위해서라구요!" 그는 화난 목소리로 이렇게 말했다. "아버지는 절대로 기저귀를 차고 싶지 않으실 거예요."

"내 소개부터 할게요." 나는 차분하게 대꾸했다. "내 이름은 매기이고 아버님의 호스피스 간호사예요. 아버지나 어머님께서 내가 올 거라는 말을 하셨던

가요?"

"예, 엄마가 외출하면서 이야기하셨어요. 아버지는 지금 주무시고 계세요. 나는 어머니께서 머리 손질을 하고 다른 일을 보시도록 5시쯤까지 여기 있을 겁니다."

"어머니가 무척 고마워하시겠군요." 이렇게 말하고 나서 우리는 잠시 동안 아무런 이야기를 하지 않았다. 나는 손에 들고 있는 엄청나게 큰 봉투를 보며 말했다. "이 이야기는 집안에 들어가서 할 수 있을까요?"

"아, 죄송합니다. 들어오세요. 저는 니컬러스라고 합니다." 그는 공손하게 말하며 봉투를 들어다 문 옆에 내려놓았다. 나는 그를 따라서 조용한 집 안으로 들어가서 부엌으로 갔다. 식탁에 앉으면서 나는 얼마나 많은 중요하고 의미 있는 대화들이 누군가의 부엌 식탁에서 이루어졌던가 하는 생각이 문득 들었다.

"제 말 들어 보세요. 아버지는 자존심이 강하신 분입니다." 니컬러스는 직설적으로 말했다. "만약에 당신이 아버지께 그 기저귀를 차도록 하신다면 엄청나게 수치심을 느끼실 거라구요. 아버지는 지금 겪고 계신 고통만으로도 벅찹니다. 나는 당신이나 그 어떤 누구도 아버지를 더 힘들게 만드는 걸 그냥 보고 있지 않을 겁니다." 그의 목소리에는 분노가 담겨 있었다. 나는 그가 하고 싶은 말을 다 쏟아놓을 때까지 묵묵히 듣고 있었다. 나는 그가 자기 아버지를 얼마나 사랑하고, 아버지가 약해지는 모습을 바라보며 얼마나 힘들어하고 있는지 알 수 있었다.

"말을 들어 보니 아버지를 끔찍이 생각하고 걱정을 많이 한다는 걸 알겠군요." 나는 이렇게 말을 시작했다. "당신이 보기에 아버지를 간호하는 데 좋지 않은 게 이것 말고도 또 있어요?"

니컬러스는 잠시 생각하더니 이렇게 대답했다.

"아닙니다. 다른 일은 모두 제가 기대한 만큼 잘 이루어지고 있다고 생각합니다. 아버지께서는 집에 계시는 걸 좋아하시고, 어머니도 요양원과 집을 왔다 갔다 하지 않으셔도 되니까 스트레스를 훨씬 덜 받으세요. 이렇게 하는 게 어머니의 수고를 훨씬 덜어드릴 수 있습니다. 그리고 두 분은 당신과 당신이 일하는 단체가 훌륭하다고 말씀하셨어요."

나는 웃으며 이렇게 말했다. "아버지께서 당신을 얼마나 자랑스럽게 생각하시는지 이야기해 주셨어요. 아버지께서는 당신이 자신을 꼭 빼닮았다고 하셨는데 이제야 왜 그런 말씀을 하셨는지 알 것 같군요. 아버지께서 하시는 가장 큰 걱정은 가족의 행복입니다. 당신의 행복도 당연히 포함되지요. 니컬러스 씨, 이 사실을 알면 당신이 놀랄 거라고 생각합니다만 아버지께서는 화장실까지 가시는 데 걸리는 시간이 점점 늘어가고 혹시 실수를 하실까 봐 걱정이 돼서 기저귀를 직접 주문하신 겁니다. 실수를 하게 되면 아버지께서 수치심을 느끼실 것이고 어머니도 그 뒤처리를 하려면 힘드시겠죠. 이 성인용 기저귀를 착용하면 그럴 염려는 없으니 그게 아버지의 존엄성을 지키는 방법입니다. 이것은 아버지의 프라이버시를 지켜 줄 겁니다. 더구나 옷이나 잠옷 위로는 드러나지도 않아요."

"그럴 거라고는 전혀 생각하지 못했습니다." 니컬러스가 차분하게 말했다. "아버지께서 그런 이야기를 제게 하시기가 난처하셨던 모양입니다." 난 그가 아버지에 대해 갖고 있는 존경심에 감명을 받았다. "우리가 사랑하는 사람에 대한 인식을 바꾸기가 쉽지 않다는 것을 알아요." 나는 이렇게 말했다. "아버지께서는 아직도 강하고 위엄이 있으며 당당하신 분이십니다. 우리는 건강하고 젊을 때 긍지나 자존심 등에 많은 신경을 쓰지요. 아버지께서 실질적인 문제들을 자존심보다 우선시하는 것은 좋은 일입니다. 지금 아버지께서는 자신이 무슨 일을 할 수 있는지에 관심을 집중하고 계십니다. 그렇지 않으셨다면 아마도 지금쯤 자신의 신체에 일어나고 있는 변화에 신경을 쓰며 그것을 견디기 힘들어하셨을 거예요. 당신이 걱정하는 것은 당연합니다. 하지만 때로는 '지금 우리가 누구의 존엄성에 대해 이야기하고 있나?' 하는 것을 생각해 봐야 합니다.

죽어 가는 사람의 입장에서 상황을 바라보는 것은 쉽지 않은 일이지요. 특히 우리가 그 사람에 대해 감정적으로 깊은 유대를 느끼고 있다면 더 힘들 거예요. 하지만 니컬러스 씨, 나는 언제나 당신 아버지의 존엄을 지켜 드리면서 일할 것을 약속 드리겠어요."

우리는 대화를 통해서 다시 평온함을 되찾을 수 있었다. 나는 니컬러스를 만나게 된 것에 감사한다. 비록 짧은 시간이었으나, 나는 패닝턴 가족의 아주 중요한 일원에 대해 더 잘 이해하게 된 것이었다. 외아들인 그는 아버지의 병으로 인해 책임감과 함께 새로운 역할을 갖게 되었다. 그가 미처 예상하지 못했던 것은 그의 아버지가 살아 있는 동안 그에게 가르쳐 준 것 못지않게 죽어 가면서도 그에게 가르침을 주고 있다는 사실이었다.

스피로스

스피로스 씨는 화목한 그리스 대가족의 든든한 가장이었다. 눈부시게 환한 미소가 아니었다면 그는 거무튀튀하고 강건한 용모 때문에 험악한 인상을 풍겼을 것이다. 나는 그의 웃는 얼굴을 볼 때마다 미소를 짓게 되는 것을 어쩔 수 없었다.

내가 그를 돌보러 다닌 6개월이 넘는 기간 동안 가족들은 내가 갈 때마다 "좀 더 드세요. 많이 들어요."라는 말을 합창하듯이 반복했다. 가족들은 자기들이 권하는 음식을 거절하도록 내버려 두지 않았다. 내가 음식을 먹지 않으면 그들은 그것을 플라스틱 통에 담아서 내 차 운전적 옆자리에 놓아 두었다. 스피로스 씨를 간호하는 동안 나는 체중이 2kg 가까이 늘었는데 그것은 내가 기로스, 속을 채운 포도잎, 펠라펠, 시금치 파이, 바클라바 같은 갖가지 그리스 요리를 먹어댄 탓이었다. 아내나 딸들 중 한 명이 내 접시 위에 음식을 수북하게 담는 동안 스피로스 씨는 그리스에 살던 옛 시절 이야기 보따리를 풀어 놓았다.

나는 그의 이야기에 귀를 기울여 주었고 그는 무슨 금 보따리라도 되듯이 이야기를 하나하나 풀어 놓았다. 아직 차도 많이 다니지 않고 사람들은 바다에 나가 고기잡이를 하고 살던 어린 시절, 그는 마을 친구들과 어울려 며칠씩 동굴 탐험을 하고 성게를 잡으려고 잠수하고, 옥색의 바다에서 고기를 잡았으며 못된 장난도 쳤다.

그가 이야기를 하고 있으면 많은 친척들 중 한 명이 새로 음식을 내왔고, 그러면 사람들은 소파에 모여 앉거나 그의 발 밑에 앉아서 재미있는 대목이 있으면 다시 한번 해 달라고 그에게 졸라댔다. 가족들은 스피로스 씨가 하는 이야기에 눈과 귀를 고정시킨 채 무릎을 치거나 고개를 뒤로 젖히며 깔깔거리고 재미있다고 소리를 질러댔다. 그러면 스피로스 씨는 주인공 역할을 하는 게 좋아서 어쩔 줄 몰라 했다. 그가 앓는 병은 암이 골수를 파괴시켜 그의 생명을 유지시켜 주는 적혈구 생산을 못하게 막는 병이었다.

스피로스 씨는 생애 마지막까지도 최선을 다해 산 사람들 중에 내가 가장 소개하기 좋아하는 모범 사례 중 한 명이다. 그는 훌륭한 교육을 받고 결혼도 하고 성공적으로 살고 있으며 건강한 아이들까지 가지고 있는 세 명의 아들을 특히 자랑스러워했다. 그의 자녀들은 미국으로 이주해온 사람들의 훌륭한 모델감이었고, 스피로스 씨는 자녀들을 그렇게 키워 낼 수 있었던 것을 매우 자랑스럽게 여겼다.

하지만 어느덧 스피로스 씨는 더 이상 다른 사람들에게 이야기를 해줄 수 없을 정도로 정신이 흐려졌고, 잠자는 시간이 점점 더 늘었으며, 푹신한 구름 위를 떠다니는 것처럼 조용히 누워 있는 시간이 늘었다. 그러자 가족들은 그의 마지막 바람들을 들어 줄 준비를 했다. 스피로스 씨는 자기가 마지막으로 원하는 것들을 자세히 적어 놓았는데 그의 이 유언장은 변호사가 작성한 것은 아니지만(그는 변호사에게 돈 쓸 필요가 없다고 생각하는 사람이었다) 자기가 서명하고 가족 모두의 서명까지 받아서 맏아들에게 맡겨 보관토록 했다.

유언장에는 증인도 없었지만 아무도 스피로스 씨의 뜻을 의심하지 않았다. 유언장에는 그가 무엇을 원하고, 무엇을 원하지 않는지 명확히 나타나 있었고 그것으로 충분했다. 그는 심폐소생술을 원하지 않았고, 인공적인 영양공급이나 수액 공급도 원치 않았다. 그는 가족들이 그를 돌볼 수 있도록 집에 있고 싶어 했고 최대한 편한 상태로 있길 원했다. 또한 그는 그의 개인 위생상태를 유지하는 일을 자기 아내나 자식들에게 맡기고 싶어 하지 않았다. 그의 부인과 아들들, 그리고 숙련된 간호보조사인 로지나까지 모두가 그가 원하는 대로 따르겠다고 약속했다.

이러한 평온함은 스피로스 씨의 여동생 아테나가 뉴욕에서 오면서 깨지고 말았다. 그녀는 오빠를 몇 개월 동안 만나지 않고 있다가 이제 와서 오빠를 보고 이성을 잃어 버렸다. "오빠가 제정신이 아니잖아!"라고 그녀는 울부짖었다. "모두들 오빠를 약으로 죽이고 있어. 뭐든 해 보란 말이야! 당장 오빠를 병원으로 데려가자!" 모두들 그녀 때문에 놀라서 나더러 급히 와 달라고 했다. 나는 스피로스 씨의 집으로 자동차를 몰고 가는 동안 존경받는 목사인 캐럴라인에게 연락해서 좀 도와 달라고 부탁했다.

내가 도착했을 때 아테나는 집앞 도로에 나와서 왔다 갔다 하고 있었다. 나도 15분 동안 그녀를 따라서 같이 왔다 갔다 하며 열변을 쏟아내는 그녀를 진정시켜 보려고 했다. 그녀는 스피로스 씨의 가족에게 했던 장황한 설명을 내게도 반복해서 되풀이했다. "오빠가 제정신이 아니에요. 당신은 지금 우리 오빠를 죽이고 있는 거예요. 오빠를 병원에 모셔가야 한단 말입니다." 그녀는 내가 오빠를 제대로 간호하지 않았거나, 아니면 아무런 조치도 취하지 않은 것으로 생각했다.

이야기를 나누면서 나는 아테나의 비상식적인 불만들 뒤에 숨어 있을 오빠에 대한 애정과 헌신을 확인해 보려고 했다. 누군가의 분노를 진정시키기 위해선 그 사람이 갖고 있는 감정을 먼저 이해해야 한다는 사실을 나는 오래전부터 알고 있었다. 그 사람의 분노에 맞서거나 언쟁을 하는 것은 아무도 도움이 되지 않으며, 오히려 그 사람의 분노를 격화시킬 뿐이다.

잠시 후에 아테나는 어릴 적에 아버지를 여읜 뒤 오빠인 스피로스 씨가 줄곧 그녀를 돌보아 주었다는 얘기를 털어놓았다. 스피로스 씨는 여동생이 대학에 다닐 수 있도록 새로 문을 연 지 얼마 되지 않은 식당에서 밤낮없이 일하며 동생에게 꼬박꼬박 용돈을 보내 주었다.

내가 자기 이야기에 귀를 기울여 주고 자기가 갖고 있는 걱정을 심각하게 받아들이는 기미를 보이자 그녀는 마음을 가라앉히고 집에 들어와서 나머지 가족들과 다시 이야기해 보자는 말에 동의했다.

모두 큰 식탁에 둘러앉은 다음 나는 스피로스 씨가 앓고 있는 병의 진행상황과 그가 어떤 약을 복용하고 있으며, 왜 그 약들을 복용하는지, 그리고 앞으로 일어날 상황에 대비해 어떤 준비를 하고 있는지를 차분하게 설명했다. 아테나를 제외한 다른 가족들은 스피로스 씨를 간호하는 계획을 함께 준비해 왔기 때문에 내가 설명하는 내용을 모두 잘 알고 있었다. 하지만 아테나는 이러한 내용들에 대해 부정적인 태도를 보였고, 사람들은 그녀의 이러한 태도를 참지 못했다. 그들은 그녀가 스피로스 씨를 자주 찾아 보지 않은 것 때문에 이미 화가 나 있는 상태였고, 왜 뒤늦게 이제 와서 잔소리를 늘어놓느냐는 것이었다.

나는 아테나에게 무엇이 걱정되고 어떻게 했으면 좋겠는지 희망사항을 명확하게 말해 보라고 했다. 그녀는 자기가 생각하기에 어떤 일이 옳고 어떤 일은 하지 말아야 한다는 점을 속사포처럼 쏟아냈다. 스피로스 씨의 장남인 데이비드는 고모가 제시하는 모든 이야기들을 자기 손으로 열심히 받아 적었다. 그녀가 말한 것들에는 스피노스 씨를 입원시킬 것과 영양제 공급(정맥 내 영양 공급)이 포함되어 있었다. 환자의 식욕이 자연스럽게 저하된 것뿐임에도 불구하고 그녀는 우리가 그를 굶겨 왔다고 생각했다. 데이비드는 고모가 요구하는 것들 중에 스피노스 씨를 '최대한 오랫동안 살려두기 위해' 첨단기술을 사용하라는 말도 받아 적었다. 이렇게 그녀는 자신의 입장을 밝히고 나자 다소 진정이 된 것 같았다.

내가 그녀가 말한 요구사항들에 대해 이야기를 하려고 하는 순간 데이비드가 아버지의 요구사항이 적혀 있는 편지를 가지고 왔다. 그는 커다란 검은 눈과 장발의 검은 머리, 그리고 넓은 두 어깨로 인해 위엄이 있어 보였으며 목소리를 키우지 않고도 사람들의 주의를 끄는 방법을 알고 있었다. 나는 스피로스 씨가 자신의 역할을 왜 안심하고 큰아들에게 맡겼는지 알 것 같았다. 데이비드는 사람들이 모인 가운데에서 아버지의 편지를 큰 소리로 읽었다. 그리고 그는 자기가 받아 적은 고모의 희망사항이 담긴 리스트를 그녀에게 건네주었다. "고모가 돌아가실 때, 고모의 간호를 맡을 사람들에게 이 리스트를 꼭 전해 주십시오." 그는 차분한 목소리로 이렇게 말했다. "하지만 아버지께서 돌아가시는 동안 우리는 아버지께서 요구하신 사항들을 따를 것입니다."

모두들 놀라서 할 말을 잃고 있는데 마침 현관 벨이 울렸다. 우리 팀의 성직자로 있는 캐럴라인 목사가 온 것을 보고 나는 크게 안도하였다. 그녀는 사람들을 모두 스피로스 씨가 누워 있는 침대 곁으로 모이게 했다. 그리고 나서 그가 살아온 방식만큼이나 특별한 방식으로 죽어 가고 있는 이 훌륭한 남편이자 아버지이고 오빠인 스피로스 씨를 위해 애정과 열의를 가지고 모인 모든 사람들을 축복하는 감동적인 기도를 올렸다.

기억하기

환자가 살아온 방식처럼 마지막 여행도 자신만의 독특한 방식대로 할 수 있도록 해 주라.

21

절망적인 상황에서 지혜롭게 대처하기

친한 친구들은 내가 힘든 일을 당하면 집안이 깨끗해진다는 사실을 안다. 나는 해결방법이 안 보이는 어려운 일을 당하면 마치 미친 여자처럼 집 안 청소를 하거나 냉장고에 새 포스트잇을 마구 갖다 붙인다. 그렇게 하다 보면 무언가 내 손으로 할 수 있는 일이 있다는 생각이 들어 기분이 좋아진다.

큰 걱정거리에 부닥치면 사람들은 무력증에 빠지고 어찌할 바를 모르게 된다. 이런 아주 고통스러운 상황에 처하게 되면 사람들은 부지불식간에 자신의 기운을 북돋워 주고 기분을 전환시켜 주는 행동을 찾아서 하게 되는 것이다.

이런 행동은 항상 논리적으로 타당한 것은 아니고 다른 사람의 눈에 다소 이상한 짓을 하는 것처럼 비칠 수도 있다. 하지만 그런 행동은 지극히 정상적인 것이다. 문제는 자신에게 해가 되거나 파괴적인 행동을 해서 위안을 얻으려고 하는 것이다. 예를 들면 과음을 하거나 금지된 마약류를 복용하고 진정제 같은 것을 과용하는 경우다. 자기 자신이나 타인에게 적대적이거나 해로운 행동을 하는 것은 문제를 해결하는 게 아니라 더 힘들게 만들 뿐이다.

우리가 하는 행동이 다른 사람의 행동과 충돌하는 것도 문제다. 바쁘게 몸을 움직임으로써 위안을 찾는 사람은 조용한 분위기를 원하는 다른 가족 구성원에게 방해가 될 수 있다. 앞서 말했듯이 힘든 일을 당하면 평소에 많이 움직이는 사람은 더 바쁘게 지내고, 평소에 차분한 사람은 더 차분해지는 경우가 많다.

환자를 돌보는 사람은 환자들도 비록 암담한 현실에 처해 있지만 무언가 희망의 실마리를 찾을 필요가 있다는 사실을 명심해야 한다. 환자를 돌보는 사람이나 가족들이 보기에는 쓸데없고 가식처럼 보이더라도 환자 본인에게는 희망의 끈을 놓지 않으려는 몸부림일 수도 있기 때문이다.

매튜

건강할 때도 매튜는 과음을 일삼았으며 진솔한 성품의 소유자는 아니었다. 지금은 간경변으로 죽음을 눈앞에 두고 있는데 자기 아내 플로렌스를 더 힘들게 한다. 약 먹을 물을 가져다 주면 물이 너무 차다느니 너무 뜨겁다느니 하며 불평을 늘어놓는다. 그리고 베개가 너무 높다 너무 낮다 하면서 아내를 성가시게 만드는데, 그런 불평은 하루도 쉬지 않고 계속된다.

그러나 보니 몇 분이면 끝낼 일을 가지고 한 시간 이상 왈가왈부하게 되고 하루에도 여러 번씩 그런 일이 반복된다. 아내 플로렌스는 남편이 자기를 힘들게 하려고 일부러 그러는 게 아닐까 하는 생각이 들어 견디기 힘들어했다. 남편은 아픈데 자기는 멀쩡하고, 또한 간호하다 잠깐씩 쉬러 가는 것 때문에 남편이 저러는 게 아닌가 하는 생각도 들었다.

우리 팀에 있는 사회복지사 킴이 그럴듯한 해결책을 찾아냈다. 그녀는 매튜가 이것저것 까다롭게 요구할 때는 무력감에 빠지지 않는다는 사실을 알았다. 그래서 킴은 플로렌스에게 남편더러 이렇게 물어 보라고 시켰다. 아침 식사로 더운 음식을 먹을래요, 아니면 찬 시리얼을 먹을래요? 목욕은 아침 8시에 할래요, 아니면 10시에 할래요? 옷은 어떤 것을 입을래요? 그리고 등받이를 조절할 수 있는 안락 휠체어를 주문해서 날씨가 좋은 날에는 매튜 씨가 바깥바람도 쐴 수 있도록 해 주라고 했다. 킴은 또한 플로렌스더러 남편이 약 먹을 때도 도와주겠다고 한 친구와 이웃 사람들을 불러서 같이 있도록 해 주라고 권했다. 그렇게 하니 플로렌스는 절실하던 휴식시간도 가질 여유가 생기고 매튜 씨도 여러 사람과 같이 있게 되어서 집에 붙박혀 있음으로써 생기는 우울증세가 많이 완화되었다. 더 중요한 일은 킴이 아내 플로렌스로 하여금 남편이 자기를 괴롭히려는 의도에서 그런 행동을 한 게 아니라는 점을 이해하도록 도와주었다는 점이다.

"남편이 나를 미워해서 그런 행동을 한다고 생각했어요." 플로렌스는 내게 이렇게 말했다. "남편을 계속 간호할 수 있을지 자신이 없었어요. 하지만 킴이 와서 내게 남편이 상실감이 너무 크고 그래서 무엇 하나라도 자기 뜻대로 해 보고 싶어서 그러는 것이라는 점을 알려 주었어요."

에밀리

에델 씨를 찾아가는 길에 운전을 하면서 나는 그녀의 상태를 곰곰이 분석해 보았다. 그녀는 딸 에밀리, 그리고 직장에서 은퇴한 사위 레이와 함께 살았다. 그녀는 거의 20년을 딸 부부와 함께 살며 가정에서 정신적인 중심 역할을 해 왔다. 에델 씨는 건강하게 지냈는데 92세가 되면서 만성 심장병이 통제불능의 상태로 악화되었다. 그 전까지 그녀는 손자와 손녀들도 거의 자기 손으로 키우다시피 했다. 아이들이 뛰는 축구장에서는 어찌나 소리를 고래고래 질러 댔던지 그녀의 손자 손녀인 로비와 수지, 브래드뿐만 아니라 팀 전체가 그녀를 좋아했다.

그녀의 이러한 사랑과 열성 때문인지 가족 전체가 나서 집에서 그녀를 지극 정성으로 간호하고 있었다.

모퉁이에 차를 세우는데 앞쪽에 레이의 자동차가 보였다. 높이 쌓아 놓은 낙엽 더미 앞에 세워져 있었는데 시동이 걸린 채였고 레이는 운전석 옆자리에 늘어진 채 움직임이 없었다. "세상에" 하면서 나는 얼른 차에서 뛰어내렸다. "일산화탄소에 질식하겠네!"

나는 얼른 달려가서 차 유리창을 세게 두드리며 "레이, 레이, 당신 괜찮아요?"라고 소리쳤다. 그는 깜짝 놀라 벌떡 일어나는 바람에 백미러에 머리를 부딪쳤다.

"뭐라구? 뭐라구요?" 그는 어리둥절해서 주위를 둘러보며 이렇게 중얼거렸다.

"여기서 뭐하고 있어요? 당신 괜찮아요?"

"장모님이 상태가 좋지 않아서 에밀리가 계속 울고 있어요." 그는 얼굴을 부비며 이렇게 말했다. "아내가 오늘 아침에 큐팁 걸레로 샹들리에 청소를 하더니 그 후로도 계속 청소기만 돌리고 있어요. 그래서 바깥에 나가 있는 게 좋겠다 싶어서 이렇게 나와 있는 겁니다"라며 그는 껄껄 웃었다.

"소란이 내게로 덮쳐올 것 같아 NPR 방송이나 듣자 하며 내 차에 온 것이지요. 깜빡 잠이 들어나 보네요. 지금 몇 시나 됐어요?"

"잘했어요, 레이 씨." 나는 이렇게 말했다. "자기 엄마의 죽음이 가까워 오고 있는 지금 에밀리가 절망감을 이겨 내는 데 청소가 도움이 된다는 걸 잘 아실 거예요. 청소를 못 하게 막을 필요는 없어요. 그러면 더 스트레스를 받을 거예요."

"당신 말이 맞아요"라고 그는 말했다. "장모님이 돌아가시면 우리 모두 슬프겠지만 에밀리는 특히 더할 겁니다. 두 사람 사이가 워낙 가까웠으니까요. 시장에 가서 꽃이나 좀 사다 줘야겠어요. 아내가 꽃을 좋아하거든요. 장모님께도 좀 사다 드려야겠네요." 그는 자리를 바로잡은 다음 내게 크게 윙크를 한번 해 보이고는 차를 출발시켰다. 에밀리를 위해 무슨 일이든 해 주겠다는 마음으로.

레이는 자상한 남편이었다. 아내가 어려움에 대처하는 법이 어떤지 알고 자리를 비켜 주어야 할 때를 안 것이었다. 그는 아내에게 필요한 게 무엇인지 알았고 아무런 불평 없이 그것을 받아들였다.

사람은 스트레스를 많이 받으면 이상한 방법으로 대응한다는 사실을 알아야 한다. 그걸 가지고 싸우려 들지 말고 이해와 보살핌으로 이겨 내도록 해야 한다. 그렇게 하다 보면 아무리 힘들고 슬픈 시간이 닥치더라도 유머와 평상심을 잃지 않고 대처할 수 있게 된다.

기억하기

죽음을 막을 수는 없지만 찾아보면 지혜롭게 대처할 수 있는 방법은 있다.

22

엄마는 끝까지 나를 싫어했지만…

모든 인간 관계가 다 멋지고 애정으로 가득한 것은 아니다. 그런 사실은 인정하자. 누군가가 자신을 헌신적으로 간호해 주는데도 죽어 가면서까지 그 사람에게 고약하게 굴고 상처를 주는 사람들이 흔히 있다. 이처럼 사랑은 없고 상처뿐인 관계도 치유될 수 있을까?

물론이다. 환자로부터 사랑받지 못하고, 환자가 자신을 끝까지 거부하는데도 환자를 돌봐 주려고 하는 사람들이 분명히 있다. 나는 자기를 학대하고, 처자식에게 아무것도 남겨 주지 않은 채 떠나 버린 남편이나 전 남편이 병들자 곁에서 돌봐 주는 여자들을 여러분이 생각하는 것보다도 훨씬 더 많이 보아 왔다. 그들은 주로 "내 아이들이 아버지를 잃게 될 위기에 놓여 있어요. 내가 그 사람을 돌보는 것은 전부 아이들을 위해서예요"라는 말을 했다.

또한 장성한 자녀들이 어릴 때 자신을 학대하거나 알코올 중독 혹은 약물 중독자였던 부모를 돌보는 것을 보고 감동한 적도 있다. 그들은 "이렇게 하는 게 옳은 일이니까요"라거나 "이것은 제 자신을 위해서 하는 행동이에요"라고 했다.

자라온 문화나 성장배경, 혹은 종교적인 의무감이라든지 책임감으로 인해 이렇게 행동하는 수도 있다. 또는 자신의 자녀들에게 모범을 보여 주고 싶은 마음에서 그렇게 하는 것일 수도 있다. 어쩌면 관계가 회복될 수 있을지도 모른다는 기대 때문에 그럴 수도 있고, 만약에 자기가 돌봐주지 않으면 환자가 모르는 사람의 손에 병간호를 받아야 하기 때문에, 자기 아니면 환자를 돌봐 줄 사람이 아예 없기 때문에 어쩔 수 없이 그렇게 행동하는 수도 있을 것이다.

간호하는 이유가 무엇이든 이들이 한 선택은 엄청난 용기를 필요로 한다. 이런 사람들에게는 더 많은 사랑과 도움이 필요하다. 그런 사람들의 선택을 비난하는 경우도 있는데, 그것은 그들로부터 상처를 진정으로 치유할 수 있는 기회를 앗아가는 것이다. 또한 이러한 비난은 그들의 마음속에 들어 있는 불안감이나 박탈감을 더 키울 수 있다.

행여 여러분이 친구를 생각해서, 아니면 친구가 환자로부터 또다시 상처 받을까 봐 걱정이 되더라도 "그 사람은 건달이었어. 도대체 왜 그런 사람을 돌봐 주려고 하는 거야?"라든지 "네가 제정신이 아니구나. 네가 아무리 힘들게 간호해 줘도 그 사람은 고마움을 모를 거야" 같은 말은 도움이 되지 않는다. 이런 말 대신에 그 친구를 격려하는 말을 해 주도록 하라. "네게 그토록 상처를 준 그 사람을 돌봐 주려고 노력하는 게 참 대단하구나. 정말 대단한 결심을 했어. 네 나름대로 분명 그렇게 할 만한 이유가 있다고 나는 생각해. 혹시 내가 도울 일이 없겠니?"

나는 언제나 사람의 가치를 판단하는 척도가 그들이 좋은 시간을 어떻게 보냈느냐가 아니라 힘든 시기를 어떻게 보냈느냐에 달려 있다고 믿어 왔다. 자신을 무시하고, 심지어 폭행하던 사람을 정성을 다해 간호한다는 것은 결코 쉬운 일이 아니다. 이들이 진정으로 필요로 하는 것은 도움과 격려다.

레오나

매주 하는 팀 미팅이 끝난 뒤 우리 팀 소속의 한 간호사가 내게 점심 식사를 같이 하자고 했다. 그녀는 매우 지친 기색이었는데 식사를 함께 하면서 그 이유를 들을 수 있었다. .

"제 어머니의 상태가 좋지 않으세요." 그녀는 이렇게 이야기를 시작했다. "어머니는 이미 연세가 많이 드셨어요. 전 이미 오래전부터 어머니를 모시고 병원에 다녀오고, 치료받는 동안 옆에서 도와 드리고, 매주 두세 번씩 어떻게 지내시는지 확인하기 위해 어머니 댁에도 꼬박꼬박 들렀어요. 그런데 이제는 매일 옆에서 지키며 도와줄 사람이 필요하세요. 그래서 최근에 어머니를 곁에서 지켜 주고 간호해 줄 사람으로 테레사라는 사람을 구했습니다. 그녀는 제가 아는 가정건강 보조원 중에서 최고예요. 그녀가 없었다면 전 정말 무엇을 어떻게 해야 할지도 몰랐을 거예요. 게다가 저희 언니는 정말로 아무런 도움이 되지 않구요. "

"당신이 모든 일을 잘 처리해 나가고 있다는 건 알지만, 그래도 지금 많이 지쳐 보이고 걱정이 많아 보이는군요. 우리가 나서서 당신 언니가 당신을 돕도록 만들 방법이 있을까요?"라고 물었다.

그 말에 레오나는 애처롭게 웃었다. 언니 엘리자베스는 어머니가 계신 곳에서 한 시간 정도밖에 떨어지지 않은 곳에 살지만 사회생활 때문에 바쁘니 몇 달에 한번씩밖에는 어머니를 찾아볼 수 없다고 선을 그어 놓았다는 것이다.

"내가 하는 이야기가 어린애처럼 들릴지 모르지만 사실 너무 힘들어요. 어머니를 꾸준하게 돌보는 건 나인데도 엘리자베스 언니는 어쩌다 한번씩 나타나면 마치 여왕처럼 행동해요. 어머니께선 언니가 온다는 걸 주위 사람들한테 자랑하세요. 사람들한테 언니가 하는 자선행사와 관련된 기사들을 보여 주면서 그날 언니가 어떤 옷을 입었는지까지 이야기합니다. 하지만 내 생활이 어떤지, 내가 어떻게 도와드리는지에 대해선 전혀 말이 없으세요. 저도 제 얘기가 어린아이 투정처럼 들릴 것이라는 걸 압니다. 하지만 나는 이런 일 때문에 정말 맥이 빠집니다."

레오나는 눈물이 글썽해지면서 이렇게 말을 이었다. "아주 어렸을 때부터 어머니는 항상 이런 식이었어요. '넌 왜 네 언니처럼 못하니?' '네 언니처럼 예쁘면 좀 좋아.' '네가 언니가 다닌 학교에 들어가겠다고. 그 학교에서 너를 받아 주겠니?' '네가 간호사가 되겠다고?' 더 고약한 것은 이런 말까지 들어야 했어요. '네 취향은 정말 끔찍해. 너와 결혼했던 그 쓰레기 같은 인간을 생각해 봐. 난 그놈을 처음 봤을 때부터 너를 버리고 떠날 거란 걸 알았어. 지금 네 처지가 어떤지 한번 봐.'"

그런 이야기를 들으니 너무 마음이 아팠다. 레오나는 겸손하고 동정심 많은 여자로 박봉으로 세 자녀를 혼자서 훌륭하게 키웠다. 그녀는 동료들로부터 존경받고 환자들의 믿음을 받으며 나름대로 성공한 삶을 살아가고 있었다. 하지만 그녀의 어머니는 그녀에게 내뱉는 말 한마디와 무시하는 눈빛 하나로도 그녀를 초라하게 만들고 열등감에 빠지게 만들고 있었던 것이다.

"이제 어머니는 상태가 더 나빠지셨어요. 지금은 호스피스가 필요한 때이지만 무엇을 어떻게 해야 할지 모르겠어요." 그녀는 한숨을 내쉬며 이렇게 말했다. 레오나는 동료들이 자기 어머니 돌보는 일에 관여되는 것을 원치 않는다고 했다. "저는 어머니가 더 이상 추해지는 것이 두려워요. 호스피스들이 별의별 일들을 다 봐 왔고, 남의 뒷말을 하는 사람들이 아니란 걸 알지만, 그래도 그들이 제 가족들에 대해서 다 알게 된 이후에 그들을 마주칠 자신이 없어요. 제가 전문인으로서 가진 자부심마저 어머니가 모욕하도록 할 수는 없어요. 문제는 내 체면 때문에 어머니 곁에 호스피스를 두지 않기로 했지만 어머니를 나 혼자서 돌볼 자신이 서지 않는다는 거예요. 어려운 부탁이라는 것은 알지만 직업적으로나 개인적으로 나는 당신을 믿어요. 매기 씨, 당신이 나를 도와줄 수는 없겠어요?"

레오나는 자신이 내린 결정이 최선이라는 확신을 갖고 싶어 했고, 그러면서도 자기 혼자서 딸과 간호사, 보호자 노릇을 한꺼번에 다 해 내는 것이 어렵다는 사실을 알고 있었다. 그래서 자기가 어머니를 개인적으로 돌보는 동안 내가 자기의 보조 간호사가 되어서 도와 달라고 부탁한 것이었다.

그 다음 달부터 나는 그녀의 어머니인 낸시를 정기적으로 찾아갔다. 약 처방이나 통증 관리 등 전반적인 건강상태를 알아보기 위해 환자에게 이런저런 말도 걸었다. 환자를 찾아간 어느 날 레오나가 내게 집 뒤에 있는 정원에 가서 잠깐 이야기를 나누자고 했다. 그녀는 매우 화가 나 있었다.

문을 나서자마자 레오나는 이렇게 하소연을 터뜨렸다. "이럴 줄 진작 알았어야 하지만 정말 해도 너무해요. 난 지난 두 달 동안 저 여자를 위해 할 수 있는 일은 다 했어요. 빨래하고 장 보고, 쓰레기 비우고, 세금 내는 일까지. 매주 머리 손질도 해 주고 저 여자가 좋아하는 레스토랑에 부축하고 가서 점심까지 먹었어요. 그런데도 저 엄마라는 여자는 언니와 언니의 애들이 한 시시콜콜한 이야기만 입이 마르게 칭찬했어요. 내가 한 노력에 대해 '고맙다'는 말 한마디 듣고 싶은 게 지나친 욕심인가요?"

레오나는 울부짖다시피 했다. "매기 씨, 난 지난 45년간 어머니가 나를 무시하는 것을 대수롭지 않은 듯 지내 왔지만 이제는 정말 더 이상 참기 힘드네요. 난 어머니가 살아 있는 동안 우리가 가깝게 지내지 못했다는 이유로 돌아가시고 난 이후에까지 무거운 마음으로 지내고 싶지 않아요. 난 두 사람의 관계를 바로 지금 바로잡고 싶어요. 그리고 언니가 단지 컨트리클럽에서 열리는 오찬 모임에 참석해야 한다는 이유로 어머니와 보낼 시간을 포기한다는 사실이 나를 화나게 해요. 나와 언니가 왜 이렇게 다른 취급을 받아 왔는지 알기 위해서 나는 무엇이든 할 수 있어요. 매기 씨, 나는 어머니가 나를 원한다는 느낌을 한번도 받아 본 적이 없어요. 내가 이런 얘기를 꺼내면 어머니는 나와 언니를 차별대우했다는 사실을 단호히 부인해요. '넌 왜 만족할 줄을 모르니?'라는 말만 해요. 결국 또 내 잘못이라는 거예요."

나는 잠시 생각에 잠겼다가 이렇게 말을 시작했다. "어머니로부터 자기가 왜 당신과 언니를 차별하는지에 대한 말은 못 들을 겁니다. 어머니 자신도 왜 자기가 그렇게 행동하는지 이유를 모를 수 있어요." 나는 이렇게 말을 이었다. "중요한 건 당신 스스로 마음의 평안을 찾고, 어머니가 당신의 가치를 인정해 주기를 기다리지 말고 자신의 가치를 스스로 인식하는 거예요. 레오나 씨, 죽는다는 건 모래시계에서 모래가 아래로 흐르는 것 같은 기분일 겁니다. 아직 시간이 있을 때 어떻게든 당신의 상처를 치유하도록 노력해 봐요. 당신은 호스피스 일을 하면서 사람과 사람 사이에 해결되지 않은 문제들이 남아 있으면 슬퍼하는 일도 더 복잡하고 힘들어진다는 사실을 알고 있을 겁니다. 나는 당신과 어머니가 이 일을 해결할 수 있을 것이라고 믿어요."

　　두 사람 사이의 관계를 고치기로 결심을 굳힌 레오나는 이전보다 더 많은 시간과 노력을 투입해 꿈과 추억을 어머니와 함께 나누어 가지려고 노력했다. 휠체어에 어머니를 태우고 정기적으로 산책을 나갔다. 두 사람의 '데이트'는 늘 정해진 시간에 규칙적으로 이루어졌기 때문에 이런저런 사는 이야기를 주제로 대화가 계속 이어졌다. 그렇게 한 지 몇 주, 몇 달이 지나자 두 사람 사이에 변화가 생기기 시작했다. 레오나는 어머니가 조금씩 마음을 열고 자기한테 다정한 태도를 보여 준다는 것을 느꼈다. 어머니는 그녀에게 '지난 시절'의 이야기를 들려 주기 시작했고, 오래전 레오나의 아버지가 돌아가시던 때를 떠올리며 함께 슬픔을 나누었다. 그들이 보내는 시간은 그렇게 두 사람이 함께 즐기는 시간으로 천천히 바뀌고 있었다.

　　몇 주 뒤에 어머니의 병세가 크게 악화되자 레오나는 아이들을 데리고 어머니의 좁은 아파트에 함께 들어와 살면서 어머니를 돌보기 시작했다. 모든 것이 순조롭게 진행되는 것처럼 보였다.

　　다음에 찾아갔더니 레오나가 어쩔 줄 몰라 하며 방안을 왔다 갔다 하고 있었다. 우리는 다시 이야기를 나누기 위해 정원으로 나갔다. 우리가 찾아가기 불과 몇 시간 전에 레오나는 어머니가 침실 장롱 안 신발 상자 뒤에 숨겨둔 금속 상자를 우연히 보게 되었다. 그 안에는 레오나가 늘 의심을 가졌던 사실을 뒷받침해 주는 물증들이 들어 있었는데 바로 송금 영수증과 현금 출납대장이 들어 있었다. 어머니는 두 딸을 감정적인 면에서만 차별한 것이 아니었다. 언니 엘리자베스 가족에게는 자동차 할부금에서부터 아이들 교육비까지 대주었다. 수천 달러를 수시로 빌려 준 것으로 기록되어 있었는데 엘리자베스가 돈을 갚은 기록은 한번도 없었다.

　　"매기, 내가 이런 것을 보고도 어떻게 마음이 느긋할 수 있어요? 어떻게 이런 사실을 알고도 섭섭하지 않을 수 있겠어요? 내가 지금까지 빚을 안 지고 살려고 그렇게 발버둥치고 있을 때 어머니는 엘리자베스를 돕고 있었어요. 자주 보지도 않는 언니의 아이들 생일이나 축제 때는 정성스럽게 선물을 보내 주었어요. 수시로 찾아가는 우리 애들은 외할머니한테서 생일카드와 기껏해야 10달러짜리 수표라도 한 장 받으면 운이 좋았던 것이구요."

"난 우리의 관계가 꽤 많이 나아졌다고 생각했는데 이제는 정말 이 집에 단일 분도 더 있고 싶지가 않아요." 레오나는 흐느끼면서 이렇게 소리쳤다.

"레오나, 용서란 당신 안에서 우러나와야 하는 거예요. 당신은 자신이 할 수 있는 일을 다하고 있고, 당신 어머니는 비록 그걸 표현은 못하지만 당신의 사랑을 느끼고 있어요. 어머니는 사랑은 돈으로 사는 게 아니라 마음을 얻는 것이라는 사실을 이해하지 못했어요. 어머니가 엘리자베스에게 쏟은 돈과 정성이 효과가 있었나요? 보세요. 지금 엘리자베스가 여기 있어요?"

"만약 당신 어머니께서 당신이 원하는 방식으로 사랑을 표현해 주지 않는다 하더라도, 당신은 자신이 최선을 다하고 있다는 사실을 알아야 해요. 레오나, 당신은 멋진 사람이에요. 내 말이 이해가 될지 모르지만 어쩌면 당신은 어머니가 아닌 사람들로부터 사랑을 받게 될지도 몰라요."

레오나는 엄마에 대해 그토록 큰 분노와 실망을 갖게 된 이후에도 애정 어린 간호를 해줄 수 있을지 모르겠다고 했다. 나는 그녀에게 성급한 결심은 하지 말고 몇 시간 혼자만의 시간을 가져 보라고 권했다. 그리고 테레사가 저녁 당번을 하러 올 때까지 내가 어머니를 돌봐 주겠다고 했다.

나중에 들은 이야기지만, 그날 그녀는 집으로 돌아가는 길에 고속도로에서 차창을 활짝 내린 채 라디오 음악을 있는 대로 크게 틀어 놓고 소리를 마구 질러 댔다고 했다. 미친 듯이 있는 힘껏 소리를 질렀다는 것이다.

"나는 평생 받을 고통을 다 받았고 소리를 지르지 않으면 그것 때문에 미쳐 버릴 것 같았어요. 기운이 다 빠질 때까지 소리를 질렀지요. 울다가 소리 지르기를 반복했어요." 그녀는 이렇게 말을 이었다. "그리고 욕조에 앉아서 물이 식을 때까지 펑펑 울었어요. 마침내 속에 있는 것을 다 쏟아낸 다음 침대에 가서 쓰러졌지요."

"그러다가 침대에 누워서 어머니가 잘 알지도 못하는 사람의 간호를 받으며 죽어 가는 모습을 떠올렸어요." 그녀는 이렇게 계속했다. "테레사가 많은 도움을 주긴 했지만 우리 가족이 하는 것과는 아무래도 차이가 있지요. 나와 우리 아이들이 어머니 간호를 정말 잘해 왔어요. 나 없이 아이들 손에만 외할머니 간호를 맡겨 두고 싶지는 않았습니다."

"그 순간 나는 내가 어머니께 내가 언니와 다르다는 점을 보여 주었다는 사실을 깨달았어요. 그리고 그렇게 다르다는 점이 자랑스럽다는 생각이 들었어요. 나는 이기적이지 않고 올바르게 행동을 했던 것입니다. 나는 엄마와 언니가 인정해 주지 않더라도 강하고 명예롭게 성공적인 인생을 살아왔다는 사실을 깨달았어요."

"나는 어머니 귀에 이렇게 속삭였어요. '엄마, 장롱 안에 숨겨 놓으신 상자를 봤어요. 이제 다 알아요. 그렇지만 나는 엄마 곁에 남아 있을 것이고 최선을 다해 엄마를 돌봐드릴 거예요. 엄마가 이제는 내가 드리는 사랑이 언제나 그래 왔듯이 진실된 것이었다는 걸 아셨으면 좋겠어요. 지금까지 나는 엄마도 나를 사랑하고 존중해 주기를 바랐어요. 하지만 엄마, 이제 그런 것은 중요치 않아요. 나는 이 모든 걸 다 이해할 수 있어요. 그래서 나는 엄마 곁에 계속 남아 있을 거예요.'"

이후 그녀의 엄마는 이틀 동안 초조하고 불안정한 증세를 보이다가 레오나와 그녀의 아이들이 지켜보는 가운데 조용히 눈을 감았다. 난 장례식이 끝난 다음 뒷정리를 도와주기 위해 레오나한테 들렀다. 레오나는 집 안에 쌓여 있는 빨래들을 손질하면서 자기가 어머니로부터 인정받고자 하는 마음을 극복했을 때 얻은 엄청난 평화와 해방감에 대해 말해 주었다.

"내가 원하는 대로 이루어지지 않을 일에 연연하지 않기로 했던 것입니다. 그런 마음은 분명히 이겨낼 수 있어요. 이번 일을 계기로 나는 내가 내 자신을 어떻게 생각하는지가 어머니가 나를 어떻게 생각하는지보다 더 중요하다는 사실을 알게 되었어요. 나는 우리 아이들과 함께 어머니께 특별히, 그리고 최선을 다해 간호해 드렸어요. 우리가 그렇게 행동한 이유는 그녀를 사랑하고 또한 그렇게 하는 것이 마땅한 일이기 때문이었어요. 그래서 너무 기분이 좋고 우리 아이들이 너무도 자랑스러워요. 아이들은 내가 부탁하기도 전에 와서 내가 필요로 할 때 내 옆에 있어 주었습니다."

레오나는 환하게 웃었다. 그녀의 얼굴은 편안하고 밝았으며 뿌듯한 기운이 가득했다.

기억하기

상처받은 관계 속에서 상대방을 보살피려면 더 많은 노력과 희생이 필요하다. 힘든 일이고 대가를 기대하기도 어렵기 때문이다.

23

문화적 차이 이해하기

어떤 미국인 의사가 나이 많은 일본인 여성 환자에게 간호에 필요한 결정을 직접 내릴 수 있도록 해 주려는 생각에 암에 걸렸다는 사실을 알려 주었다. 그는 부드러운 말투로 암이 상당히 진전되어 있다는 이야기를 했다. 그리고 암을 낫게 할 방법은 아직 없지만, 어쨌든 편하게 견딜 수 있도록 최선을 다하겠다는 말을 해 주었다. 보통 이렇게 말하면 환자들은 솔직하게 마음 써 주어서 고맙다고 한다. 그렇기 때문에 그 말을 들은 환자의 가족들이 크게 화를 내며 환자를 데리고 나가며 더 이상 그의 도움이 필요 없다고 하자 그 의사는 매우 기분이 언짢았다.

두 가족은 여러 해 동안 서로 옆집에 살면서 이웃 친구로 친하게 지내 왔다. 스미스 씨네는 미국 중서부 지방 출신이고 로드리게스 씨는 중남미 출신이었다. 로드리게스 씨 부인의 아버지가 심각한 중증 간질환 진단을 받자 스미스 씨 가족은 이웃 친구에게 도움을 주고 싶었다. 스미스 씨 부인은 얼마 전에 말기 환자인 자기 어머니를 간호해 봤기 때문에 로드리게스 씨에게 유용한 조언을 해줄 수 있을 것이라고 생각했다.

하지만 로드리게스 부인은 아버지의 병에 대해 솔직히 말해 보라는 스미스 부인의 말에 망설였다. 그녀는 호스피스 프로그램에 대해서 물어 보라는 말과 의사가 처방해 준 대로 마약성분 약을 써서 아버지의 고통을 적극적으로 완화시켜 드리도록 해 보라는 권고도 무시했다. 스미스 부인은 '미국화' 되었다고 생각한 친구가 자신의 아버지를 치료하는 일에서는 너무도 '뒤떨어진' 사고를 하는 사실에 낭패감을 느끼며 그 집을 나왔다. 로드리게스 씨 가족들도 친구인 스미스 부인에 대해 안 좋은 감정을 갖게 되었다.

호스피스 간호사인 존은 기분이 매우 언짢았다. 처음 아리푸어 부인과 그녀 가족을 만나러 갔을 때부터 일이 꼬였다. 가족들은 먼저 존을 따로 불러서 차를 마시자고 했다. 그리고 그에게 자기 어머니의 병이 얼마나 심각한지에 대한 말은 하지 말고 그가 호스피스 기관에서 나왔다는 이야기도 하지 말아 달라고 부탁했다. 환자 본인이 자기가 죽을 병에 걸렸다는 사실을 알도록 하지 않겠다는 것이었다. 존이 그들에게 환자가 호스피스의 간호를 받기 위해서는 환자로부터 동의를 구하는 서류에 서명을 받아야 한다고 말하자 그 가족들은 크게 화를 내며 존의 상관과 이야기하겠다고 우겼다.

미스터 치는 주말에 병원에 입원했다. 그의 딸은 아버지가 아프자 나바호 인디언 보호구역에서 모시고 나와 자기가 사는 도시에서 함께 지내도록 했다. 정밀검사 결과 신장병 말기라는 사실이 드러났고 병원 간호사들은 매우 걱정했다. 하지만 그는 사전의료지시서는 쳐다보지도 않고 심폐소생술거부DNR 또한 입에 올리려고조차 하지 않았다. 또한 그는 진통제를 포함해 의사가 처방해준 치료약들도 거부했다. 그가 유일하게 원하는 것은 방에 향을 피우는 것이었다. 또한 그는 입이 매우 무거워서 무슨 질문을 던져도 한참 후에야 대답했다. 간호사들은 그가 너무 낙담한 나머지 그런 행동을 보인다고 생각해 의사에게 항우울제를 처방해 달라고 부탁했다.

존스 부인은 진전된 전이성 암을 앓고 있었다. 하지만 그녀의 흑인 가족들은 "무슨 수를 써서라도 엄마를 낫게 해 달라"고 부탁했다. 어떤 간호사가 부인을 보고 "메리, 여기 약 가져 왔어요"라고 하는 말을 듣고 그녀의 딸이 끼어들며 이렇게 말했다. "미세스 존스라고 불러요."

문화적 패턴과 신념이 삶에 큰 영향을 미친다는 것은 우리 모두 아는 사실이다. 그것은 우리의 신념체계를 형성할 뿐만 아니라 제일 편하다고 느끼는 옷은 무엇인지, 제일 먹고 싶어 하는 음식은 무엇인지, 그리고 우리가 집을 어떻게 꾸미고, 어떤 활동을 하는지에도 영향을 미친다. 우리는 다른 문화에 속해 있는 집단들의 음식, 공예품, 음악, 그리고 춤을 음미하면서 다양한 문화 간에 존재하는 차이점을 인정한다. 하지만 우리는 사람이 죽어갈 때도 이러한 문화적 차이가 아주 중요한 역할을 한다는 사실을 이해하지 못하는 경우가 더러 있다.

만약 의료진이 속해 있는 문화의 관점과 환자가 속해 있는 문화의 관점이 다르다면 어떻게 해야 할까? 만약 다른 문화에 속해 있는 인척이나 친구, 또는 이웃이 죽어 가고 있는데 그들의 태도나 신념이 우리의 신념체계와 다르다면 어떻게 해야 할까?

문화에 따라 죽음이나 삶의 의미, 어떠한 죽음이 좋은 죽음이고, 어떤 방식으로 간호하는 것이 죽어 가는 사람을 존중하는 것인지, 그리고 그를 최선으로 돌보기 위해서 어떻게 해야 하는지 등에 대해 관점이 서로 다르다. 서로 다른 언어를 구사하는 사람들이 상대를 이해하기 위해서 해당 언어를 배우거나 통역의 도움을 받아야 하는 것처럼 서로 다른 신념, 가치관, 관습들도 일종의 사회적 언어이다. 서로를 이해하기 위해선 이러한 것들도 통역이 필요하다.

출신지의 문화는 사람들 안에 깊이 뿌리내리고 있는 것이다. 새로 이주해 간 나라나 그 나라의 사고방식에 '문화적으로 동화된' 사람들조차도 인생의 중요한 고비를 맞으면 자신이 가지고 있던 전통 신념이나 가치관, 그리고 관습들로 되돌아갈 수 있다. 다른 문화권에서 온 사람들이 미국의 의료 시스템 안에서 병들고 죽어 갈 때는 여러 가지 충돌이 반복적으로 발생하게 된다.

판단 주체

미국 의사들을 비롯해 서구식 의료 교육을 받은 의료 전문가들은 건강에 관한 결정권은 환자 본인이 스스로 갖고 있다고 생각한다. 정상적인 성인 환자의 경우 임상의들은 진단과 치료 계획을 환자 본인과 직접 이야기하는 걸 당연시한다. 개인의 자율성과 프라이버시가 기본적인 가치로 자리 잡고 있기 때문이다.

하지만 다른 많은 문화권에서는 가족이라는 단위를 더 중요시한다. 그들은 친척이 간호를 맡아야 한다고 생각하고, 누구보다도 가족들이 환자에게 무엇이 가장 중요한지를 제일 잘 안다고 생각한다. 그들은 가족 구성원 중에서 가장 연장자인 남자나 맏아들을 가족의 대변인으로 생각한다. 모든 정보는 이 사람에게로 들어가며 그는 이것을 나머지 가족 구성원들과 나누어 갖는다. 가족들이 환자에게 해줄 최선의 결정을 내리며, 그 결정은 가족을 대변하는 사람을 통해 의료진에게 전달된다. 환자 본인도 가족들이 당연히 그렇게 해줄 것으로 기대하고 가족의 뜻을 존중한다.

희망과 진실 사이

서양에서는 환자 스스로 결정을 내리는 것을 중시하기 때문에 환자에게 솔직하게 사실대로 알려 주는 것을 중요시한다. 환자가 자신이 처한 상황에 대한 진실을 알아야 '올바른 결정'을 내릴 수 있다고 믿는 것이다.

하지만 환자를 대신해 결정을 내리는 가족들은 '진실'을 아는 것보다 '희망'을 갖는 일을 더 중요하게 생각하는 경우가 많다. 그들은 희망, 다시 말해 모든 일들이 '잘 풀릴 것'이라는 믿음이 건강에 아주 중요한 영향을 끼치는 것으로 생각한다. 그래서 '진실'이 주는 부담은 가족이 대신 짊어지고, 환자는 계속해서 희망을 가질 수 있도록 해 주려고 한다. 그들은 환자가 희망을 잃으면 살아야겠다는 의지도 꺾이고 말 것이라고 믿는다.

그런 문화에서는 환자에게 진실을 알리는 일을 피함으로써 계속해서 희망을 품도록 하는 것을 가족의 의무로 생각한다. 이런 문화권에서는 심지어 의사나 간호사들까지도 계속해서 희망을 갖도록 해 준다는 생각에서 환자에게 거짓말을 하고 진실을 숨기려고 할 것이다. 그러한 윤리적 틀에서는 환자를 가슴 아픈 진실로부터 지켜 주는 것을 환자에 대한 존중과 배려라고 생각한다.

특히 인디언 부족들을 포함한 몇몇 문화권에서는 말이 곧 현실의 씨가 된다는 믿음을 가지고 있다. 다시 말해 누군가가 죽을 병에 걸렸다고 말하면 실제로 그 사람의 죽음을 '유발' 시킨다고 믿는 것이다. 그렇게 믿는 사람들의 눈에는 환자에게 진실을 알려 주는 미국 의료진이 잔인하고 위험한 사람들로 보일 수 있다. 미스터 치와 같은 부류의 사람들은 서양 의료계가 사전의료지시서나 자발적 동의서의 중요성을 강조하는 데 대해 불쾌하게 받아들인다. 그런 말을 하는 것 자체가 죽음의 씨가 되고 죽음을 유발한다고 생각하기 때문이다.

서양 의료진이 가지고 있는 윤리적 사고방식을 거스르지 않으면서 이러한 상황을 해결할 수 있는 현명한 방법이 있다. 진단이나 검사 결과를 누구에게 알려줄 것이냐 하는 문제를 환자 본인이 결정하도록 하는 것이다. 환자의 건강과 관련된 결정들을 환자 스스로 내릴 것인지 아니면 다른 누군가가 내리도록 할 것인지를 환자에게 물어 보는 것이다. 만약 환자가 자기 가족들에게 결정권을 넘긴다면 이는 가족의 손을 빌려 자신의 자주권을 대신 실천하는 것이 된다.

완화의료와 치료의료

현대의학의 발달로 우리는 강력한 의료수단을 갖게 되었지만 우리가 그 수단을 항상 현명하게 쓰는 것은 아니다. 병이 완치될 가능성이 희박함에도 환자들이 고통스러운 치료를 계속 받는 경우가 많아진 것이다. 병이 완치될 가능성이 의심되는 경우에도 환자들에게 고통스러운 치료를 받게 하는 것에 대해 죄책감을 느낀다고 말하는 의료 전문가들이 적지 않다. 이 때문에 많은 의료 전문가들이 때가 되면 치료의료 대신 완화의료를 해야 하는 시기가 온다고 생각한다. 사실 나를 포함해 많은 의료인들이 치료를 목적으로 하는 처방들이 실제로는 환자의 죽음을 재촉하게 되는 것을 보아 왔다. 어떤 가족은 환자의 죽음을 현실로 받아들이지 못해서 의사에게 소용 없는 치료를 계속하도록 요구하고, 의사들은 치료를 거부했다가 고소당하는 일이 생길까 걱정하기도 한다. 용기 있고 양심적인 의사라면 이제 다음과 같이 말해야 할 때가 온 것 같다. "나는 의사가 될 때 엄숙하게 히포크라테스 선서를 했습니다. 그 선서에서 나는 '무엇보다도 환자에게 해가 되는 행위를 하지 않겠다'고 했습니다. 이제는 환자에 대한 치료의 초점이나 목적을 치료의료에서 완화의료로 바꾸어야 할 때가 되었습니다."

로드리게스나 아리푸어 씨 환자의 가족과 같은 사람들은 완화의료로 전환하는 과정을 환자 살리기를 '포기'하는 것으로 받아들이는 경우가 많다. '포기'는 곧 죄를 짓거나 잘못하는 짓이라고 생각한다. 많은 문화권이 오직 신만이 미래를 알고 있다고 주장하며, 신이 환자를 낫게 할 의지가 있을 때 이러한 의지가 발휘되기 위해선 우선 사람이 환자를 치료하기 위해 가능한 모든 일을 다해야 한다고 생각한다. 그래서 외국 문화권 출신이나 다른 종교를 믿는 간호사들이 선의와 열정으로 인해 완화간호를 거부하는 사례들이 있어 왔다.

또한 장기 치료시설에서 일하는 간호사들 중에는 환자의 사전 유언을 무시하거나 튜브 영양공급을 중단해 달라는 환자 가족과 의사의 지시를 무시하는 간호사들도 있었다. 이들은 그런 일을 자신의 종교적 믿음에 반하는 행위로 받아들인 것이다. 위와 같은 방법으로 치료를 방해하는 행위는 당연히 불법이지만, 이는 우리가 가진 문화적 또는 종교적인 생각이 우리의 행동을 결정하는 데 얼마나 큰 영향을 주는지 보여 주는 사례들이다.

존스 씨의 경우처럼 환자가 속해 있는 문화권이 인종차별을 받아 온 경우에는 문제가 더 복잡해진다. 이들의 눈에는 치료의료에서 완화의료로 바꾸는 것이 '값이 싸며', '비용절감'을 위한 방법으로 비춰질 수 있고, 이는 사랑하는 사람이 중환자실에서 비싼 치료를 받을 기회를 빼앗는 것으로 받아들여진다. 따라서 이러한 경우에는 극도로 신중하게 다루어야 한다.

진통제 사용에 대한 편견

현대 서양 의료 문화에서는 고통을 불필요한 악으로 간주하는 것이 보편화되어 있다. 따라서 극심한 고통은 가능한 한 빨리 완화시켜야 한다고 생각한다. 환자는 자신의 고통을 1-10 등급으로 간단명료하게 나타내도록 한다(어린이는 1-5 등급으로 나타내며, 1등급은 '약한 정도의 불편함', 10은 '극심한 고통'을 가리킨다). 이런 방법을 통해 간호하는 사람들이 환자의 고통을 어떻게 다루어야 할지, 그리고 치료법이 고통 완화 효과가 있는지 알 수 있게 해 준다.

하지만 다른 문화권에서는 고통을 속죄의 수단이나 삶에서 피할 수 없는 것, 혹은 인격 형성의 한 수단이나 자신의 인격을 드러내는 하나의 수단으로 받아들이기도 한다. 이런 믿음을 가진 사람들은 간호하는 사람들이 말하는 권고치를 넘어서는 정도의 고통도 기꺼이 감수하려고 한다. 그리고 이들은 미국 문화에서는 허용되지만 자신의 인종 그룹에서는 금기시하는 마약 성분이 든 진통제 사용을 꺼리기도 한다.

또 미국인들보다 일반적으로 고통을 더 잘 참는 문화 그룹도 있고, 고통을 느끼는 그대로 겉으로 나타내는 문화 그룹도 있다. 그래서 간호하는 사람은 자칫하면 전자의 경우 환자가 고통을 참는 모습을 보고 고통이 없다고 판단하고, 후자의 경우 환자가 고통으로 비명을 지르는 모습을 보고도 '엄살이 심하다'고 판단하기가 쉽다. 어렸을 때부터 숫자로 나타내는 교육을 받아온 미국인들과 달리 다른 문화에 속해 있는 환자들은 1-5 또는 1-10의 단위를 써서 고통의 수치를 평가하는 방법에 익숙하지 않을 수도 있다. 이들은 고통의 정도를 표현하기 위해 은유법 같은 것을 쓸 수도 있지만, 그것은 미국인 간호사들이 이해하는 데 어려움을 겪을 수 있다.

이러한 상황에서 고통을 효과적으로 대처하는 방법으로는 언어 통역 도움을 받아서 환자에게 지금 느끼고 있는 고통을 과거에 느꼈던 고통과 비교해 보라고 하고, 과거에는 어떤 방법으로 고통을 다스렸는지에 대해 직접 물어 보는 것이 좋다.

환자가 1-5 또는 1-10의 단계별 수치를 사용하는 방법에 익숙하지 않은 경우에는 시간이 걸리더라도 환자가 느끼는 고통을 제대로 파악하는 게 중요하다. 환자가 자신이 받고 있는 고통의 의미에 대한 정신적·윤리적인 생각 때문에, 혹은 마약 성분 사용에 대한 거부감 때문에 진통제 사용을 꺼릴 수가 있다. 그런 경우에는 목회자나 관련 종교 지도자를 모셔서 이야기를 들어 보면 간호하는 사람들이 환자의 행동을 이해하고 환자의 걱정을 덜어 주는 데 도움이 될 것이다.

올바른 치료법은?

여러분은 치킨 수프처럼 아플 때 특히 즐겨 먹는 음식이 있나요? 감기를 예방하기 위해 비타민 C를 복용하는가요? 무언가 낌새가 안 좋을 때 뜨거운 물에 몸을 담그면 개운해지는 것 같은 느낌을 받는가요? 이것들은 많은 미국인들이 '치료 효과'가 있다고 생각하는 방법들이다. 하지만 연구 결과에 따르면 사실 그러한 효과의 상당 부분이 플라시보 효과에 의한 것이라고 한다. 플라시보 효과란 과학적인 근거는 아직 발견되지 않았지만, 어떤 것이 자신의 상태를 나아지게 해줄 것이라고 믿으면 대부분의 경우 실제로 기대한 효과가 나타나는 현상을 말한다.

환자가 속해 있는 문화권에서 쓰는 치료 방법이 일고의 가치도 없는 것이라는 생각이 들 때는 이 플라시보 현상을 기억하기 바란다. 환자들이 선택하는 그러한 치료법들은 병을 치유하는 효과는 없을지라도, 환자에게 안정감과 느긋함을 안겨 준다. 그래서 다른 과학적인 치료법이 덧붙여질 때 도움이 될 수 있다. 효과가 있다면 뭐든지 써 보는 것이 우리의 목적이니까.

대부분의 그러한 가정요법이나 대체요법들은 올바르게만 쓴다면 환자에게 해가 되지 않을 뿐 아니라 효과가 있다는 과학적 증거들이 계속 밝혀지고 있다. 그러므로 의료 전문가와 간호사들은 현명한 사람인 미스터 치가 향을 피우려고 하는 것과 같은 자연요법과 의식을 존중하고 관용하도록 해야 한다. 하지만 이러한 치료들이 환자가 처방받는 약과 위험하게 반응하거나 환자의 병에 나쁜 영향을 끼치는 것을 막기 위해 환자가 자연요법을 쓰고 있다는 사실은 모두가 알고 있어야 한다.

어떤 환자들은 자신의 병이 어떤 것이고, 그 병을 치료하는 방법에 대한 의사나 간호사들의 의견이 자신의 것과 다르다는 이유로 그들의 조언을 따르지 않으려고 한다. 하지만 이러한 문제들은 대부분의 경우 해결이 가능하다. 환자는 의료 전문가들에게 자기가 생각하는 이런 우려들을 털어놓도록 하고, 의료진은 존경심과 유연함, 그리고 창의성을 가지고 그러한 상황에 대처하면 된다.

언어 외적인 의사소통과 문화 차이

환자와 의료진이 서로 다른 언어를 사용하면 의사소통이 어려운 건 더 말할 나위가 없다. 하지만 여러 가지 언어 외적인 소통방식과 에티켓은 더 많은 문제를 가져온다.

말할 때 눈을 얼마나 자주 마주치는지, 상대와 공간을 어느 정도 유지하는지, 상대방의 몸에 손을 대는지, 말하는 톤과 속도 등도 의사소통에 중요한 수단이 된다. 하지만 아쉽게도 이와 같은 언어 외적인 소통 방식은 똑같은 행동이라도 문화에 따라서 완전히 다른 의미를 가질 수 있다. 예를 들어 미스터 치의 문화에서는 상대방이 이야기를 마친 다음에 얼마간 침묵을 지키는 것은 존경심을 표하는 방법 중에 하나이다. 하지만 간호사들은 미스터 치가 말을 천천히 하면서 간간이 침묵을 지키는 것을 그가 우울하다는 징조로 해석했다.

마찬가지로 어떤 이에게는 예의 바르고 친근하게 여겨지는 행동이 다른 사람에게는 무례하고 불쾌하게 받아들여질 수도 있다. 미세스 존스의 간호사가 그녀의 이름을 부른 것은 친근감과 애정을 보여 주려고 한 것이었지만, 환자의 딸은 젊은 간호사가 자기 어머니에게 '무례하게 군다'고 생각하고 불쾌감을 나타냈던 것이다.

문화적 마찰을 피하려면

다른 사람들을 진심으로 도와주기 위해선 우선 그들을 받아들여야 한다. 불행하게도 우리는 우리가 도우려고 하는 사람(혹은 우리를 도와주는 사람)이 다른 문화권에 속해 있는 경우 그들이 가지고 있는 믿음이나, 가치, 그리고 관습을 자신의 잣대로 평가하려는 경향이 강하다. 그들과 마찰을 피하기 위해서는 우선 문화적 차이라는 것은 그야말로 차이일 뿐이라는 점을 명심해야 한다. 우리는 다른 사람의 문화체계에 동의하지 않고도 얼마든지 그들을 존중해 줄 수 있다.

다른 사람의 언어 외적인 의사소통 방식과 에티켓에 대해 불쾌하게 받아들일 때는 극히 신중해야 한다. 내가 해석한 것이 맞는지, 아니면 그들의 문화 속에서는 전혀 다른 의미를 갖는 행동인지 곰곰이 따져 보고 결론을 내려야만 한다.

누군가의 간호를 맡으면 우선 시간을 갖고 환자의 문화적 가치체계나 행동을 이해하도록 한다. 환자나 환자의 가족은 간호를 맡은 사람들에게 자신이 믿는 중요한 믿음과 가치관, 그리고 관습에 대해 이야기해 주도록 한다. 만약에 그들이 여러분의 요구사항을 존중해 주지 않을 경우에는 그 기관에서 환자 관련 대리인과 문제를 상의하도록 한다. 모든 의료기관들은 환자의 문화적 욕구와 기호를 존중하도록 명시된 규정을 만들어 놓고 있다.

병세가 심각한 환자의 문화적인 신념체계를 이해하기 위해서는 적절한 질문을 해 보는 게 가장 좋은 방법이다. 질문할 때는 환자를 배려해서 왜 그런 질문을 하는지 미리 설명해 주도록 한다. "사람들은 중병에 걸리면 자신이 갖고 있는 문화적, 정신적인 믿음에 의지합니다. 현재 특별히 중요하게 여기고 있는 믿음이 있으신가요? 도움이 되는 특별한 허브나 음식, 치료법이 있습니까? 내가 당신을 간호하면서 특별히 알아 두어야 할 사항이 있어요? 검사받을 때 옷

벗기는 것은 상관없어요? 화장실 갈 때 도와 드려요? 목욕할 때 도와 드리는 것은 괜찮아요? 나는 당신과 당신 가족들에게 예의 바르고 정중하게 대하고 싶습니다. 부를 때는 성을 부르는 게 좋아요, 아니면 그냥 이름만 불러요? 혹시라도 내가 하는 행동이 무례하거나 기분 나쁘게 느껴지실 때는 주저하지 말고 말씀해 주세요. 그래야 내가 고칠 수 있지 않겠어요?

다음엔 중요한 결정을 내리는 것과 간호와 관련된 질문을 상세히 하도록 한다. "어떤 환자들은 검사 결과를 자기가 알고, 자기 건강에 관련된 결정들은 자신이 직접 내리고 싶어 합니다. 그런가 하면 또 어떤 환자들은 그런 일들을 자기 가족이 대신해 주는 게 좋다고 생각합니다. 검사 결과를 직접 통보받고, 필요한 결정들을 자신이 직접 내리고 싶어요? 아니면 우리가 그러한 사항들을 가족들과 상의하기 바라는지요?" 그리고 마지막으로 이렇게 물어 본다. "당신이 지키는 특별한 의식이나 관습이 있으면 말해 주시겠어요? 그러면 우리가 그걸 할 수 있도록 도와 드릴게요."

예를 들어 아리푸어 씨의 경우를 다시 한번 보자. 가족들이 호스피스인 존에게 그녀의 병세를 본인에게 사실대로 밝히지 말아 달라고 부탁하자, 존은 먼저 가족들이 그렇게 요구하는 이유가 무엇인지 알아보았다. 그는 가족들이 아리푸어 씨의 운명은 알라의 손에 달려 있으며, 의사들이 그녀가 죽을 것이라는 말을 한다고 정말 그녀가 죽을 것이라고 믿는 것은 잘못이라고 하는 이야기를 귀 기울여 들었다. 가족들은 환자가 '나쁜 이야기'들로 인해 심적인 부담을 가져서는 안 된다고 믿었고, 그녀와 관련해서 내려야 하는 모든 결정과 서명이 필요한 동의서들은 가족들이 대신해야 할 책임이라고 생각했다.

그런 다음에 존은 호스피스들이 간호 일을 시작하기 위해선 먼저 환자가 사실을 제대로 알고 동의해야 한다고 설명했다. 그는 비록 방식은 다르지만 호스피스와 가족, 양측 모두 환자를 편안하게 해 주고 최상의 간호를 해 주고 싶어 하는 마음은 똑같다는 점을 인정했다. 양측은 한 가지 방안에 동의했는데 이를 위해 존은 먼저 통역을 통해 아리푸어 씨와 대화를 나눴다. 그녀는 의사가 하는 말을 직접 듣고 필요한 결정을 자기가 내리는 것은 너무 힘들어서 못 하겠다는 뜻을 밝혔다. 그러면서 자기 아들이 그런 일들을 대신해 주면 좋겠다고 했다. 존은 그녀의 뜻을 문서로 작성했고, 이후 그녀의 아들이 그녀 대신 동의서에 서명했다.

다른 문화적 유산을 가진 환자를 보살필 때 가장 중요한 단어는 바로 존중이다. 상대의 문화적 체계를 존중해 주면 상호 이해를 키워 갈 수 있는 기회가 생긴다.

기억하기

죽어 가는 사람의 문화적 신념체계를 존중하면 환자에게 도움이 될 뿐만 아니라 간호하는 사람 자신의 삶도 풍요해진다.

24

영적인 의식의 중요성

"왜 나야?" "하필이면 지금?" "왜 내가 이런 일을 당해야 하지?" "내가 천벌을 받는 거야?" "다음에는 또 어떤 일이 닥칠까?" 위기가 닥치면 우리는 해결의 기미가 보이지 않는 문제의 해답을 찾아 종교와 믿음, 기타 어떤 영적인 영향력에 의지한다. 영적인 영향력은 우리 삶의 곳곳에 스며들어 있지만 특히 죽음이 가까워 오는 경우에는 그러한 영향력이 더 강해진다. 원래 갖고 있던 자신의 믿음과 '동떨어진' 삶을 살아온 사람들의 경우에도 마찬가지다. 아주 어려운 시기에 정신적인 믿음이 우리에게 힘과 삶의 의미를 주고 방향을 제시해 주는 경우가 많다.

내 경험에 의하면 사람들은 죽음이 모든 것의 끝이 아니라고 생각하는 영적인 가르침에서 큰 위안을 찾는다. 그러한 가르침 속에서 사람들은 고통이 줄어든다고 느낀다. 영적인 가르침은 사람들이 병을 이겨 내고 치료방법을 결정하고 통증과 싸우는 데 중요한 역할을 한다. 환자의 친구와 간호를 담당하는 사람들이 이러한 점을 염두에 두는 게 대단히 중요하다.

댄싱 스패로

필요한 물건을 가지러 입원환자 호스피스 병동에 들렀다가 좋아하는 옛 동료를 우연히 만났다. 세리는 쉬는 시간을 이용해 식당에서 커피를 마시고 있었는데 나를 보더니 손을 흔들며 자기 자리로 오라고 했다. 그녀는 매우 노련한 사회복지사로 똑똑하고 열성적이며 아주 의욕에 넘치는 사람이다. 버지니아 주에 사는 이스턴 밴드 체로키 인디언 출신으로 항상 자기 부족을 상징하는 머리띠를 하고 다니는데 환자와 환자 가족들은 그녀의 활발한 태도를 모두 좋아했다. 나는 예전에 그녀와 함께 일하던 시절이 그립다는 이야기를 했다.

나중에 홀을 같이 걸어 나오면서 그녀는 갑자기 내 한쪽 팔을 잡고는 이렇게 말했다. "잠깐 안으로 들어가 봐요. 당신한테 내가 제일 좋아하는 환자를 보여 줄게요." 네 명이 함께 쓰는 병실로 들어가자 환자 가운데 세 명이 다투어 소리쳤다. "내가 바로 그녀가 제일 좋아하는 환자예요." "아니야, 그녀가 제일 좋아하는 환자는 나야." 모두들 재미있다고 깔깔거리며 웃었다.

그러고 나서 우리는 한쪽 구석에 얌전히 누워 있는 자그마한 환자 쪽으로 갔다. 얼마 전까지만 해도 대단한 미모였다는 것을 한눈에 짐작할 수 있는 얼굴이었다. 46세인 그녀는 난소암으로 죽어 가고 있었는데 얼굴은 깊고 슬픈 주름으로 뒤덮여 있었다. 그녀는 한 마리의 작은 새처럼 연약한 모습으로 이제는 자기 집이 된 병원 침대에 웅크리고 누워 있었다.

"매기, 다르시와 인사해요. 본명은 댄싱 스패로예요. 애리조나 주 그랜드캐니언에 사는 호피족이랍니다." 세리는 이렇게 말하며 나를 소개했다. "이분은 매기예요. 내가 아는 한 제일 성실한 간호사지요."

"만나서 정말 반가워요, 댄싱 스패로." 나는 그녀의 한 손을 잡으며 이렇게 말했다. 우리는 웃었지만 그녀를 휘감고 있는 깊은 슬픔이 내 몸 안으로 들어오는 걸 느낄 수 있었다. "내가 도와 드릴 일이 없을까요?"

"나를 당신 가슴에 품고 나를 위해 기도해 줘요." 그녀는 간신히 두 눈을 뜨고는 이렇게 말했다. 생면부지의 사람에게 보내는 눈길이 어찌나 강렬했던지 나는 잠시 움찔하며 이렇게 대답했다. "물론이에요. 댄싱 스패로, 약속할게요."

세리는 나를 자동차가 있는 곳까지 바래다 주면서 다르시의 사연을 이야기해 주었다. 그녀는 20년 전에 대도시로 나가 살겠다며 부족과 가족을 떠났다. 하지만 힘든 막일을 전전하다 빚만 잔뜩 지고 말았다. 남자를 만났지만 하나같이 그녀를 학대하고 돈만 뜯어 갔다. 나중에는 고향으로 돌아가고 싶은 생각밖에 없었지만 수중에는 돌아갈 버스표 한 장 살 돈도 없었다.

그러다 장거리를 여행할 수도 없을 정도로 병이 들었고 고향까지 데려다 줄 사람도 없었다. 그래서 이제는 두 번 다시 고향 땅을 밟아 보지 못할 것이라고 포기하고 말았다. 세리 말에 따르면 댄싱 스패로는 고향에 돌아가지 못한 채 죽으면 자신의 영혼이 편히 쉬지 못하고 영원히 떠돌아다닐 것이라며 겁에 질려 있다는 것이었다.

"너무 가슴이 아파요." 세리는 이렇게 말했다. "그녀를 고향으로 데려다 주고 싶지만 어떻게 해야 좋을지 모르겠어요." 그 다음 주에 세리가 슬픈 목소리로 전화를 걸어 왔다. 다르시가 죽었다는 것이다.

그로부터 몇 달 뒤에 나는 미국 호스피스 및 완화의료협회HPCO에서 수여하는 '올해의 의료인상' 수상자로 선정되었다는 소식을 전해 듣고 너무 기분이 좋았다. 더구나 세리도 '올해의 사회복지가상' 수상자로 선정되었다. 우리는 애리조나 주 피닉스에서 열리는 협회의 연례총회에서 상을 수상하기로 되어 있었다. 나는 우연을 믿는 사람은 아니지만 세리에게 축하 전화를 걸면서 제일 먼저 떠오른 것이 댄싱 스패로에게 해준 약속이었다. 나와 세리는 이번 여행에서 그 약속을 지킬 방법을 찾을 수 있을지 모른다는 생각을 했다.

시상식이 끝난 뒤 세리와 나는 우리의 슈퍼바이저인 시니와 함께 자동차를 한 대 빌려서 그랜드캐니언으로 향했다. 우리 모두 그곳은 초행길이었다.

"도착하면 어떻게 해야 하지?"라고 세리에게 물었다.

"제물로 바칠 신성한 담배를 조금 가져왔어요." 그녀는 이렇게 말했다. "어떻게 할지는 가 보면 생각이 나겠지요. 그녀의 영혼을 고향에 데려다 줄 수 있을 것이라고 믿어요."

자동차로 캐니언의 이스트림을 돌아서 작은 주차장에 차를 세운 다음 조금 걸어서 내려가니 계곡이 한눈에 들어오는 한적한 곳이 있었다. 우리는 가장자리로 걸어나가서 잠시 가만히 서 있었다. 엄숙한 분위기였다. 세리가 가져온 담배를 꺼내 주문을 외우고 영혼들에게 바치며 사방으로 흩뿌렸다. 그녀의 주문소리는 점점 더 커졌고 몸은 앞뒤로 흔들렸다. 시니와 나도 정성을 다해 그녀를 따라했다. 발밑으로 캐니언을 내려다보며 우리는 춤추고 노래 불렀다. 무언가 신성한 기운이 우리가 하는 의식을 휘감는 것 같았다.

"댄싱 스패로, 당신을 우리 가슴에 담고 왔어요. 당신 영혼을 고향 땅으로 돌려보내니 이제 편히 쉬어요." 세리는 이렇게 소리쳤다. 그녀는 두 손으로 가슴을 퍼내는 시늉을 하며 양팔을 캐니언을 향해 넓게 펼쳐 보였다. "이제 편히 쉬어요, 댄싱 스패로. 편히 쉬어요." 우리는 반복해서 그렇게 외쳤다.

마침내 우리는 연도를 멈추고 지친 몸을 서로 기댔다. 드디어 약속을 지켰다는 안도감이 우리 모두를 사로잡았다. 우리는 잠시 그대로 선 채로 댄싱 스패로 고향 땅의 장엄한 풍경을 만끽했다. 그런 다음 정신을 추스르고 나니 우리 뒤쪽에서 연이어 셔터 누르는 소리들이 들렸다. 주차장에 일본 비즈니스맨을 가득 태운 대형 관광버스가 한 대 서 있었는데 그들 모두의 카메라가 우리 쪽을 향해 있었다. 그 사람들이 얼마나 오랫동안 그곳에 있었는지 우리가 무슨 짓을 하는 것으로 생각하는지 알 도리는 없었다. 우리는 댄싱 스패로의 영혼을 고향 땅으로 돌려보내는 일에 몰두하느라 그들은 안중에도 없었던 것이다.

영적인 전통의식이 필요한 이유

사는 것이 아주 힘들 때 우리가 갖고 있는 영적인 전통의식이 우리에게 위안을 줄 수 있다. 우리 자신이 기도를 할 수도 있고 다른 사람이 우리를 위해 기도해줄 수도 있다. 그리고 종교행사나 예배에 참석할 수도 있다. 어떤 전통적인 의식을 행할 수도 있고 중요한 부적이나 심벌들로 주변을 치장할 수도 있다. 그리고 영적인 모임에 들어가 위안을 받을 수도 있다. 이런 일들을 통해 우리는 우리가 겪는 고통이 나 혼자만의 것이 아니라 다른 사람이 같이 알고 함께 겪는 것이며, 그래서 우리는 혼자가 아니라는 느낌을 갖게 된다.

우리가 갖고 있는 영적인 전통의식들은 말기 환자들에게 고통스러운 결정을 내려야 할 때 정보와 믿음의 틀을 제공해 줄 수가 있다. 육체적인 죽음을 결정짓는 문제를 예로 들어 보자. 어떤 종교에서는 뇌 기능이 중지되는 것을 죽음으로 규정하고 심지어 뇌 전체나 상뇌 혹은 하뇌 등 뇌 기능이 중지되는 부분까지 구체적으로 적시한다. 또 어떤 종교에서는 죽음을 심장박동이 정지되는 것으로 규정한다.

이런 차이점을 이해한다면 왜 어떤 사람들은 심폐소생술CPR에 그토록 집착하는지 그 이유를 알 수 있게 된다. 그 사람들은 뇌 기능이 멈췄더라도 심장이 뛰는 한 생명이 붙어 있다고 믿는 것이다. 전혀 가망이 없는 상황에서 논리적이지 못한 선택처럼 보이지만 그들의 종교적인 믿음에서는 중요한 행위인 것이다. 그렇기 때문에 그러한 선택은 존중되어야 한다. 종교적인 믿음은 다음과 같은 선택에도 영향을 미친다. 연명치료를 언제 실시할지 아니면 언제 중단할지, 부검이나 검시를 요청할지 아니면 거부할지, 그리고 매장이나 장례절차 등에 영향을 미치는 것이다. 이럴 때 영적인 의식은 우리를 도와주는 하나의 후원 구조로서 가이드라인을 제시해 준다. 그래서 우리가 "일을 제대로 처리했구나"라는 안도감을 갖게 해 주는 것이다. 그렇게 함으로써 환자가 숨을 거둔 한참 뒤에까지도 우리에게 죄책감을 덜어 주고 위안을 안겨 준다.

간호와 치료를 싸고 갈등이 불거질 때는 성직자가 나서서 환자나 환자 가족들에게 자기들이 믿는 종교적인 믿음 안에서 어떤 일은 해도 좋고, 어떤 일은 하지 말라고 분명하게 지침을 내려 주는 게 큰 도움이 된다. 그렇기 때문에 치료팀 안에는 종교적이거나 정신적인 대표자를 반드시 포함시키도록 해야 한다. 호스피스 성직자가 핵심적인 역할을 한 사례를 다음에 소개한다.

매리 모리아리티 부인

"나는 오래된 시골 마을에서 태어났어요." 86세의 매리 할머니는 이렇게 말했다. 그녀는 아일랜드 사투리가 너무 심해서 66년 전이 아니라 바로 엊그제 이민 온 사람 같은 생각이 들었다. "멋진 남편 마틴-모-리-아-리-티가 나를 여기로 데려 왔지요."

남편 이름을 뮤지컬하듯이 7음절로 끊어서 부르는 게 너무 우스웠다. 모리아리티 씨 집으로 들어가면 마치 오래된 아일랜드 농가로 들어가는 느낌이 들었다.

"여보, 매리, 차 한 잔 주겠소?" 마틴 씨가 이렇게 말하면 마틴 부인은 "그럴게요, 마틴- 모-리-아-리-티, 차 갖다 달라고 해서 고마워요." 두 사람은 결혼생활 내내 이런 식의 애정 어린 대화를 계속했다. 마틴 씨는 아내를 지지리도 극심한 가난에서 탈출시켜 구제해 준 사람이었다.

"남편은 하느님이 보낸 선물이라오." 매리 부인은 나를 만난 첫날 이렇게 말했다. "동화속 왕자님처럼 남편은 이곳 미국 하버드에서 공부를 했지요. 하지만 남편은 고국으로 돌아와서 초등학교밖에 안 나온 나와 결혼했답니다. 남편은 나를 비참한 생활에서 구해 주었어요."

남편에 대한 이런 지극한 감사의 마음은 생을 마감하는 순간이 다가오면서 더 강해졌다. 그녀는 수줍음이 많고 자기주장을 내세우지 않는 성격이라 매사에 다른 사람의 도움이 필요했고 그 역할을 남편 마틴이 두말 없이 해 주었다.

그녀는 어릴 적에 류머티즘열을 제대로 치료하지 않아 심장이 크게 손상되고 신장도 약했다. 의사의 권고로 두 사람은 자녀도 갖지 않았다. 매리 부인은 남편을 맹목적으로 신뢰하고 존경했기 때문에 두 부부의 관계는 마치 부녀지간 같았다. 마틴 씨는 아내를 친부모처럼 극진히 보살펴서 보는 이들로 하여금 가슴이 뭉클하게 했다.

그녀의 심장이 서서히 기능을 멈춰 가자 마틴 씨 부부는 낫게 해 달라는 게 아니라 하느님의 계획을 믿고 따르겠다며 위안을 달라고 함께 기도했다. 두 사람의 삶의 바탕이 되는 것은 종교였고 기도가 매일매일을 이끌어 가는 길잡이 역할을 했다.

어느 날 나는 정기 방문차 매리 여사를 보러 갔다가 마틴 씨가 우리 담당 성직자인 짐 신부와 차를 마시는 것을 보았다. 짐 신부는 두 사람에게 수시로 찾아가서 정신적으로 큰 위안을 주고 있었다. 짐 신부도 아일랜드인이었는데 부부 모두 그를 좋아했다. 내가 갔을 때 짐 신부와 마틴 씨는 무언가 깊은 이야기를 나누고 있었다. 매리 부인을 살펴본 다음 나도 부엌으로 가서 두 사람 이야기에 끼어들었다.

"매리 부인이 아직 우리 곁에 있다는 게 놀라울 뿐이에요"라고 나는 두 사람을 보며 말했다. "지난주 임종이 임박했다는 징조들을 놓고 우리가 이야기를 나누었던 것 기억하시지요?"

"그럼요. 기억하지요." 마틴 씨는 슬픈 목소리로 대답했다. "그런데 부인이 아직도 살아 계시잖아요." 나는 이렇게 말했다.

"무슨 연유로 못 떠나고 계신 걸까요? 혹시 짚이는 게 있으세요?" 나는 이렇게 물었다.

마틴 씨는 고개를 끄덕이며 이렇게 말했다. "당신 말이 맞아요. 나도 아내가 이렇게 고통받는 걸 보기가 안타까워요. 거의 의식도 없잖아요. 두 주 전에 짐 신부님이 병자성사를 준 이후 아무것도 먹지도 마시지도 못하고 있어요. 당신이 시킨 대로 아내 옆에 붙어 앉아서 아내가 떠나면 너무 보고 싶겠지만 그래도 괜찮을 거라는 말을 해 주었어요. 내 나이 이미 87세이고 조만간 하늘나라로 뒤따라 갈 것이니 아무 걱정 말라고 했어요. 그런데도 저렇게 떠나지 못하고 있으니."

"그녀를 위해 기도합시다." 짐 신부가 이렇게 말했다. 우리는 매리 부인 침대 주위에 둘러서서 기도하기 시작했다. 그녀는 눈꺼풀이 약간 떨리며 안다는 표시를 나타낼 뿐이었다. 짐 신부는 매리 부인이 정말 훌륭한 아내요, 독실한 신자이며, 자상한 친구였다는 말을 장황하게 늘어놓았다.

"당신은 정말 멋진 삶을 살았어요 매리. 당신이 지상에서 할 일은 이제 다 끝났어요. 이제는 하느님 곁으로 가서 쉴 때입니다. 오늘은 당신의 수호 성인이신 성모 마리아의 축일이니 당신이 천상의 집으로 돌아가기에 제일 좋은 날이라고 생각해요."

　나는 짐 신부가 단도직입적으로 말하는 것을 듣고 놀라서 숨을 멈추었다. 그러고 나서 우리 모두 매리가 마지막 숨을 내쉬는 것을 보았다. 내 눈을 믿을 수가 없었다. 그녀는 살아온 것처럼 평화롭고 편하게 숨을 거두었다. 슬픔의 눈물이 없을 수야 없었지만 감사의 기도가 함께 어우러졌고 그녀는 마침내 안심하고 우리 곁을 떠났던 것이다. 남편 마틴 씨의 축복이 있었고 짐 신부가 인도하는 기도를 해 주었다. 실로 간단했다. 짐 신부가 떠나도 좋다는 허락을 내리자 그녀는 떠났던 것이다.

　신체적인 것으로 보이는 문제들이 사실은 미해결, 미완성된 영적인 문제인 경우가 더러 있다. 거듭 말하지만 나는 죽어 가는 사람이 신부나 목사, 랍비, 그리고 가족들이 한데 모여 기도하는 가운데 마지막 숨을 거두는 장면을 많이 보아 왔다. 우리는 살아가면서 중요하지 않은 말을 헛되이 하는 경우가 많다. 말 대신 죽어 가는 사람을 위해 한자리에 모여 기도하는 일이야말로 아주 효과적인 의사표현의 한 방법이다.

기억하기

죽음이 가까워지면 영적인 욕구와 영향력이 강해진다. 죽어 가는 사람을 위해 이러한 욕구를 적절히 해결해 주는 일은 대단히 중요하다.

25

죽어 가는 사람에게 눈물을 보이지 말라?
-기타 잘못된 오해들

나는 "에티켓 전문가인 에밀리 포스트도 삶과 죽음의 문제는 다룬 적이 없어요"라는 말로 환자와 환자 가족들을 자주 놀려 준다. 하지만 우리 사회는 죽음을 앞둔 사람을 상대로 '해야 할 일과 하지 말아야 할 일' 목록을 만들어 놓고 있는 것 같다. 이러한 불문율은 예로부터 내려오는 지혜 같은 것들이다. 하지만 안타깝게도 이런 근거 없는 미신들이 생의 마지막 단계에 있는 사람들에게 우리가 보여 줄 수 있는 진정한 보살핌과 선물을 제약하는 경우가 많다.

| 오해: 환자는 누가 말해 주기 전에는 자기가 죽을 병에 걸렸다는 사실을 모른다?

간혹, 특히 초기에는 이 말이 맞을 수가 있다. 처음에는 말기 환자가 자기 병이 얼마나 심각한지 모르거나 곧이곧대로 받아들이지 않으려 할 수가 있다. 하지만 보통은 몸이 차츰 쇠약해지면서 자기가 죽어 가고 있다는 사실을 알게 된다. 그리고 이런 사실을 알게 되는 것은 보통 처음에 '내가 낫지 않을지도 몰라' 하는 생각으로 시작되어서 '내가 낫는 게 아닌 것 같아'라는 생각으로 발전한다. 그런 다음 '이제는 회복되지 않을 거야'라는 사실을 받아들이게 된다. 만약에 호스피스 간호를 받기로 선택한다면 바로 이 시기가 결정하기에 적기다. 그 다음에는 '나는 더 나빠지고 있어. 이제 나는 결국 죽을 거야'라는 생각으로 발전한다. 그리고 마지막으로 '나는 죽어 가고 있어. 나는 이제 곧 죽을 거야' 라는 인식으로 나아가게 된다.

죽어 가는 사람은 이런 생각을 자기 혼자서 간직하는 경우가 많다. 그것은 그들에게 처음 닥치는 일일 뿐 아니라 고통스럽고 혼란스러운 일들이다. 그동안 병이 나아서 건강한 몸을 되찾겠다는 일념으로 살아왔는데 갑자기 방향감각을 잃어버리게 되는 것이다.

심하게 앓는 환자들도 내게 이렇게 묻는 경우가 흔히 있다. "내가 죽어 가고 있는 건가요?"

그러면 나는 "당신 생각은 어때요?"라고 되묻는다. "당신 생각에는 어떻게 될 것 같아요?"

그러면 환자들은 거의 어김없이 이렇게 대답한다. "내 생각에는 아마도 곧 죽게 될 것 같아요. 선생님 생각은 어떠세요?"

그러면 나는 환자의 손을 잡고 아주 부드러운 목소리로 이렇게 말해 준다. "그럴지도 모르겠어요. 걱정되는 게 뭐예요? 좀 더 편안한 마음으로 지내시려면 우리가 어떤 이야기를 나누는 게 좋겠어요? 내 생각에 오늘 당장 돌아가실 것 같지는 않은데."

나는 '죽음을 당한다'는 수동형 표현은 절대로 쓰지 않는다. 너무 폭력적이고 희생을 당하는 것 같은 기분을 안겨 주기 때문이다. 예를 들어 "이 병 때문에 죽음을 당하게 될 것입니다" 같은 표현은 절대로 쓰지 않는다.

내가 의학적으로 그러한 사실을 미처 알기도 전에 자신이 죽어 간다는 사실을 환자의 입을 통해 먼저 듣게 되는 경우가 예상 외로 많다.

데이비드

데이비드는 에이즈로 죽어 가는 젊은이인데 파트너와 같이 사는 집 옆에 나팔수선화 뿌리를 심었다. 그는 봄이 오면 그 나팔수선화 꽃이 필 것이라고 기대하고 있었는데 어느 날 내게 이런 말을 했다. "나팔수선화가 필 때까지 살지 못할 것 같아요."

그 말을 듣고 놀라서 나는 "정말 그렇게 생각해요?"라고 물었다. 비교적 상태가 괜찮았는 데다 봄도 얼마 남지 않았기 때문이다.

"예"라고 그는 대답했다.

실제로 그는 일주일쯤 뒤에 끔찍한 감염을 일으켜 두 주 만에 숨을 거두었다.

그가 심은 나팔수선화는 그의 장례식 날 활짝 꽃을 피웠다.

나중에 데이비드의 파트너가 나팔수선화 여섯 포기를 화분에 옮겨 담아 내게 보내 주어서 나는 그것을 정원에 심었다. 그 꽃들을 볼 때마다 데이비드 생각이 나는데 도대체 어떻게 자기가 죽을 것이라는 사실을 나보다 더 잘 알았을까 하는 놀라운 생각이 든다.

말기 병을 앓는 사람들의 말에 귀를 기울일 필요가 있다. 그들은 종종 자신에게 일어나는 일을 놀라운 본능의 힘으로 알아챈다. 나는 여러 해 동안 보고 들은 사례들을 통해 환자들이 하는 예언 같은 말을 믿게 되었다.

| 오해: 죽어 가는 사람에게 눈물을 보이지 말라?

감정이 북받치는 가운데서도 울음을 참으려고 애쓴 적이 있을 것이다. 그걸 참으려면 보통 힘드는 일이 아니다. 참는 게 정말 고통스러울 때도 있다. 눈물이 나오는 걸 참으려면 눈도 계속 껌뻑거려야 된다. 울음을 계속 삼키고 급기야는 목구멍에 막힌 매듭을 통째 집어삼켜야 한다. 그러고는 가슴을 짓누르는 긴장을 풀어내기 위해 심호흡을 해야만 한다. 그러다 보면 자신이 처한 신체적 불편함을 완화하기 위해 온 힘을 쏟느라 정작 환자에게 필요한 것이 무엇인지 살필 여력이 없게 된다.

그리고 정상적이고 자연스러운 감정을 억지로 억누르다 보면 죽어 가는 사람에게 "나는 당신이 겪고 있는 슬픔과 고통을 더 이상 눈 뜨고 지켜볼 수가 없으니 나를 이해해 달라"와 같은 강력한 메시지를 보내게 된다. 그렇게 되면 환자가 "사람들이 이렇게 많이 찾아와 주지 않았으면 좋겠다", "아내가 주는 음식을 다 먹으라고 기대하지 않았으면 좋겠다" 혹은 "내가 죽은 다음에 가족들이 어떻게 살아갈지에 대해 이야기하고 싶다"와 같은 이야기를 솔직하게 털어놓을 수가 없게 된다.

이리스

나는 60대 여성인 이리스 씨의 담당 간호사였고 그녀의 딸인 준은 나의 오랜 친구였다. 준은 자기 엄마 앞에서 슬픈 감정을 드러내지 않기 위해 "억지로 자신을 억누르고 있다"고 내게 털어놓았다. "엄마가 자기 병도 감당하기 벅차실 텐데 내 걱정까지 시켜 드리고 싶지 않다"고 준은 내게 말했다.

어느 날 내가 이리스 씨의 침대 옆에 앉아 있는데 준이 들어왔다. 준은 그날 저녁 외출하기로 되어 있어서 옷과 장신구를 어떻게 맞춰 입고 나가는 게 좋을지 자기 엄마의 의견을 듣고 싶어 했다. 내가 보기에 그것은 두 사람 사이에 오랜 세월 계속되어온 하나의 의식 같은 것이었다.

하지만 그날은 이리스 씨가 기운이 탈진된 상태여서 딸에게 평소 해오던 대로 조언을 제대로 해줄 수가 없었다. 준은 엄마가 정신이 오락가락하고 제대로 대꾸를 하지 못하는 것을 보면서 차츰 설움이 북받치는 것 같았다.

"엄마, 정신 차려 봐요." 준은 이렇게 말했다. "목걸이는 어느 것이 좋겠느냐고 물었잖아요."

그러자 이리스 씨는 "보기 좋구나"라고 꺼져 가는 목소리로 대답했다. 이렇게 몇 차례 가느다란 대답을 듣게 되자 준이 마침내 설움을 터뜨리고 말았다. "엄마가 말해 주지 않으면 나 혼자서는 못하겠단 말이에요!" 준은 이렇게 울며 소리쳤다. 그러고는 침대에서 엄마를 끌어안고 펑펑 울면서 엄마가 죽고 없으면 자기는 어떻게 해야 할지 모르겠다며 이런저런 넋두리를 쏟아 내었다.

그렇게 한바탕 하고 나자 두 모녀 사이에 진지한 대화가 시작되었다. 이리스 씨도 울면서 자기가 죽고 나면 딸이 혼자서 제대로 해 나갈지 걱정이라는 말을 했다.

"너는 그동안 엄마가 아프지 않은 것처럼 행동해 왔지 않니." 이리스 씨는 딸에게 이렇게 말했다. "그래서 나는 네가 현실을 받아들이지 않는 것 같아 걱정했단다."

우리가 죽어 가는 사람들에 대해 느끼는 감정을 과감하게 털어놓게 되면, 그들도 자기들이 느끼는 감정을 우리에게 솔직하게 털어놓을 수 있게 되는 것이다.

|오해: 죽어 가는 사람에게는 죽음이 어떤 것인지에 대해 이야기하지 말라?

출산을 직접 해 보았거나 임신부 옆에 함께 있는 시간을 가져 보았다면 우리가 임신부에게 해줄 수 있는 제일 친절한 말은 출산의 두려움이 어떤 것인지, 그리고 출산이 어떤 것인지에 대한 그들의 궁금증에 답해 주는 것임을 잘 알 것이다. 모든 사람이 다 임신을 하는 것은 아니지만 모든 사람은 죽는다. 죽음에 대해 이야기하지 않고서 어떻게 죽어 가는 사람을 제대로 돌봐줄 수 있겠는가? 죽음에 대한 이야기를 배제한다면 그 환자들은 고립감과 외로움을 느끼게 될 것이다. 그렇기 때문에 간호하는 사람은 환자와 솔직한 대화를 가짐으로써 깊이 있고 의미있는 결말에 도달할 수 있도록 해야 한다.

죽는 게 어떤 것인지에 대해 정보와 감정을 서로 나누면 각자가 갖고 있는 걱정과 추구하는 목표 등을 서로 알게 되어 한 팀원으로서 같이 일하는 데 도움이 된다. 이런 종류의 이해와 팀워크는 여러분이 맺고 있는 인간 관계에 지속적으로 도움을 주게 된다.

이런 식의 대화에 들어가는 한 가지 방법은 호스피스 간호사나 다른 치료사들에게 그들이 겪은 경험이나 알고 있는 정보를 말해 달라고 부탁하는 것이다. 그런 이야기를 해줄 때는 항상 죽어 가는 환자의 입장을 고려하면서 해야 한다. 한번에 아주 조금씩만 이야기를 해 주어야 할 수도 있고, 어떤 이야기는 여러 번 되풀이해서 해 주어야 할 때도 있을 것이다.

죽음이라는 중요한 삶의 한 사건에 대해 이야기를 듣거나 두려움을 함께 나누려는 용기는 또 다른 삶의 중요한 사건인 임신에 대해 이야기하는 것과 마찬가지로 당연한 것이다. 두 가지 경우 모두 지극히 정상적인 행위이다. 모든 사람이 다 임신을 하는 것은 아니지만 모든 사람이 언젠가는 죽는다는 사실을 명심하자.

오해:아픈 사람이 죽고 나면 남은 사람은 어떻게 살지에 대해 이야기하지 말라?

우리는 흔히 이런 종류의 이야기는 죽어 가는 사람에게 자기가 어떻게 해볼 수 없는 무력감과 상실감을 불러일으킬 뿐이라는 생각 때문에 애써 피하려고 한다. 하지만 죽어 가는 사람들은 대부분 자기가 죽음으로써 뒤에 남을 사랑하는 사람들의 삶에 어떤 영향을 미치게 될지에 대해 많은 걱정을 한다. 이런 걱정에 대해 터놓고 같이 이야기하면 그러한 부담과 걱정을 덜어줄 수 있다.

죽어 가는 사람에게 뒤에 남는 사람들은 앞으로 서로 도우며 살아갈 것이라는 점을 분명하게 인식시켜 주도록 해야 한다. 떠나는 사람이 남긴 추억과 삶이 남겨진 사람들에게 도움을 줄 것이며, 또한 유용한 가치를 남겨 주었고 영감을 주는 원천이었으며 앞으로도 계속 기억할 것이라는 점을 말해 주도록 한다.

오해: 미망인이나 홀아비가 새로운 사람을 만나면 죽은 배우자를 배신하는 것이 된다?

행복한 결혼생활을 한 끝에 죽어 가는 많은 여성들이 자기는 정말 멋진 남편을 만났으며 자기가 죽은 다음에 사랑하는 남편이 홀로 외롭게 여생을 보낸다는 생각을 하면 마음이 아프다는 말을 한다. 그렇기 때문에 자기가 죽은 다음에 남편이 다시 사랑하는 여인을 만나 행복한 결혼생활을 했으면 좋겠다는 것이다.

이러한 사랑의 행위는 남편의 정신건강에도 좋을 뿐 아니라 나중에 그가 새로 사랑하는 사람을 만났을 때 갖게 될 죄책감을 덜어 준다. 자녀들이 장성했건 아니건 관계없이 자녀들 앞에서 이런 말을 해 주면 나중에 아버지가 평생 홀아비로 살아 주기를 바라는(무의식적으로라도) 그들의 기대를 저버렸다고 아버지에게 죄책감을 씌우는 것을 피할 수 있게 된다. 자녀들은 아버지가 혼자 사는 것을 죽은 어머니에 대한 사랑의 징표로 받아들이는데 이러한 일은 종종 슬픔에 빠진 가족을 분열시키는 심각한 요인이 된다. 그것은 죽어 가는 엄마가 제일 두려워하는 일이다.

> **오해: 어차피 죽을 사람이니 어떤 행동을 하든 무조건 받아 주어야 한다?**
> 어차피 죽을 사람이니 아무리 괴팍스럽고 까탈스럽게 굴더라도 다 참아 내
> 야 한다?

환자의 병실에 들어가서 환자 곁에 의자를 바짝 끌어당기고 앉아서는 "방금 당신 아내와 부엌에서 이야기했는데 아내가 너무 지쳐 있고 슬픔에 빠져 있었어요. 당신은 그래도 집에 있고 싶어요?"라는 말을 얼마나 자주 했는지 모른다.

그 말에 놀란 환자는 이렇게 말한다. "물론이오. 물론 집에 있고 싶어요."

"요양원으로 가고 싶어요?" 나는 계속해서 이렇게 묻는다.

"절대로 안 가요." 환자는 결사적으로 이렇게 대답한다.

그러면 나는 이렇게 말해 준다. "좋아요, 그러면 내가 하는 말 잘 들어요. 당신 집 앞에 당신 아내 일을 대신하려는 사람들이 줄지어 몰려들기 전까지는 아내에게 좀 더 잘 대해 줘요. 당신은 아내에게 너무 까다롭게 굴어요. 만약에 아내가 쓰러지면 당신 처지도 끝장이에요. 그렇게 되면 요양원으로 가는 수밖

에 없어요. 당신 하기에 달렸어요."

이렇게 말하면 보통은 한동안 침묵이 이어진다. 그러면 나는 이렇게 말을 잇는다. "당신에게 이런 일이 일어나서 화가 나신다는 것을 잘 알아요. 이런 끔찍한 상실감을 다루기 위해 나와 우리 팀원들이 도와드릴 거예요. 하지만 당신을 하루 24시간 일주일 내내 당신을 기꺼이 보살피고 있는 사람에게 화풀이를 하는 것은 잘못이에요. 당신 아내가 하는 일을 대신할 수 있는 사람은 세상에 단 한 명도 없다는 걸 아셔야 해요."

환자들은 자기가 얼마나 까다롭게 굴었는지조차 모르는 경우가 많다. 나는 일을 하면서 받는 감사 인사와 포옹 가운데서도 이런 환자의 아내들로부터 받는 인사가 최고다.

│오해: 마음이 아파서 차마 못 보겠으면 죽어 가는 사람을 찾아보지 않아도 │된다.

만약 우리가 "차마 그 사람이 저렇게 앓아누운 모습은 못 봐주겠어"나 "예전의 그 사람 모습을 간직하고 싶어" 혹은 "병원에 가는 건 정말 싫어"라는 이유를 대며 죽어 가는 사람을 찾아보지 않는다고 치자. 이런 말은 죽어 가는 환자에 대해 "당신이 죽어 가고 있다 해도 내 감정을 지키는 게 더 중요해"라고 말하는 것과 마찬가지다. 이런 사정을 알았을 때 환자가 어떤 기분을 받게 될지 한번 생각해 본 적이 있는가? 여러분은 가족과 친구의 사랑으로 둘러싸여 지내야 하는 처지에 놓인 환자 앞에서 자기 기분을 내세워서 못 가겠다고 우기는 것이다. 그것은 환자에게 필요한 마지막 봉사보다도 자기 기분을 안 다치겠다는 욕심을 더 우선시하는 행동이다.

당신이 그런 종류의 사람이라면 앞으로 행동에 주의하도록 권한다. 만약 당신 주위에 그렇게 이기적으로 행동하는 사람이 있다면 이렇게 말해 주도록 한다. "싫은 일은 하지 않아도 된다고 누가 가르치던가요? 고통스러운 모습은 보지 말고, 죽어 가는 환자는 찾아보지 않아도 된다고 누가 말하던가요? 제발 철 좀 드세요. 누구든 살면서 고통과 힘든 일을 피할 수는 없어요. 당신은 그런 일을 당하지 않을 것이라는 보장이 있어요?"

다른 사람이 고통당하는 모습을 보면 마음속에 품고 있던 두려움이 줄어들 수도 있다. 그렇지 않더라도 찾아보는 게 도리다. 만약에 앓아누운 사람이 당신의 삶에 중요한 역할을 한 사람이라면 당신은 생의 마지막 단계에 와 있는 그 사람을 찾아가서 관심을 나타내는 게 마땅한 도리다.

내가 너무 심한 말을 한다고 생각할지도 모르겠다. 하지만 나는 누군가를 애타게 기다리다 결국 못 보고 애통한 마음으로 떠나는 사람을 너무 많이 보아 왔다.

오해: 아이들에게 할아버지가 돌아가시는 모습을 보이지 않는다. 예전의 할아버지 모습을 기억하도록 해 주는 게 좋다?

사랑스럽고 천진난만한 아이의 할아버지가 죽어 간다고 가정해 보자. 어느 날 가족들의 행동이 바뀌고 아무것도 모르는 이 아이는 베이비시터나 이웃 사람의 손에 맡겨진다. 아이는 엄마가 계속 울기 때문에 슬퍼한다는 것을 안다. 하지만 아무도 그 이유를 설명해 주지 않는다. 그리고 아이가 할머니 집으로 갔더니 할머니도 슬픔에 잠겨 있는데 할아버지의 모습은 보이지 않는다. 그냥 획 사라져 버린 것이다. 하지만 아무도 그런 사실을 입에 올리지 않는다.

이런 상황에 처하면 아이들은 할아버지로부터 버려졌다는 느낌을 받게 되고, 다음에는 누가 사라질 차례인가 하는 생각을 하게 된다. 혹시 엄마나 아빠? 아니면 아이 자신이 사라지는 것은 아닐까. 아이들은 실제로 일어난 것보다 훨씬 더 사태를 심각한 쪽으로 상상하는 경향이 강하다. 아이들이 눈앞에 보는 사태를 알기 쉽게 분명하게 설명해 주면 아이들은 겁을 먹지 않는다.

죽어 가는 사람에게서 손자들의 사랑과 달콤한 관심을 빼앗는 것 역시 끔찍한 일이다. 세상에 할아버지와 손자라는 독특한 관계보다 더 애틋한 것은 없다. 손자들은 사랑과 환희로 가득 찬 순진무구한 시선을 통해 할아버지에게 조건 없는 사랑과 환희를 안겨 준다. 우리가 죽은 다음에도 우리의 유전자, 우리가 남긴 유산, 우리가 품었던 희망이 계속 이어진다는 것은 얼마나 큰 위안인가. 그러니 아이들을 떼어 놓지 말자.

기억하기

죽음에 대한 허튼 편견과 오해는 모조리 내다 버리자.

5^부 

멀고도 험한
길

26

나는 웃으며 죽을 거야

사람들은 흔히 죽는 것은 엄숙한 일이라고 생각해서 조금이라도 우스개짓을 하면 무례하고 죽은 사람에 대한 도리가 아니라고 생각한다. 하지만 내가 돌본 환자들은 유머가 자기들의 삶의 일부였다면 자기들이 죽기 전에 유머가 먼저 죽는 것은 곤란하다는 것을 내게 가르쳐 주었다.

내 환자였던 제이콥은 새로 온 우리 호스피스 팀의 목회자인 팀 목사와 이런 이야기를 나누고 있었다. "내 처지가 이런데도 아내와 나는 지금도 같이 잘 웃습니다. 만약에 유머 감각을 유지하지 않았더라면 나는 절대로 지금처럼 오래 버티지 못했을 것입니다."

"웃음은 정말 삶에 생기를 불어넣는 것이지요"라고 팀 목사가 말했다.

"그래요. 친구들과 신나게 웃던 때가 그립습니다." 제이콥은 이렇게 말했다. "멋진 낚시 친구들이 여럿 있었는데 주말이면 함께 낚시 가면서 신나게 웃었지요. 하지만 요새는 그 친구들이 나를 보러 오면 마치 장례식장에 오는 것처럼 걸어 들어온답니다. 내가 농담을 하려고 하면 친구들이 어색해하지요. 웃는 게 두려운 사람들처럼요. 내가 아직 살아 있고 헛소리하는 여유를 갖고 싶어 한다는 사실을 그 친구들이 모른단 말인가요?"

그런데 우리가 왜 유머를 거부하는 것일까? 상대방 기분을 상하게 할까 봐 겁나서 그러는 것일까? 아니면 너무 슬프고 마음이 무겁기 때문일까? 이유야 어찌 됐든 우리는 죽음이라는 힘든 일에 직면하여 그 어려움을 누그러뜨릴 수 있는 기회를 놓치고 있는 것이다.

어떤 환자는 내게 이렇게 말했다. "죽는 것은 매우 따분하고 지루한 일일 수 있어요. 내가 다른 사람에게 줄 수 있는 것은 더 이상 아무것도 남아 있지 않지요." 이러한 부정적인 상황에다 웃음을 대입시키는 것은 아주 훌륭한 치료행위이다. 웃으면 뇌에서 행복 호르몬인 엔도르핀이 뿜어져 나와 슬픔을 경감시키고 균형을 잡도록 도와준다.

호스피스 자원봉사자인 조이스가 환자에게 우리 호스피스 팀이 얼마나 도움이 되느냐고 물었더니 그 여성 환자는 이렇게 대답했다. "정말 많은 도움을 주지요. 우리는 같이 일하고 같이 웃고 같이 웁니다. 배꼽을 잡고 웃지요."

사람은 언젠가는 죽기 마련이지만 유쾌한 사람들은 살 때도 그렇듯이 죽을 때도 유머와 함께 죽는다. 내가 좋아하는 몇 가지 사례를 소개한다.

마지막 웃음

케이시 맥나마라는 일생 동안 독특한 개성을 발휘하며 살았다. 그가 가는 곳마다 웃음 보따리가 넘쳐 흘렀다. 그의 오랜 골프 친구이면서 가장 친한 친구인 멀린스 신부는 그가 다니는 성당의 주임 신부인데 그가 병들자 든든한 후원자가 되어 주었다. 여러 해 동안 폐암과 싸워온 케이시는 마침내 수시로 의식불명 상태로 빠져들며 생사의 고비를 넘나드는 것 같았다.

그의 가족들은 멀린스 신부에게 케이시의 병상에서 마지막 미사를 집전해 달라고 부탁했다. 신부는 슬픔을 억누른 채 엄숙하게 미사를 진행했는데 절반쯤 지난 뒤에 신부는 다음과 같이 짤막한 강론을 시작했다.

"주님, 힘들고 슬픈 지금 저희를 도와주소서. 케이시는 언제나 훌륭한 사람이고 멋진 남편이자 아버지였고, 좋은 친구였습니다." 그러고 나서 그는 잠시 말을 멈추더니 갑자기 눈을 번쩍 뜨며 이렇게 덧붙였다. "하지만 훌륭한 골퍼는 아니었습니다."

병상 주위에서 낄낄거리는 소리가 들리기 시작했다. 그러자 멀린스 신부는 다시 엄숙한 어투로 되돌아갔다.

"우리가 그토록 사랑하는 사람이 왜 이런 병에 걸려서 우리 곁을 떠나야 하는지 우리는 이해할 수 없습니다. 제발 그 이유를 저희가 깨달을 수 있도록 도와주소서."

바로 그 순간 케이시가 두 눈을 번쩍 뜨더니 둘도 없는 친구를 향해 예의 짓궂은 미소를 지으며 이렇게 말했다.

"자네의 그 망할 헛소리와 퍼팅 때문에 내가 이 꼴이 된 거야." 이렇게 말한 다음 그는 다시 혼수상태로 빠져들었다.

"케이시, 마지막 순간에 그런 말이 나와." 멀린스 신부는 가족들과 함께 웃다가 흘러나온 눈물을 닦으며 이렇게 말했다. 케이시는 그로부터 몇 시간 뒤에 편안하게 숨을 거두었다. 생전에 그가 사랑하던 사람들에게 마지막 선물로 웃음을 선사하고 떠난 것이다.

잘 가요, 그레이시

몇 년 전에 나는 은퇴한 우편집배원과 루게릭병을 앓는 그의 아내가 사는 집을 방문했다. 자그마한 체구의 유쾌한 할머니가 문을 열어 주었는데 보행 보조기에 의지하고는 있었지만 파마 머리를 하고 있어서 병이 무색할 정도로 단정하게 보였다.

그녀는 남편에게 손짓을 하고 와서 내게 인사를 시켰다.

"조지라고 합니다. 이쪽은 우리 집사람 그레이시(그레이스의 애칭)구요. '안녕하세요'라고 해 봐요 그레이시." 그러자 그녀는 "안녕하세요, 그레이시!"라고 했다.

나는 "조지와 그레이스 씨군요"라고 말하며 웃었다. "좋습니다, 저는 매기예요. 두 분은 올드 조지 번스와 그레이시 앨런 쇼를 좋아하시겠군요?"

"맞아요, 안 보면 못 살지요." 그레이시는 이렇게 대답했다.

이 착한 부부는 잘 웃었다. 두 사람 모두 그레이스 씨의 병이 위중하다는 사실을 잘 알고 있었지만 남은 시간을 아낌없이 즐겁게 보내려는 마음으로 꽉 차 있었다. 두 사람은 또한 사후의 세계가 있다고 확신하고 있었고, 조만간 부부가 조지의 말대로 '교통체증과 고高콜레스테롤도 없고, 슈퍼마켓 계산대 앞에 줄서서 기다리지 않아도 되는 세상'에서 다시 만나서 살게 될 것이라고 믿고 있었다.

다음에 내가 찾아갔을 때는 현관문이 열려 있었는데 안쪽을 보니 가짜 코와 콧수염이 달린 그라우초 막스 안경을 쓴 얼굴이 보였다. 이름표를 보니 '공인 보조간호사CAN 매리 앤더슨'이라고 쓰여 있었다. 나는 매리가 좋은 친구이고 훌륭한 보조간호사이며 우리 호스피스 팀에서 없어서는 안될 중요한 인물로 생각하고 있었다.

보조간호사가 하는 일 가운데는 환자를 육체적으로 편안하게 해 주고 목욕시키기, 이부자리 갈기, 환자 방 청소, 식사 챙겨 주기 등이 포함되어 있다. 하지만 매리는 그런 일들은 사람들의 삶에 빛과 웃음을 가져다 주는 하나의 도구일 뿐이라고 생각했다. 그녀는 호스피스들 사이에 전설과 같은 존재였고 환자들은 그녀가 들르는 날을 손꼽아 기다렸다.

"정말 예쁘군요, 매리." 나는 이렇게 놀렸다. "하지만 조지 씨가 당신한테 자기 면도칼을 빌려 주려고 하겠는데요? 아직 아침 10시밖에 안 되었는데 왜 오후 5시가 된 것처럼 수염이 그렇게 자란 거지요?"

"아, 그건 두 분께 여쭤어 봐야겠는데요." 매리는 이렇게 말하고 나서 옆으로 비켜섰다. 그러자 그레이스와 조지 두 사람이 앉아 있는 소파가 눈에 들어왔다. 소파에는 부부가 그라우초 안경과 콧수염을 달고 앉아서 낄낄거리며 웃고 있었다. 나도 따라 웃으며 고개를 절레절레 흔들고 말았다.

매리와 나는 이 부부와 함께 유쾌한 '좋은 경찰/나쁜 경찰' 놀이하듯이 했다. 매리는 나를 놀리지 않으면 두 사람을 웃길 새로운 익살거리를 갖고 와서 나를 놀라게 했다.

한번은 그레이스 상태를 살펴보고 나자 조지 씨가 내게 "잠시 앉아 쉬지 그래요?"라고 말하며 의자를 권했다. 아니나 다를까 부부는 앉으면 방귀소리가 나는 뿡뿡 쿠션을 시트 밑에 넣어 두었다. 두 사람이 숨넘어갈 듯 웃어 대며 눈물을 닦아내던 그 장면은 영원히 잊지 못할 것이다. 두 사람은 이런 장난거리와 우스갯거리를 궁리하며 살았다.

"앞으로 조심하셔야 해요 그레이시. 제게 얌전하게 굴지 않으면 당신 변기를 냉장고에 집어넣어 버릴 거예요!" 내가 이렇게 농담을 했더니 두 사람은 더 깔깔거리고 웃었다.

그렇게 한다고 그레이스의 병세가 나아지는 것은 아니었다. 내 허락 하에 그녀는 가끔 걸음을 걸었는데 발끝부터 콧등까지 신경기능이 서서히 멎어 가고 있었다. 2년 뒤 그녀는 사지마비에 호흡곤란까지 겪게 되었다. 우리 모두 지켜보기가 너무 고통스러웠지만 웃음 소리는 계속되었다.

한번은 방문하기로 된 날에 그 집으로 갔더니 조지 씨의 자동차가 보이지 않았다. 아무런 인적이 보이지 않아서 나는 불안한 마음으로 그레이시와 조지 부부가 쓰는 침실로 걸어 들어갔다. 그런데 오후 2시인 대낮에 그레이시의 침대에 다른 사람이 같이 누워 있는 것이 아닌가. 두 사람의 애정 어린 순간을 방해한 것인가 하며 나는 순간 당황했다. 조지 씨가 눕는 쪽의 침대는 담요로 완전히 덮여 있었고 그레이시는 반듯이 누워서 담요를 코 있는 데까지 끌어올려 덮고 있었는데 담요가 약간 들썩이고 있었다. 호흡이 곤란해서 저러나? 세상에! 그게 아니었다. 웃고 있었던 것이다. 옆에 누운 사람도 마찬가지였다.

그 순간 침대 발치 쪽 담요 바깥으로 운동화가 살짝 보였다. 흰 운동화. 바로 매리의 운동화였다. 매리가 옷을 입은 채 환자와 같은 침대에 누워서 미친 듯이 깔깔댔고 나는 입이 벌어진 채 그 옆에 서 있었다.

두 사람은 그런 깜짝쇼를 좋아했고 끝도 없이 그런 장난을 계속했다.

매리는 순전히 유머의 힘만 가지고 말기에 이른 숱한 환자들의 생명을 조금씩 연장해 주었다. 매리와 나는 7년 동안 호스피스 일을 함께 했는데 그녀는 항상 우리가 돌보는 환자들뿐 아니라 지치고 힘든 우리 스태프들에게도 활기와 유쾌함을 선사해 주었다. 그녀는 나의 진정한 영웅이면서 최고의 스승이다.

우리는 살아가면서 어떤 일을 당하게 될지 모른다. 그러나 그것에 대응하는 방법은 우리가 선택할 수 있다. 만약에 우리가 기쁜 순간뿐 아니라 비극의 순간에서도 유머를 받아들일 수 있다면 한결 더 풍요롭고 균형 잡힌 삶을 살아갈 수 있을 것이다.

기억하기

유머는 우리 삶에 활기를 불어넣어 줄 뿐만 아니라 실제로 삶을 연장시켜 주기도 한다.

27

추억 만들기

여든 여덟이신 우리 엄마가 어느 날 나를 불러다 앉혀 놓고 자기한테 '큰 문제'가 생겼다는 말을 하셨다. 엄마는 그 일을 담당 의사를 비롯해 우리 모두들보다 한참 오래전부터 알고 계셨다. 엄마는 변에 피가 묻어 난다는 사실을 빅토리아 시대에나 어울릴 정숙함 때문에 다른 사람에게 알리지 않고 계시다 그만 시기를 놓쳐 버린 것이었다. 폴립 때문에 생긴 증상으로 생명을 위협하는 지경이 되었다. 대장 내시경 검사로 조기에 찾아내 제거할 수 있는 것이었는데 엄마는 그걸 거부하신 것이었다.

우리 모두 두려워하던 결장암 진단이 내려졌다. 하지만 엄마는 방사선 요법을 통해 좋은 반응을 보이셨고 건강하게 5년을 더 사셨기 때문에 우리는 놀라면서도 너무 기분이 좋았다. 장폐색 증상이 나타나자 우리는 어떻게 할지를 놓고 차분하게 의논했다.

"폐색을 없애려면 수술밖에 없어요." 나는 침착하게 말했다. "하지만 수술을 받고 나면 옆구리에 인공항문 주머니를 차고 다니셔야 해요."

엄마는 걱정보다는 정확한 사실을 이야기하는 차원에서 수술을 하고 난 다음의 생활에 대해 차분한 어투로 설명하시고 나서는 이렇게 말씀하셨다.

"수술은 안 해, 그 문제는 더 이상 이야기하지 말자꾸나." 엄마는 단호하게 말씀하셨다. "다시는 병원으로 되돌아가지 않을 거야. 나는 지금처럼 이곳에 그대로 있겠다."

이런 차분한 대화 분위기에 찬물을 끼얹은 것은 뒤이어 나온 엄마의 날카로운 한마디였다. "이런 일이 이처럼 빨리 닥칠지 누가 알았담?"

그때 엄마는 93세였다.

우리는 절대로 포기하지 않는다. 서류함을 절대로 비우지 않고 책상도 치우지 않는다. 아직도 이루지 못한 꿈이 남아 있고 해야 할 프로젝트가 남아 있다. 나는 내가 돌보는 환자와 환자의 가족들이 왜 지금 죽어야 하는지에 대해 불공평하다고, 불편하다고, 지금은 때가 아니라고 하소연하는 소리를 너무도 자주 듣는다.

"왜 내가 죽어야 하나요?" "왜 우리가 이런 일을 당해야 합니까?" "왜 하필이면 지금 이런 일이 일어나는 거야!" 하지만 아침에 눈을 떠서 '자, 오늘이야말로 비극을 맞이할 최선의 날이야' 라는 생각이 든 때가 단 하루라도 있었던가? 세상에 죽을 준비가 된 사람은 없다. 죽기에 가장 좋은 날 같은 것은 없다. 그런 일은 그저 닥칠 뿐이다. 누구에게나 닥치는 일이고 거기에 예외는 없다. 아버지가 돌아가시면서 "한 사람씩 차례로 가는 거란다"라고 말하신 것처럼.

이처럼 죽음은 피할 수 없는 일이지만 거기에도 분명히 선택의 여지는 남아 있다. 자신에게 남은 시간을 왜 내가 불공평하게 이런 일을 당해야 하느냐며 불평하고 분노하며 보낼 수도 있고, 아니면 불가피하게 닥친 일을 일단 슬퍼하고 난 다음 추억 만들기에 착수할 수도 있다. 어려운 선택이지만 선택은 여러분 자신의 몫이다.

내가 '최고의 영웅들'로 꼽는 사람들은 스스로의 의지로 자기에게 남은 시간을 사랑하는 사람과 함께 겪는 생애 최고의 순간들을 담은 인생의 마지막 장章을 만들기로 한 사람들이다. 그들은 자신이 태어나 이 지구상에서 걸어 다녔다는 사실 자체가 의미있는 일이라고 생각했다. 그리고 자신들이 살았다는 사실이 다른 사람에게도 의미가 있었다는 사실을 받아들였다. 그들은 자신이 말기 병의 비극적인 희생자가 되었다는 사실을 뛰어넘어 자기가 살아온 삶이 풍요로웠음을 자축했다. 그들이 가는 마지막 여행을 보고 감동받은 모든 사람들에게 그들은 선구자적인 교사였다. 내가 '최고로 꼽는 영웅들' 가운데 한 명인 여성이 자기 생의 마지막 장을 어떻게 만들었는지 소개한다.

브렌다

첫 번째 방문 약속을 잡기 위해 전화를 걸었을 때 브렌다는 내게 "열쇠는 현관에 있는 화분 밑에 있어요"라고 말했다. "들어오실 때 소리를 한번 지르신 다음 계단을 걸어 내려오시면 돼요."

만난 지 얼마 지나지 않아서 브렌다는 이렇게 말했다. 다소 어두컴컴하게 해 놓은 그 집안의 분위기에 내 두 눈이 미처 적응하기도 전이었다.

"내게는 아직 할 일이 많은데 남은 시간은 별로 없다는 사실을 먼저 알아주셨으면 합니다." 그녀는 겨우 36세밖에 안 되었는데 난소암에도 불구하고 정신이 너무도 말짱하고 두 눈은 넘치는 의욕으로 반짝였다.

나는 그녀가 사는 방 한 칸의 세상을 둘러보았다. 그녀의 언니 레베카가 자기 집 놀이방을 비워서 동생에게 내준 것이었다. 언니는 낮에 일하러 나가고 없는 동안 혼자 남을 동생에게 필요할지 모르는 물건은 모두 손 닿는 곳에 가져다 놓았다. 대학 기숙사 방에 있는 크기의 작은 냉장고 안에는 브렌다가 좋아하는 갖가지 스낵과 음료수가 채워져 있었다. 냉장고 위에는 큰 바스켓을 하나 놓아 두었는데 그 안에 밝은 색의 천 조각들이 넘쳐날 정도로 가득 들어 있었다. 퀼트를 시작한 것이었다. 형형색색의 손으로 뜬 크로세로 침대 서랍장을 가려 놓았다. 브렌다가 쓰는 편안한 더블베드는 작은 타운하우스 뒤뜰 정원이 내다보이도록 자리를 잡아 놓았는데 그녀에게는 그 침대가 바로 '전망 좋은 사무실'이었다. 그녀는 이불과 여러 개의 큰 베개, 견본 천, 편지, 사진 더미 속에 누워서 지냈다.

"이 침대 위에는 세상에 없는 것이 없답니다." 브렌다는 웃으면서 이렇게 말했다. "이곳은 나의 왕국입니다. 웬만한 건 여기서 다 할 수 있어요."

새로 만난 환자와 첫 번째 대화를 하고 나서 나는 그녀가 어떤 단계의 여행을 하고 있는지 단번에 알 수 있었다. 브렌다는 자기의 주요 관심은 자기가 앓고 있는 병의 신체적인 부분이 아니라 "편안하게 살면서 정신을 바짝 차리고 내가 시작한 일들을 할 수 있는 데까지 마무리하는 것"이라는 점을 분명히 했다. 그녀는 한쪽 옆에 놓아둔 작업 중인 퀼트와 사진 앨범을 가리키며 이렇게 말했다.

그렇게 해서 우리는 일단 그녀의 몸을 서서히 마비시키고 정신을 흐리게 만드는 신체적인 문제들에 대한 목록을 함께 만들었다. 목록에는 변비, 피곤하면 더 심해지는 등의 통증, 그리고 기운을 쏙 빼놓는 불면증 같은 증상들이 포함되었다. "이건 대수롭지 않은 문제들이에요"라고 나는 그녀를 안심시켰다. "이런 문제들은 쉽게 완화될 거예요. 48시간 안에 해결됩니다. 지금 쓰는 진통제에다 한두 가지를 추가로 처방해서 통증을 더 덜어 드릴 거예요."

나는 "그건 내가 분명히 해 드릴 겁니다"라고 약속하며 이렇게 말했다. "자, 이제는 당신이 갖고 있는 특별한 프로젝트가 뭔지 말해 봐요."

"우리 애들한테 앞으로는 내가 영영 같이 있지 못한다는 기분을 갖게 해 주고 싶지 않아요. 그리고 아이들이 나와 함께한 일들을 잊지 않도록 해 주고 싶어요. 그동안 나는 아이들과 함께 지낸 일들을 꼼꼼하게 기록으로 남겼어요. 애들이 태어날 때부터 사진을 정말 많이 찍어 두었는데 그동안 이렇게 앨범 하나 정리할 시간밖에 내지 못했어요."

그렇게 말하며 그녀는 내게 큰 사진 앨범을 보여 주었다. 페이지마다 두 아이 사진이 들어 있었다. 제시는 태어나서 열 살 때까지, 애덤은 아기 때부터 여덟 살 될 때까지 사진이었다. 사진은 재미있고 달콤한 장면들을 담고 있었다. 물감 칠한 얼굴, 삐드렁니, 장난기 가득한 미소가 담긴 사진이 있고, 제시가 눈 덮인 앞마당에 누워 작은 팔다리를 펼쳐서 천사를 그리고 그 옆에는 발자국으로 눈 위에다 "엄마를 사랑해요"라고 새겨 놓은 사진도 있었다. 애덤이 리틀 리그에서 홈런을 칠 기세로 야구 방망이를 들고 잔뜩 웅크리고 선 사진도 있는데 헬멧이 두 어깨보다 더 넓었다. 핼러윈 날에 마녀로 분장한 제시와 배트맨으로 분장한 애덤이 큰 호박덩이 옆에서 포즈를 취한 사진도 있었다. 중요한 날 찍은 가족사진은 일일이 모아서 예쁘게 정리해 놓았다.

마치 내 심장에 벽돌 블록이 쾅 떨어진 것 같은 기분이었다. 목이 메는 걸 억지로 참고 있는데 브렌다가 이렇게 말했다. "이 두 아이가 태어난 다음 나는 세상의 그 어떤 사람들보다도 기쁨을 누리고 살았어요. 이제는 아이들이 내가 없어도 살 수 있도록 필요한 모든 것을 갖추어 놓고 싶어요."

"아이들은 어디 있어요?"라고 내가 물었다.

"아이들을 위해 좋은 선택을 해줄 수 있어서 정말 행복합니다." 내 물음에 그녀는 이렇게 대답했다. "6개월 전 이 망할 놈의 암을 도저히 이겨낼 수 없다는 게 분명해졌을 때 제일 친한 친구인 주디 마이어와 리치 마이어 부부가 와서 아이들의 보호자가 되어 주겠다고 했어요. 두 사람은 우리 애들을 집으로 데려가 가족으로 맞아들였어요. 내가 믿는 사람들이고 우리 아이들이 태어날 때부터 지금까지 아이들을 아는 사람들입니다. 그리고 내가 싱글 맘으로 힘들게 살아갈 때 나를 도와준 사람들이지요."

"두 사람은 정말 사랑과 헌신으로 넘치는 부모입니다. 셀 수 없을 정도로 많은 휴가와 중요한 날을 함께 보냈지요. 주디는 전업주부로 지내며 잠시 제시가 가입한 걸스카우트의 지도를 맡았고 애덤은 아버지를 한번도 만난 적이 없기 때문에 오래전부터 주디의 남편인 리치가 양아버지 역할을 대신해 왔습니다."

그녀가 하는 말을 들으며 나는 방안에 장식되어 있는 수많은 사진들을 쓱 한번 훑어보았다. 아이의 생부가 누구인지 알 수 있는 증거물이 눈에 뜨일지 모른다는 생각에서였다. 브렌다는 왜 아이들이 태어날 때부터 아이들의 생부가 없었는지에 대해서는 말을 하지 않았다. 나도 물어 보지 않았다. 내가 돌보는 환자들은 자기들의 시간에 따라 자기들이 사는 모습을 내가 일일이 체험할 수 있도록 허락해 주었다. 나는 인내심을 가지고 그것을 체험한 결과 얼마 안 가서 그들이 필요로 하는 게 무엇인지 알게 되었다. 나는 그 내용을 노트로 만들어서 나의 팀메이트인 모린과 함께 공유했다.

브렌다는 눈물이 글썽거릴 정도로 고마워했다. 그리고 잠시 깊은 생각에 잠기는 듯하더니 자신의 비극을 떨쳐내 버리려는 듯 깔깔거리며 웃었다.

"어느 날 아침 애덤이 자기가 어디로 가서 살아야 하는지 결정을 내리게 된 이유 가운데 하나가 무엇인지 발표했어요." 그녀는 목소리를 가다듬고는 아들의 목소리를 흉내내며 이렇게 말했다. "마이어 씨 집의 개 윔피가 우리를 좋아해서 우리가 마음이 슬픈데도 그런 사실을 다른 애들에게 말하고 싶지 않을 때는 오랫동안 자기를 껴안고 있도록 해 주었거든요."

"애들이 어쩜 그렇게 속이 깊고 똑똑할 수 있지요?"라며 브렌다는 대견스러워했다.

"나는 집에다 슬픔을 치유해 주는 무료 치료사를 둔다는 생각은 미처 못해 봤는데 말이에요."

그녀는 계속해서 이렇게 말을 이었다. "애들은 그 뒤 한 달 반 동안 나와 같이 살았는데 그러면서 일주일에 두 번은 마이어 씨 부부 집에 가서 잤어요. 그러고 나서 기력이 완전히 떨어지며 나는 애들을 돌볼 힘조차 없게 되었어요. 게다가 고통이 너무 심해졌고 그런 모습을 애들에게 보이고 싶지 않았어요." 말을 하다 그녀는 다시 한번 멈추고 무슨 말을 할지 생각해 내려는 듯 뭔가 골똘히 생각에 잠겼다.

"나는 정말로 이 일을 마칠 수 있었으면 좋겠어요. 그래서 우리가 함께한 많은 즐거웠던 시간들을 기록으로 애들에게 남겨 주고 싶어요." 그녀는 힘이 드는 듯 목소리를 가늘게 이어 갔다.

"애들은 지금 어디 있어요?" 나는 이렇게 물었다.

"애들은 지금 마이어 부부를 따라 볼티모어에 있는 옛날에 살던 곳에 가 있어요." 그녀는 이렇게 말을 이었다. "예전에 다니던 그곳 학교에 다시 다니고 있습니다. 옛날 친구들도 다시 만났지요. 그런데 여기 우리 언니 집에는 애들이 함께 있을 수가 없어요. 왜냐하면 내가…" 무슨 말을 하려는지 알겠으나 그녀는 차마 말을 계속하지 못하는 듯했다. "그리고 볼티모어에는 나를 간호해 줄 사람이 없으니 내가 갈 수 없었구요."

"그래서 나는 50마일 떨어진 이곳 언니 집에서 언니 부부의 보살핌을 받으며 여왕처럼 살고 있어요. 마이어 부부는 주말마다 애들을 데리고 오고, 내 직장 상사가 애들에게 요금을 잔뜩 채운 전화카드를 주어서 애들은 어디 가든 내게 마음대로 전화를 걸 수 있어요." 그녀는 어렴풋이 미소를 지어 보이며 말을 이었다. "그러니 나는 애들이나 나나 지금처럼 하는 것이 헤어지는 연습을 하기에 좋다고 생각해요." 그렇게 말하면서 그녀는 다시 활기찬 목소리로 되돌아왔다.

그러더니 다시 말을 멈추고 눈물을 글썽이면서 멍하니 먼 곳을 응시하더니 이렇게 말했다. "하지만 이 모든 일이 너무 끔찍한 일이에요. 그렇지 않아요?" 그녀의 목을 두 팔로 감싸며 나도 눈물이 앞을 가려 어쩔 줄 몰라 이렇게 웅얼거리듯 말했다.

"맞아요. 정말 끔찍한 일이에요." 우리는 서로 껴안은 채 앞뒤로 천천히 몸을 흔들었다. 주위에 둘러보니 화장지가 보이지 않아서 나는 간호사 가방에서 4×4 사이즈 거즈 두 통을 꺼내 눈물을 닦았다. 우리는 '킁' 하며 슬픔의 콧물을 닦아 내면서 함께 웃었다. 브렌다는 "화장지치고는 부드럽군요. 이 거즈를 계속 쓰다간 코가 루돌프처럼 되겠네요"라고 말하며 웃었다.

나는 '그녀의 이야기를 계속 들어줄 정서적인 인내심이 오늘 내게 남아 있을까' 하는 의구심이 잠시 들었다. 하지만 그녀가 세운 목표가 무엇인지 알고 싶었고, 또한 내가 그 목표를 이루도록 그녀를 도울 일이 무엇인지 알고 싶었다. 그래서 나는 이야기를 계속하라고 부탁했고 그녀는 말을 이었다.

"제일 먼저 집을 팔아서 애들 앞으로 예금을 해 두었어요. 우리 사장님이 아주 훌륭하신 분이지요. 내가 법률보조원으로 일한다는 말씀을 드렸던가요? 사장님은 나를 퇴직처리하지 않고 병가로 처리해서 계속 월급도 조금씩 주고 회사 복지혜택도 누릴 수 있도록 해 주셨답니다. 직장에서 같이 일하던 변호사들은 무료로 내 일을 돌봐 줘요. 도움이 필요할 때 이런 도움을 받는 것을 보면 정말 멋진 세상 아닌가요? 그녀는 잠시 말을 멈추었다가 이렇게 덧붙였다. "기본적으로 친절하고 착한 게 사람의 본성인 것 같아요."

"목록에 올라 있는 그 다음 내용은 무엇인가요?" 나는 이렇게 물었다.

"그 다음 큰 프로젝트는 퀼트예요. 아이들은 엄마가 떠나면 제일 그리운 게 엄마의 품일 거라고 했어요. 그래서 나는 퀼트를 만들어서 애들이 엄마 생각이 날 때 포근하게 감쌀 수 있도록 해 주려는 것이에요. 엄마의 포옹이 생각날 때, 그리고 잠자리에 들 때도 이걸 두르고 자라고 말이에요."

"제시는 내가 잠잘 때 자기를 지켜 주는 수호천사가 되어 달라고 했어요. 그래서 퀼트에다 '엄마는 항상 나를 사랑하고 영원히 나를 지켜 주신다!' 라는 문구를 새겨 달라고 했어요. 이 문구 주위에다 우리가 제일 좋아하는 사진을 이미지로 만들어서 천에 새겨 넣을 겁니다."

그녀는 또 이렇게 말했다. "애덤은 영웅 테마를 더 좋아해요. 그래서 나는 '엄마가 잠잘 때 원더 우먼이 되어 아들을 도우러 오겠다'고 했답니다. 그래서 가족사진을 새겨 넣고 가운데 '원더 우먼' 문구를 새겨 넣으려고 해요. 내 생각이 어때요?" 나는 아무런 대꾸도 할 수가 없었다. 그녀는 이렇게 계속했다.

"대학 가서도 이불에 이런 무늬를 하고 있으면 친구들한테 놀림감이 될까 봐 이불 다른 한쪽 면은 애들이 좋아하는 단색을 골라 만들어 주려고 합니다. 엄마와 나누는 비밀 포옹을 친구들이 눈치채지 못하도록 말이에요." 그녀는 의기양양한 표정으로 이렇게 말했다.

그녀는 계속해서 이렇게 말을 이었다. "그런 다음에는 지금 있는 가족 앨범을 두 개로 나누어서 사진을 더 찾아서 정리할 거예요. 애들이 영원히 같이 살지는 못할 테니 각자 하나씩 갖도록 해야 되지 않겠어요?" 말을 마친 다음 그녀는 생글생글 웃었다.

갑자기 그녀를 도울 수 있는 생각이 하나 떠올라 이야기해 주었더니 아주 좋아했다. 나는 곧장 전화를 걸어 퀼트, 바느질, 사진에 경험이 많은 자원봉사자 한 사람을 수소문해 달라고 했다. 우리 호스피스 팀에는 당연히 그런 사람이 있었는데 바로 바버라였다. 그녀는 지금 당장 일을 시작하겠다고 했다.

나는 우리 호스피스에서 일하는 남녀 자원봉사자들 가운데 재능 많고 친절한 사람들이 그렇게 많다는 사실에 항상 놀라움을 금할 수가 없다. 그들이 보여 주는 마법처럼 놀라운 헌신과 노력 덕분에 호스피스가 이렇게 잘 굴러가는 것이다. 그 자원봉사자들은 우리가 돌보는 환자들이 원하는 갖가지 사회적인 욕구들을 처리해 준다.

이후 몇 주 동안 우리 팀의 목사와 사회복지사인 모린이 아이들이 살고 있는 볼티모어에 있는 호스피스와 긴밀히 협력해서 제시와 애덤이 엄마가 아픈 동안 정서적, 심리적으로 안정을 유지할 수 있도록 애를 써 주었다. 브렌다는 자기가 죽은 다음 13개월 동안 특별 슬픔 치유 카운슬러가 아이들을 계속 돌봐 줄 것이라는 사실을 알고 크게 안도했다. 그 카운슬러들은 볼티모어 호스피스의 유가족 담당 팀이 운영하는 여름 캠프에도 같이 따라간다고 했다. 그렇게 함으로써 아이들은 자기들처럼 부모를 떠나보낸 일을 겪은 다른 아이들과 만나 자기들의 속마음을 같이 이야기하고 이메일로 주고받기도 할 수 있어 크게 위안을 받을 수 있게 된다. 부모를 떠나보낸 아이들은 한동안 너무 슬픈 나머지 다른 아이들은 아무도 엄마나 아빠를 잃은 적이 없을 것이라는 생각을 하는 경우가 많다.

아이들이 카운슬러에게 엄마와 함께 특별한 외출을 하고 싶다는 말을 했다. 그래서 모린과 함께 아이들은 엄마가 많이 힘들어하지 않을 가까운 곳으로 나가기로 했다. 모린은 우리 팀에 있는 다른 자원봉사자들의 도움을 받아 이 가족이 한 주일을 함께 지낼 수 있도록 여행을 준비했다. 리무진 서비스가 제공됐기 때문에 브렌다의 휠체어까지 싣고 워싱턴 DC로 가서 백악관 특별 관광도 시켜 주었다. 현지 앰뷸런스 회사에서 밴을 무료로 태워 준 덕에 호박 농장에 가서 핼러윈 파티 때 쓸 호박도 땄다. 브렌다가 다니던 회사에서는 가까운 디너 극장에서 공연하는 '올리버' 공연 티켓도 보내 왔다. 물론 사진도 많이 찍어 아이들이 보물 같은 추억을 영원히 간직할 수 있게 했다.

브렌다는 나중에 내게 제시와 애덤이 자신들이 낸 아이디어로 엄마와 특별한 여행을 다녀올 수 있게 되어서 대단히 '어른스런' 자부심을 갖게 되었다는 말을 전해 주었다. 아무리 비극적인 일을 당하더라도 큰 기쁨과 자부심을 가질 수 있는 여지는 얼마든지 있다는 사실을 나는 다시 한번 깨달았다.

브렌다가 아이들과 마지막 나들이를 다니는 동안 그녀를 돕는 우리 호스피스 자원봉사팀은 바버라와 함께 그녀의 생애 마지막 프로젝트를 완성하는 일에 박차를 가하고 있었다. 하지만 몇 주 뒤에 브렌다는 병세가 매우 위중해져 여행을 계속하기가 어렵게 되었고 계속 잠만 잤다. 기력이 약해지면서 착시현상도 나타나기 시작했다. 그녀는 조바심이 나서 "아직 문구도 새겨 넣지 못했는데 어떻게 해. 일을 못 마치면 어떻게 해"라고 헛소리처럼 중얼거렸다.

그러자 바버라가 자기가 쓰는 재봉틀을 가지고 와서 브렌다가 직접 보는 가운데 문구를 박아 넣었다. 또 다른 자원봉사자는 가족 앨범에 들어 있는 사진을 스캔해서 디스크에 담았다. 그녀가 복사 전문점에 사정 이야기를 했더니 무료로 사진을 아주 상태가 좋게 이불 천에다 복사해 주었다.

퀼트가 완성되고 있는 동안에 제시와 애덤은 특별히 마련된 가족 모임에서 가족 앨범을 한 부씩 전달받았다. 브렌다는 마이어 부부에게 아이들이 '새 가족'과 함께 찍은 사진을 앨범에 붙여서 보여 달라고 했다. 그러면서 그녀는 "내가 죽는다고 앨범이 끝나면 안 돼요. 아이들이 멋지고 사랑스러운 미래로 향해 나아가도록 내가 계속 돌봐줄 겁니다. 나의 죽음으로 아이들의 마음이 아프겠지만 그 때문에 아이들이 절름발이 생활을 하도록 만들 수는 없어요." 나는 그녀의 통찰력과 용기, 놀라운 사랑에 얼마나 큰 감동을 받았던지 마치 벼락을 맞은 것처럼 정신이 하나도 없었다.

제시와 애덤이 엄마를 찾아온 마지막 주에 보니 브렌다는 얼마 안 있어 죽을 것 같은 모습이었다. 그녀는 편안한 모습으로 마치 꿈을 꾸듯 혼수상태를 오락가락하며 계속 잠을 잤다. 그러는 와중에서도 그녀는 말짱한 정신으로 아이들에게 자기가 만든 퀼트를 손에 쥐여 주었고 아이들이 그걸 몸에 두르며 좋아하는 모습을 지켜보았다. 아이들은 엄마 품에 안겨서 영원히 엄마를 사랑할 것이라며 눈물로 작별 인사를 했다. 아이들은 "하늘나라로 가서 다른 행복한 천사들과 함께 지내요"라고 엄마에게 작별 인사를 하며 이제부터는 밤하늘에 떠 있는 제일 밝은 별을 쳐다보겠다고 다짐했다. 엄마가 제일 밝은 별이 되어 아이들을 내려다보겠다고 했기 때문이다.

그녀는 이틀 뒤에 언니의 팔에 안긴 채 평화스럽게 숨을 거두었다. 마지막 할 일을 모두 마친 다음 세상을 떠난 것이었다.

브렌다가 자기가 떠난 뒤 아이들의 삶을 위해 보여준 창의적인 사랑의 표현은 수많은 사람의 마음을 감동시키고 긍정적으로 변화시켰다. 암은 그녀를 죽음으로 몰고 갔지만 그녀가 사랑하는 아이들의 삶에 영향을 미치고 싶어 하는 그녀의 사랑까지 빼앗아갈 수는 없었다.

기억하기

죽어 가는 사람은 남은 귀중한 시간을 분노와 비탄 속에 지낼 수도 있고, 마지막 소중한 추억을 만드는 데 쓸 수도 있다.

28

임종 환자의 특징

우리가 죽음에 이르는 과정은 세상에 태어나 삶을 시작하는 것과 반대이다. 갓 태어난 아기는 가족에 속한 채 어른들의 사랑을 받으며 지내지만 자라면서 독립을 하게 되고, 세상 밖으로 나아가 자신의 능력, 기술, 관심 분야를 넓혀 간다. 말기 진단을 받고 병이 악화되어 임종을 눈앞에 둔 환자들은 이와 반대 방향의 진행 과정을 겪는다. 사람은 이렇게 자신의 삶에서 단계적으로, 때로는 아주 천천히 분리되어 나간다.

잔잔한 호수에 돌을 던져 수면 위에 동심원이 퍼져 나가는 것을 한번 상상해 보자. 우리가 죽을 때는 그 동심원이 반대로 바깥에서 안쪽으로 모여 든다. 환자가 바깥 세상에 대한 애착을 거둘수록 삶의 욕구는 줄어든다. 직업적인 성취욕, 대인 관계, 외모, 가정사 등 모든 일의 중요성이 점점 줄어들다 결국 전혀 중요치 않게 된다.

건강한 사람들은 이러한 변화를 상상조차 하기 어려울 테지만, 임종 환자들은 임종 과정을 받아들이고 위와 같은 제반사로부터 해방되는 것에서 일종의 자유를 느낄 수 있다. 결국 환자가 신경 쓰는 것이라고는 편안하게 지내는 것과 사랑하는 사람들과 함께 있는 것, 사랑하는 이들이 잘 지내고 있고, 자기가 죽은 다음에도 잘 지낼 것인지, 그리고 본인이 바라던 대로 잘 임종을 맞이하는 것뿐이다. 이러한 관심 이탈과 초연한 자세는 임종 과정의 정상적인 현상이다.

다시 말해 임종 환자들은 비록 예전에는 세상사에 열렬히 반응하고 관심이 많았더라도 더 이상 세상사를 중요시하지 않는다. 저녁 식사 자리에서 국내 정치에 대해 활발히 논쟁을 벌이던 일들도 지나간 추억일 뿐이다. 마을과 이웃의 최근 소식을 들어도 아련하게 느껴져 웃음이 나올까 말까이다. 결국은 바로 아래층에 일어나는 일들도 중요치 않게 된다. 간병인이 사랑으로 편안히 보살펴 주면 간신히 고마움의 미소를 짓거나 고개를 끄덕이고 마음의 평화를 얻을 뿐이다.

환자의 가족과 친구들은 임종 환자를 즐겁게 해 주려고 애쓰지만, 위와 같이 무관심하고 반응이 없는 태도를 견디지 못하고 화를 내는 경우가 많다. 그렇게 점점 더 커지는 시련을 겪어도 포기하지 않고 환자가 행복해하고 즐거움을 느낄 만한 선물이나 음식, 이야깃거리를 찾아내려고 더욱 애를 쓰지만 많은 이들이 결국은 실망하고 만다.

셜리

마치 내가 올 줄 알고 있었다는 듯 항상 문이 열려 있었기 때문에 그날 따라 문이 잠긴 것을 보고 나는 놀랐다. 초인종을 두 번 울리자 부엌에서 냄비 달그락거리는 소리가 심하게 났다.

"맙소사 트루디, 그동안 잘 지냈어요?" 나는 이렇게 큰 소리로 불렀다. 막 구운 쿠키 냄새가 군침을 돌게 했다. "그나저나 내가 왜 문밖에 서 있나 하겠지만, 문이 잠겨 있어요." 나는 원래 트루디의 유머 감각을 잘 알기 때문에 이렇게 농담조로 말했다.

그러자 트루디는 우는 소리로 대답했다. "그럴 리가요. 매기, 당신을 못 들어오게 하려고 그런 게 아니에요. 잠시만요, 곧 나갈게요."

"아니 무슨 일이에요." 집안으로 들어서며 나는 따지듯 이렇게 말했다. "여기 앉아 봐요. 당신 지금 폭발하기 직전인 것 같아요. 오늘 아침에 혈압 약을 먹었나요? 잊지 말아요, 나는 한 집에 환자 한 명씩만 돌보니까요."

내 말에 그녀는 말없이 고개만 끄덕이며 자기 엄마가 애지중지하는 윙백 의자에 털썩 주저앉았다.

"완전히 맥이 빠졌군요." 나는 웃으며 이렇게 말했다. 평소에는 목사의 딸처럼 빈틈없이 행동하는 여자였기 때문이다. 나는 손을 잡는 척하며 손목을 잡고 맥박을 체크해 보았다. "셜리는 어디 있어요?"라고 나는 물었다.

"엄마는 평상시처럼 홀에서 주무세요. 이제 주무시는 것 외에는 아무것도 안 하시려고 해요." 그녀는 한숨을 푹 쉬고 머리를 절레절레 흔들며 말했다.

골동품이 가득한 거실을 한번 둘러보았더니 정원에서 꺾어온 생생한 꽃을 꽂은 꽃병들이 줄지어 늘어서 있었다. "오늘 여기서 결혼식이 있나요?"

"그보다 더 고약한 일이 있는 것 같네요. 교회 여신도들이 와서 차를 마실 예정이랍니다." 그녀는 이렇게 말하며 또 한숨을 쉬었다.

"그래서 당신이 이렇게 녹초가 된 것이군요. 누가 이러자고 했죠?"

"아이다 메이가 어제 들러서 엄마가 너무 많이 주무신다고 걱정하더라고요. 엄마가 우울한 상태라 흥분과 자극이 될 만한 게 필요하대요. 아이다 말이 자기는 척 보면 안다고." 트루디는 이렇게 말하며 눈동자를 이리저리 돌렸다. "꼭 내가 엄마 간호를 제대로 못한다고 비난하는 것 같아 기분이 너무 나빴어요." 트루디는 얼굴에 지친 기색이 역력했다.

"오늘 아침까지 아이다가 여신도들 모두에게 연락한 것 같아요. 그래서 세 시간 후면 여신도 모임 회원들이 들이닥칠 거예요. 내일 저녁에는 교회 성가대가 엄마한테 노래를 불러 주기로 했어요. 그 다음 날은 종지기들 차례고요. 그래서 저는 손님맞이 준비로 집안 청소를 하고 케이크와 쿠키를 구워야 해요."

"친절하고 인정이 넘치는 사람들이군요. 주변에 그런 사람들이 있다니 트루디는 복 받은 사람이에요. 하지만 이번 일은 두 사람이 감당하기에 너무 벅찬 것 같군요. 어머니의 주무시는 시간이 점점 더 늘어나고 매사에 관심이 없어질 거라는 말을 우리끼리 한 적이 있는데, 기억나요?" 내가 이렇게 물었다.

그 말에 트루디는 "그 얘기를 꺼내시니까 생각이 납니다"라고 대답했다.

"하루하루 너무 바쁘게 지내다 보니 미처 그러한 변화를 몰랐어요. 그러다가 아이다 메이가 와서 하는 말을 듣고는 깜짝 놀랐어요. 엄마는 아이다가 왔는데도 별 관심을 보이지 않았어요. 그걸 보고 기분이 정말 끔찍했어요."

"음, 그것은 지극히 정상적인 증상이에요. 지금 트루디는 어머니 병 간호를 아주 훌륭하게 잘하고 있어요. 특히 당신의 기대치에 맞춰 어머니를 억지로 끌고 가지 않는 점이 매우 인상적이군요." 나는 트루디의 어깨를 다독거리며 말을 이었다. "자, 이제 교회 친구들의 도움을 부담스럽지 않게 받을 수 있는 방법을 생각해 봅시다."

나는 몇 명에게 전화를 걸어 듣기 좋은 말로 통화한 다음에 차 모임을 취소시켰다. 대신 그 다음 주 일요일에 교회에서 셜리를 위한 특별 예배를 열기로 했다. 신도들은 기도하고, 성가대는 합창하고, 종지기는 종을 울렸다. 신도 모임에는 예배가 끝나고 다과를 대접하기로 했다. 자원봉사자 한 명이 집에 찾아와 셜리와 함께 있어 주었기 때문에 트루디도 예배에 참석할 수 있었다. 교회 집사 한 명이 예배를 녹화했는데 셜리의 친구들이 그녀에게 전하는 사랑의 인사도 담았다.

"테이프 영상이 정말 멋졌어요." 트루디는 나중에 내게 이렇게 말했다. "엄마가 잠에서 깨어나 정신이 맑을 때 함께 녹화 영상을 봤는데 무척 좋아하시더라고요. 피곤해 하시면 멈췄다가 나중에 또 보고 했어요. 모두가 친절을 베풀어 주신 덕분에 엄마와 제가 여러분들의 예배 모습을 함께 볼 수 있었습니다."

갓 태어난 아기는 자극을 많이 받으면 짜증내고 잠을 많이 자며 가족들의 세심한 보살핌이 필요하다. 마찬가지로 셜리의 생활도 갓난아기처럼 변했고 원하는 욕구도 아주 단순해졌다. 임종이 임박해지며 그녀의 주의를 끌려고 모여 드는 많은 사람들에게 허비할 기력이 남아 있지 않았다. 너무 쇠약해져서 몇 마디 말을 하거나 남들끼리 하는 간단한 이야기를 듣는 것조차도 힘들어했다. 딸과 친구들은 그녀의 이런 상태가 정상적인 현상이라는 사실을 알고 나서부터는 사랑을 표현할 다른 방법을 찾아보게 되었다.

기억하기

환자가 주위의 일에 관심을 거두는 듯한 반응을 보이는 것은 정상적인 현상이다. 그러니 끝까지 환자의 곁을 지켜 주는 게 좋다. 사랑으로 이겨 내지 못할 어려움은 없다.

29

애완동물의 육감

어떤 수의사가 내게 이런 말을 한 적이 있다. "환자와 가까워지려면 먼저 그 환자의 개와 친해져야 합니다." 애완동물 중에서도 특히 개는 자기 주인과 가족을 보호하려는 성질을 지녔다. 자기를 정성껏 보살펴 주던 주인이 아픈 경우에는 그런 성향을 더 강하게 나타낸다. 주인에 대한 걱정과 슬픔에 집안에만 틀어박혀 끙끙 앓다가 낯선 사람이 나타나면 경계심을 강화하고 신경을 곤두세운다.

특히 애완견이 가정 간호 의료진을 위협 요소로 간주하고 덤벼드는 경우에는 문제가 될 수 있다. 로메로 씨 댁을 방문했을 때 바로 그런 일을 겪었는데, 무릎 높이의 부츠를 신고 간 덕분에 두 다리가 상처 없이 멀쩡할 수 있었다. 그날 로메로 씨가 애지중지하는 닥스훈트 세 마리는 모두 투견으로 변해 나를 공격했다. 나는 당시 혈압을 재려고 그 집 할머니 팔에 혈압 커프를 두른 죄밖에 없었다.

이런 사고를 방지하기 위해서는 가정 간호 의료진, 목회자, 또는 자원 봉사자들이 처음에 개, 개 주인과 친해질 시간적 여유를 두고 자신이 침입자가 아니라 친구임을 인식시켜야 한다. 그리고 간호하는 동안에는 애완견을 바깥으로 내보내거나 다른 방에 데려다 놓는 것이 가장 좋다.

물론 애완동물은 마지막 순간까지 주인을 무조건적이고 헌신적으로 사랑하고 따른다. 그래서 많은 이들이 애완동물을 곁에 둠으로써 위안과 평안을 얻는다. 애완동물을 키우는 사람들은 애완동물들이 사람에게 정신적, 육체적으로 치료 효과를 가져다 준다는 사실을 이미 알고 있었으며, 그같은 사실은 많은 연구 결과들을 통해 입증되고 있다. 애완동물은 환자의 근심을 덜어 주고 기분을 좋게 해 주는 것은 물론이고 혈압과 콜레스테롤 수치를 낮추는 데도 도움을 준다. 말馬은 장애를 겪고 있는 어린이와 어른들에게 치료 효과가 있는 것으로 나타났고, 개는 특수훈련을 통해 주인의 발작을 예견하여 보호 조치를 취하도록 유도할 수 있다.

많은 전문 요양시설들이 애완동물의 치료적 가치를 잘 알기 때문에 사람들에게 애완동물을 데리고 환자들을 방문해 주는 프로그램을 제안하고 있다. 내게 이런 말을 해준 수의사도 있었다. "애완동물과 사람의 관계는 일종의 순수한 사랑입니다. 고양이나 개가 사람에게 주는 사랑은 그 자체로 큰 즐거움을 선사해 줍니다." 그리고 애완동물들은 타고난 육감이 있어서 간병인에게 환자의 상태에 관한 결정적인 단서를 제공하는 경우가 종종 있다.

스캇

열 살인 스캇은 수술 불가능한 뇌종양 진단을 받고도 하루 중 제법 오랜 시간을 학교에서 보냈다. 그러나 이제 더 이상 초등학교 5학년의 일상생활에 필요한 만큼의 정신력과 체력을 감당할 수 없어서 나의 가정 간호를 받게 되었다.

그럼에도 불구하고 스캇은 여전히 명랑했으며 건강상태가 정상인 아이처럼 쾌활하게 지냈다. 집에서 지내니 좋아하는 과목을 더 공부할 수 있고 가족들과 더 가까이 지내며 틈틈이 낮잠도 잘 수 있어서 하루하루가 즐겁다고 했다.

두 번째로 방문했을 때 우리는 노란 소프트볼, 넓적한 스펀지 라켓 두 개를 갖고 거실 벽을 이용해 '실내 테니스'를 쳤다. 스캇은 그를 괴롭히고 있는 복시複視 현상 때문에 안대를 찼지만 그래도 게임 속도를 줄이지는 않았다.

"재미있지 않으세요?" 스캇이 물었다. "제가 아프기 전에는 엄마가 못하게 했었거든요." 스캇은 안대를 한 상태에서 나를 더 잘 보려고 그러는 듯 머리를 한쪽으로 돌린 채 말했다.

"재미있구나, 리틀 두드." 나는 스캇이 무척이나 좋아하는 별명으로 불렀다. "원래 몸이 아픈 건 견디기가 굉장히 힘든데 너는 잘 이겨 내고 있어. 이 정도 특권은 누릴 자격이 있다고 생각하는데, 네 생각은 어때?"

"저도 그런 것 같아요." 이렇게 말하며 볼을 탁 하고 쳤는데 어찌나 세게 쳤던지 공은 거실 벽 네 면 가운데 세 면에 돌아다니며 부딪쳤다. 스캇은 균형도 잘 못 잡는 몸으로 방안을 빙빙 돌며 퉁퉁한 손가락으로 승리의 '브이' 표시를 만들어 보였다. 승리감에 들떠서 소란을 피우는 바람에 소파 위에서 낮잠 자던 강아지를 깨우고 말았는데 강아지가 방안을 껑충껑충 뛰어다니며 스캇의 다리 사이로 왔다 갔다 하는 바람에 주인을 쓰러뜨릴 뻔했다.

"매일 오시면 안 돼요?"라고 스캇은 내게 물었다. "학교에 안 가니까 너무 심심해요. 누나는 중학교 다니기 시작하더니 오후 4시나 돼야 돌아오거든요. 같이 놀아 줄 사람이 없어요. 엄마하고 내 둘도 없는 진정한 친구인 미시만 빼면요."

이렇게 말하며 오므린 두 손에 폭 들어갈 만큼 자그마한 테리어인 미시를 꼭 껴안았다. 미시는 항상 스캇의 주변을 맴돌았다. 스캇이 쉬고 있을 때는 언제나 침대 위로 올라가 그의 다리 사이에 웅크리고 있었다.

스캇은 자기를 졸졸 따르는 강아지 외에도 항공우주학과 로켓선에 관심이 아주 많았다. 스캇의 어머니는 아들을 위해 항공우주학에 관한 책은 모조리 다 읽었다고 한다. 아버지는 아들이 본 적이 있다는 크고 정교한 로켓을 계속해서 만들도록 레고 박스를 있는 대로 다 사왔다. 집안 선반과 창턱마다 스캇의 땀과 노력이 깃든 작품들이 전시되어 있었다. 그는 자기가 '이런 말도 안 되는 안대'를 차고도 그걸 만들었다는 자부심이 대단했다.

스캇은 뇌의 종양이 계속 자라 이제는 서 있기도 불안정할 정도가 되었다. 몇 주 동안 휠체어 신세를 졌다가 결국에는 거실 중앙에 자리 잡은 치료용 침대에만 머물며 안정을 취하게 되었다. 미시는 스캇의 다리 사이에 자리를 잡고 떠나지 않았다. 미시는 스캇의 증세가 악화되자 대소변을 가리러 바깥에 잠깐씩 나가는 것 외에는 그의 곁을 떠나지 않았고, 그것도 몇 분만 지나면 금방 들여보내 달라고 짖어댔다. 그러면 스캇의 누나인 수지가 다시 데리고 들어와 스캇의 팔에 안겨 주었다.

그런 나날이 몇 주간 계속되자 스캇은 불안한 마음이 차츰 커져 갔다. 한번은 이런 말을 했다. "내가 회복되지 않으리라는 것을 잘 알아요. 하지만 죽는다는 게 어떤 것일지 정말 모르겠어요. 죽을 때 기분이 어떨지 겁나요. 외로울까요?"

우리 팀의 사회복지사인 조앤과 레어드 목사는 스캇의 집 방문 횟수를 더 늘렸다. 또한 나는 스캇의 어머니에게 멜빈 모스 박사(아동 중환자나 죽어 가는 어린이들을 전문으로 연구하는 소아과의)가 쓴 책 '그 빛에 더 가까이'Closer to the Light를 큰 소리로 읽어 주라고 권했다. 멜빈 박사가 돌본 어린 환자들이 겪은 임사臨死 체험에 대한 이야기, 그리고 환자들이 죽음을 앞두고 위안이 될 만한 여러 환상에 대해 다룬 책이다. 그런 다음부터 스캇은 눈에 띄게 차분해졌고 잠도 더 많이 자기 시작했다.

어느 날 스캇의 어머니가 전화를 걸어 와서 사회복지사 조앤과 함께 집에 와 달라고 부탁했다. "스캇이 선생님께 할 말이 있답니다." 우선 어머니의 목소리가 쾌활하게 들려서 안심이 되었다. "물론이죠. 조앤에게도 물어 볼게요. 물론 같이 갈 수 있을 겁니다."

조앤과 함께 도착했을 때 스캇은 침대에 똑바로 앉아서 눈을 반짝였다. 얼굴은 흥분으로 빨갛게 상기되어 있었는데 나는 처음 본 순간 혹시 열이 있나 생각했다.

우리를 보자 스캇은 "어젯밤에 할머니가 나를 보러 왔어요"라고 큰 소리로 말했다. 스캇이 그토록 따르고 사랑하던 할머니는 4년 전에 돌아가셨다. "할머니가 나를 데리러 와서 같이 로켓선을 타고 천국으로 갈 거랬어요!" 스캇은 흥분에 겨워 이렇게 소리쳤다.

"와, 스캇, 정말 멋진 일이구나!"라고 조앤이 맞장구를 쳤다.

"오, 리틀 두드, 할머니께서 오셨다니 너무 기쁘구나. 네게 그런 멋진 일이 생기기를 항상 바라고 있었어." 나는 그를 꼭 껴안으며 이렇게 말했다.

"그래요, 할머니는 제게 로켓선 운전하는 법도 다 알려주실 거예요. 정말 신난다. 로켓선을 타다니!"

스캇의 어머니는 부엌에서 울고 있었다. "상태가 더 악화된 거죠?"

그녀는 눈물을 흘리며 이렇게 물었다.

나는 그녀를 위로하며 따뜻한 어조로 "몸 상태는 점점 나빠지고 있지만 정신적으로나 감정적으로는 훨씬 좋아졌어요. 그런 것 같지 않아요?"라고 말했다.

어머니는 고개를 끄덕이며 얼굴을 손수건에 파묻었다. "예전처럼 불안해하는 모습도 싫지만 그를 보낼 생각을 하니 못 견디겠어요."

그로부터 일주일 정도 지나고 섣달 그믐날이 되었다. 내린 눈이 길 위에 얼어붙어 있었다. 장거리 운전할 일이 없기를 바랐건만 아침 식사를 마치자마자 전화벨이 울렸다.

스캇의 아버지였다. "나보고 헛소리를 한다고 생각하시겠지만, 미시가 난리법석이에요. 진정이 안 되네요. 뭔가 이상해요. 몸에 손가락 하나도 못 대게 해요."

순간 올 것이 왔구나 하는 생각이 스치고 지나갔다. 충직한 개는 주인에게 무슨 일이 닥치면 그걸 민감하게 알아챈다. 미시만 알고 우리는 알지 못하는 일이 대체 무엇이란 말인가?

나는 스캇의 아버지께 "내가 바로 가서 무슨 일인지 살펴봐도 될까요?"라고 물었다.

"예! 제발 그렇게 좀 해 주세요."

거실에 들어서는 순간 뭔가 이상한 낌새가 느껴졌다. 미시는 거의 미쳐 날뛰는 수준이었고 나를 쳐다보는 눈빛은 '뭐라도 좀 해 봐' 라고 말하는 듯했다. 침대 주변을 왔다 갔다 하며 스캇의 얼굴을 핥았다. 크리스마스트리 주변에 갖가지 레고 세트가 잔뜩 쌓여 있을 뿐이었지만 거실 안에 보이지 않는 어떤 움직임이 있는 듯한 섬뜩한 기분이 들었다.

스캇이 곧 숨을 거둘 것이 확실했다. 그런데 또 다른 일이 벌어지고 있었다. 뭐지? 나는 스캇의 침대 곁에 서서 그의 손을 툭 치며 이렇게 말했다.

"어이 리틀 두드, 괜찮아?" 그는 꿈꾸는 듯한 미소를 지어 보였다. 반혼수 상태의 부드럽고 두터운 안개를 뚫고 내게 무슨 대답을 하려고 애쓰는 모습이었다. 그러다 깊은 안갯속으로 다시 빠져들었다. 나는 오래도록 스캇을 쳐다보며 곁에 서 있었다. 그의 꼭 감겨진 눈꺼풀 아래 안구가 이리저리 움직이는 것을 지켜보며 그가 지금 어디에 있는지, 그에게 무슨 일이 일어나고 있는지 알아내려고 해 보았다.

"스캇!" 나는 조용히 그를 불렀다. "여기 이 방에 엄마, 아빠, 트레이시, 미시, 나 말고 또 누가 있니?" 스캇은 눈을 뜨더니 누군가를 찾는 듯 방안을 둘러봤다.

"할머니께서 여기 오셨니?" 귀에 대고 이렇게 속삭이듯 물었더니 그는 행복과 기쁨, 사랑에 넘치는 표정으로 고개를 끄덕이며 엄마, 아빠, 트레이시를 잠깐씩 둘러보았다. 내 얼굴은 그냥 스쳐 지나갔는데 우리 눈에는 보이지 않는 어떤 이를 한참 동안 응시했다. 할머니였을까?

스캇의 얼굴에서 미소가 서서히 사라졌다. 우리 모두 그에게 작별 인사를 전하며 흐느껴 울었다. 미시는 작은 소리로 낑낑거리며 침대 위로 올라가 스캇의 얼굴을 수없이 핥았다. 그런 다음 침대 아래로 뛰어내리더니 다시는 올라가지 않았다.

마지막 혼수상태는 약 두 시간 계속되었고 스캇의 가족들과 나는 그의 곁을 지키고 있었다. 어느 순간 트레이시가 심각한 어투로 이렇게 말했다.

"할머니가 스캇한테 온 것처럼 스캇도 언젠가 우리한테 올 거에요. 예전에는 죽는 것이 무서웠지만 이제는 전혀 두렵지 않아요."

얼마나 근사한 선물인가. 스캇이 우리 모두에게 주고 간 선물은 너무나 소중하고 멋진 것이었다.

나중에 스캇의 아버지는 내게 이렇게 감사 인사를 했다. "선생님께서 잘 판단하서서 제때 와 주신 것 같군요. 감사합니다."

그 말에 나는 미소를 지으며 이렇게 대답했다. "저를 그렇게 생각해 주서서 감사합니다만, 아버님께서 전화상으로 미시의 행동을 말씀해 주실 때 이미 위험한 상황이었습니다. 미시가 뭔가 중요한 일이 벌어지고 있음을 알아챘던 것이지요. 사실은 미시한테 고맙다고 해야 할 겁니다."

기억하기

애완동물은 때때로 인간에게 없는 감지 능력을 발휘하기 때문에 간호팀의 훌륭한 일원이 될 수 있다.

30

<h2 style="text-align:center">임종 환자의 떠나는 길을
붙잡는 사연들</h2>

죽기까지 몇 시간, 며칠, 또는 몇 주 남은 환자는 보통 사람들에게는 얼른 이해되지 않는 식의 말이나 행동을 한다. 전문가와 가족, 간병인들은 이런 행동을 '의식착란' 또는 '정신착란'이라고 결론 내린다.

왜 우리는 이런 문제를 보면 그처럼 신속하게 이름을 붙여 규정을 짓는가? 그것은 일단 이름을 붙이면 대처법도 저절로 따라오는 것 같은 기분이 들기 때문이다. 해결 방향이 제시되면 우리의 안도감과 자신감은 커지게 된다.

의사와 간호사들은 근사한 의학 용어들을 사용한다. 예를 들어 정신착란, 환각, 감각 인지의 변동, 뇌질환, 대사 불균형, 칼슘 과다혈증過多血症, 치매, 의식착란, 약물 부작용 같은 이름들이 있다. 때에 따라 X-레이 검사와 혈액 검사도 실시한다. 약품을 더하거나 빼면서 처방을 조절하고 전문의를 호출하거나 추가 검사를 받아 보라고 지시하기도 한다.

가족들도 자기들 나름대로 증상을 나타내는 용어를 사용한다. 가령 "아빠가 제정신이 아닙니다", "엄마는 과거에 빠져 지내요", "이모가 제정신이 아니에요", "삼촌이 맛이 살짝 갔어요" 등의 용어들이다. 가족들은 착란상태에 있는 환자를 무시하거나, 정신을 바로잡으려고 해 보고, 무시하듯 내버려 두고, 혹은 어린 아이처럼 대한다. 혹은 "환자가 이제는 자신 주변에서 무슨 일이 일어나는지 전혀 모른다"며 전문 요양시설로 보내기로 한다.

이런 간병인들은 모두 아주 중대한 사실을 간과하는 것이다. 간병인들은 그저 환자 증상을 서술하는 데 급급해서 환자가 전하려고 하는 일관성이 없어 보이는 메시지를 '미친 사람의 이야기'로 치부해서 무시해 버린다. 그래서 결국에는 죽음에 직면한 환자의 말을 들어 주고 행동에 주의를 기울여 주는 이가 아무도 없게 되는 것이다.

그렇지만 이런 애매하면서 때때로 상징적인 언어와 행동의 밑바탕에는 굉장히 중요한 메시지가 깔려 있는 경우가 많다. 죽음에 직면한 환자들이 보통 사람들에게 전달하려는 메시지는 바로 그들이 겪은 체험에 관한 내용이다. 그들이 전하는 메시지에는 보이지 않는 누군가나 그 무엇을 향해 손을 뻗거나, 이미 죽은 사람에게 다가가려는 암시가 들어 있다.

이는 건강한 우리도 언젠가는 겪게 될 과정에 대해 미리 배워볼 수 있는 좋은 기회이다. 물론 쉽게 받아들이기도 어렵고 수월치 않은 과정이기는 하지만, 이런 문제에 대해 제대로 알면 놀랄 필요도 없고 두려움도 줄어드는 등 큰 위안이 될 것이다.

1981년에 나는 동료 패트리샤 켈리와 함께 환자들이 보이는 흥미롭고도 당황스러운 행동들에 대한 연구를 시작했다. 우리가 직접 경험한 사례는 물론 우리 호스피스 프로그램 내의 다른 의료진이 겪은 사례들도 함께 모았다. 나와 패트리샤는 이렇게 모은 자료들이 암시하는 내용을 보고 큰 충격을 받았다. 죽음이 임박한 환자들이 의식착란 또는 정신착란을 일으킨 것이 아니라 보통 사람이 알아채지 못하는 것에 대한 특별한 인지능력이 발달하여 그런 증상들을 보이는 것 같았기 때문이다. 우리는 이런 현상을 임사의식^{臨死意識}이라고 불렀다. 나와 패트리샤는 이 임사의식을 토대로 '마지막 선물'Final Gifts이라는 책을 썼다.

환자 눈에만 보이는 신비한 체험

우리 환자들이 보인 말과 행동은 크게 두 가지 카테고리로 나뉘었다. 첫 번째의 경우 환자들은 자신이 겪은 임사체험에 대해 이야기하려고 한다. 이 세상이 아닌 어디로 가려고 했다는 내용이다. 아주 아름답거나 즐거운 곳을 봤다고 알 수 없는 이야기를 하지만 보통 사람들에게는 보이지 않는 곳이다. 그리고 간호하는 우리도 예측할 수 없는데 자기가 언제 죽을지 알고 있다는 식의 행동과 말을 한다. 우리가 곁을 지키고 있는데도 보이지 않는 누군가와 이야기하고 위로를 받기도 한다.

라라니 – 새로운 보호자의 품으로

하와이에서 내가 임사의식에 관한 발표를 하고 난 다음 참석한 호스피스 의사들이 라라니에 대한 얘기를 했다. 라라니는 당시 백혈병으로 죽음이 임박한 상태였는데 겨우 다섯 살 난 여아였으므로 죽음의 과정이 어떤 것인지, 죽음이 가져다 주는 종말이 어떤 것인지에 대한 인식이 없었다. 라라니는 그저 기분이 좋다거나 좋지 않다는 식의 구분을 지을 뿐이었다.

아이가 갓 태어났을 때부터 할머니인 울라가 아이를 혼자서 키웠다. 라라니의 엄마가 아이의 양육을 맡을 만한 능력이 없었기 때문이다. 울라는 자기 삶의 희망이자 모든 것이 된 어린 손녀를 너무나 애지중지했다. 울라는 손녀를 떠나보내야 한다는 사실을 알고 너무도 슬펐지만 슬픔을 꾹꾹 누르고 일에만 매달렸다.

라라니의 치료용 침대는 거실 중앙에 놓여 있었다. 울라는 큰 안락의자를 손녀의 침대에 바싹 붙여 놓고 의자에서 잠을 잤다. 자다가도 라라니가 보채는 소리가 나면 얼른 일어나 달렸다.

그러나 어느 날 울라가 의자에 앉는데 라라니가 이렇게 말하는 것이었다. "할머니 안 돼요, 거기 앉으면 안 돼요. 그건 조지의 의자예요."

울라는 이 상상력이 풍부한 꼬마의 말에 싱긋 웃으며 대답했다. "오, 아가야. 조지의 의자를 뺏으려는 게 아니야. 그냥 잠깐 앉기만 하마."

그 주 내내 라라니는 조지에 대한 말을 특히 많이 했다. 조지가 찾아와 자신을 안고 흔들어 재워 주고는 자는 모습을 옆에서 지켜본다고 했다. 라라니는 조지를 너무 좋아했다.

울라는 불안한 생각이 들기 시작했다. 이건 상상력이 풍부해서가 아닌 것 같아. 틀림없이 병이 더 심해져서 정신착란이 생긴 거야. 어느 날 밤에는 아이가 유별나게 심하게 보챘는데 평상시 달랠 때 쓰는 방법을 모두 동원해 봤지만 효과가 없자 무슨 짓이라도 해 보자는 심정으로 두꺼운 가족 앨범을 가져왔다. 원래 라라니는 자신의 갓난아기 적 사진을 무척 좋아했고 자기 엄마 사진에도 약간 관심이 있었다. 하지만 아주 오래된 옛날 사진에는 전혀 관심이 없었다. 그런데 울라가 아이를 무릎에 앉혀 달래는데 그날 따라 아이가 사진에 집중하는 것이었다. 자기 아기 때 사진뿐 아니라 엄마의 아기 때 사진, 심지어 할머니의 결혼 사진에도 관심을 보였다. 울라는 계속해서 페이지를 넘겼고 이전 세대의 사진으로 갈수록 다행히도 라라니의 작고 연약한 몸이 편안하고 느긋해짐을 느꼈다. 그러다 갑자기 아이가 생전 처음 보는 페이지에서 몸을 벌떡 세워 앉더니 잔뜩 흥분해서는 노랗게 색이 바랜 사진 한 장을 가리키는 것이었다. 사진에는 가는 세로줄 양복을 말쑥하게 차려입고 높은 모자를 쓰고 콧수염을 기른 신사가 있었다.

"조지가 여기 있네!" 라라니가 작은 손으로 손뼉을 치며 외쳤다. "조지, 와, 조지다!"

울라는 심장이 두근거리기 시작했다. 라라니가 가리키는 사람은 바로 울라를 그토록 아끼고 사랑해 주던 대부였던 것이다. 어릴 적 울라를 보호해 주고 마음 깊이 사랑을 쏟아 주신 분이었다. 라라니가 그 사람을 알 턱이 없다. 그의 이름이 조지인 것은 맞지만, 그는 60년 전 울라가 다섯 살 때 돌아가셨다.

나중에 울라는 이렇게 말했다. "라라니를 잃는 것 중 제일 슬픈 것은 앞으로는 더 이상 라라니를 달래 주고 안아 줄 수 없게 된다는 사실이었어요. 하지만 이제는 라라니가 내 품을 떠나 조지의 품으로 옮겨 가는 것이라고 생각해요. 지금은 조지가 나와 라라니 둘 다 지켜보면서 어릴 적 내게 해 주신 것처럼 라라니를 안아서 달래 주려고 기다리고 있는 것 같아요. 라라니는 좋은 보호자에게 가는 거예요. 내게는 그게 큰 위안이 돼요."

임종도 환자의 사정에 맞게

우리가 돌보는 임종 환자들은 이 '마지막 여행'을 도와 달라고 부탁한다. 자신이 죽는 순간을 선택할 수 있는 놀라운 능력을 이해해 주고 편안한 마음으로 받아들여 달라는 것이다. 다른 사람을 비롯해 하느님, 그리고 자기 자신과의 화해 과정을 도와 달라고 했다. 환자들이 이런 요청을 하는 이유는 화해를 이루지 못하고, 무언가를 미완성으로 남겨둔 채로는 떠날 수 없기 때문이다.

나는 지금껏 온갖 다양한 인종, 계층, 종교적 신념을 가진 2000곳이 넘는 가정에서 환자를 돌봐 왔다. 그래서 환자나 환자 가족들이 내게 어떤 반응을 보일지, 또는 내게서 필요한 것이 무엇일지에 대해서는 누구보다도 잘 안다. 사람은 모두 자기나름대로 특별한 마지막 여행을 한다.

나도 환자의 마치지 못한 용무가 무엇인지 미리 알 수는 없지만, 남은 문제가 있는 경우에는 경험상으로 그런 사실을 알게 된다. 미처 해결되지 않은 관계가 있으면 그것이 꿈으로 나타나거나 아니면 격앙된 감정의 형태로 나타나는 경우가 종종 있다. 나는 내가 돌보는 환자들이 맞는 임종이 평화롭고 화해와 유익한 체험으로 가득하길 바라지만, 어차피 내가 죽는 것은 아니다. 내가 할 일은 환자의 임종 여정이 순탄하도록 보조하고, 삶이 저마다 다르고 독특하듯 마지막 여정도 그렇게 되도록 돕는 것이다.

내가 돌보던 환자 중에는 마구간에서 자신이 애지중지하던 말들에 둘러싸여 임종을 맞고 싶다고 한 이가 있었다. 자식들도 환자의 바람을 존중했다. 자식들이 잘 대해준 덕분에 그 환자는 평화롭고 두려움 없이 임종을 맞이할 수 있었다.

반면 어떤 환자는 평생을 종교 연구에 바친 학자였는데도 죽음이 다가오자 매 순간 사후 세계에 대한 불확실함, 분노, 공포에 시달렸다. 나는 그러한 과정을 모두 지켜보았다.

워싱턴 부인-집 나간 딸과의 화해

음침한 공영 주택 복도에서 좌측으로 두 번째 문이 튀어나와 보였다. 문은 밝은 노란색으로 칠해져 있었다. 플라스틱으로 만든 4라는 주소는 유치하지만 정겨운 그림으로 둘러싸여 있고, '친구들아, 어서 와'라는 문구가 써 있었다. 작은 부저를 누르자 워싱턴 부인이 직접 나와 "들어오세요" 하며 따뜻하게 맞아 주었다. 집안 홀은 아이들의 그림으로 장식되어 있었고 거실 벽에는 어린애부터 어른까지 웃는 얼굴이 담긴 사진 액자가 빼곡히 걸려 있었다.

"나를 보러 와 주셔서 감사해요. 물론 잘 아시겠지만 나도 이제 조만간 아무 데도 나다니기 어렵게 되겠지요. 아직 내가 돌봐 줘야 할 애들이 얼마나 많은데 말이에요."

워싱턴 부인은 얘기도 잘하고 잘 웃었다. 내가 찾아오는 이유도 완전히 이해하고 있었지만, 삶을 즐기는 데 워낙 치중하다 보니 우울한 일을 떠올릴 틈이 없었다.

"손주들을 돌보시는 건가요?" 소파 밑에 떨어진 토끼 인형을 주워 부인에게 건네주며 물었다.

"이웃 꼬마들이 모두 나를 '할머니'라고 부르죠. 기억할 수 없이 많은 꼬마들을 내손으로 돌봐 줬어요." 부인은 자랑스럽게 말했다. "이제 아프고 나서부터는 아이들을 예전처럼 많이 못 돌봐요. 애 보는 것도 이제 힘에 부치지만, 큰 애들이 찾아와서 나를 즐겁게 해 준답니다. 전 그냥 아이들이 좋아요. 내 애들도 꽤 많답니다."

"많다는 건 도대체 몇 명을 말하는 것이죠?" 부인의 왕성함과 활기에 탄복하며 이렇게 질문을 던졌다.

"그냥 다수라고 말해 둡시다. 언젠가 직접 보게 되실 거예요. 우리 집 현관

문은 지하철의 회전식 출입문만큼이나 많은 애들이 지나다니니까요."

워싱턴 부인이 79년을 살아오는 동안 수많은 어린 생명들이 그녀의 손을 거쳐 갔다. 부인이 아프다는 소식은 공영 주택 단지와 이웃들 사이로 퍼져 나갔다. 이웃들의 기도와 관심으로 인해 부인은 항상 활기찬 모습을 보였고, 그 덕분인지 중증 증상도 늦게 시작되는 것처럼 보였다.

워싱턴 부인은 대장암 진단을 받았는데 암이 간으로 전이되어 있었다. 나는 부인을 일주일에 두 번 찾아갔다. 증상을 살펴보고 부인의 자녀들에게 병의 진행 정도와 부인에게 필요한 것을 충족시켜 줄 방법을 알려 주었다. 부인의 자녀들은 모두 다정다감했다. 워싱턴 부인의 건강 상태는 마치 라디오 볼륨을 천천히 낮추는 것처럼 서서히 쇠퇴했다.

그러다 내가 찾아가기 시작한 지 3개월째로 접어들며 워싱턴 부인은 더 이상 아이 돌보는 일을 할 수 없었다. 뿐만 아니라 경미한 정신착란과 잠이 늘어난 것 때문에 자신에게 좀 더 많은 신경을 써야 했다. 보행 보조기를 사용하는데도 두 번 넘어져서 손목과 엉덩이에 타박상을 입었다. 오랫동안 타인을 돌봐 왔고 지독히도 독립적이던 여성이 갑자기 반대로 자신을 돌봐 줄 사람이 필요하게 된 것이다.

여기서 나는 부인의 가족이 매우 유별나다는 사실을 알게 되었다. 부인의 자녀들은 모두 자기 어머니에게 무슨 일이 생겼나 알아내는 데 재능이 있었는데 부인의 신체상 어떠한 변화가 생겨도 원망이나 두려움 없이 받아들였다. 그들은 대체로 나보다 한 발 앞서 있었다. 정말 이상한 노릇이었다. 부인이 약해질수록 자녀들은 그 곁을 더 잘 지켰다. 부인의 세 딸과 세 아들 모두 직장인이었으며 대부분 자녀도 있었다. 그러나 그들의 도움이 필요할 때 정확히 나타났다. 서로 엄마를 돌볼 시간표를 짜거나 상의하는 것 같지 않았고 마치 본능에 따른 시간표가 있는 듯했다. 자동차 수리공인 아들이 부엌의 누수관을 정비하러 오면 딸들 중 하나가 청소를 하거나 요리를 하고 있다. 한 자식이 새로 약을 받아 오면 다른 자식은 장을 봐 왔다. 부인의 자녀들 모두 스스로 결정하는 식이라 내가 무슨 일을 제안할 필요가 거의 없었다.

워싱턴 부인의 침대는 거실 중앙에 위치해서 부인이 방문객의 오고 가는 모습을 지켜볼 수 있도록 해 놓았다. 또 소파에 기대 앉은 이와 좋아하는 프로그램을 시청하고, 식탁에 앉은 이와 식사를 함께 할 수 있었다. 단지 부인은 자기 침대에 편안히 앉아만 있어도 바로 옆에 있는 것과 마찬가지였다.

시간이 흐를수록 워싱턴 부인은 침대에 하루 종일 있어야 했다. 간이 망가지면서 정상적으로 분비되는 독소가 분해되거나 빠져나갈 길이 없어 체내에 축적되었다. 환자는 잠이 더욱더 늘었고, 깨어 있을 때조차 멍하니 꿈을 꾸는 것처럼 보였다. 이는 실제로 자연스럽게 수반되는 소위 은혜로운 작용이다. 마치 간이 특유의 마취 효과를 내어 환자가 더 편안해지고 태평스럽고 통증을 느끼지 않게 되는 듯하다.

부인의 몸이 약해질수록 목소리도 더 조용해져서 거의 속삭이는 것처럼 들렸다. 이는 임종을 앞둔 환자들이 흔히 겪는 현상이다. 이런 현상 때문에 간병인이 환자의 말을 듣기 위해 앞으로 숙일 수밖에 없음을 깊이 생각해 보곤 한다. 마치 임종 환자가 간병인을 더 가까이 끌어당기려는 계획의 일부 같다. 마치 그렇게 해서 간병인과 환자가 서로 가까워질 수 있는 기회를 만들어 주는 것처럼. 또한 바쁜 일상에 지쳐 서로에게 쏟기 어려운 관심과 집중력을 갖고 환자의 말을 들어줄 수 있도록 만든다.

임종을 앞둔 몇 주간 부인은 마치 어린아이나 갓 태어난 망아지처럼 작아 보였고 체중 감소가 심각해서 모든 관절과 뼈 상태가 더욱 악화되었다. 그러자 부인이 아끼고 사랑하던 사람들이 손수 바느질해서 만든 베개들로 부인의 연약한 몸을 받쳐 주었다.

어느 날 부인의 방에 들어갔는데 부인이 너무 아름답게 보여 나는 깜짝 놀랐다. 부인의 얼굴은 매우 또렷하여 두드러진 광대뼈는 마치 마호가니로 조각해 놓은 듯했다. 손녀인 애디는 할머니의 손톱을 밝은 빨간색으로 칠했고, 애디의 동생 주얼은 할머니의 평소 쪽진 머리를 풀어 헤쳤다. 새하얀 머리카락이

쭉 뻗어 거의 허리에 닿을 정도로 길었다. 마치 여왕 같은 모습이었고 나는 내 생각을 그대로 말해 주었다.

그런 다음 이렇게 덧붙였다. "워싱턴 부인, 손녀딸들이 부인을 무척 잘 보살펴 주네요. 그래도 제가 더 해 드릴 일이 있을까요?"

그러자 부인은 이렇게 속삭였다. "겨울에 먹을 통조림을 더 만들어야 해요." 손녀들과 나는 이해가 안 된다는 눈빛으로 서로를 쳐다보았다. 물론 다른 이유에서였겠지만 말이다. 손녀들의 표정을 보니 '할머니가 현실감을 잃었다'는 생각을 하는 것 같았다. 내가 어리둥절해한 이유는 부인의 말이 마치지 못한 일이 남아 있음을 암시하는 어조였기 때문이다. 자녀들이 그동안 이 사랑스런 여인이 원하는 것을 그처럼 잘 들어 주었는데 이상한 일이었다.

"통조림을 얼마나 더 만드셔야 하는데요?"라고 내가 물어 보았다.

부인의 표정은 내게 이렇게 말하는 듯했다. "난 지금 너무 아파서 당신처럼 도시에서 온 사람에게 설명 못하겠어요. 설명해도 제대로 이해하지 못할 거예요".

그러면서 꺼져 가는 목소리로 이렇게 말했다. "우리 애들이 먹고 살 만큼 충분히 만들어 놓고 떠나야 하지 않겠어요?"

그제서야 나는 말귀를 알아듣고 이렇게 말했다. "그렇군요, 워싱턴 부인, 이제 이해가 가네요. 부인께서 마무리를 잘하시도록 도와 드릴 방도를 찾아볼게요."

나는 부엌으로 들어가면서 손녀들에게 따라오라고 손짓을 했다. 부엌에서는 손녀들의 엄마인 루스와 이모 나오미가 저녁 식사 준비를 하고 있었다. 나는 두 사람을 보고 이렇게 말했다. "워싱턴 부인께서 뭔가 중요한 게 빠졌다고 하시네요. 그런데 그게 무엇인지 뚜렷이 설명을 못하세요. '통조림 만들기를 끝내지 못했다. 가족들이 먹을 걸 충분히 준비하지 못해 떠나지 못하겠다'고 하시네요. 무슨 뜻이죠? 부인의 임종 전에 뭔가 매듭짓지 못했거나 가족들에게 더 필요한 게 뭐가 있나요?"

두 자매는 모두 무거운 표정으로 서로를 쳐다보기 시작했다. 마치 함정에 빠진 듯한 표정, 그리고 마치 서로 '입 밖에 내지 마' 라고 말하는 듯한 표정으로.

나는 몇 달 동안 가족들과 친한 사이를 유지하며 이 집을 드나들었다. 이렇게 유대감이 강한 가족도 본 적이 없었다. 하지만 그 순간만큼은 어떤 비밀이 이 가족 배후에 자리 잡고 있어서, 어쩌면 그게 해결되기 전에는 부인이 편히 눈을 감지 못하겠구나 생각이 들었다.

"기분 나쁘게 듣지는 말아요. 하지만 두 사람 모두 입안에 깃털이 가득 찬 고양이 같군요. 내가 도대체 카나리아가 어디로 갔지 하고 물어볼까 봐 그러는 거겠지요."

그러자 모두 웃음을 터뜨렸다. 하지만 끝내 말은 하지 않았다. "왜들 이래요, 엄마께 도움을 드리려면 내게 말을 해 줘야 해요."

두 사람은 서로 시선이 왔다 갔다 하면서 누가 발설을 할지 정하는 듯했다. 결국 시선이 큰딸인 루스에게 모여졌고, 그녀는 마지못해 입을 열었다.

"알았어요, 우리에겐 여동생이 한 명 더 있어요. 하지만 그 아이는 못된 짓을 하도 많이 저질러서 가족들이 더 이상 그 애한테는 말도 걸지 않아요."

"당신들 자매 말고 또 있다구요?" 그런데도 그 여동생에 대해 누구도 입 밖에 낸 적이 없다니 믿을 수가 없었다. "누구예요? 어디 있나요? 도대체 무슨 잘못을 저질렀길래 이렇게 좋은 사람들한테서 추방된 거죠?"

"자넬라는 정말 쓸모없는 인간이에요. 엄마도 자넬라를 볼 수 없을 거예요. 우리도 몇 년간 본 적이 없어요." 나오미가 무덤덤하게 말했다.

그리고 루스가 이렇게 말을 이었다. "자넬라는 우리한테서 돈을 꿔 가서 갚은 적이 한번도 없어요. 그러고는 염치없이 돌아와서 곧바로 엄마 물건을 훔쳐 갔어요. 엄마 약이며 돈, 텔레비전까지. 얼마나 훔쳤는지는 아마 본인이 더 잘 알겠지만. 아무튼 우리한테 자넬라는 수치이자 위험 인물이에요."

그 말에 나는 이렇게 말했다. "하지만 잘났든 못났든 부인의 자식이잖아요. 내 생각엔 부인이 임종 전에 자넬라를 만나야 할 것 같군요. 그 문제가 부인을 편히 쉬지 못하게 붙잡고 있는 것 같아요."

"어머 그건 불가능해요, 자넬라는 지금 감옥에 있다구요."

주얼이 끼어들며 이렇게 말했다.

"그건 쉬운 일이에요. 적어도 자넬라가 어디에 있는지 아니까요. 우리 호스피스 사회복지사의 능력을 너무 모르시는군요."

그들은 그래도 내 수완을 믿지 못하겠다는 듯이 고개를 가로저었다.

그 다음 날과 또 그 다음 날 한나절이 꼬박 걸려 우리 호스피스 팀의 사회복지사인 레슬리가 자넬라가 복역 중인 교도소를 알아내고 교도소장의 허가를 받아 임종환자인 어머니를 두 번 찾아볼 수 있게 손을 썼다. 무장한 교도관이 수행하고 면회 시간은 한 시간씩만 허용되었다. 모녀 상봉 때는 호스피스 대표가 한 명 참석하여 워싱턴 부인의 상태를 지켜보기로 했다. 한번은 레슬리가 참석하고 또 한번은 내가 참석하기로 했다.

자넬라의 첫 방문 날짜가 다가오자 가족들이 점점 불안해하는 것이 느껴졌다. 집을 청소하고 못으로 고정시키지 않은 물건들은 모조리 서랍에 넣고 잠가 버렸다. 동네 이웃들이 주황색 죄수 복장을 입고 수갑을 찬 누이와 교도관을 본다고 생각하니 가족들은 창피해서 견딜 수가 없었다.

레슬리가 알려 준 바에 따르면 자넬라의 첫 번째 방문이 있던 날 나머지 여섯 남매들이 작은 아파트에 북적거리며 모두 엄마를 돌보고 있었다고 했다. 모두들 자넬라에게는 말도 걸지 않았다. 워싱턴 부인은 자넬라가 다가올 때 침대에 누워 있었다. 자넬라는 양쪽 팔뚝에 문신이 새겨져 있고, 앞니 하나가 빠져 있었다. 거리에서 자라 산전수전을 다 겪은 여인과 말 없이 누워 있는 그녀의 어머니. 두 사람의 대조적인 모습은 거의 옛날 신화에나 나올 법한 장면이었다고 했다. 자넬라는 엄마 곁에 서서 죄스럽고 슬픈 마음에 고개를 숙이더니 눈물을 흘렸다고 했다.

자넬라가 도착하기 전에 워싱턴 부인은 내가 전에 말했던 멍하니 꿈꾸는 듯한 상태였다. 그런데 자넬라를 보자 부인은 눈을 번쩍 뜨고 정신이 맑아진 모습이었다. 나머지 가족들은 자넬라가 위험 인물이 아니라고 판단이 섰는지, 어색하지만 다른 일로 바쁜 척하며 옆방으로 옮겨 갔다. 그렇게 해서 부인과 자넬라 둘만의 공간을 만들어 주었다.

자넬라의 두 번째 방문 날, 내가 도착해서 부인의 집 현관에 들어설 때 이상한 광경을 목격했다. 자넬라는 엄마의 길고 하얀 머리를 꼼꼼하게 빗겨 주며 '작은 별' 노래를 불러 주고 있었다. 기적 같은 일이었다. 나는 두 사람을 방해하고 싶지 않아 조심스럽게 움직였다. 자넬라가 인기척을 느끼고 내 쪽으로 돌아봤는데 두 눈에 눈물이 고여 있었다. 임종을 앞둔 엄마를 보고 있자니 다시 어릴 적 연약한 소녀로 돌아간 것이다. 자넬라가 이렇게 중얼거렸다. "매일 밤 엄마는 잠자리에 든 우리에게 이 노래를 불러 주셨어요."

그 순간 이런 질문을 던지던 사람들이 떠올랐다. "어떻게 임종 환자를 돌볼 수 있지요? 그 일을 하면 우울하지 않나요?" 그 사람들이 만약 일 분이라도 내 입장이 되어 내가 하는 일의 아름다운 면을 보게 된다면, 아마 다시는 그런 질문을 하지 않을 것이다.

자넬라가 다녀간 후로 워싱턴 부인은 한결 더 편안해진 모습이 되었다. 이제 관계의 매듭을 잘 지었고 마음의 치유가 이루어졌으니 곧 죽을 거라는 생각이 들었다. 그러나 부인은 신체 장기가 하나하나 수명을 다해 가는데도 정작 눈을 감지 못했다. 한 주, 또 한 주가 흘러갔다. 부인은 참 태평하고 편안해 보였다. 가족들도 마찬가지였다. 그런데도 부인은 생명의 끈을 놓지 못하는 듯했다.

참다못한 내가 가족들에게 말을 꺼냈다. "또 뭐가 남았어요? 뭐가 또 빠진 거죠?"

나는 레슬리와 다시 의논했다. 아마도 자넬라를 또 보고 싶은 것 같았다. 교도소장은 자넬라의 외출을 흔쾌히 허락해 주었고, 이번에는 두 시간을 내어 주었다. 그러나 "이번이 정말 마지막입니다"라고 못을 박았다.

자넬라를 보자 가족들은 한결 그녀를 더 받아 주는 분위기였다. 자넬라의 존재를 인정하고 서로 뉴스 거리도 주거니 받거니 했다. 마침내 맏아들 윌리엄이 나서서 자넬라가 가족들과 저녁 식사를 해도 되겠느냐고 교도관에게 물었다.

"저녁 준비가 거의 다 됐어요." 나오미가 부엌에서 소리쳤다. 자넬라는 고개를 끄덕이며 싱긋 웃어 보였다. 고맙다는 의사 표시였다.

가족들은 시간이 별로 없다는 것을 잘 알기에 서둘러 큰 식탁과 의자들을 챙기고 음식을 날랐다. 잠시 어색한 시간이 흘렀지만 곧 재미있는 이야기와 웃음이 오고 갔다. 그 바로 옆에서는 워싱턴 부인이 편안히 자고 있었다.

어느새 교도관이 문을 두드렸고 모두들 자넬라의 방문 시간이 끝났음을 알게 되었다. 윌리엄이 자넬라가 떠난다는 말을 하려고 어머니의 침대에 몸을 숙였다. 워싱턴 부인은 숨이 멎어 있었다. 자녀들이 모두 모여 저녁 식사하는 것을 지켜보며 바로 옆에서 세상을 뜬 것이다. 부인의 임종은 너무도 조용하게 일어나서 아무도 알아채지 못했다.

워싱턴 부인에게는 자기가 문제아인 딸과 화해한 것만으로는 부족했던 것이다. 나머지 가족들이 그 아이를 다시 받아 주고 서로 어울리는 것을 보고서야 비로소 편히 세상을 떠날 수 있었던 것이다. 그렇게 해서 부인은 '통조림 만들기'를 마쳤다. 모두가 먹을 양식이 충분했고, 밤이 찾아왔으며, 부인이 할 일은 모두 이루어졌다.

기억하기

환자의 말을 주의 깊게 듣는다. 헛소리하는 것 같지만 애절한 희망이 담긴 경우가 많다.

31

몸짓으로 하는 대화

뇌종양으로 죽어 가는 한 젊은이가 더 이상 말도 못할 정도로 병세가 악화되었는데, 가족들이 뭘 먹이려고 하면 이를 악물어 버린다. 어떤 중년 부인은 이미 알츠하이머병이 꽤 진행되어 입을 닫아 버렸는데 스스로 자기 틀니를 빼 버렸다. 이 두 환자의 행동은 모두 '정신착란' 또는 치매에 걸렸다 하여 묵살당하기 쉽지만, 사실 우리에게 말없이 의사전달을 하고 있는 것이다. 그 환자들이 말을 할 수 있었다면 '그만! 그거 싫어요!', '먹고 싶지 않아요!', '식욕이 없으니 내버려 둬요!', '내가 가려는 곳에서는 이 틀니가 필요 없어요.' 혹은 '회복시키려고 애쓰지 말아요. 날 붙잡아 두지 말고 보내줘요!'라고 말했을 것이다.

말은 의사소통의 한 수단일 뿐이다. 행동, 몸짓, 표정도 말과 마찬가지로 의사 표현을 얼마든지 할 수 있다. 아기나 애완동물도 자기 행동만으로 상대방을 이해시키는 것이 가능할 뿐 아니라 놀라울 정도로 효과적으로 할 수 있다.

그러나 앞에서도 언급했지만, 우리는 얼른 이해가 안 되는 환자의 행동을 보고 너무 빨리 자의적으로 판단해 버리는 경향이 있다. 그러다 보니 더 이상 말을 할 수 없게 된 임종 환자가 보통 사람들과 대화하고자 하는 의지와 노력을 쉽게 묵살하거나 지나쳐 버리는 것이다. 임종 환자에게 더 다가가기 위해 노력하고 그들의 행동을 세심하게 지켜보는 것이 매우 중요하다. 그래야만 환자가 전하고 싶은 메시지를 알아볼 수 있다.

갓난아기 때 죽은 아들과의 재회

개신교 교회에서 수난절 특집 강연을 마치고 나오는데 풍채 좋은 노인 한 분이 다가와 자기 어머니에 대한 얘기를 들려주고 싶다고 했다.

"나는 원래 독실한 기독교 신자도 아니고 사후 세계에 대해서 별 생각이 없이 지내 왔어요. 그런데 우리 어머니께서 임종 때 보이시던 행동을 보고는 내가 살아 있는 동안 죽은 이들이 세상 저편에서 나를 기다리고 있다는 생각을 갖게 되었답니다. 어머니의 그런 행동을 보지 않았더라면 절대로 믿지 않았을 텐데 말이죠. 먼저 내 얘기를 해 드리지요."

"나는 5남매 중 첫째입니다. 내가 태어나기 전에 죽은 다른 아기가 있었답니다. 태어난 지 단 며칠 만에 폐렴으로 숨을 거두었다고 해요. 이름도 지어 주기 전이었어요. 아무튼 어머니는 그후 56년간 매년 1월 초만 되면 죽은 아기를 애도했고 그때마다 지난 슬픔이 다시 돌아왔어요."

"어머니는 말년에 불안정 당뇨병으로 고생하다가 혼수상태에 빠졌습니다. 몇 주간 그 상태가 지속되었죠. 그래서 우리 형제들은 어머니를 전문 요양시설에 입원시켰습니다. 어느 날 제가 어머니 곁에 조용히 앉아 있는데 갑자기 눈을 크게 뜨고 일어나 앉더니 너무도 환한 표정을 지으시더군요. 그러고는 마치 누군가가 아기를 안겨 주는 것처럼 손을 뻗으셨어요. 아기를 껴안고 흔들어 주는 듯한 행동을 하다가 기쁨에 겨워 울고 하시더니, 크게 안심한 듯 도로 누워서 세상을 떠나셨습니다."

"예전에 저는 이런 일에 신경을 쓰는 사람이 아니었습니다. 하지만 어머니가 죽은 형과 다시 만났다고 생각하면 기분이 무척 좋아집니다. 그게 바로 어머니의 소원이었으니까요. 또 어머니를 떠나 보내는 마음이 조금이라도 가벼워집니다. 나는 어머니가 아기였던 형을 팔에 안고 돌아가셨다고 확신합니다."

환자의 행동을 주의 깊게 관찰한다

내가 돌보던 앨런은 뇌종양으로 임종을 앞둔 환자였다. 앨런은 49세의 전직 주식 중개인으로서 정신은 말짱했으나, 몇 달의 시간이 지나며 말하기와 쓰기가 점점 어렵게 되었다.

특히 앨런은 20년을 함께 산 상냥하고 사랑스런 아내 샌디와 의사소통이 어렵게 되자 몹시 의기소침해졌다. 앨런의 그윽한 눈을 보면 아내를 얼마나 걱정하는지, 정성껏 돌봐 주는 아내에게 얼마나 고마워하는지, 그리고 그런 아내에게 닥칠 시련을 얼마나 걱정하는지 알 수 있었다. 앨런은 아내에게 짐이 되고 싶지 않았다.

어느 날 앨런은 아내더러 곁에 앉으라고 침대를 툭툭 두드렸다. 그날 따라 다정해 보였고 마음도 평화로운 듯했다. 그때 갑자기 어떤 생각이 떠올라 무언가를 찾는 듯 방안을 둘러봤다. 샌디와 나는 앨런의 시선을 따라서 쳐다보았고, 결국 그의 시선이 침대에 깔려 있는 퀼트에서 멈췄다. 앨런은 퀼트를 가리켰고 샌디와 나는 동시에 "이 퀼트?"라고 말했다.

앨런이 고개를 끄덕였다. 샌디와 나는 앨런이 왜 그러는지를 알아맞혀 보려 했다.

"너무 더워요?" "너무 추워요?" "침대 위에서 저녁을 먹게끔 준비해 줄까요?" "신문 보고 싶어요?" "자고 싶어요?" "편해요?" 앨런은 이 모든 질문에 고개를 가로저었다. 샌디와 내가 계속 물어 보자 그는 실망감을 나타내며 어쩔 줄 몰라 했다. 그는 세차게 고개를 가로젓더니 눈을 감아 버렸다. 그러고 나서 심호흡을 몇 번 하고 나서야 안정을 되찾았다. 그런 다음 자기가 원하는 것을 항상 들어주던 아내를 그윽한 눈으로 다시 쳐다보았다.

아내에게 뭔가 중요한 것을 말하려고 하는 게 분명한데 그게 뭔지 도무지 알 수가 없었다. 그는 퀼트 한쪽 끝을 가리키며 다시 시작했다. 그 끝을 잡아 올려 손가락으로 꽃무늬가 많은 쪽을 문지르며 꽃 모양을 따라 움직이고 여러 색깔을 가리켰다. 이번에 샌디와 나는 억지로 답을 끌어내려 하지 않고 잠자코 그의 행동에 주의를 기울였다.

"너무 예쁘다구요." 마침내 샌디가 이렇게 말했다. 앨런은 샌디가 자신의 생각을 제대로 맞혔다는 듯 고개를 크게 끄덕였다.

"퀼트가 그렇게 예뻐요?"라고 샌디는 다시 한번 물었다.

앨런은 다시 고개를 끄덕이며 차차 안심하는 눈빛을 보이기 시작했다. 샌디와 나는 이해가 잘 안 된다는 표정으로 서로를 쳐다봤다. 왜 새삼스럽게 꽃무늬 퀼트가 맘에 들었으며, 그 사실을 그처럼 기를 쓰고 알리려 했던 걸까?

"당신이 이 담요를 좋아해 줘서 나도 기뻐, 여보." 샌디는 앨런의 손을 잡으며 이렇게 말했다. 하지만 샌디가 정답을 알아냈다고 생각한 다음 순간, 앨런은 잡았던 담요 끝부분을 젖혀서 아랫면의 진홍색, 흰색 줄무늬를 가리켰다. 그 줄무늬를 따라 여러 색깔을 가리키며 눈으로는 아내를 뚫어지게 쳐다봤다. 제발 이해해 달라는 표정으로.

"이쪽 면이 더 좋다구요?"라고 샌디가 물었다. 앨런은 그게 아니라고 고개를 저은 다음 다시 꽃무늬 면을 가리켰다.

"꽃무늬가 있는 면이 더 좋다구요?" 샌디가 이렇게 말하자 앨런은 실망으로 얼굴이 굳어 버렸고, 샌디는 그런 그를 보고 소리 내어 울기 시작했다.

"여보, 당신 생각을 몰라줘서 미안해요." 샌디는 울면서 내 쪽을 돌아봤다. 하지만 나도 해결책을 제시할 수 없었다. 그저 두 사람에게 인내심을 가져야 한다는 말밖에는 해줄 수가 없었다.

"처음부터 다시 해봅시다." 나는 이렇게 다시 제안했다. 앨런은 천천히 꽃무늬를 다시 가리켰고 샌디는 다시 물었다. "예쁘다구요?" 앨런은 맞았다는 표시로 미소를 지었고 줄무늬 면을 가리켰다.

"이쪽도 아름답다구요?"라고 샌디는 계속 물었다. 그러자 그는 마침내 아내가 실마리를 잡았다는 듯이 고개를 힘차게 끄덕였다. 앨런은 이 두 과정을 되풀이했고, 샌디는 매번 당황스러운 표정으로 대답했다. "그쪽도 예쁘군요."

그러다 갑자기 샌디가 설마 하는 표정으로 남편에게 이렇게 물으며 눈을 크게 떴다. "앨런, 양쪽 면이 다 아름다운 걸 말하고 싶은 거예요? 이 세상과 저 세상 모두 아름답다구요?"

앨런은 고개를 끄덕이며 안도의 눈물을 흘렸다. "당신이 어느 쪽에 있든 괜찮을 테니 걱정 말라는 거예요?" 아내가 두 팔로 안아주자 앨런은 목놓아 울음을 터뜨리고 말았다.

환자의 임종이 다가오면 우리는 쫓기듯이 '무언가를 해줘야 한다'는 생각을 갖게 된다. 하지만 사실 그 순간에 가장 필요한 것은 잠자코 임종 환자의 곁에 함께 있어 주는 것이다. 환자들이 더 이상 말을 할 수 없게 되어도 그들의 행동을 주의 깊게 지켜보면 된다. 이 사려 깊고 섬세한 방법을 통해 환자들이 우리에게 가르쳐 주려고 하는 강력한 마지막 교훈을 얻게 될 것이다. 그것은 환자들이 우리를 자신의 마지막 여행길을 함께하도록 초대하는 것이다.

기억하기

임종 환자들은 우리에게 자기 곁에 앉아서 잠자코 자기가 하는 행동을 지켜봐 달라고 부탁한다. 말을 못하게 되면 행동으로 자기 생각을 나타내기 때문이다.

6부 

임종

32

임종 환자가 보이는 특이한 행동

인간이 죽는다는 것은 태어나는 것만큼이나 정상적인 과정이다. 그런데도 말기 진단을 받으면 우리는 무언가 강탈당하고, 엄청나게 부당한 대우를 받고, 자신에게 천벌이라도 내려진 듯한 기분을 갖게 된다. 그러나 사실 죽음은 우리가 거쳐 가는 발육의 마지막 단계일 뿐이고 모두가 예외 없이 겪는 일이다. 언제, 어떻게 죽음을 맞이할지는 미지수이지만 결국 피해 갈 수 없는 것이 우리의 운명이다.

죽음이 자연의 섭리이기는 하지만, 너무 일찍 죽거나 부당한 죽음을 당하게 되면 말할 수 없이 혼란스러워지게 마련이다. 우리는 무의식적으로 자신은 나이 들어 잠자는 도중에 편안하게 눈을 감게 될 것이라고 생각한다. 그렇기 때문에 많은 환자들이 자신의 죽음이 부당하고 잘못된 것이라고 받아들이게 된다. 그런 경우 당연히 그 죽음에 맞서 싸우고, 그것을 멈추고, 방향을 바꾸어야 한다고 생각한다.

임종 환자들을 돌보다 보면 환자들이 몸과 마음에 생기는 변화 때문에 외양과 행동 모두 이상하게 보일 수가 있다. 너무 가슴 아프고 비정상적인 일들이다. 본능적으로만 생각한다면 당장 그러한 변화를 멈추고 바로잡아서 도로 정상으로 만들고 싶을 것이다. 그리고 아무리 나이가 들어도 사랑하는 이에게 작별을 고하는 것은 가슴이 미어지도록 고통스러운 일이다. 죽는다는 것이 아무리 정상적인 현상이라고 해도 슬프기는 마찬가지다.

임신을 하면 배가 불러오는 것이 정상이고 당연한 징후인 것처럼 임종 환자에게도 여러 가지 정상적인 증상이 많이 나타난다. 나는 내가 돌보는 환자와 그 가족들에게 이렇게 말한다. "가슴이 찢어지도록 아프실 겁니다. 도저히 받아들이고 싶지 않으시겠지만 지금 일어나는 이러한 변화들은 죽음의 과정에서 피할 수 없이 일어나는 당연한 현상들입니다. 그러니 바꿀 수 없는 것을 억지로 바꿔 보려고, 바로잡을 수 없는 것을 억지로 바로잡으려고 귀중한 시간을 낭비하지 마십시오. 우리가 바꾸고 바로잡을 수 있는 일들이 얼마든지 있습니다. 그런 일에 우리의 에너지와 관심을 집중도록 해야 합니다. 그렇게 하면 견디기가 한결 수월해질 것입니다."

프랜시스

프랜시스 씨는 외모도 뛰어나지만 유행에도 민감하고 세련된 여성이었다. 외출할 때는 항상 구두와 핸드백을 맞춰서 들고, 립스틱도 반드시 새로 바르고 남에게 흐트러진 모습을 보이지 않았다. 그런 그녀가 78세에 간부전肝不全이라는 진단을 받고 허영과 자의식을 깨끗이 버리기로 하자 가족들은 놀랐다.

"이제 내 겉모습에 신경을 쓰지 않을 거야. 시간 낭비니까요." 프랜시스 씨는 이렇게 말했다. "그저 내 가족들이 나와 있어 주면 좋겠어요. 그들과 함께 지내는 순간순간이 감사할 따름이지요."

상태가 계속 악화되는 가운데 프랜시스 씨는 남편과 세 자녀, 장성한 네 명의 손주들과 증손주 한 명까지 모두 방 세 개짜리 콘도에 함께 모여 지냈다. 가족들은 얘기를 나누고 앨범 사진을 보고 함께 영화도 보았으며 손주 둘은 항상 음악을 좋아하시던 할머니를 위해 기타를 연주했다.

어느 날 프랜시스 씨의 딸 릴라가 침대에 누워 있는 엄마의 발을 마사지해 주겠다고 나섰다. 시트를 걷자 엄마의 왼쪽 새끼발가락과 그 부근이 검푸른 색으로 변한 것이 눈에 들어왔다. 호스피스가 릴라를 부엌으로 데려가 엄마의 발가락은 괴저에 걸려 그리 된 것이라고 설명해 주었다. 더 이상 혈액이 몸의 말단까지 제대로 순환되지 않는 것이었다.

"결국 발가락을 못 쓰게 될 수도 있어요. 하지만 그 정도가 되면 감각이 없어져 고통도 못 느낄 거예요. 끔찍해 보이지만 환자에겐 오히려 다행이지요." 간병인이 차분히 설명해 주었지만 릴라는 그 말에 겁을 먹었다.

엄마 방으로 돌아왔을 때 릴라는 당황한 모습을 감추려 애썼으나 결국 참지 못하고 눈물을 흘렸다. 프랜시스 씨는 딸의 손을 잡고 아무렇지도 않은 듯 말을 꺼냈다. "엄마 발이 걱정돼서 그러는 거구나?"

릴라가 고개를 끄덕이자 엄마는 이렇게 말을 이었다.

"릴라야, 나는 평생 허영심만 강하고 실속 없이 살아왔단다. 항상 내 겉모습에 집착했어. 이제 더 이상 외모에 신경을 쓰지 않으니 너무 편하단다. 그 발가락들이나 이 몸뚱이는 이제 내 본 모습이 아니란다. 단지 껍데기일 뿐이지. 이 단순한 진리를 깨닫는 데 평생이 걸려 죽기 직전에야 알게 되었지만, 그렇기 때문에 이제는 두렵지도 않고 당황스럽지도 않단다."

릴라도 처음엔 엄마가 하는 말을 믿을 수 없었다. 그러나 엄마가 차분하게 받아들이고 있었기 때문에 자신도 점차 두려움과 슬픈 마음을 떨쳐버릴 수 있게 되었다. 갑자기 엄마한테서 예상치 못한 새로운 힘이 느껴졌다.

죽음에 임박해 나타나는 증상들

말기 병은 질환에 따라 나타나는 증상이 서로 다르다. 몇 가지 예를 들어 보면 혈액 질환은 멍이 심하게 들고, 간 질환은 배가 부풀어 오르고(복수증) 피부가 황색으로 변하며(황달), 뼈 질환에는 골절과 빈혈이 대표적인 증상으로 나타난다.

특히 다양한 종류의 암은 증상을 통해 조기에 진단하는 것이 중요하다. 암은 종류에 따라 저마다 특성이 다른 만큼 증상도 다양하게 나타난다. 사람들은 예를 들어 친구가 "우리 삼촌이 전립선암으로 돌아가셨는데, 정말 고생 많이 하셨지"라고 말하는 소리에 지레 겁을 먹고 오해하게 된다. 악성 뇌종양 환자는 전립선암 환자와는 사정이 전혀 다르다. 그렇기 때문에 항상 친구나 주변인들에게서 들은 말을 곧이곧대로 믿지 말고 반드시 의료진에게 물어 봐서 확인하는 것이 중요하다.

죽음이 임박해 올 때 보편적으로 나타나는 증상들도 있다. 무슨 병에 걸렸는지, 그 병에 합병증세가 있는지와 상관없이 대부분의 임종 환자에게 공통 적인 증상과 징후가 있는 것이다. 바로 이 증상들을 보고 임종 과정이 일어나고 있음을 알 수 있는데, 그렇기 때문에 그런 증상들은 정상적인 것이다.

그러나 호흡기나 위관 영양 같은 인공적인 수단으로 생명을 유지하는 환자들은 얘기가 다르다. 그런 환자들은 임종을 늦출 수는 있지만, 더 갑자기, 덜 평화롭게, 편하지 않은 상태로 죽는 경우가 많다. 중환자실에서 환한 불빛, 잡음, 기계, 의료진에 둘러싸여 사망하는 경우도 많다. 가족들을 병실에서 내보낸 채 위기 상황이 닥치기 때문에 가족들이 환자의 임종 순간을 못 지키는 수가 많다.

다음에 설명하는 일반적 증상들은 병의 종류에 상관 없이 자연적으로 죽음을 맞는 환자에게서 나타난다. 이런 증상들은 보통 환자들 본인보다 환자의 가족, 지인들에게 더 충격적이다. 미리 알아 두고 마음의 준비를 해 두면 증상을 보면서 받게 될 충격을 줄일 수 있다.

체중 감소

가득 찬 배낭을 멘 등산객이 지친 몸을 이끌고 산에 오른다고 가정해 보자. 산이 가팔라질수록 이 지친 등산객은 배낭에서 짐을 하나씩 빼 버린다. 이렇게 하면 더 이상 못 올라갈 때까지 조금이라도 더 앞으로 나아갈 수 있다. 마찬가지로 임종 환자의 몸은 체력이 급격히 떨어지는데도 음식 섭취를 본능적으로 거부하게 된다. 음식물을 소화시키려면 에너지가 소모되기 때문이다. 임종 환자의 식욕 감퇴는 정상적인 증상이다. 이때 간병인은 체중계를 안 보이는 곳으로 치우는 게 좋다. 환자의 체중을 재 보면 환자도 간병인도 울적해지니까. 그러니 뭐하러 체중을 잴 필요가 있겠는가?

식욕 감퇴

임종 환자가 가장 먼저 거부하기 시작하는 음식은 소고기, 양고기 등 붉은 고기 단백질이다. 그나마 먹으려고 하는 것은 소량의 밀죽처럼 담백하고 맛과 향이 거의 없는 음식이다. 환자가 한참 건강했을 때 싫어하던 음식이 좋아진다. 푸딩이나 주스 한두 모금도 괜찮다. 하지만 대부분의 임종 환자들은 식욕이 아예 없으며, 어쩌다 영양식을 좀 먹는 것은 걱정하는 간병인을 안심시키기 위해서이다. 임종 환자의 정상적인 증상이다.

삼킴 곤란

인후 계통 질환의 초기와 종양, 뇌졸중, 또는 퇴행성 질환으로 인한 뇌와 신경의 장애 때 발생할 수 있다. 그러나 임종을 일주일 앞둔 환자들은 일반적으로 체력이 너무 약해져서 목넘김을 할 수가 없게 된다. 유동식만 넘기려고 해도 밖으로 흘리거나 기침을 한다. 이 증상은 멈추지 않고 지속되다가 결국 목넘김을 전혀 할 수 없는 단계에 도달한다.

이 증상이 발견되면 간병인과 가족들은 그때부터 환자에게 음식이나 유동식을 일절 권하지 않는 게 매우 중요하다. 왜냐하면 음식이나 유동식이 잘못해서 환자의 폐에 들어가게 되면 질식 또는 호흡 곤란의 위험이 있기 때문이다. 이런 사고가 생기면 허망하게도 더 슬프고 불편한 임종을 맞이하게 된다. 환자의 입 안을 항상 비워 두고 작은 얼음 조각이나 면봉으로 적셔 주기만 해도 충분히 갈증을 없애 준다. 환자도 편안해한다.

쇠약

환자를 쇠약하게 만드는 데는 수많은 요인이 있다. 예를 들어 병의 진행, 장기 부전, 어쩔 수 없는 영양실조와 탈수, 팔다리로 정보를 전달하는 뇌 세포의 기능 정지 등이 쇠약을 가져오는 요인에 속한다. 환자는 승산이 없더라도 병마와 싸우는 데 몸에 남아 있는 얼마 남지 않은 에너지를 소비한다. 쇠약해지는 데는 약도 없다. 예전에는 환자에게 운동을 권한 적도 있었지만, 이는 옳은 해결책이 아니다. 운동을 해도 쇠약해진 근육이 좋아지는 것도 아니고 오히려 환자를 지치게 만들 뿐이다. 운동을 강요하면 환자가 더 무기력에 빠질 수 있으며, 그러면 간병인도 좌절하게 된다. 앞에서 말했듯이 '환자의 기력을 회복시킨다'고 음식 또는 물을 강요하게 되면 더 참담한 결말을 맞을 수도 있다. 임종 환자가 쇠약해지는 것은 정상이다.

앞서 말한 역효과가 나는 개입의 경우를 살펴보면, 모두 환자의 남아 있는 기능보다 사라진 기능을 더 중요시했다. 환자가 쇠약해지면 목욕, 옷 갈아입기 등 기본적인 육체 노동을 도와줘야 한다. 환자가 자꾸 누워서 쉬고 싶은 것은 공통적인 증상이다. 그 욕구는 침대에 하루 종일 누워 있는 단계가 될 때까지 점점 늘어난다. 또한 간병인과 친구들이 조용히 옆에 앉아 있어 주길 바란다. 건강한 사람들은 대화하는 데 힘이 든다는 사실조차 납득하기 어렵다. 환자들은 체력이 너무 쇠약해져서 말을 많이 하거나 심지어는 듣기도 어렵다. 임종 환자에게는 정상적인 증상이다.

종창

죽음이 임박해지면 심장이 약해지고 신장도 예전처럼 여과 기능을 못하게 되면서 체액이 축적되어 환자의 몸에 부담을 주게 된다. '제3의 공간'이라 불리는 곳에서는 체액을 심장에서 멀리 떨어지고 생명 유지에 덜 중요한 공간으로 보낸다. 그렇게 해서 체액은 동맥과 정맥에서 빠져나와 주변 조직으로 유입된다. 이런 현상으로 인해 환자의 발·발목·다리가 붓고, 때로는 손과 얼굴이 부풀어 오르기도 한다.

가끔 왜 이런 종창을 가라앉히는 데 이뇨제를 쓰지 않느냐고 묻는 사람들이 있다. 이뇨제는 신장을 자극해서 소변 배출량을 늘리는 약물로 간혹 이로운 작용을 하는 때도 있다. 그러나 임종 환자들의 경우 이뇨제가 여분의 체액이 축적되는 공간에 도달하지 못하기 때문에 오히려 역효과를 낸다. 즉 환자의 탈수

증세는 심해지는데 계속해서 몸 여기저기가 붓는 것이다.

이런 문제를 바로잡으려고 하는 것은 무의미하며 현실성도 없다. 또한 이뇨제를 투여하면 쇠약해진 중증 환자가 화장실까지 자주 드나들어야 한다는 말이 된다. 환자에게 무리한 요구이며, 그렇다고 화장실을 자주 가지 못하면 피부가 갈라져서 상처가 날 수도 있다. 그러므로 카테터를 방광에 삽입하여 욕창에 감염이 일어나는 것을 방지한다. 이렇게 할 때도 장단점을 잘 파악하는 것이 중요하다. 왜냐하면 카테터 삽입은 환자에게 부끄럽고 성가신 일이기 때문이다. 보통 수액 유입을 줄이고 얼음 조각이나 하드 아이스크림으로 환자의 입을 적셔 주는 것이 더 바람직하고 훨씬 간단하다.

만약 종창 때문에 환자의 피부가 늘어나 건조해지면 로션을 발라서 촉촉하게 관리해 준다. 촉촉한 피부는 건조한 피부보다 탄력이 훨씬 좋고 덜 갈라진다.

"하지만 환자가 갈증을 심하게 느끼면 어떻게 하나요? 탈수 위험은 없나요?"

간병인이 걱정스러운 나머지 이런 질문을 하면 나는 이렇게 반문한다.

"누가 '내 팔이 갈증 나'라고 말하는 것 들어 보셨어요?" 간병인이 고개를 가로저으면 나는 이렇게 덧붙인다. "갈증은 입에서 느껴지는 감각입니다. 부종浮腫이나 종창에 수분을 더해 주지 않고 얼음 조각으로 입만 적셔 주어도 갈증은 쉽게 진정이 돼요."

수면 증가

이 변화는 매우 점진적이고 서서히 일어난다. 간병인이 다음과 같이 말할 때가 있다. "환자가 이번 주에는 낮잠을 하루에 세 번 잤어요. 지난주에는 두 번 잤거든요." 또는 "매번 자는 시간이 더 늘어나요. 깨우기도 더 어려워졌고요." 이런 말을 들으면 나는 간병인에게 매일 환자의 수면 시간을 달력에 숫자로 표시해 두라고 한다. 그렇게 하면 가족들도 환자의 잠이 늘고 깨어 있는 시간이 줄어든다는 사실을 알 수 있게 된다. 임종 환자에게 이런 증상은 정상이다.

환자의 몸이 병마와 싸우고 있다는 사실을 잊으면 안 된다. 그 싸움은 우리 눈에 보이지 않으며, 환자가 결국 질 수밖에 없는 싸움이다. 환자는 병마와 싸우는 데 얼마 남지 않은 에너지와 힘을 모두 써야 한다. 그 소비한 에너지를 재충전하기 위해 휴식이 필요한 것이다.

의식착란/정신착란

사랑하는 사람이 수척해지거나 황달에 걸린 모습을 지켜보는 것도 어렵지만 의식착란이나 정신착란 등의 변화를 보이는 것은 더욱 안타까운 일이다. 정신은 인간 존재의 본질이다. 그러므로 사랑하는 사람이 정신적 혼란과 치매를 겪는 것은 마치 낯선 사람의 영혼이 우리가 잘 아는 사람의 사랑스러운 몸 안으로 들어간 것을 보는 것과 같다.

병으로 죽어 가는 환자들 가운데 약 70%가 죽기 전에 의식착란을 경험하는 것으로 추정되고 있다. 착란은 증세를 보이다가 금방 괜찮아지기도 하지만 오랜 기간 지속될 수도 있다. 착란의 원인으로는 여러 가지가 있다. 예를 들어 질환(신장부전이나 간 부전, 또는 뇌질환)과 관련이 있을 수 있고, 기력이 너무 떨어진 탓에 생각을 제대로 못하게 되는 수도 있으며, 약물 부작용일 수도 있다. 또한 앞서 30장에서 다룬 바와 같이 환자가 보통 사람에게 전해 주고 싶은 중요한 자기 체험에 관한 것일 수도 있다.

환자를 돌볼 때 나는 '좋은 정신착란'과 '악성 정신착란'으로 나누어 생각한다. 임종 환자가 착란을 즐기거나 그로부터 도움을 받을 때, 예를 들어 환자가 행복하고 달콤한 꿈과 추억에 빠져서 이를 즐기는 것을 보고 가족들이 당황하면, 환자는 그대로 두고 가족들을 안심시킨다. 그러나 착란 상태가 환자에게 혼란과 흥분, 또는 두려움을 야기했다면 다른 의료진과 해결책에 관해 논의해 본다. 때로는 약물 처방을 다시 짜는 것도 도움이 된다.

그러나 치료법보다도 더 중요한 방법은 임종 환자의 말을 잘 듣고 그것을 적어 두는 것이다. 무슨 말을 하는지 이해할 수 없어도 우선 귀를 기울여 주고 말한 내용을 받아 적는다. 당장은 무슨 말인지 몰라도 시간이 흐르면 그 말에 숨어 있는 뜻을 알게 될 것이기 때문이다. 임종 환자에게는 현재 자신이 안전한 장소에 있고 주위에 걱정하는 사람들이 많으며, 하고 싶은 말이 있으면 우리가 항상 들어줄 태세를 갖추고 있다는 사실을 확인시켜 준다. 그러니 환자의 상태를 보고 좌절하거나 주관적으로 섣불리 단정짓지 않도록 한다. 지켜보는 간병인도 힘들지만, 의식착란 또는 정신착란을 겪는 환자는 갈수록 더 혼란스럽고 어찌 해야 좋을지 당황스러워한다. 이러한 상황에 필요한 덕목은 경청과 인내심이다. 최대한 사랑과 이해심을 갖고 환자를 대하도록 한다. 그리고 그동안 몰랐던 새로운 무엇을 배우게 될 수 있다는 가능성을 항상 열어 놓고 기다리도록 한다.

불안과 흥분

나는 이 증상을 환자가 죽음 앞에 스스로를 포기하기 직전에 심리적으로 겪는 마지막 전투라고 생각해 왔다. 하지만 이것은 무언가 끝맺지 못한 일 때문에 환자가 괴로워하고 있음을 뜻하는 것일 수도 있다. 임종 환자는 더 이상 요구 사항을 말로 표현하지 못하기 때문에 자주 흥분한다. 이때 간병인과 가족, 친구들은 미처 챙기지 못한 게 뭐가 있는지 꼼꼼히 생각해 봐야 한다. 예를 들어 '용서', '사랑하는 사람으로부터 가도 된다는 허락이 필요한가', '남은 가족들이 괜찮을 거라는 확신', '중요한 사람에게 전화해서 와 달라고 해야 하나' 또는 '환자가 보고 싶지 않은 이를 돌려보내야 하나' 등등의 일이다.

　임종 환자가 침대보를 들추는 모습을 흔히 볼 수 있다. 마치 침대보가 걸리적거리거나 자기 몸을 억누르기라도 한다는 행동이다. 그런 경우에 나는 아예 침대보를 다 벗겨내 버리라고 한다. 그리고 효과가 있는지 지켜본다.

　무엇보다도 중요한 것은 역시 가족들 간의 단결이다. 흥분의 정도가 심하지 않고 환자를 괴롭히는 정도가 아니라면 그냥 내버려 두면 된다. 그러나 흥분 정도가 점점 심해지고 환자가 괴로워하고 두려움에 빠진 것 같으면 약물을 사용해도 좋다. 먼저 다른 방법을 모두 시도해 보고 안 되면 약을 쓰라는 것이다. 왜냐하면 약물로 인해 면역기능이 떨어진 환자가 의사 표현을 하는 게 더 어려워질 수 있기 때문이다.

임종의 징후들

임종의 순간이 다가오면 일반적으로 혈압은 감소하고 맥박 수는 증가한다. 맥박 수 분당 120번 이상의 상태가 지속되는 경우, 임종이 며칠 혹은 일주일 정도밖에 남지 않았다는 뜻이다. 임종 직전 며칠간 열이 나는 경우도 흔히 볼 수 있다. 이때 열은 감염으로 인한 것이 아니므로 항생제를 투여할 필요가 없으며, 투여한다고 해도 약효를 볼 수 없을 것이다. 열은 탈수와 시상하부視床下部의 이상으로 인해 생길 가능성이 높다. 환자의 얼굴, 목, 겨드랑이, 서혜부鼠蹊部에 차가운 면포를 올려놓고 동시에 의사처방 없이 구할 수 있는 좌약을 사용할 필요가 있다. 그러나 의사 또는 호스피스 간호사에게 먼저 물어 보도록 한다.

소변 배출량 감소

체액 유입 감소와 신장기능 약화로 인한 자연스러운 결과이다. 소변 색이 차茶처럼 진해지고 탁해져서 냄새가 지독해진다. 세포에서 나온 침전물과 방광 벽에서 나온 점액질 허물 등이 같이 나올 때도 있다. 이에 대처할 필요는 없다. 환자의 신체가 서서히 가라앉고 있지만 환자는 이를 전혀 의식하지 못한다.

신장에서 소변이 생성되려면 혈압이 적어도 70/0 이상이어야 한다(정상 혈압은 대략 120/80). 혈압이 70/0 이하이면 소변이 생성된다 해도 최소량이 만들어진다. 신장이 더 이상 소변을 생성하지 않게 되면, 그 기능과 수명이 다했으므로 장기 활동을 마감한다. 신부전으로 인해 혈액 내 독성 물질이 쌓이고 결과적으로 환자의 수면 시간 및 혼수상태에 빠지는 시간이 서서히 늘어난다. 이른바 평온한 임종의 전형적인 경우다.

임종 직전의 혼수 상태

생의 마지막 순간까지 의식이 말짱하고 대화가 가능한 사람은 실제로 거의 없다. 임종 환자들은 시간이 흐를수록 사고가 불명확해지고 자기 주위에 있는 사람과 일들로부터 동떨어진 듯한 느낌을 준다. 이러한 변화는 점진적으로 일어나며, 나는 이것을 환자의 몸이 자기방어를 하는 것으로 생각한다. 그렇게 함으로써 두려움이 아니라 보다 느긋한 태도로 죽음에 대면하려는 것이라 생각된다.

환자에게 투여하는 약물, 일반적으로 진통제 때문에 환자의 정신은 더 몽롱해진다. 어떤 환자들은 몸이 아픈 것보다 정신이 몽롱한 편을 선호한다. 그러나 투여량을 좀 줄여 달라고 요구함으로써 정신이 멍한 것보다 몸이 불편한 쪽을 택하는 환자들도 있다. 그래서 환자의 속마음을 파악해서 환자의 바람과 요구에 가장 잘 맞는 약물 투여량을 정하는 것이 중요하다.

임종 환자는 수면 시간이 점차 늘어나고 잠에서 깨어나기도 점점 어렵게 된다. 게다가 한번 깨도 금방 다시 잠들어 버린다. 이러한 반의식적인 상태는 임종 환자에게 너무도 편안한 상태이다. 마치 큰 솜털구름을 타고 둥둥 떠서 다른 사람들로부터 서서히 멀어져 가는 듯한 기분이다. 물론 환자를 자극하고 깨워서 다시 끌어올 수는 있겠지만, 시간이 흐를수록 거듭되는 자극으로 인한 효과는 점차 사라지고 결국에는 환자를 억지로 끌고 올 수 없게 된다. 더구나 그렇게 평화로운 상태에서 환자를 억지로 끌고 오는 것이 과연 환자 입장에서 반길 만한 일일까?

임종 환자의 정신이 오락가락하는 상태를 반혼수 상태라고 하고, 정신이 더 이상 되돌아오지 않게 되면 이를 혼수 상태라고 한다. 반혼수 상태는 더 진행되어 혼수 상태가 되고, 그 기간은 보통 짧아서 몇 시간에서 하루 정도 걸린다. 혼수 상태에 대해 알아 두어야 할 중요한 사실은 환자가 반응을 보일 수는 없어도 우리 말을 들을 수 있고 주변에서 일어나는 일들을 알고 있다는 점이다. 청각이 가장 마지막으로 사라지는 감각이라는 건 우리 모두 알고 있는 사실이다(임종의 순간이 다가오면 청각은 오히려 더 예민해지는 것 같다). 그러므로 환자가 혼수 상태에 빠졌어도 옆에서 이야기를 해 주도록 한다. 환자들에게는 격려와 사랑의 말이 필요하다. 옆방에 있을 때조차도 임종 환자들에게 해 주고 싶은 말만 하도록 한다.

죽음에 대해 이야기를 하다 보면 많은 이들이 "자다가 가면 얼마나 좋겠어요"라는 말을 한다. 질병으로 자연사하는 환자들 가운데 대부분(95%가량)이 임종 직전에 단기 혼수상태, 즉 깊은 수면 상태에 빠진다. 대부분의 사람들이 잠자는 중에 죽는다는 말이니 그나마 반가운 소식이다.

호흡 변화

임종 전 마지막 몇 시간에서 하루 정도는 환자의 호흡 패턴이 달라진다. 체인스토크스Cheyne-Stokes 호흡이라 불리는 이 새로운 호흡 패턴은, 뇌가 서서히 죽어 가면서 뇌 안의 호흡 중추에서 보내는 메시지 때문에 생긴다. 이 변화로 인한 고통은 없으며 환자는 여전히 의식이 있어도 자신은 그 변화를 느낄 수 없다. 이 호흡 패턴은 코고는 소리처럼 들리는데 처음에는 크고 깊은 한숨 소리 같다. 그 다음 단계에는 잡음이 덜 섞인 저음의 호흡, 그 다음에는 더 약한 호흡이 연속되다가, 마지막에는 호흡 작용이 아예 일어나지 않게 된다. 이렇게 호흡이 없는 상태로 꽤 오래 머물러 있는데 30~60초 정도 지속되기도 한다. 그런 다음 크고 깊은 한숨으로 호흡이 다시 시작되고 이런 패턴이 계속 되풀이된다. 호흡이 일어나지 않는 시간은 점차 길어지고, 약한 호흡이 더욱더 약해지고 불규칙적으로 일어나, 결국 호흡이 완전히 멈추게 된다.

마지막 숨은 보통 너무 약하고 조용해서 자칫하면 못 듣고 놓치기가 쉽다. 가족들이 침대 주변에 둘러앉아 조용히 얘기하거나 같이 기도를 하다 보면, 어느 순간 환자가 숨을 쉬지 않고 있음을 발견하기도 한다. 이는 지극히 정상적이고 자연적인 죽음이며, 평화롭고 조용하고 편히 숨을 거두는 것이다.

죽음의 가래 끓는 소리

임종 환자한테서 이 불안한 소리가 나면 주위에 모여 있는 사람들은 크게 걱정하기 시작한다. 그러나 실제로는 목구멍 저편에 있는 소량의 수분 또는 점액질이 만들어낸 소리일 뿐이다. 건강한 사람이라면 가래가 약하게 생기면 쉽게 뱉어내거나 기침을 해서 증상을 완화시킬 수 있지만 임종 환자는 체력이 너무 약해져서 그렇게 하지 못하는 것이다. 그래서 환자가 숨쉴 때 목구멍 안의 가래가 위아래로 움직이며 가르랑거리는 소리를 낸다. 환자가 숨을 들이쉬면 분비액이나 점액질이 기관氣管을 따라 밑으로 이동한다. 그러면서 숨쉴 때마다 가르랑 가르랑 소리를 내는 것이다. 소량의 점액질 또는 분비액 때문에 나는 소리일 뿐이다.

귀 뒤에 붙이는 패치 또는 의식이 있는 환자나 의식을 잃은 환자의 혀 아래 붙이는 종류의 약물은 분비물을 말려 줘 가래 끓는 증상을 억제하는 효과가 뛰어나다. 임종 환자에게 가래 끓는 소리는 문제가 아니지만 약물을 쓰면 증상을 완화시켜 좀 더 편하게 해 준다. '죽음의 가래 끓는 소리'는 듣는 사람에게는 영원히 기억하고 싶지 않은 불쾌한 느낌을 준다. 그렇기 때문에 약물로 멈추게 해 주는 것이 환자에게 해가 되지 않으면서 지켜보는 사람들을 편하게 해 준다.

반점

심장 박동이 약해짐에 따라 혈액이 정맥과 동맥을 따라 제대로 이동하지 못하게 된다. 그래서 혈액이 신체상의 낮은 부위로 몰리거나 고이게 된다. 가령 침대에 누워 있는 환자의 등을 따라, 그리고 매트리스에 닿은 기타 부위를 따라 이 증상이 생긴다. 어떤 부위는 푸른빛이나 자줏빛을 띠는 반면 반점이 빼곡하게 생기고 탈색되는 부위도 있다. 반점은 보통 발에서 시작하여 점점 상체 쪽으로 올라온다. 그리하여 마치 환자의 몸 전체에서 발가락부터 죽어 가는 것처럼 보이게 된다.

이와 함께 환자의 몸은 혈액을 생명 유지 관련 장기 주변에 몰리게 함으로

써 혈액 순환 장애를 줄이려고 한다. 심장과 폐 주변에 고이는 혈액으로 인해 느낌이 따뜻한 몸통에 비해 손, 팔, 발, 다리는 푸른빛을 띠며 만지면 닿는 느낌이 훨씬 더 차갑다.

앞서 말한 것처럼 이러한 변화들은 임종 환자에게 심각한 문제가 아니라 흔히 나타나는 증상들이다. 다만 주위에서 지켜보는 사람들 입장에서는 깜짝 놀랄 것이다. 대처하려고 무슨 행동을 취할 필요가 없다. 그것은 임종이 몇 시간에서 하루 정도 남았음을 보여 주는 결정적인 단서이다. 임종 환자에게 나타나는 정상적인 증상이다.

기억하기

임종 환자에게서 나타나는 정상적인 증상들을 제대로 알면 놀라거나 겁낼 필요 없이 환자에게 마지막 정성을 쏟을 수 있다.

33

작별의 날

간병은 예정대로 잘 진행되고 있으며 환자는 편안하고 가족들도 자신감에 차 있다. 집안 분위기도 평온하다. 그러나 어느 날 갑자기, 마땅한 이유도 없이 모든 일이 틀어져 버렸다. 가족 중 누군가가 전화로 미친 듯이 이렇게 말을 늘어놓는다. "이건 정말 끝도 없어. 정말 끔찍하다고. 더 이상 못하겠어. 병원에 입원시켜야 한다니까. 당장 이리 와 주세요." 이런 현상은 매우 흔히 일어나며 나는 이것을 '작별의 날'이라고 부른다. 이것은 무엇보다도 환자가 삶과 죽음 사이에서 심리적으로 최후의 전투를 벌이는 것과 관련이 있다. 나는 이날을 마지막 '작별'의 촉매제 같은 것이라고 생각한다. 환자 입장뿐 아니라("더 이상은 못 버티겠어. 이제는 떠나야겠어. 이제 나를 보내 줘.") 가족들 입장에서도 마찬가지다("환자가 괴로워하는 걸 더 이상은 못 보겠어. 저 사람을 저 지경으로 내버려둘 순 없어. 내 욕심 때문에 계속 붙들고 있을 순 없어. 사랑하는 저 사람을 이제는 놔줘야겠어.").

밤이 가장 어두운 때는 동트기 직전이며, 삶에서 가장 고통스런 순간은 세상 밖으로 나오기 직전, 즉 태어나기 직전이다. 환자의 임종은 보통 며칠 앞두고 벌어지는 이 '작별의 날' 가까이 일어난다. 환자와 가족들은 보통 이 가슴 아픈 날을 통해 체념과 수용의 마음을 갖게 된다는 것이다. 그렇기 때문에 정작 임종의 순간에는 모두 편안하고 평화로울 수 있다.

마티

마티는 백혈병 진단을 받았을 때 50세였다. 성공적이고 순탄하게 살아온 그에게는 청천벽력 같은 소식이었다. 마티는 고속 승진을 해서 회사의 정보기술 계열 부사장이 되었다. 29년을 함께 살아온 아내 바버라와의 사이에는 장성한 아들 둘이 있었고, 두 명 다 안정된 자기 일을 갖고 있었다. 화목한 가정이었고 마티는 앓아눕기 전까지는 자기 손으로 꼼꼼하게 집안을 꾸려 왔다.

"이 집은 한마디로 왕궁이고 마티는 왕이에요. 언제나 그런 식이었죠." 바버라가 웃으며 이렇게 말했다. 바버라는 은행에 다녔으나 직장을 그만두고 하루 종일 남편 시중을 들고 있었다. 처음으로 백혈병 진단을 받은 뒤 7년간 마티는 화학요법을 받은 효과로 두 번 증상이 완화되었다. 그러나 이번에는 화학요법으로 인한 위험한 부작용 때문에 더 이상 치료를 강행할 수 없게 되었다. 마티의 담당의는 호스피스 시설에 전화하여 주변 정리를 하고 남은 시간을 가족과 함께 보내라고 권하였다. 호스피스 가정 간병을 시작하고 첫 두 달간 마티는 꽤 안정된 상태를 보였다. 주사 센터에서 매달 수혈을 받아서 적혈구 수치도 떨어지지 않고 신체 기능도 원만히 유지했다.

그러나 수혈의 유효 기간이 점점 짧아져 결국 일주일에 한 번씩 수혈을 받아야 했다. 코피도 자주 나고 쉽게 피곤해졌다. 목욕, 옷 갈아입기, 식사하기 등 기본적인 일상 생활도 점차 어려워졌다. 심지어는 매일 수혈해도 혈액 및 에너지가 심하게 소실되는 것을 막을 수 없었다.

마티는 주로 독서와 낮잠으로 시간을 보냈고 때로는 잠깐 방문한 가족 및 친구들과 조용히 있었다. 마티는 언제나 그랬던 것처럼 집안일을 돌보려고 노력했다. 클립보드에 다음과 같은 내용을 정리해 두곤 했다. '매달 3일까지 전기요금 납부', '밤에는 히터 작동을 줄이고 자동온도조절 프로그램으로 돌려 놓을 것', '매달 필터 교환' 등등. 그러나 기력이 떨어지며 정리 내용도 '공과금 납부', '난방 절약', '필터 교환'으로 짧아졌다. 기력이 떨어지는 가운데서도 마티는 편안하고 차분하게 지냈다. 아내와 가족들이 사랑과 정성으로 돌봐 준다는 것을 피부로 느끼며 지냈다. 가족들도 마찬가지로 정성을 다해 그를 돌보았다.

그러다가 마침내 '작별의 날'이 왔다. 마티는 뚜렷한 이유도 없이 심각한 통증을 호소했다. 호스피스 둘시가 진통제 투여량을 늘렸지만 상황은 나아지지 않았다. 코피가 나오고 몇 차례 반복적으로 피가 섞인 설사를 했다. 마티는 안절부절못하며 불안한 모습을 보였다. 앉아 있어도 누워도 편하지 않았다. 그래서 계속 섰다 앉았다 반복했고 바버라는 어떻게 해야 남편을 편하게 해줄까 고민이었다.

남편의 갑작스런 변화에 바버라는 불안하고 걱정이 앞섰다. 그러나 집중력을 잃지 않고 닥친 일을 잘 처리했다. 이튿날 아침이 되자 마티의 증상과 행동은 점점 더 이상해졌고 간간이 이해할 수 없는 말을 했다. 바버라는 마티를 입원시켜야 하나 걱정했다. 둘시에게 전화해서 환자를 살펴봐 달라고 했다.

"안녕하세요, 잠꾸러기 아저씨." 둘시가 이렇게 말하며 기본적인 체크를 하고 폐 소리도 확인해 보았다. "이제 드디어 편히 쉴 수 있게 되신 것 같아 기뻐요." 마티가 이렇게 말하자 그는 뭐라고 중얼거리며 미소를 지어 보이고는 다시 잠속으로 빠져들었다.

"지금은 아주 창백하고 출혈이 점점 늘고 있어요. 맥박은 빠른데 혈압이 너무 낮아요." 둘시는 바버라에게 이렇게 말했다. "수혈을 아무리 자주 해도 출혈로 도로 나오니까요. 수혈도 더 이상 소용없게 되었습니다. 하지만 아까 부인이 내게 전화했을 때보다는 훨씬 편안해 보여요. 당신이 잘하신 거예요, 바버라." 둘시는 이렇게 말하고 나서 바버라를 안아 주었다.

"더 이상 남편이 힘들어하는 걸 보고 싶지 않아요. 너무 괴로워서요." 바버라는 눈물을 흘리며 이렇게 말했다.

"이해해요, 여기 앉아 봐요. 현재 상태에 대해 얘기해 볼 필요가 있어요."

둘시가 이렇게 말하자 바버라는 두려움에 눈이 커지며 천천히 자리에 앉았다. 둘시는 이렇게 말을 이었다. "제 생각에 시간이 얼마 남지 않았어요. 그저 환자 곁에 머물면서 당신이 얼마나 그분을 사랑하는지, 환자가 당신과 가족들에게 얼마나 소중한 존재인지 알려 주세요. 앞으로도 당신은 괜찮을 거라고 환자를 안심시켜 주세요."

"우리가 그에게 해줄 수 있는 일이 그것밖에 없단 말인가요?" 바버라는 애절한 목소리로 이렇게 물었다.

"유감스럽지만 그렇습니다. 이미 환자에게 많은 걸 해 주셨어요. 이제는 그저 옆에 있어 드리는 것만으로도 충분해요."

얼마 뒤에 마티가 잠깐 잠에서 깨어났는데 눈이 흐릿하고 혼란스러운 표정이었다. "누가 최종 결정할 거지?" 그는 아내를 바라보며 걱정스런 표정으로 물었다.

바버라는 환자가 하는 '알아들을 수 없는 말'을 이해하는 방법을 둘시한테 들어 알고 있었다. 그래서 바버라는 남편을 보고 차분한 목소리로 이렇게 대답했다. "물론 당신이죠. 당신만 준비된다면 언제든지 괜찮아요." 바버라는 남편의 얼굴을 어루만지며 이렇게 말했다. "당신을 사랑해요. 여기 일은 내가 모두 잘 돌볼게요, 약속해요. 그러니까 조금도 걱정 마세요."

마티는 안심한 표정을 지었다. "좋아! 그러면 됐어." 마티는 안락의자에 기대 앉으며 말했다. 마티는 그날 밤 내내 편하게 자다가 어느 순간 혼수상태에 빠졌다. 다음 날 아침 바버라가 옆에 있을 때 그는 고요하고 평화로운 임종을 맞았다.

앞서 가족 입장에서는 당황한 나머지 마티를 입원시키려 했을 수도 있다. 만약 입원시켰더라면 마티는 마지막 시간을 앰뷸런스에 실리는 소란을 겪고 낯선 환경으로 옮겨져 낯선 사람들이 놓는 주사를 맞으며 보냈을 것이다. 둘시가 안심시켜 주고 바버라가 용기 있는 결정을 내렸기 때문에 마티는 집에서 편히 눈을 감을 수 있었다. 자신만 준비되면 언제나 떠날 결정을 내릴 수 있고, 자신이 떠난 후 가족들도 모두 괜찮을 것이고, 사랑하는 가족들이 자신의 '왕궁'을 잘 돌봐 줄 것이라는 말을 듣고 안심하고 떠난 것이다.

시간 여유를 갖고 호스피스 도움을 청한다

말기 환자와 그 가족들이 말기 병에 잘 대처하려면 호스피스의 도움이 필수적이다. 호스피스는 주어진 시간만 충분하다면 엄청나게 많은 일을 해낼 수 있다. 내게 배정된 환자들 가운데는 내가 환자를 맡기 위해 찾아가는 동안 숨을 거둔 이들도 있었다. 호스피스 팀과 나는 최선을 다했지만 우리가 벌인 일이 결국 혼란만 가중시켰다는 생각이 들었다. 이렇게 타이밍이 잘 맞지 않으면 호스피스 일은 도움이 아니라 해를 끼치는 것이다.

어떤 환자와 가족들은 마지막 도움을 청하지 않으면 죽음 자체를 미룰 수 있다는 생각에 마지막 순간까지 도와 달라는 손길을 내미는 것을 꺼린다. "호스피스에 전화하는 것은 마치 환자를 포기하는 것 같은 느낌이 들어요"라고 말하는 이들도 있다. 그런가 하면 이런 말도 들었다. "환자가 의식을 잃을 때까지 기다렸어요. 왜냐하면 호스피스라는 말을 들으면 자기가 곧 죽는다고 생각하니까요." 유감스럽게도 이처럼 호출을 꺼리는 경우에는 우리 호스피스 팀이 손을 써 볼 기회도 시간도 거의 없다. 우리의 역할은 임종 환자와 그 가족들이 생의 마지막 위기에 잘 대처할 수 있도록 도움을 주는 것인데 말이다.

대부분의 경우 6~12개월 예후에 따라 호스피스 프로그램에 등록하는 것이 가장 좋다. 그러나 나는 어떤 환자를 2년 반 정도 돌본 적도 있다. 루게릭병에 걸린 말기 환자였는데, 근위축성 측삭경화증ALS이라고도 불리는 진행성 신경 질환으로 아주 천천히 진행되지만 결국 죽게 되는 병이다.

임종 환자에게 어린 자녀가 있는 경우에는 시간이 좀 걸리더라도 나이에 맞게 상황을 이해시켜야 한다. 환자의 자녀가 두 살 미만인 경우에는 앞으로 아이의 정서 발달에 도움이 될 만한 계획을 세워야 한다. 사별 상담 및 지원은 아동과 청소년 유족들이 자신의 감정을 이해하고 슬픔에 대처하는 방법을 배우는 데 없어서는 안 될 제도이다.

호스피스를 조기에 받아들이면 충분한 시간이 주어져 환자 주위에 있는 사람 모두가 편안하게 감정적 지원을 얻을 수 있다. 환자가 집에서 숨을 거두고 싶어 하든, 아니면 입원 중인 호스피스 침대에서 숨을 거두고 싶어 하든 우리는 환자의 뜻에 따르면서 가족들이 위기를 극복하는 데 도움이 되도록 해 준다.

기억하기

마지막 작별의 순간을 침착하고 알차게 보내도록 해야 한다.

34

마지막 순간은 조용히 곁에 있어 주는 게 최선이다

내 딸이 애기를 낳을 때 산파 노릇을 하게 되어서 나는 말할 수 없이 기뻤다. 마찬가지로 부모님과 삼촌이 세상을 떠날 때도 곁에서 임종을 도울 수 있어서 행복했다. 부모님과 삼촌은 내게 어떻게 살아야 하는지를 가르쳐 주셨고, 그들의 임종 때 나는 편안하게 가시는 법을 도와 드렸다. 내가 이런 삶을 살도록 해 주는 진짜 묘미는 이렇게 서로 아름답게 주고받는 관계에 있다.

아네트와 사이먼 부부

퇴역 육군 장성인 사이먼 씨를 처음 만난 날, 자신과 가족 및 자신의 삶과 관련된 모든 것들이 단 한 치의 오차도 없이 말끔히 정돈되고 '광을 내놓은' 상태인 것을 보고 나는 충격을 받았다. 임종을 겪는다는 것은 통제나 계획대로 되지 않는 순간의 연속이라는 사실을 알기에, 과연 사이먼 씨가 부인의 병을 견뎌낼 수 있을 정도로 융통성을 발휘할 수 있을까 걱정이 되었다. 사이먼 씨는 부인 아네트를 여전히 사랑하며 부인이 원하고, 필요하다면 어떤 것이라도 구해다 줄 수 있는 재정적 능력을 갖추고 있었다.

사이먼 씨가 군에서 능력을 인정받았다는 사실은 집안의 벽마다 걸려 있는 훈장 리본과 메달들을 통해 잘 알 수 있다. 아이젠하워 대통령과 맥아더 장군, 기타 고위 장교들(대부분 전투복 차림)과 나란히 찍은 낡은 사진들을 보면 적을 모조리 죽이고 승리를 거두겠다는 결의로 살아온 한 사람의 일생이 눈에 생생하다. 그러나 평생 두려움과 패배 없이 살아온 그도 사랑하는 부인이 죽어 간다는 사실 앞에서는 어쩔 수가 없었다.

내가 간병인을 다룰 때의 기본 원칙은 아는 것이 힘이라는 것이다. 앞으로 닥칠 일도 미리 논의, 예상, 계획하고 납득시켜 놓으면 막상 일이 닥쳐도 덜 당황스럽다. 그러나 믿으려 하지 않고, 아는 데 관심이 없는 사람에게는 절대로 억지로 정보를 알려 주지 않는다. 앞서 말한 바와 같이 나는 거부 의사를 매우 존중하며 이는 중요한 기준이 된다. 거부하는 행위가 누군가에게 해가 되거나 누군가를 위험에 빠뜨리지 않는 한 그대로 내버려 둔다.

나는 또한 여러 가지 병의 말기 증상은 예측 가능한 과정을 거치지만 환자에 따라 증상이 달라지게 만드는 갖가지 요인이 있다는 점을 명심하고 있다. 이런 요인으로는 환자의 연령과 이전의 건강 상태, 정신 및 정서적 인자, 이전에 환자가 받았거나 거부했던 치료법은 어떤 것인지 등 다양한 요소들이 있다. 각 과정은 어느 정도 예측 가능하기는 하지만 항상 개인차가 있다.

사이먼 씨가 모든 것을 알고 싶다고 말했기 때문에 나는 그와 공동으로 간병 계획부터 세웠다. 그리고 아네트의 병이 진행되면서 건강 상태가 악화되면 그에 대한 대비책도 함께 마련하기로 했다. 사이먼 씨는 이런 말귀가 밝았으며 마치 전투 경험이 많은 사람이 새로운 전투를 앞둔 것처럼 철저히 준비했다.

반면에 아네트는 자기는 아무것도 알고 싶지 않다는 의사 표시를 분명히 하며 이렇게 말했다. "나는 사이먼이 맡은 일에 대해 전혀 걱정을 안 해요. 보서서 아시겠지만 그는 항상 잘해 냈으니까요."

아네트를 방문한 지 일주일 정도 지나자 나는 사이먼 씨가 맡은 일이 너무 많다는 것을 알 수 있었다. 챙겨야 할 각종 약물과 식사 준비, 의사들과의 약속을 비롯해 갖가지 집안일들이 모두 그의 몫이었다. 필기용 차트를 주방 벽에 붙여 놓고 주 단위로 할 일을 챙기는 게 어떻겠느냐고 내가 의견을 내놓았더니 사이먼 씨는 좋다고 했다. 그리고 일상 계획을 세부적으로, 그것도 아주 빨리 만들었다. 그러나 간병 계획은 환자의 병 진행 과정에 따라 변경되므로, 약물이나 치료법도 그에 따라 융통성 있게 달라져야 한다. 미숙한 간병인, 특히 사이먼 씨처럼 조직적인 관리형 인간은 '완벽하게' 짜놓은 계획을 수정하면 바로 당황해한다. 사이먼 씨가 고집을 부리기 시작하면서 벽에 붙여 놓은 차트는 내 의도와 달리 엄격한 진격 명령 목록처럼 변해 갔다.

아네트는 몸 상태가 점차 나빠지는데도 여전히 편안했다. 그러나 사이먼 씨는 집안일과 정원 일에 집착하면서 스스로를 더 괴롭혔다. 보기 좋게 다듬는다며 가지치기하는 데 시간이 너무 많이 걸렸다. 고용한 간병인에게 침대 시트에 풀을 먹이고 다림질을 하라고 시키기도 했다. 아네트의 요구가 매일 늘고 있었기 때문에 간병인은 그런 시간 낭비에 쩔쩔맸다. 가정치료 도우미도 잇달아 그만두었고 그 때문에 아네트는 기분이 언짢아지고 약한 정신착란 증세를 보이기 시작했다. 아네트는 계속 사이먼 씨를 불렀고, 그는 하던 일을 멈추고 달려가야 했기 때문에 짜증이 났다. "하던 일 마저 끝내고 가겠다고 아내한테 말해 줘요." 사이먼 씨는 고용한 간병인에게 이렇게 말하곤 했다.

사이먼 씨가 새로 만든 일정표를 침실 문에 내걸었는데 예를 들면 이런 내용들이었다.

　　오전 10시 침대 머리를 45도로 세우기

　　오전 10:30 침대 머리를 평평하게 도로 내리기

　　오전 10:45 발에 로션 발라 주기

　　오전 11시 손에 로션 발라 주기

이 정도는 아무것도 아니었다. 가엾은 아네트는 하루를 통틀어 한순간도 평화롭지 못했다. 낯선 사람들이 필요도 없는 '일'을 한다며 계속 못 살게 구는 통에 그녀의 얼마 남지 않은 시간은 그렇게 아깝게 흘러갔다.

어느 맑은 날 오후, 나는 사이먼 씨가 뒤뜰에서 귀에는 귀마개를 꽂고 시끄러운 울타리 전지기계를 돌리고 있는 모습을 보았다.

"우리 다시 생각해 봐야 할 게 있어요, 사이먼 씨." 나는 이렇게 소리치며 그를 집 안으로 불러들였다. 부엌 식탁에서 이야기를 시작하자 사이먼은 차 한 잔을 내다 놓으며 나쁜 소식을 예감했는지 긴장한 표정을 지었다.

"사이먼 씨, 그동안 아네트를 돌보느라 엄청난 일을 하신 거 알아요. 하지만 임종 전 마지막 며칠, 몇 시간은 짧고도 소중해요. 아네트는 이제 시간이 별로 없어요. 매주 새로운 사람이 이 빡빡한 계획표를 수행하게 해 놓고 정원 일을 해야겠어요? 고용한 사람들이 항상 환자를 돌리고 옮기고 로션을 발라 주고 머리와 손톱 손질까지 하잖아요. 환자를 돌봐 주는 것도 있긴 하지만 이제는 조용한 휴식 시간도 필요해요. 계획표 내용이 너무 많아요. 아네트가 원하고 필요로 하는 건 당신이 곁에 있는 것이지, 낯선 사람들이 옆에서 줄곧 야단법석을 떠는 게 아니에요. 겉모습이 완벽하다고 해서 진짜 내용물까지 완벽해지는 게 아니에요."

"커피 더 하시겠어요?" 사이먼 씨는 무심한 듯 이렇게 물었다. 조금 전에 내게 차를 만들어 준 사실을 잊은 것이 분명했다. 내가 방금 말한 것도 잊은 걸까. 그는 식탁에서 벌떡 일어서더니 매트 위에 떨어진 종이들을 치우고 내 앞의 빈 찻잔을 집어 들었다. 그리고 곧바로 찻잔을 물로 헹구더니 식기 세척기 안에 집어넣었다. 그걸 보며 나는 이런 생각이 들었다.

'불쌍한 사람, 바쁘게 움직일 줄만 알았지 잠시라도 가만히 멈춰서 정말 무슨 일이 벌어지는지 제대로 보지 못하는 거야.'

사이먼은 마침내 식탁에 다시 앉더니 내 눈을 쳐다보았다. "이제 마지막인가요?" 그는 쉰 목소리로 이렇게 물었다.

"아닙니다. 며칠 더 남은 것 같아요. 하지만 장담할 순 없어요. 어쨌든 이번이 환자 곁에 있어 줄 마지막 기회이니 놓치지 마세요. 아네트가 임종 여정 중 어디쯤에 있는지 알아 두셨으면 해요. 아네트는 당신을 사랑해요. 당신이 자신에게 가장 좋은 일이 어떤 것인지 알아서 해줄 거라고 믿고 있어요. 이 소중한 마지막 시간을 어떻게 보내는 게 좋을지 당신이 알아서 해 줄 것으로 믿고 있어요."

사이먼 씨는 천천히 일어서서 거실로 사라졌다. 몇 분 동안 코 푸는 소리가 여러 차례 났다. 나는 잠자코 기다렸다.

사이먼 씨는 눈이 벌겋게 충혈된 채 돌아오더니 작심한 듯 식탁 앞에 앉았다. "매기 씨, 당신이 아까 계획이 더 이상 소용없으니 다시 짜야 한다고 했을 때 전투에서 '성패가 갈리는' 시점이 떠오르더군요. 저는 아직 그 시점에 닿은 것 같지 않은데. 아니면 그렇게 생각하기 싫은지도 모르죠. 이제 어떻게 하죠?"

그가 부인을 무척 아긴다는 사실이야 처음부터 알았지만, 당장 자신의 태도를 통째로 바꾸려는 것이 분명하다. 그렇게 해야 부인에게 더 잘해 줄 수 있을 테니. 무척 감동적인 순간이었다. 내가 조용히 말했다.

"우선 가정치료 도우미가 훈련 받은 대로 일하도록 놔두세요. 그렇게 일일이 지시 받게 되면 자존심이 상합니다. 그들의 판단력과 기술을 믿으세요. 한편 당신이 좋아하는 방식으로 환자를 편안하게 해 주면 됩니다. 가령 당신이 등, 손, 발을 살살 문질러 주면 분명 아네트가 너무 좋아할 거예요. 하지만 조용히 쉬게 해 주는 것도 굉장히 중요합니다."

"임종이 다가올수록 아네트가 가장 원하는 건 당신이 곁에 있어 주는 거예요. 사실 당신은 아무것도 할 필요 없어요. 그저 아네트 방에 안락의자를 갖다 놓고 신문이나 책을 들고 들어가세요. 이제 아네트는 거의 잠만 잘 거예요. 그녀가 눈을 떴을 때 당신이 거기 있다면 얼마나 위안이 될지 상상해 보세요. 그러면 아네트가 당신이 어디서 무얼 하는지 같은 걱정은 하지 않아도 되겠지요. 아네트 옆에 누워서 잠시 껴안아 주어도 이제 불편해하지 않아요. 되도록이면 그녀 옆에 있어 주세요. 아네트가 조용하면 당신도 조용히 해 주고 깨서 말을 하면 대꾸해 주세요. 그녀가 잠을 자면 잠깐 낮잠을 주무시구요. 그렇게 하면 아내가 가는 마지막 길을 함께하는 것과 마찬가지랍니다. 아네트에 대해 잘 아시죠. 그녀가 필요한 게 뭔지 그저 본능에 따라 지금껏 해 오신 것처럼 계속 하시면 돼요."

사이먼이 아네트를 그렇게 조용히 아껴 주며 곁에 머무른 지 일주일이 지났다. 어느 날 아침, 그가 아내 옆에 누워 낮잠을 자는 동안 아네트는 평화롭고 조용히 숨을 거두었다. 그는 잠에서 깬 다음에야 부인이 떠난 것을 알게 되었다.

사이먼 씨는 내게 이렇게 말했다. "너무 조용하다는 생각이 조금씩 들었죠. 아내가 더 이상 숨을 쉬지 않더라고요. 얼마나 걸렸는지 모르겠어요. 그저 그녀의 온기를 붙들어 두고 싶었어요. 온기가 사라질 때까지 몸을 꼭 잡고 있었어요. 그런 다음 호스피스에 전화를 걸어 당신에게 아네트가 죽었다는 말을 한 것입니다." 사이먼 씨는 슬픈 미소를 지어 보였고 두 뺨에는 조용히 눈물이 흘러내렸다.

나는 아네트의 장례식을 마친 다음 모임에서 사이먼을 만나 이렇게 말했다. "정말 잘해 내셨어요. 가슴이 찢어질 듯 아픈 일이죠. 하지만 당신이 아네트를 사랑으로 돌봐 준 만큼 그것을 받은 아내는 더없이 행복했을 거예요."

사이먼 씨는 소리 내어 울면서 이렇게 말했다. "물론 아내가 더 살아 주었으면 얼마나 좋겠어요. 하지만 그나마 제가 할 수 있는 걸 다했다는 생각에 마음이 편해요. 그 마지막 날들 동안 가장 아름다운 순간을 아내와 함께했으니까요."

리사

성실하고 꼼꼼한 성격의 리사는 자나깨나 엄마를 편히 돌아가시게 해 드리고 싶은 마음뿐이었다. 그녀는 내게 큰 소리로 "전 정말 엄마께 완벽하게 해 드리고 싶어요"라고 말했다. 엄마의 침대 곁에는 항상 싱싱한 꽃이 놓여 있고, 침대보와 커버도 매일 엄마 잠옷 색에 맞게 바뀌었다. 엄마가 혼수상태에 빠졌다 깨어났다 하기 때문에 잔잔한 클래식 음악을 항상 틀어 놓았다. 그리고 헨델의 메시아 중 할렐루야 합창은 임종 직전 몇 분간 틀어주는 음악이라 늘 준비해 두었다. 환자의 임종은 앞으로 몇 주 더 남은 것 같은데 벌써부터 준비를 갖춰 놓고 있는 것이었다.

"내가 엄마를 위해 무슨 일이든 해 놓았다는 기분을 갖고 싶어요. 그런데 제가 뭘 빠뜨렸는지 모르겠어요." 리사는 이렇게 말했다.

"리사, 있잖아요." 나는 이렇게 대꾸했다. "때로는 아무것도 하지 않는 게 좋을 수도 있어요. 물론 그런다고 당황하고 놀라운 기분이 나아지는 건 아니겠지만 말이에요. 현재 당신 어머니는 혼수상태에 빠졌다 깨어났다 하기 때문에 이승에서 저승으로 이동하느라 무척 바쁜 상태예요. 겉으로 보기에는 그런 것 같지 않겠지만 사실은 주위에서 일어나는 일을 모두 꿰뚫어 보고 계시지요. 또 우리가 보고 들을 수 없는 경험도 하고 계실 거예요. 출산 때 어떤지 이야기해 준 것 기억나요?"

"예, 기억나요." 리사는 웃으며 대답했다.

나는 이렇게 말을 이었다. "모니터가 없으면 어떤 일이 벌어지는지 아무도 모르지요? 하지만 산모는 정신을 바짝 차리고 바쁘게 일을 하지요. 많은 일들이 일어나고 있는 거예요. 아기는 엄마 뱃속에서 세상 밖으로 나오고 있고, 산모는 몸 안에서 일어나는 일에 집중하면서 그것을 도우려고 애를 쓰지요."

"만약 간호사 미스 넬리가 워낙 부지런하고 깔끔한 성격이어서 당신을 계속 이런 식으로 괴롭힌다면 어떨지 한번 생각해 볼래요? '얼음 조각 줄까요? 베개를 푹신하게 해 줄까요? 더워요? 부채질해 줄까요? 앉아 봐요. 누워 봐요. 머리가 엉망이군요, 내가 빗겨 줄게요. 땀을 흘렸으니 목욕시켜 줄게요.' 미스 넬리가 그런 식으로 엄마한테 굴면 엄마가 어떻게 반응할지 상상이 가요? 가까이에 의자가 있으면 집어서 간호사에게 집어 던지며 이렇게 소리치지 않겠어요? '제발 나 좀 내버려 둬! 나도 바쁘단 말야!'"

리사는 미소를 지으며 가만히 듣고 있었다.

"내가 '때로는 아무것도 하지 않는 게 제일 좋은 것이다'고 하는 게 바로 이런 뜻이에요. 어머니께 잘해 드릴 가장 좋은 방법은 조용히 곁에 머물면서 마지막 여행을 최대한 함께 지내 드리는 거예요." 리사의 눈에서 안도의 눈물이 흘러내렸다. 그리고 말없이 고개만 계속 끄덕였다.

사랑하는 이의 임종을 맞는 가족들, 친구들과 함께 지내 보니 실제로 겪는 임종 여행은 그들이 예상했던 것보다 훨씬 더 수월한 경우가 많았다. 그들이 분주하게 움직이는 것은 환자의 죽음이 다가올수록 필연적인 종말을 보지 않으려는 마음에서 그러는 것이다. 그러나 환자 곁에서 자리를 온전히 지키게 되면, 대부분의 간병인들은 환자의 마지막 순간을 함께 보내게 되어 감사했다는 마음을 갖는다. 사이먼 씨가 그랬던 것처럼 많은 이들이 중요한 마지막 순간을 놓친다. 왜냐하면 그 마지막 순간은 너무도 조용하고 평온하기 때문이다. "이렇게 쉽게 가다니 믿을 수가 없어"라고 하는 말을 나는 자주 듣는다. "이제 죽음을 두려워하지 않을 거야"라고 하거나 "살아오면서 힘들지만 내가 제일 좋아한 시간이었어"라는 말도 자주 듣는다. 사람들이 그러한 깨달음을 갖는 것을 지켜보고, 깨달음을 갖도록 도움을 주는 것이야말로 내 인생에서 가장 영광스럽고 축복받은 일이다.

기억하기

환자의 마지막 가는 길을 함께하기 위해선 조용히 곁에서 마지막 동반자가 되어 주는 게 최선의 방법이다.

35

이제 떠나도 좋다고 허락해 주오

임종 환자는 사랑하는 사람들을 떠나게 되어 괴롭겠지만, 자신이 떠나는 그 순간 남은 이들이 예상치 못한 일을 당해 당황스러워할 것이라고 생각하면 더욱 괴로울 것이다. '가족들이 내가 곧 떠난다는 사실을 알고 있을까? 내가 떠나면 망연자실할 것인가?' '가족들은 준비가 되어 있을까?' '시간이 지나면 괜찮아질까?' '내가 없어도 괜찮을까?' 의식이 없는 환자들도 이런 걱정을 하는 것 같다. 가족들이 현재 상황을 잘 알고 있으며 자기들은 괜찮을 테니 걱정 말라는 말로써 떠나도 좋다고 허락해 주고 안심시켜 주면, 목숨을 놓지 못하던 임종 환자가 그제서야 떠나는 경우가 종종 있었다.

개리

유명한 다국적 기업의 CEO인 개리는 벨기에의 브뤼셀에서 가족들과 함께 살 때 폐암 말기 진단을 받았다. 그러자 그는 가족들과 함께 미국으로 돌아와 대가족 식구들 대부분이 살고 있는 도시 외곽 지역으로 이사했다. "이곳에서 시작했어요. 그러니 끝도 여기서 해야 돼." 그는 이렇게 말했다. 그는 겨우 50대였고 키도 크고 덩치 좋은 운동선수 출신이며 '진지하고 현실적'인 성격이었다. 무슨 일이든 앞장서서 하고 성공을 거두는 게 몸에 배어 있었다.

개리의 아내 벨린다는 38살로 나름대로 성취욕이 대단했다. 학교에 다니는 어린 자녀 둘을 세심하게 돌보면서 브뤼셀로 가기 전에 변호사로 일하던 로펌에 간간이 나가고 있었다. 개리의 가족들은 멋진 현대식 주택에서 매우 안락한 삶을 살았다. 그 주택은 정돈이 잘된 동네 안쪽으로 숨듯이 들어앉아 있었다. 하지만 아무리 권력이 있고 성공했다 해도 그가 죽어 간다는 사실을 바꿀 수는 없었다.

내가 처음 찾아갔을 때는 개리의 병이 놀랄 정도로 너무 진행되어 있었다. 왜 이 지경이 되도록 호스피스에 연락을 안 한 걸까. 간병 파트너인 주디와 나는 그의 통증과 숨가쁨을 조금이라도 줄여 주기 위해 서둘러 조치를 취했다. 개리와 부인, 아이들을 진정시킬 수 있는 시간도 얼마 없었다. 여러 번 반복해서 말할 수도 없었다. 특히 환자 가족들 중 아이들이 있으면, 우리가 몇 달이라도 더 봐주는 게 가족들에게 도움이 된다.

개리는 나와 다른 팀원들에게 항상 예의 바르고 따뜻하게 대했다. 그러나 우리 사이는 매우 사무적이고 딱딱했다. 반면 벨린다는 나를 오랜 친구처럼 대했다. 그들은 해외생활을 오래 해서 이곳에 사회적 기반이 거의 없었다. 그리고 우리가 방문하면 항상 마지막에 주방 한켠에서 차와 쿠키를 먹었다. 그럴 때 개리는 홀 아래 자기 방에서 졸고 있었다.

주방 테이블에 앉아 우리는 많은 이야기를 나누었다. 가족들이 같이한 해외생활, 이곳에 돌아와서 벨린다의 역할이 어떻게 변했는지, 부부 사이의 문제를 이겨낸 이야기와 자녀들의 학교생활, 벨린다 자신의 살아온 이야기와 자기가 지금 느끼는 슬픔이 어떤지, 그리고 그 슬픔이 가족들에게 어떤 영향을 미치고 있는지 등을 놓고 이야기했다. "나는 아직 과부가 되기에 너무 젊어요." 그녀는 슬픈 어조로 이렇게 말했다.

우리도 대부분 환자의 상태를 잘 유지하는 편이지만, 개리의 경우는 병이 너무 많이, 빠르게 진행되어서 다른 환자들보다 증상을 통제하기가 어려웠다. 나는 벨린다에게 사람은 누구나 살아온 대로 죽는다는 개념을 상기시켜 주었는데 그 말에 대한 그녀의 대답을 듣고는 놀랐다.

"그럼 준비하세요. 왜냐하면 개리는 싸우려고 태어났고 지금껏 싸워 왔어요. 당신 말이 맞다면 개리나 가족들에게 쉬운 임종이 아닐 거예요." 벨린다가 이렇게 하는 말을 듣고 걱정이 앞섰지만 나는 맘속으로 그녀 말이 틀리기를 바랐다. 나는 개리에 대해 좀 더 얘기해 달라고 했다.

"남편은 태어날 때 몸무게가 5.4킬로그램이었대요. 길고 긴 난산이었죠. 의사들이 아이가 괜찮을지 장담을 못했대요. 산모는 출산 후 출혈이 너무 심해서 결국 응급 자궁절제술을 받았다는군요."

"남편 가족들은 배운 게 없이 열심히 일만 하는 사람들이었어요. 부모님 두 분 다 일을 두 가지씩 하셔서 개리는 거리에서 혼자 힘으로 자랐다는군요. 나중에 알게 된 사실이지만 개리는 학습 불능증이 있어서 어릴 적부터 '넌 나중에 아무것도 될 수 없어'라는 말을 많이 들었대요. 열심히 공부하면 할수록 개리는 그 말을 진짜라고 믿게 되었다는군요. 학교에서 낙오해서 위험한 무리와 어울렸어요. 소년원에도 자주 들락거렸고 마약과 술도 하고 하여튼 좋은 곳이라고는 가지를 않았답니다. 나중에 스스로 해군에 지원했어요. 개리는 언제나 마지막 순간에 간신히 살아남는 법을 터득했던 것 같아요."

벨린다는 차 물을 끓이고 비스킷 한 접시를 내오며 이렇게 말을 이었다. "남편은 군대의 조직과 훈련을 좋아했어요. 정말 열심히 해서 좋은 성적을 거두었답니다. 결국 군대에서 대학 수업을 듣고 공학 학위까지 땄어요. 개리의 끈기와 가능성을 본 지휘관이 사관후보생 학교에 입학하도록 추천해 주었답니다. 그건 큰 도박이나 마찬가지였지만, 결국 장교가 되고 공학 석사 학위도 땄어요. 군대 지휘관을 빼고는 가족들조차도 그를 지원하고 격려해 주지 않았어요. 모든 게 그에게는 이겨야 하는 싸움이고, 지금까지 거친 모든 단계가 실제 전투 같았대요. 하지만 남편은 계속 살아남았고 해군에서 제대한 뒤 산업 기술 업계에 뛰어들었어요."

벨린다의 말은 이렇게 이어졌다. "우리는 파티에서 만났는데 나는 그 사람에게 홀딱 빠지고 말았어요. 그는 너무나 대단해 보였고 세상 어떤 것이든 못해낼 일이 없는 사람 같았어요. 그는 결국 바닥부터 자기 방식으로 싸워 올라갔고 지금은 거대한 다국적 기업의 대표로서 그 분야 최고의 인물이 되었어요.” 벨린다는 자랑스럽게 말했다. “하지만 그때 암이…. 너무 빨리 몹쓸 병에 걸려 버린 거죠.”

벨린다는 아쉬움을 감추지 못하고 말을 계속했다. “처음에 진단을 받았을 때 개리는 일생의 다른 장애물들처럼 맹세코 암도 정복하겠다고 했어요.” 벨린다는 눈에 눈물이 가득 고인 채 말을 이었다. “남편은 아무리 힘든 치료도 견뎌 냈고, 암 연구자들이 상태가 ‘절망적’이라고 해도 인정하지 않았어요. 매번 자기가 원하는 답을 들으려고 ‘한계에 도전하는’ 다른 의사를 찾아갔어요. 남편이 어떻게 앓아 왔는지 말하려고 하는 게 아니에요. 다만 그는 뭐든지 계속 밀어붙였어요. 결국 그런 성향이 남편을 망쳤고 우리 가족도 망쳤어요. 일생 동안 다른 장애물은 모두 극복했지만 이번에는 개리가 질 거라고 들었어요. 정말 생각지도 못해 본 일을 당하게 되다니요.”

벨린다는 흐느껴 울었고 주디와 나는 그녀를 달랬다.

내가 개리를 마지막으로 방문하던 날 그는 분명 죽음이 코앞에 닥쳤는데도 편안해 보이지가 않았다. 흥분한 듯 두 눈을 부릅뜬 채 거친 숨을 내쉬고 있었다. 나는 즉시 주사를 놓아 주며 그를 두고 떠나지 않겠다고 말해 주었다. 그 말에 개리는 진정 기미를 보였다. 그는 너무 심하게 헐떡거려 말은 하지 못하고 내 손을 잡아 자신의 가슴팍 위에 세게 갖다 대었다. 숨을 편하게 쉬도록 모르핀을 더 주사하자 몸부림이 가라앉기 시작했다. 상태가 좀 가라앉고 조금 진정되자 나는 의사에게 전화를 걸어 환자에게 어떤 문제가 있는지 보고했다. 의사는 내가 취한 조치를 잘했다고 칭찬하며 개리에게 필요한 것은 무엇이든 들어주라고 했다. 또한 집에서 임종을 맞는 것이 너무 어려우면 호스피스 입원기관에 입원시키는 게 어떻겠느냐고 했다.

개리가 누워 있는 방으로 돌아오는데 벨린다가 홀로 나왔다. 홀에서 하는 이야기는 개리에게 들리지 않았다. “저 사람이 이제 죽는 건가요?” 벨린다가 걱정에 휩싸인 채 물었다.

“예, 그런 것 같아요. 이제 곧, 어쩌면 몇 시간 안에 운명하실 거예요.”

벨린다는 한동안 생각에 잠기는 듯하더니 갑자기 벌떡 일어나 이렇게 소리 쳤다. "남편을 낯선 사람들만 있는 병원으로 보내지는 않겠어요. 여기서 나와 아이들이 그의 임종을 지킬 거예요. 아이들을 깨워서 불러 오겠어요. 아빠와 작별 인사를 하도록 해 주고 싶어요."

나는 이 젊은 여성의 용기에 가슴이 뭉클했다. "내가 잠시 당신 옆에 같이 있어 줄까요?" 이렇게 물었더니 그녀는 나를 껴안으며 내 어깨에 기대 울었다. "제발 그렇게 해 주세요. 너무 두려워요."

개리는 진통제 기운에 완전히 진정이 되어서 곤히 잠들었다. 나는 차 한 잔을 앞에 두고 벨린다와 마주 앉아 이렇게 말했다. "세상에, 투사라고 하더니 정말 당신 말이 맞군요. 모르핀을 그렇게 많이 맞았는데도 계속 싸워서 이겨 내고 있어요. 정말 강하고 강단 있는 사람이에요. 정말 죽는 것도 살아온 것처럼 하는군요."

밤 10시쯤에 나는 벨린다와 함께 개리가 부시럭대는 소리를 듣고 방으로 뛰어 들어갔다. 그는 잠에서 깨어나 눈을 부릅뜨고서 우리 눈에 보이지 않는 어떤 것을 뚫어지게 바라보는 듯했다. 그러다 다급하게 울부짖듯이 소리쳤다.

"서둘러, 여보! 빨리 애들을 데려와! 우리 이럴 시간이 없어!"

"여보, 왜 그래요?" 벨린다는 개리의 휘두르는 팔을 붙잡고 그의 얼굴에 바짝 기댔다. "정말 왜 그래요? 내가 여기 당신 곁에 있잖아요. 필요한 게 뭐예요?"

"시간이 없다니까!" 개리는 미친 듯이 소리쳤다. "걸(그의 회사에서 만든 제트기)에 연료를 다 채웠어. 이제 출발할 거야! 이제 정말 가야 한다니까!" 이렇게 소리치며 개리는 벨린다를 자기 몸쪽으로 끌어당겼다. "여보, 지금 당장!" 나는 죽음이 임박한 사내의 폭발적인 힘과 다급한 재촉에 놀라서 정신이 멍해졌다.

벨린다는 남편의 얼굴을 두 손으로 감싸고 그를 바짝 끌어안으며 말했다. "개리, 사랑스런 당신…. 아이들과 나는 지금 당장은 당신과 함께 갈 수 없어요. 하지만 다음 비행기로 바짝 뒤쫓아 갈게요. 당신은 먼저 가서 자리 잡고 있으세요. 언제나 우리한테 그래 주었던 것처럼 여보. 우리는 당신만 믿고 있으니 잘하셔야 해요. 이제 가세요. 우린 당신을 사랑해요. 하지만 우리는 괜찮을 거예요. 금방 뒤따라 갈 거니까요. 약속해요! 그러니까 이제 가세요. 정말 괜찮아요."

홀 아래쪽에서 나는 소란에 아이들이 잠에서 깼다. 눈을 커다랗게 뜨고 출입구 쪽에 서서 이야기 소리를 듣고 있더니, 아빠의 침대로 기어올라가 엄마가 시키는 대로 말했다. "아빠, 괜찮아요. 우리가 엄마를 보살필게요. 약속해요! 그리고 아빠랑 곧 만날 거예요." 나는 아이들의 성숙하고 강한 모습에 또 한번 놀랐다. 벨린다를 꽉 잡았던 개리의 손이 천천히 풀렸다. 그리고 호흡이 느려지면서 차츰 혼수상태에 빠져들었다. 개리는 생의 마지막 순간에 그렇게 평안을 찾았다. 벨린다와 아이들은 개리의 주변에 고양이 새끼들처럼 모여서 그를 붙잡고 작별 키스를 했다.

아이들을 침대에 눕힌 다음 벨린다와 나는 현관의 어두운 쪽에 앉아 장례업체 사람들이 도착하기를 기다렸다. 벨린다는 슬프게 웃으며 이렇게 말했다. "제가 말했죠, 그 사람은 태어날 때도 자기식대로 싸우며 세상에 나왔고, 싸우며 살다가 끝내 자기식대로 저 세상으로 가는군요." 나는 벨린다를 안아 주며 이렇게 말했다. "나야말로 당신 가족들에게서 정말 많이 배우는군요. 오늘 밤을 잊지 못할 거예요."

사랑하는 사람을 잃고 망연자실한 상태에서 "당신이 죽어도 나는 괜찮아요"라는 말을 해 주기는 쉽지 않다. 어쩌면 우리는 사랑하는 사람에게 그런 작별 인사를 영원히 못할지도 모른다. 하지만 임종 환자는 그런 사랑의 허락을 들어야만 한다. 말 자체가 어렵지 않다. 다음과 같이 간단히 하면 된다.

"지금 무슨 일이 일어나고 있는지 잘 알아요. 나도 당장은 슬프지만 앞으로 괜찮아질 거예요." "내 걱정은 하지 말아요. 지금은 당신이 너무 지치신 거 잘 알아요. 그러니까 당신이 가야 한대도 괜찮아요. 당신을 사랑해요. 난 괜찮아요."

가족들이 환자를 지지해 주면 환자 자신의 죽음을 가족들이 이해해 줄지, 받아들일 준비가 되어 있는지에 대한 두려움을 덜고 그렇게 함으로써 환자가 마지막 여행을 무사히 마치도록 도움을 줄 수 있다.

기억하기

"내가 떠나도 괜찮을 거라고 말해 줘요. 이제 나를 보내 줘요." -임종 환자가 남은 사람들에게 하는 말이다.

36

마지막 시간들

결코 알고 싶지 않았고 억지로 삭여야 했던 정보들, 맞닥뜨려야 했던 그 모든 두려움과 걱정거리들, 겪어야 했던 난관들이 있었지만 이제 당신은 당신이 사랑하는 사람이 얼마 안 가 아마도 몇 시간 안에 숨질 거라는 얘기를 듣게 된다. 자신은 준비가 되어 있다고 생각하지만 그런 소식을 감당할 준비가 될 수는 '결코' 없는 법이다. "뭐든 해야 해! 어떻게든 해봐야 해!"하는 미친 듯한 황망한 느낌을 떨쳐버릴 수가 없다. 당신은 이런 마지막 시간을 어떻게 견뎌낼 것인가? 당신은 무엇을 할 것인가?

이 마지막 단계에서는 대개 죽어 가는 사람은 이미 육체적인 행로로부터는 분리된 상태가 되고, 그를 둘러싼 주변의 모든 것들과도 분리된 상태에 놓이게 된다. 반혼수 상태 또는 혼수 상태에 놓이며 이런 상태는 사망에 이르기 전에 몇 시간 내지 하루 정도 지속된다. 환자의 몸에 열이 있을 경우 차가운 천과 해열용 좌약으로 열을 낮춰 준다. 환자는 이미 하루 전쯤부터 아무것도 삼킬 수 없는 상태가 된다. 친지와 가족들이 당신 집으로 모인다. 먼 곳에 사는 친척들은 도착하자마자 무거운 분위기와 상실감에 맞닥뜨리게 된다. 몹시 극단적인 슬픔에 놓일 수도 있을 것이다. 당신처럼 지치고 긴장된 그들을 오히려 당신이 위로하고 있을지도 모른다. 환자를 보살펴온 과정이 힘들었던 만큼 당신은 매번 상태가 나빠지고 악화되는 과정에서 슬픔을 거의 표출하지 않았다.

어떤 가족 구성원은 자신이 더 이상 도움을 주지 못했다는 점에 대해 죄의식을 느낀 나머지 지나칠 정도로 '무슨 일이든 해보겠다는 태도'로 돌입한다. 과거에 자신이 참여하지 못했던 죄책감을 벌충하기 위해 그들은 자신들이 해야 할 중요한 과제를 당신에게 말해 달라고 할지도 모른다. 그 결과 당신은 이제 죄의식을 느끼는 사람들을 위로할 방법을 찾아내야 할 책임까지 지게 된다. 좋건 나쁘건 감정이 격해지고 과민해진다.

당신은 혼란에 빠지고 당황스러워질 수 있다. 집중이 안 되고 마치 벽을 향해 걸어 들어가는 기분이다. 이것은 초기 애도 상태에 겪게 되는 느낌이며 정상적인 것이다. 가족과 친지들이 도착하면 초기에는 환자 돌보는 것을 도와주는 것 같은 생각이 든다. 그러나 궁극적으로는 이 마지막 시간에 죽어 가는 사람과 함께하려는 당신을 방해한다는 생각이 들 수 있다. 정말로 중요한 것에 바칠 당신의 시간을 당신은 어떻게 보호할 것인가?

이제 당신에게는 새로운 할 일이 생겼다. 손님 잠자리를 마련해야 하고 깨끗한 타월을 내놓고 모든 사람이 필요로 하는 것을 충족시켜야 한다. 점심 식사가 될 만큼 음식은 풍부한가? 잠자리는 어디다 봐 줄까? 찰리 아저씨를 공항에 가서 맞을 사람은 누구지? 자동차에 휘발유는 충분한가? 목사님, 신부님, 랍비께 연락은 드렸던가?

그것은 임신 때부터 진찰해온 산과의사가 분만 과정에도 참여하고 싶어 하는 것과 다르지 않다. 가족과 친지들을 배려해야 하는 업무는 죽어 가는 사람과 그렇게 오랫동안 밀접하게 함께해 온 과정의 중요한 마지막 시간들을 당신이 환자와 함께하지 못하게 방해한다.

결국 할 일이 배정되고 일단의 사람들이 집과 부엌에 머물게 된다. 모든 사람들이 제자리를 잡는다. 그러니 이제 당신은 무엇을 할 것인가? 이럴 때 '무언가 하자, 무언가 하자' 하는 모든 일반적인 본능에 대항해 싸우라. 단지 죽어 가는 사람 곁에 조용히 앉도록 하라. 지켜보며 그 사람이 지금 어디에 있는지, 무엇을 겪고 있는지 상상해 보도록 노력하라. 애정 어린 부드러운 손길은 굉장히 훌륭하다. 그러나 그 사람의 마음을 흐트러지게 하거나 '뒤로 물러서게' 하지 않도록 노력하라. 그는 지금의 생에서 다음에 다가올 세상으로 이동하느라 매우 바쁘다는 것을 기억하라. 죽어 가는 사람에게는 지금이 몹시 바쁜 때다.

비록 우리가 지금 무엇이 진행되는지 명확히 볼 수는 없지만 많은 일이 진행되고 있다. 지금은 조용한 시간이어야 한다. 죽어 가는 사람과는 옆에서 '법석을 떨지' 않으면서 '함께해야' 한다.

간병을 하는 사람과 가족 가운데 어떤 사람은 아름답고 차분한 음악을 배경 음악으로 틀어 놓으면 평안을 느낀다고 한다. 환자가 좋아하는 곡을 고르면 될 것이다. 어떤 사람은 환자 곁에 나란히 앉아 환자를 부드럽게 만져 주거나 쓰다듬는다. 어떤 사람은 '밤샘'을 한다. 어떤 사람은 가족 앨범을 들추며 죽어 가는 사람의 생을 조용히 회상한다. 사랑하는 사람들이 당신 주위에서 당신의 생을 돌이켜 보며 그들에게 당신의 삶이 어떤 의미가 있으며 당신이 이 땅에 머문 것이 얼마나 중요한지 회상하는 가운데 안락하게 당신의 마지막 시간을 보낸다면 얼마나 멋질 것인가. 웃음이나 눈물이 억제되어서는 안 된다. 그것은 사랑과 애도의 자랑스런 표현이기 때문이다. 아무 감정이 없는 듯이 행동하지 않음으로써 죽어 가는 사람을 속이지 않게 되는 것이다. 감정을 지나치게 억제한다면 죽어 가는 사람은 당신이 감정을 표할 태세가 안 된 것이 걱정스러워서 당신 곁에 더 머무르려고 애를 쓸지도 모른다. 그러니 현재에 충실하되 자신도 되돌아 보도록 하라.

불행하게도 말기 환자는 자신이 죽어 가고 있다는 사실을 제대로 관리하지 못한다. 그러나 그들은 죽음의 순간을 선택하는 놀라운 능력을 갖고 있다. 그들이 만일 죽음의 순간에 당신이 곁에 있기를 바란다면 아마 당신이 그 순간 그 자리에 있게 될 것이다. 그는 당신을 기다릴 것이다. 손자가 올 때까지 운명을 미룬 채 기다리는 할머니 얘기는 수도 없이 많다. 혹은 딸의 결혼식이 끝날 때까지 숨을 부지하는 어머니, 가족이 즐겁게 보낼 날을 애도의 날로 만들지 않게 하기 위해서 명절 같은 특수한 날에 사망하기를 피하는 사례도 많다.

또한 그 반대 이야기도 사실이다. 아끼는 사람이 자신이 죽는 순간 같이하지 말기를 바라는 경우 죽어 가는 사람은 당신이 '곁에 없을 때'를 고른다. 그 사람은 당신을 제외시켜 주는 선물을 하는 것이다. 혹은 그 사람이 매우 사적이거나 내성적인 사람일 수도 있다. 혼수 상태일지라도 죽어 가는 사람은 가장 흔한 이유로 아마도 사랑 때문에 시간을 선택할 것이다. 그것은 당신 잘못이 아니며 그렇기 때문에 임종을 못했다고 죄의식을 느낄 필요는 없다. 그 결정은 처음부터 당신 손을 떠난 문제이다. 그러니 이 문제에 대해서는 편한 마음을 갖도록 하라.

당신이 해온 일에 대해 편안한 기분을 갖는 것이 좋다. 사랑하는 사람이 집에서 사랑에 둘러싸인 채 평화롭게 죽음을 맞도록 도와 주었기 때문만이 아니라 주위의 사람, 특히 자녀들에게 당신이 가르쳐 준 것 때문에도 그렇다. 당신은 죽음에 이르는 이 과정이 공포나 통증, 또는 고통일 뿐이지는 않다는 것을 그들에게 보여 주었다. 대신 당신은 그 과정이 생이 끝나는 순간까지 매일매일 어떻게 죽느냐보다는 죽을 때까지 매일매일을 어떻게 살아야 하는지를 배우는, 어렵지만 사랑스러운 기회라는 것을 보여 준 것이다.

당신은 당신이 사랑하는 이 죽어 가는 사람으로부터 강력하고도 정신을 고양시키는 교훈을 배워 다른 사람과 공유하게 된다. 그것은 앞으로 어떤 죽음의 경우에 부닥치게 되더라도 적용 가능한 지식이 될 것이다. 이제 당신은 당신 자신의 죽음을 예측해볼 수 있을 것이다. 공포에 빠져서가 아니라 당신 인생의 마지막 장을, 동정심 있고 관대하고 특별한 당신 자신을 진정으로 반영하는 방식으로 기록할 수 있는 가장 찬란한 기회로 바라볼 수 있을 것이다. 당신이 해온 것, 당신이 누구인지에 대해 진가를 인정하기 바란다.

기억하기

마지막 시간을 잘 이겨 냈다면 이제 새로운 여정인 애도의 길에서도 위안을 얻을 수 있다.

7부

새로운 여행의 시작

37

울음의 치유력

나는 이제껏 우는 것이 나쁘다고 생각하지 않았다. 오히려 한바탕 울고 싶은 마음에 슬픈 영화를 찾아 나선 적도 있다. 울 수 있는 능력이나 울고 싶다는 마음이 내게는 직업상 큰 자산이었다. 울음은 엄청난 정화력을 지닌 카타르시스를 유발하며 슬픔에 대한 가장 좋은 치료방법이다. 울음이 정말로 훌륭한 치유력을 지닌 덕분에 나는 1981년부터 그렇게 장기간에 걸쳐 호스피스 간호사로서 내 일을 계속해 올 수 있었다.

나는 죽어 가는 사람을 2000명 이상 돌보았고 아직도 내 일에서 맞닥뜨리게 되는 해볼 만한 일들을 사랑한다. 말기에 이른 환자가 겪게 되는 육체적, 정서적 난관들을 마주하는 일은 고통스러운 게 사실이다. 그러나 항상 임종을 맞는 사람들에게는 심오한 아름다움과 의미가 감돈다. 내가 다른 직업을 가졌더라면 결코 체험할 수 없는 경험이다. 내 일은 생의 다른 끝에서 새로운 탄생을 유도하는 일과 같다.

물론 내가 하는 일에는 많은 슬픔이 수반된다. 죽음이 다가옴에 따라 나의 환자들은 연속해서 상실감을 겪어야 한다. 나는 그들의 곁에 앉아 말을 해 주고 그들이 하는 말을 듣는다. 식탁에 같이 앉고, 그들이 앉는 안락의자 곁이나 침대에 무릎 꿇고 앉거나 때로는 그들의 약해진 목소리를 듣기 위해 엎드려 귀 기울인 채 그들의 말을 듣는다. 나는 그들과 그들 가족까지 몇 주일, 몇 달, 어떤 때는 몇 년간 돌보아 왔다. 나는 결코 그 사람들을 잊지 못할 것이다.

가족들은 독립성, 건강, 이전의 정체성 등 환자 자신이 겪는 상실감뿐만 아니라 가족 자신이 앞으로 겪게 되리라 예측되는 상실감도 감당해야 한다. 나의 일이 끝나는 때에 가족들은 애도의 전혀 새로운 과정을 시작해야 한다. 나 역시 조용히 애도한다. 호스피스 윤리에 따라 환자 가족과 나의 관계는 장례와 함께 마감되어야 한다. 애도의 과정은 가장 훌륭한 전문가들인 호스피스 사별 지원팀의 도움을 받으면 되는데 그것은 내 영역이 아니다. 그래서 환자를 잃으면 나는 슬픔에 빠지는데 가족들과의 헤어짐은 더더욱 슬프다. 나는 자주 그들을 걱정하고 그들이 어떻게 지내는지 궁금해한다. 그들의 집 가까이 지나갈 때마다 나는 그 사람들을 생각한다. 내 마음속 지도에는 '토니가 살던 곳이 저 모퉁이였지, 혹은 저곳은 메리가 머물던 곳인데, 그리고 도나의 자녀들이 저 학교를 다녔지, 지금 그 아이들은 잘 지내고 있을까 등등' 처럼 특별한 기념물들이 가득 표시되어 있다.

가끔 나는 "어떻게 울음을 참아요?"라는 질문을 받는다. 글쎄, 나는 울음을 잘 참지 않는다. 나는 운다. 사실 나는 굉장히 많이 운다. 때로는 내 환자와 함께 울고 어떤 때는 환자 가족과 함께 운다. 그러나 혼자 울 때가 가장 많다. 내가 혼자 운다는 것은 그저 점잖게 코를 훌쩍이거나 휴지로 눈물을 찍어 내는 정도로 우는 게 아니다. 머리를 뒤로 젖히고 입도 크게 벌리고 그야말로 통곡을 한다. 크게 울수록 더 좋다. 에어로빅 울기다. 그것은 투자와 비슷하다. 많이 투입할수록 소득이 더 크다. 조금 투입하면 언젠가 또 투입해야 한다. 그러나 나는 몹시 어려운 일이기는 하지만 나의 가족들 앞에서는 울지 않으려고 무척 노력한다. 호스피스 일은 매일 저녁 집으로 가져가서는 안 되는 종류의 일이다.

나는 울기 좋은 장소를 알고 있다. 집으로 가는 마지막 몇 킬로에 달하는 유료 도로다. 한 달에 몇 차례씩, 아무런 특별한 경고 없이 진입로에 들어서는 순간 눈물이 솟구쳐 나오곤 한다. 그러면 나는 핸들을 꽉 잡고 울음을 터뜨린다. 요금계산소에 들어설 무렵까지 흐느끼는 경우도 종종 있다. 초창기에는 요금 징수원에게 신경을 썼다. 그들은 내가 허둥대며 돈을 꺼내 그들의 손에 올려놓을 때 눈물로 범벅이 된 내 얼굴을 바라보았다. 거스름돈을 기다리는 동안 그들은 내가 흐느끼는 소리를 들었다. 울음을 참으려고 몇 차례 노력해 본 후 나는 그 사람들이 나를 어떻게 볼까 걱정하지 않기로 했다. '이 사람들과 알고 지낼 사이도 아닌데 도대체 뭐가 문제란 말인가? 그리고 이렇게 울고 가면 우리 가족들은 우는 내 모습을 안 보게 되는데.' 그렇게 생각했던 것이다. 유료도로는 내가 마음껏 슬픔을 발산할 수 있는 공간이었다.

몇 년 전 나는 이웃 도시에 있는 새로운 환자를 만나러 갔다. 나는 초인종을 눌렀다. 사랑이 넘치는 대가족의 최고 어른을 돌보기 위해 몇 주일 동안 나는 그 초인종을 눌렀다. 그 집 아들이 문을 열었을 때 나는 그의 반응에 놀라 뒤로 물러섰다. 그는 놀라 입을 크게 벌렸고 내 얼굴과 내 직함이 적힌 이름표를 보고 눈을 휘둥그레 떴다. 어쨌든 그는 친근해 보였는데 그의 태도를 어떻게 판단해야 할지 나는 어리둥절했다. 어색한 순간이 흐른 후 그가 부드럽게 말했다. "아! 이제 알겠군요. 자, 들어오시지요." 그제서야 나는 그가 고속도로 요금징수원으로 일하는 사람이라는 걸 깨달았다.

"아이들과 저녁 먹으면서 우는 것보다는 차 안에서 울어 버리는 게 낫거든요." 내가 수줍어하며 고백했다.

"그렇게 여러 번 마음 아파하시는 걸 보니 당신은 진정으로 환자를 보살피는 분이군요. 당신이 우리 어머니를 보살피게 되어서 기쁩니다." 그가 웃으며 덧붙였다. 내 성실성에 관해 궁금해하지 않고 그는 나의 여린 마음과 태도를 존중했다.

몇 주일이 흐르면서 나는 그에 대해 더 잘 알게 되었다. 그는 자기가 요금징수소의 다른 동료들과 함께 쉬는 시간에 '은빛 자동차의 눈물 흘리는 여인'에 관해 얘기를 나누곤 했는데 모두들 이상하게 생각했다고 한다. "그 여자한테는 왜 그렇게 좋지 않은 일이 계속해서 일어나는 걸까?" 한 젊은 동료는 내가 지나갈 때 "그 나쁜 놈하고 헤어져요!" 하고 소리치고 싶었다는 거였다. 다음 날 요금징수소를 지나며 나는 그 말이 생각 나 웃음을 참을 수가 없었다.

요즘 내가 그곳을 지날 때는 "안녕하세요, 간호사님?" 하는 인사를 받거나 서로 알고 있다는 미소나 끄덕임, 또는 가벼운 손 인사를 받곤 한다. 잘 모르는 이들 직원과 나는 우리의 일상생활 속에 엮여 있고 우리가 함께 나누는 슬픈 여정 속에서 타인들까지도 한데 묶어 주는 슬픔의 실타래를 함께 느낀다. 아무 말도 안 한 상태이지만 내가 보인 슬픔은 그들 자신의 비극적 요소를 확인시켜 준다. 아마도 그들도 울음을 터뜨릴 적당한 때와 장소를 찾았을 것이다.

기억하기

자신을 잘 돌보아야 남을 잘 돌볼 수 있다.

38

애도의 기술

호바트 대령은 내가 정식으로 맡은 환자가 아니었다. 하지만 주말에 고객 응대 서비스에서 내게 그가 방금 사망했다고 연락을 해 왔다. 나는 즉시 그의 아내에게 전화를 걸어 애도를 표하고 우리 집에서 그 댁까지 차로 얼마나 걸릴지 물었다. 새벽 세 시였고 그 지역이 생소했기 때문에 나는 그 부인에게 어둠 속에서 집을 쉽게 찾을 수 있도록 가능한 한 등을 많이 켜두라고 부탁했다. "네, 알아볼 수 있을 거예요." 부인이 답했다.

가로수가 줄지어 선 한적한 길로 접어들자 어느 집인지 금방 알 수 있었다. 모든 창에 불을 다 켜 놓고 현관에도 번지수가 드러나도록 불을 환하게 밝혀 놓은 집이 보였다. 길 양쪽이 주차된 차로 꽉 차 있었지만 집으로 들어가는 자동차 도로는 비어 있었다. 세 대가 주차될 수 있는 차고도 텅 비어 있고 불이 환하게 켜져 있었다.

그때 그 부인이 눈에 띄었고 나는 그 부인의 마음을 금방 눈치챌 수 있었다. 호바트 부인은 목욕 가운 차림으로 흙이 담긴 자루들에 둘러싸인 채 차고 한가운데 무릎 꿇고 앉아 커다란 화분들에다 커다랗고 빨간 제라늄 꽃을 심고 있었다.

내가 자동차 길을 따라 다가가자 부인이 나를 올려다보았다. 뺨에는 눈물이 흐르고 있었다. "정말 미친 짓인 줄 알아요. 그렇지만 지금 당장 하지 않고는 견딜 수가 없었어요." 부인이 말했다.

나는 몸을 기울여 그녀를 살짝 안으며 말했다. "아닙니다. 저는 다 이해해요. 당신은 미치지 않았고 이런 행동의 이름은 '정상'이라는 거예요."

"그렇게 말해 주시니 고마워요." 부인이 흐르는 눈물 사이로 가볍게 웃으며 말했다. 이어 부인은 숨진 그녀의 남편이 누워 있는 집 안으로 발걸음을 옮겨 나를 안내했다.

마음껏 슬퍼하기

아버지가 돌아가신 후 나는 갑자기 검은색 옷을 입고 검은색 완장을 차고 집 현관에 검은색 리본을 거는 전통에 대해 알게 되었다. 주위의 세상은 내가 심장과 뇌가 슬픔에 젖은 채 매일매일을 아무 감정도 없는 로봇처럼 일을 하며 지낸다는 사실을 전혀 눈치채지 못했다. 동네 식품점에 갔다가 나는 두 번이나 어떤 물건을 보고 예고 없이 무너져 내리며 슬픔에 빠졌다. 아버지가 좋아하시던 아라비아산 대추야자와 중간 당도의 초콜릿이었다. 두 번 다 나는 물건을 잔뜩 실었던 카트를 상점 통로에다 내팽개친 채 눈물을 쏟으며 식품점에서 뛰쳐나왔다. 나는 명절날과 아버지의 생일 등 원초적인 슬픔을 불러일으킬 시점들에 대비해 마음을 굳게 다지고 나를 방어할 수 있었다. 그러나 이러한 예상치 못한 곳에서 만나는 아무것도 아닌 것 같은 순간들이 나를 무릎 꿇게 만든 것이다.

어린 아들이 자기 딴에는 슬픔을 표현한다고 내게 말했다. "할아버지 생각을 하면 목 안이 굉장히 쓸쓸해요." 아이가 목이 멘다는 느낌을 얼마나 잘 포착했는가. 또한 사실 슬픔은 자주 육체적으로 감지되지 않는가. '가슴이 찢어지는 슬픔'이 정말로 심장이 갈기갈기 찢기는 느낌이라는 것은 내 가슴이 찢어지는 경험을 하기 전까지는 실감하지 못했다. 내가 정말로 고통이 느껴지는 곳을 집어낼 수 있다는 것에 나는 놀랐다.

애도는 힘든 일이다. 그렇지만 긍정적으로 삶을 추구하려 한다면 그것은 하지 않으면 안 된다. 우리의 슬픔을 표출해낼 건강한 출구가 없으면 고통은 필요 이상 훨씬 장기간 지속되고 우리의 관계를 분열시키고 육체적 질병을 일으킬 가능성도 높다.

슬픔은 안팎으로 인식되고 표현될 수 있으며, 슬프지 않다고 억지로 부인하는 가운데 교묘하게 드러날 수도 있다. 우리들 가운데 너무나 많은 사람들이 눈물, 애석함, 그리고 우울함까지도 정상적인 슬픔의 표시인데도 어릴 때 울면 '애기처럼 울지 말라' 거나 '참아야지 울면 안 돼' 라고 배웠다.

남의 눈에 덜 띄는 슬픔의 신호에는 집중력 약화, 마음의 동요, 수면 및 식사 습관의 변화, 체중의 증가나 감소, 죄책감, 돌연한 공포, 화, 분개, 끝없는 후회 등이 포함된다. 어떤 사람들은 이러한 증세가 너무 심해 깜짝 놀라며 자신들이 미쳐 가고 있다고 느낀다. 그러나 사실은 슬픔을 표출하는 정상적이고 평범하고 건강하기까지 한 방법들이다.

나는 개인적으로 내가 해야 할 기간 이상으로 애도의 과정을 연장하려 들지 않는다. 반면에 나는 폭풍의 소용돌이 속으로 곧장 들어간다. 그렇게 하지 않으면 내 업무 수행 중에 목격하는 그 많은 상실을 지속적으로 겪어 낼 수가 없을 것이고 지금과 같이 기쁨과 성취감을 느끼며 살 수가 없을 것이다. 나는 자주 우리 가족들에게 말한다. "억지로 참으며 애도할수록 더 고약해진다. 최소한 당분간은 그렇다. 그러니 곧바로 슬픔에 빠져들어서 마음껏 슬퍼하도록 해라." 자주 울라. 그리고 활기차게 울라. 필요하면 도움을 요청하라. 슬픔은 겉으로 드러낼수록 당신을 더 적게 휘두른다.

그러나 우는 것이 당신 스타일이 아니라면 밸브를 열어 '고통을 배출해 낼' 수 있는 다른 방법을 찾으라. 상실감을 이겨 내는 방법에는 여러 가지가 있다. 예술적 표현, 육체적 활동, 기도, 명상, 친구와 대화하기, 전문적인 상담, 그리고 자연 속에서 시간 보내기 혹은 골프공 후려치기 등이 있다. 중요한 점은 당신의 경험에 맞는 건강한 배출구를 가능한 한 많이 찾아내는 것이다. 물론 당신의 본능이 고통을 술이나 약으로 달래려 한다거나 고통이 참을 수 없을 정도로 커져 버렸다면, 자기 자신이나 다른 사람을 해치지 않으면서 당신의 삶을 정상적 궤도로 돌려놓아 줄 전문적인 도움을 받도록 해야 한다.

또 다른 치유 방법은 비슷한 경험을 한 다른 사람에게로 다가가는 것이다.

호스피스에서 일하는 자원봉사자 가운데에는 남편을 잃은 여인이나 전에 호스피스의 도움을 받은 환자의 가족들이 많다. 이 사람들은 우선 다른 사람들과 달리 어떻게 도움을 줄 것인지를 안다. 이들은 슬픔을 긍정적인 무언가로 전환시킨 훌륭한 자원봉사자들이다. 그들은 슬픔은 과정의 일부분이라는 것을 터득했다. 그러나 그것은 목적지가 아니며, 그 과정은 진행될수록 순탄해진다. 그들은 또한 그들의 과정은 사적인 것이고 자원봉사자로서 그들의 일은 애도하는 사람이 겪는 과정에 초점을 맞추는 것이다. 결국 모든 사람에게 동일한 애도 경험은 결코 없다는 것이다.

애도를 제대로 하면 회복이 훨씬 더 쉽다. 슬픔은 결코 완전히 사라지지 않지만 그것은 관리가 용이하고 훨씬 덜 고통스러운 형태로 당신의 삶에 끼어들기 시작한다. 상실로 인해 당신의 삶에 뚫린 구멍은 결코 완전하게 메워지지 않지만 사랑하는 고인을 생각할 때의 견디기 어려운 고통을 고인이 우리 삶에 미친 멋진 방식들에 대한 달콤한 회상으로 반전시킬 수 있다. 그리고 우리가 아무리 슬퍼할지라도 우리가 슬픔을 수용하는 일 자체는 다른 사람이 견디기 어려운 슬픔에 맞닥뜨릴 때 그들에게 도움을 준다.

애도의 방식

친지와 가족은 똑같이 상실을 겪지만 그들이 나타내는 반응은 항상 개인에 따라 제각각이다. 사랑하는 사람의 마지막 몇 달간 다른 사람들을 배려하고 죽어 가는 사람을 매일 돌보며 든든한 지주 역할을 한 바로 그 사람이야말로 환자가 사망한 후 가장 큰 위로를 받을 필요가 있을지 모른다. 그런가 하면 어떤 사람은 사랑하는 사람이 죽어 가는 기간 동안 슬픔에 잠겨 아무 일도 못 했지만 그 사람이 죽은 다음에는 기력을 되찾아 가족 모두를 위로하는 경우도 있다.

나는 가족은 사랑하는 사람을 상실한 슬픔을 함께 겪는다는 생각에 동의하지만 그러면서도 가족 구성원 각자가 나름의 방식과 시간에 따라 애도한다는 점을 염두에 두어야 한다고 생각한다. 어떤 사람은 남들보다 내면적으로 조용하게 홀로 애도하는 시간을 택할 것이다. 그런 사람은 책을 읽거나 글을 쓰거나 그림을 그릴 수 있다. 어쩌면 매일 아침 숲길을 홀로 걷고 싶어 할지도 모른다. 그런가 하면 어떤 사람은 유머 속에서, 또는 미친 듯이 청소를 하며 위안을 얻을지 모른다. 그런가 하면 자기 아버지의 마지막 날들에 모든 일을 다 맡아서 했던 환자의 딸이 아버지가 돌아가신 다음에는 갑자기 무기력증에 빠져 일손을 놓아 버릴 수도 있다. 이런 어려운 때에는 상실을 겪고 있는 다른 사람들에게 그들의 애도 방식이 어떠하든 가능한 한 세심하게 배려해 주는 것이 아주 중요하다.

애도 전문가의 도움

명시되어 있는 것은 아니지만 세상은 우리에게 한두 달간의 애도 기간을 허락해 주는 것 같다. 그런 다음에는 얼굴에 미소를 띠고 아마도 새로운 관계를 맺고 '앞으로 더 나아가라'고 기대한다. 위로의 식사 초대도 중단되고 친구들의 위로 전화도 차츰 줄어든다. 애도 기간이 길어지면 다른 사람을 불편하게 만들기 시작할지도 모른다. 그래서 당신의 기분이 좋아지도록 하지 못했다는 좌절감과 실패감에서 그들은 뒤로 물러선다. 그 결과 아이로니컬하게도 의도와는 관계없이 당신이 감당할 상실감은 더욱 커지고 만다.

그런 경우에는 애도 전문 팀의 도움을 받을 것을 강력히 권한다. 그리고 훌륭한 그룹들을 카운슬링센터, 병원, 교회 등을 통해 찾을 수 있다. 애도 지원은 호스피스 프로그램에서 제공하는 서비스의 한 부분이다. 그리고 이것은 일반적으로 무료다. 비슷한 여행자와 함께 여행을 하는 것은 매우 도움이 된다. 그리고 때로는 상실과 비애를 함께하는 유대 관계로부터 멋지고 새로운 우정이 생성될 수도 있다.

다음은 친구에게 줄 수 있는 특별한 조언이다. 슬픔에 빠진 친구가 상실에 관해 이야기하면 실컷 말하도록 해 주고, 마치 전에 들은 적이 한번도 없는 것처럼 얘기를 들어 주라. 그렇게 이야기를 할 때마다 그 친구는 슬픔의 고통을 조금씩 줄일 수 있게 된다는 사실을 이해하도록 하라. 그것은 마치 금방 터질 듯 공기가 과도하게 들어찬 풍선에서 한 모금 정도의 공기가 빠져나가는 것과 같다. 한 모금 한 모금 공기가 빠져나갈 때마다 풍선의 긴장감은 훨씬 줄어든다. 참을성 있게 거듭해서 이야기를 들어줄 때마다 여러분은 가장 따스하고 도움이 되는 지원을 친구에게 제공해 주는 것이다.

다음은 유족에게 주는 조언이다. 무엇보다도 자신을 고립시키지 말고 다른 사람들이 애도 기간 내내 당신을 배려하고 도움을 줄 수 있도록 허락하라. 독립적이고 자기 자신을 믿고, 극기적인 상황에 익숙하게 성장한 많은 사람들에게 이것은 특히 어려운 일이다. 매일 침대나 소파에서 벗어나 샤워를 하고 옷을 차려입고 잘 먹도록 하라. 그리고 초인종이 울리면 문을 열어 친구나 동료가 선물로 가져오는 수프나 꽃을 받고, 그들의 포옹을 받아 주고 전화가 오면 전화를 받고 그들과 함께 산보를 나가거나 외출해서 점심 식사를 같이 하라. 그들이 당신을 설득해 체육관으로 가게 한다거나 손톱을 다듬으러 가자고 하면 따라나서고, 자신의 현재 심정에 솔직해지도록 최대한 노력하라. 슬픔을 이겨 내는 데는 적당하다고 정해진 시간이나 방법이 없다는 점을 명심하라.

중요한 것은 당신이 서 있는 자리를 지키고, 당신을 사랑하는 사람들의 도움을 실제로 느끼도록 노력하는 것이다.

우리 모두 상처를 입으면 그 상처를 낫게 하는 치료를 받을 필요가 있다. 어두운 감정의 구덩이에 빠져 있을 때 우리는 우리를 도와주려고 내려진 여러 다양한 '사다리들' 가운데 어떤 사다리 또는 모든 사다리에 손을 뻗칠 수 있다.

그리고 중요한 것은 한 계단 한 계단, 한 발자국 한 발자국 그 사다리를 타고 오르기 시작하는 것이다. 우리에게 도움을 줄 사람들이나 일은 항상 있다. 찾아보도록 하라.

기억하기

슬픔은 겉으로 드러낼수록 벗어나기 쉬워진다.

39

어린이들은 어떻게 애도하나?

나는 지금까지도 계란 반숙만 보면 할머니의 부엌이 떠오른다. 할머니가 돌아가셨을 때 나는 네 살이었는데 그 많은 세월이 지난 지금에도 반숙 계란의 맛은 할머니와 함께 앉아 아침 식사를 하던 즐거웠던 기억과 느낌을 되살린다. 그것은 내가 아끼는 좋은 기억이다.

그러나 모든 기억이 다 좋은 것은 아니다. 나는 할머니 코에서 피가 나기 시작하면 휙 안겨서 다른 데로 옮겨지던 어릴 때의 공포를 지금도 느낀다. 그것은 똑똑 핏방울이 떨어지는 게 아니었다. 고혈압이었던 할머니는 가끔 너무나 갑작스럽게 코에서 피를 분출하곤 했다. 만약에 내가 '할머니의 말썽 코'에 대해 간단한 설명을 들었더라면 그런 공포를 느끼지 않았을 것이다. 나는 이층의 내 방에 옮겨져 온갖 무서운 상상을 다하며 지내야 했다.

아이들은 질병과 죽음을 성장 단계별로 다르게 감지한다. 그러나 그들도 항상 감지는 한다. 모든 어린이는 비록 똑같은 방식은 아닐지라도 성인과 마찬가지로 상당히 의미심장하게 애도한다. 부모의 입장에서 아이들에게 어떻게 해주는 게 좋을지는 자신이 어린 시절에 경험한 죽음의 슬픔을 되새겨 보면 도움이 될 것이다. 혹시 지금까지도 뇌리에 맴도는 금지사항이나 공포 때문에 괴로워하지는 않는가? 당신이 경험한 내용은 긍정적인 것인가 아니면 부정적인 것인가? 자녀가 경험하는 내용을 건강하고 긍정적인 경험으로 만드는 것은 여러분 손에 달렸다.

최상의 대책은 적절한 시기를 선택해서 솔직하게 임하는 것이다. 올바른 용어를 사용하고 알기 쉽게 설명하고 아이에게 이해가 되는지 물어 보도록 한다.

아이가 이해를 못 했다고 하면 다른 방법이나 설명으로 다시 설명해 주도록 한다. 간접적이거나 상징적인 언어를 사용하면 아이들은 혼란스러워한다(예를 들어 "할아버지를 병원에 모시고 갔는데 그만 놓쳐 버리고 말았단다"라고 말하면 아이는 "언제 찾을 건데요?"라고 물을 것이다). 어느 정도 성장한 아이들은 간접적인 표현을 쓰면 '사망, 죽어 가는 과정 및 그 후의 애도에 대해서는 완곡하게 표현하고 토론을 하지 않는 것이구나' 하고 이해한다. 만일 아이에게 정보를 제때 알려주지 않으면 아이는 당신이 도움이 안 되고 믿을 수 없는 어른이라는 인식을 갖게 된다. 그렇게 되면 아이는 걷잡을 수 없을 정도로 자기 나름의 상상 속으로 빠져들어 안전을 보장하기 어렵게 된다.

아이에게 정직하게 다 터놓고 말하기가 너무 어려울 뿐만 아니라 아이도 그 말을 들으면 너무 당황하지 않을까 사람들은 생각하기 쉽다. 아이를 유쾌하지 않은 일과 고통으로부터 보호해 주고 싶은 건 자연스런 일이다. 그러나 아이에게 진실을 감출 수는 없다는 것을 인식하는 게 중요하다. 비록 일정 기간 비밀에 부칠 수 있다 하더라도 비밀에 따른 감정적인 후유증은 처음에 당신이 회피하려고 했던 고통보다 엄청나게 커질 수 있다. 죽음을 맞는 과정의 초기 단계에서 아이를 개입시키게 되면 아이는 이 상실에 대비해 준비하고 이별 인사를 하고 건강하게 미리부터 애도를 시작할 수 있는 기회를 갖게 된다. 만약에 그 과정에 개입시키지 않으면 아이들은 실제보다 더 나쁜 방향으로 상상하게 된다. 시련을 함께 나눔으로써 여러분은 자녀들과 유대를 강화하는 기회를 얻을 수 있다. 이러한 기회를 놓치지 말도록 한다.

2001년 9월 11일에 나의 손녀 엘리와 탤리는 각기 두 살 반과 18개월이었다. 딸과 사위는 집에 TV가 한 대 있는데 아이들 생각에 공영방송인 PBS 한 군데 채널만 남기고 다른 채널은 다 막아 두었다. 딸 내외는 아이들을 9·11 테러의 소용돌이 속에서 뉴스와 전 세계의 불안정한 느낌으로부터 보호하기 위해 모든 수단을 다 동원했다. 그런데 몇 달 후 보스턴으로 차를 타고 가다가 굴뚝에서 연기를 내뿜고 있는 공장 옆을 지나게 되었다. 탤리가 연기를 가리키며 말했다. "불이다!" 그러자 엘리가 아주 당연하다는 듯이 답했다. "아냐, 비행기가 충돌한 거야." 누구도 아이를 100% 격리 보호할 수 없는 것이다.

누군가 죽어 가고 있으면 주위의 모든 환경이 바뀐다. 아주 어린 아기조차도 긴장감을 감지할 수 있고 괴로움을 표출한다. 비언어적인 실마리는 넘쳐 난다. 근심 어린 표정, 익숙하지 않은 방문객, 소리를 낮춘 대화, 유례없이 제자리에 없는 사람들 등등. 그리고 비언어 형태의 실마리만 있다고 추정하면 안 된다. 이웃 사람들의 잡담이 학교 운동장에서는 엉뚱한 내용으로 비약되기도 한다. 떠도는 뒷공론이 근거 없는 내용이라는 진정 어린 설명이 없으면 아이들은 재빨리 자기 나름의 결론을 내린다. "할머니는 우리를 사랑하지 않아서 멀리 가신 건가요?" "아픈 남동생을 만지면 나도 똑같이 아프게 되나요?" 마술 같은 생각과 창의적인 상상력의 힘이 보태지면 이러한 환상적인 해석은 실제 상황보다 훨씬 더 상처를 주고 불안을 유발하는 방향으로 진전될 수 있다. 당신은 아이들에게 중요한 일이 일어나면 모든 걸 알려줘서 아무것도 모르는 상태에 두지 않겠노라고 확신시킴으로써 그런 불안을 방지할 수 있다.

어린이를 위해 죽음을 확실하게 설명해 주는 것이 중요하다. 8세에서 10세 정도의 어린이들 대부분은 죽음이 지닌 종말성, 보편성을 이해하기 시작한다. 더 어린 아이들은 간혹 죽음은 일시적인 수면 같은 것으로 믿거나 믿고 싶어 한다.

한편 어린이들은 생명이라는 것을 이해하고 그래서 죽음은 생명이 없는 것이라고 파악할 수 있을 수도 있다. 생명이란 우리가 달리고, 뛰어오르고, 숨쉬고, 먹고, 잠자고, 슬픔을 느끼고 상처 받을 수 있다는 것이다. 달리거나 뛰어오르거나 숨쉬거나 먹거나 잠자거나 느끼거나 상처 받을 수 없을 때, 죽음은 바로 그런 상태인 것이다. 어쨌든 자신들이 한 어떤 것, 혹은 실패한 것 때문에 질병이나 죽음이 야기되었다고 죄의식을 갖거나 후회하는 기미가 없는지 지켜보도록 해야 한다.

애도 의식은 죽음이 지닌 종말성을 확인시켜 주고 실질적인 애도가 시작되도록 만들어 준다. 기회 있을 때마다 아이들을 애도 의식에 참여시키는 게 중요하다. 단 그들이 원할 경우에 한해서 그렇게 하라는 말이다. 좀 더 나이 든 아이들은 계획 단계나 추모 행사에 참여하게 되면 존중받았다고 느낄 수 있다. 아이들은 주위에서 볼 수 있는 것을 자기 행동의 본으로 삼는다. 그리고 애도 의식은 아이들에게 슬픔의 자연스런 표출을 목격할 수 있는 기회를 준다. 그러나 구경하듯 행사에 잠시 참가하는 것이 적절할 것이다. 아이들은 낯선 사람들이 만지거나 말을 던지면 쉽게 압도당하기 쉽다. 방금 아버지 없는 아이가 된 소년에게 "이제는 네가 집안의 남자야"라든가 슬픔에 잠긴 여자애에게 "이젠 네가 아빠를 보살펴 드려라"라고 말하는 것은 극도로 해롭다. 남아 있는 부모가 계속 부모 노릇을 해줄 것이며 혼자 남은 부모가 자녀들을 계속 돌볼 것이라고 확신시켜 줌으로써 그런 무신경한 언급들로부터 아이를 보호해 줄 수 있다.

만일 아이가 애도 의식에 참여하지 않겠다고 한다면 그것은 익숙하지 않거나 잘 모르는 것에 대한 두려움 때문일 경우가 흔하다. 그런 경우에는 아이의 의견을 존중한다. 그러나 나중에라도 자신이 한 선택을 아쉬워하면 아이의 의사를 존중해 준다. 밤샘, 장례식, 추도식은 마지막 인사를 할 수 있고 고인을 우리와 마찬가지로 사랑한 사람들과 함께할 수 있는 기회라고 설명해 주면 도움이 된다. 관이란 어떤 것이며 시신은 어떻게 보일지(관 뚜껑을 열어 놓을 경우), 손을 대어 만질 수 있는지 등을 포함, 어디서 의식이 벌어지는지 단계별로 어떻게 진행되는지를 설명해 주도록 한다. 서로 느낌을 주고받도록 하라. 그리고 아이에게 울거나, 입을 다물고 침묵을 지키거나, 책을 읽거나, 몇 분간 밖에 나가 혼자 있거나, 심지어 킥킥 웃는 등 어떤 식으로든 감정을 표출할 수 있다고 허락해 주도록 한다.

장례식이나 화장하기 전에 아이를 데리고 고인이 된 사람과 호젓한 시간을 갖도록 하라. 나는 고인을 일반에 공개하기 전에 15분 내지 30분간 측근 가족들만 고인을 접하는 은밀하고 사적인 시간을 가지라고 권한다. 어린이가 죽은 사람을 손으로 만지거나 질문할 수 있는 아주 이상적인 시간이다. 어린이에게 사랑하는 고인과 함께 묻어 주고 싶은 물건이 있는지 물어 보도록 한다.

갓 성인기에 접어든 자녀는 자신의 존재를 우주의 중심이라고 생각한다. 이 것은 정상이다. 그러므로 자신들의 세계에서 그들은 매우 힘 있는 존재이다. 외향적으로든 내향적으로든 이 경험이 그들에게 직접적으로 어떤 연관을 갖는지에 관해 관심을 갖는다는 점을 이해하라. 어떤 연령대건 어린이들은 삶이 정상으로 돌아온다는 것과 자신들이 항상 보살핌을 받을 거라는 확신을 필요로 한다.

갓난아기는 더 자주 안아 주고 흔들어 줄 필요가 있다. 아장아장 걷는 유아를 위해서는 늘 그랬던 시간에 늘 보던 익숙한 음식을 식탁에 차려둘 필요가 있다. 유아들은 좋아하는 이야기책을 거듭해 읽어 주길 바랄 것이다. 좀 더 자란 어린이는 재미있는 놀이를 해도 좋은지 궁금해할지 모른다. 십대의 자녀는 친구들과 어울리려면 허가를 받을 필요가 있다. 십대의 아이들은 경제적 어려움으로 인해 이사를 가거나 대학 진학 계획에 변화가 올지 모른다고 걱정하기 쉽다. 가능하다면 이런 사실에 대해 확신을 주도록 하라. 그리고 달라질 새로운 상황에 대해 터놓고 현실에 맞게 토론할 준비를 하라.

모든 어린이들은 산발적으로 아주 짧은 시간 집중적으로 애도하며 곧 이어 "점심은 뭐예요?" 하고 묻는다. 그들의 이러한 너무나 자기중심적인 태도나 수시로 아무렇지도 않은 듯 보내는 모습을 보고 애도하는 마음이 부족하거나 남의 기분을 모르는 무신경한 태도, 혹은 남을 배려하는 마음이 부족한 것으로 오해해서 나무라면 안 된다.

모든 연령대의 아이들에게 자신의 느낌을 분명히 밝히거나 슬픔을 표현할 방법을 찾도록 도와줄 필요가 있다. 가족과 함께 시간을 보내든, 상실을 겪은 같은 나이 또래의 아이들과 어울려 지원 그룹의 지원을 받든 함께 나누는 것이 도움이 된다. 성인들과 마찬가지로 어린이들도 부정하기, 고인에 대한 그리움, 우울증, 화내고 혼란에 빠지는 등의 과정을 거친다. 그리고 이러한 감정들은 파괴적인 태도로 표출되곤 한다. 규율을 변경하지 않는 것이 중요하다. 어린이들은 안전하고 튼튼하게 느낄 테두리를 필요로 한다. 인내심을 갖고 확고한 자세를 유지해야 한다. 아이들이 이러한 고조된 감정을 표출할 수 있도록 출구를 찾아 주도록 해 본다.

이러한 주제에 관한 주요 서적인 헬렌 피츠제럴드가 쓴 '애도하는 어린이: 부모들을 위한 지침'에는 예측되는 행동 유형과 감정, 유의해야 할 징후들에 대해 매우 귀중한 지침과 함께 역할 인형극, 진흙 모형, 그림 그리기, 일지 적기, '추억 상자' 간직하기 등 아이들이 감정을 표출하도록 도와주는 활동들이 소개되어 있다. 피츠제럴드는 또한 '아이들의 장례식'을 갖는 상세한 절차도 제안하고 있다. 이것은 본격적인 장례식이나 추도 의식에 앞서 어린이들이 직접 계획하고 주도하는 짧은 애도 의식을 가리킨다.

두 살이 안 된 어린 아기들도 그 어린 시절의 경험을 기억하고 있다고 알려져 있다. 장례식 후 고인의 사진들을 보이는 곳에 비치한다거나 좋아하는 가족 이야기를 자주 반복해서 들려줌으로써 자녀의 기억을 강화시켜 줄 수 있다. 그렇게 함으로써 자녀들에게 그들이 사랑하였지만 잃게 된 소중한 사람에 대한 강렬한 기억과 함께 그 사람과의 연관성을 지속시켜 준다는 소중한 선물을 주게 되는 것이다.

성장과정에 따른 애도 방식

첫돌 무렵

아주 어린 아기는 죽음을 단지 그 자리에 그 사람이 없는 것 또는 헤어짐이라고만 인식하기 쉽다. 만일 고인이 자신을 보살펴 주던 주요한 위치에 있지 않았다면 아이는 그 사람의 죽음에 대해 아무것도 모를 수도 있다. 그러나 아기들은 자기와 관련된 일정이 흐트러지는 것에 몹시 민감하기 때문에 자기를 돌봐 주던 사람이 갑자기 자리를 비우면, 이상한 감정상태를 보이는 등 주위 환경의 변화를 감지할 수 있다. 아기들은 다른 스트레스나 불편함을 느낄 때와 마찬가지로 짜증을 낸다든지 평상시 하던 행동 패턴에 변화를 보이고, 젖 먹는 것과 수면 패턴에 변화를 보이는 등의 반응을 나타낸다. 아기들이 나타내는 반응의 강도는 주변에서 벌어지는 변화와 슬픔의 정도와 연관되어 있다.

아기들은 정상적인 일정과 익숙한 얼굴들 속에서 안심한다. 아기들은 노는 시간, 웃음 짓는 얼굴들, 그리고 더욱 많이 껴안아 주는 것에 아주 잘 반응을 보인다. 아기의 주변 환경에 익숙지 않은 장면이나 소리 또는 냄새가 끼어드는 것을 최소화하도록 한다. 주로 보살핌을 주던 사람이 죽는 경우에는 아기한테 필요한 것을 충족시켜 줄 고모나 할머니, 또는 친구처럼 아기를 돌봐줄 대리인이 단계적으로 아기와 친숙해지도록 해 준다.

말을 배울 무렵(세 살 전후)

이 또래의 아기들은 비록 죽음에 대해 충분히 이해하지 못하고, 죽음을 잠자는 것이나 어딘가로 가버리는 것과 혼동하기 쉽긴 하지만 자신들과 가까웠던 사람의 죽음에 대해 엄청난 상실감을 느낀다. 이 또래 아이들은 멀리 떨어져 지낸 조부모님처럼 측근에 있지 않던 사람을 상실한 것에 대해서는 그다지 영향을 받지 않는다. 그러나 주위 사람들이 겪는 혼란에 대해서는 쉽사리 반응을 보여 '아빠가 갔어' 라든가 '엄마가 슬퍼' 와 같은 간단한 문장으로 자신들의 걱정을 표현한다. 어린아이에게는 그들의 말을 그대로 반복해 주기만 해도 충분한 대응이 될 수 있다.

이 또래 아이는 집안에 낯선 사람들이 많이 온다거나 오랫동안 병원을 찾아간다든가 같은 새로운 경험에 대해 걱정하는 태도를 보인다. 놀이 시간, 이야기 시간, 껴안아 주는 시간 등 일상의 과정을 가능한 한 원래의 일정에 가깝게 유지한다. 짜증, 화, 좌절의 감정을 발산하리라는 것을 예측해야 한다. 이제 갓 아장아장 걷기 시작한 아기들의 언어 능력은 아직 이러한 새롭고 이상한 감정을 표현할 수준이 되지 못한다. 이 아기들은 긍정적이든 부정적이든 과거에 주의를 끌었던 행동을 펼쳐 보이는 걸 통해 사랑하던 사람을 되돌려 받으려 노력하기도 한다(아기 침대에서 울기만 하면 늘 엄마가 달래 주러 달려왔다면 아마 그 아기는 침대에서 더 자주 우는 행동을 할 것이다). 그런 아이들에게는 반복해서 말이나 행동으로 여전히 사랑과 보살핌을 받고 있다는 사실을 확신시켜 줄 필요가 있다. 가장 많이 보살펴 주던 사람을 잃었을 경우에는 더더욱 그렇다. 이럴 때는 누구든 사랑과 관심을 발휘해 아이를 돌봐 주는 게 좋다. 아이에게 보여 주는 여러분의 관심은 나중에 여러분 자신에게 위안이 되어 돌아올 것이다.

취학 전 아동(3~5세)

취학 전 아동들은 끝없이 의욕적인 상상력을 발휘하는 매혹적인 사색가들이다. 이 나이 때의 아이들에게는 고인에 관해 직접적으로 말해 줄 수 있지만 이 아이들은 우리의 설명을 제 나름대로 그리고 가끔 매우 문학적으로 해석해 받아들인다. 만약에 "아버지가 아프셨어. 그래서 병원에 가셨는데 돌아가셨단다"라고 말해 주면 취학 전 아동은 코 훌쩍임이나 재채기만 하게 되어도 치명적일 정도로 공포를 느끼게 되며 병원에서 무슨 일이 일어날지 몹시 무서워하게 될 수도 있다. 그러므로 알아듣기 쉬운 간단한 말을 쓰는 게 중요하고, 아이들이 이해하지 못할 단어에 대해서는 설명을 다시 해 주고 요점을 강조해 말해 주어야 한다. 예를 들면 취학 전 아동에게는 아버지가 너무 많이 아파서 다시는 더 나아질 수가 없었다는 식으로 말해 주는 게 좋다.

　놀라운 사고력으로 인해 이 또래의 아이들은 자기들이 행동하거나 말하는 어떤 것 때문에 죽음이 예방될 수 있었을지 모른다거나 혹은 죽음이 일어났다고 믿기 쉽다. 아이들은 놀이를 통해 슬픔을 나열하기 때문에 아이들의 행동을 잘 살펴서 아이들이 어떤 죄의식이나 후회 때문에 괴로워하는지 그 근거를 알아채도록 한다.

　이 또래 아이들은 질문을 많이 하는데 대개 반복적으로 때로는 부적절하게 질문을 던진다. 그들은 자주 죽음을 일시적인 현상으로 인식하거나 잠이 드는 것과 같다고 혼동한다. "엄마를 산소에 묻으면 엄마는 화장실을 어디서 써야 해요?"라는 질문에 대답해 주면 그 아이들이 상황을 제대로 파악하는 데 도움이 된다. 어떤 때는 아이가 고인의 사망 사실을 이미 다 제대로 파악하고 있다고 생각한 한참 후에 이런 느닷없는 질문이 터져 나오기도 한다. 아이들은 질문할 때마다 똑같은 답이 나오는지 확인하며 진실을 검증하곤 한다.

어떤 연령의 아이이건 병원 방문과 같은, 모든 새로운 상황에서 아이가 목격하게 될 것에 관해 상세하게 미리 묘사해 주어서 아이가 마음의 준비를 할 수 있도록 해 주는 게 중요하다. 할아버지 몸에 부착된 정맥주사 줄이나 산소마스크의 용도가 무엇인지 전혀 모른 채 갑자기 그런 물건들을 보게 되면 얼마나 기이하고 끔찍할 것인가. 아이에게 새 경험에 노출되기 전이나 새로운 것을 접하는 동안에 궁금한 게 있으면 언제든지 물어 보라고 일러 준다. 그리고 궁금하면 언제든지 다가가서 만져 봐도 된다는 말을 해 준다.

취학 어린이(6~9세)

학교에 다니는 어린이들은 환상과 현실을 구별할 수 있다. 그들은 비록 죽음을 유령, 해골, 무덤 속에서 뻗어 올라온 손처럼 만화 속의 무서운 이미지로 생각하기도 하지만 죽음은 모든 것이 끝이라는 생각을 하고 있다. 그들의 놀라운 사고력은 여전하다. 그들은 죽음은 우리가 비켜갈 수 있고 막을 수 있는 것이라고 생각하며, 자기 외의 다른 사람, 특히 나이 든 다른 사람에게만 일어나는 것이라고 상상한다(그러니 여러분에게 몇 살이냐고 계속 물어 대더라도 놀랄 필요는 없다).

낯선 감정과 버려진 것 같다는 느낌의 파고에 휩쓸린 아이는 번갈아 가며 특정한 질문을 많이 하거나 적극적으로 현실 부정을 하는 예가 많다. 행복감이나 쾌활함이 증진되어 흘러넘치는 가운데 갑자기 현실 부정을 하는 태도를 보인다. 이럴 때는 아이에게 정직하게 터놓고 얘기한다. 세부사항을 사실적으로 설명하라. 아이에게 자유롭게 말하도록 격려하고 말을 중단시키지 말고 들어 준다. 이 연령의 아이가 자신의 슬픔을 표출할 때는 대개 매우 암울한 내용이지만 그것이 내부의 혼란 상태를 밖으로 방출하는 것을 돕는다. 그들은 더욱 조심스러워하며 자기들이 느끼는 공포로부터 자신을 보호하기 위해 새 '규칙'을 창조해 내기도 한다. 3세 내지 5세의 아이들처럼 죄의식을 느끼거나 후회에 빠지기 쉬운데 그 정도가 훨씬 더 심하다. 다른 연령대와 마찬가지로 부적절하고 공격적인 태도는 단호하면서도 부드러운 태도로 교정시켜 줄 필요가 있다. 물론 이럴 때도 연령에 따라 대응 강도는 다르게 한다.

십대(사춘기 이전의 10~12세)

열 살 정도 된 대다수 어린이는 죽음의 영구성과 보편성을 이해하고 애도 의식의 중요성도 알아챈다. 또한 자신들의 사회적 역할도 배우고 있기 때문에 죽음을 대하면서 종교, 신앙, 문화적 신념 같은 것에 대해 많은 복합적인 질문을 쏟아내게 된다.

이 무렵은 친구가 가장 중요한 존재가 되고 사회적 연관이 자신을 만들 수도 있고 파괴할 수도 있는 시기이다. 이 또래의 아이들 대부분은 아무런 영향을 안 받는 듯이 행동하려고 노력한다. 또한 자신들이 그렇다고 믿기까지 하는 경우가 있지만 가족의 사망, 특히 부모나 형제자매의 사망은 아이를 다른 아이들과는 다른 상황에 처하게 만들며 일상생활에 많은 변화를 야기한다. 또래로부터 거부당할까 두려워하기 때문에 이 또래 아이들에게 이는 엄청난 스트레스 요인이다. 그들은 '멋지게' 행동하고 싶어 하기 때문에 느낌이나 감정적 반응을 억지로 자제한다. 그 결과 엉뚱하고 유별난 행동을 하게 된다. 그들의 두려움은 육체적으로 복통, 과민, 수면 장애, 식욕 변화 등의 형태로 나타난다.

십대들은 또한 학교생활이나 전에 즐겼던 활동에 흥미를 잃으면서 대신 다른 사람을 돌봐 주는 역할을 맡기도 한다. 감정은 충동성, 반항, 공격성, 혹은 약한 아이 들볶기 등의 형태로 변화되어 나타날 수도 있다.

사회적 네트워크가 자존심과 건강한 감정 형성에 중요하므로 친구와 어울리도록 격려한다. 아이에게 즐겁게 놀거나, 농담을 하거나 크게 웃어도 괜찮다고 말해 준다. 미래에 대해 거듭 안심시키고 일대일로 보내는 값지고 즐거운 시간을 마련함으로써 여러분이 늘 자녀와 함께한다는 것을 보여 준다. 어린 자녀들 역시 자기만의 생각에 빠지거나 사진을 보고, 중요한 일들을 회상하기 위해 혼자 더 많은 시간을 보낼 필요가 있다는 것을 염두에 둔다. 다른 나이 대의 아이들과 마찬가지로 불량한 행동을 용인해 준다거나 하는 식으로 아이를 관대하게 다루면 안된다.

성년이 되기까지 (13세 이상)

이 또래의 아이들은 감정적 및 지적으로 '진짜 세상'으로 들어갈 준비를 하는 중이다. 타인의 죽음은 그들의 계획과 꿈을 황폐화할 수 있다. 그들은 비록 죽음에 관해 성인과 같은 수준의 개념을 갖고는 있지만 자기 자신도 죽음을 면할 수 없다는 사실을 직시한다거나 상실로 야기된 혼란된 감정을 다루는 일이 힘들다. 자신이 십대 때 얼마난 혼란스러웠는지 기억한다. 그 위에 슬픔이라는 요인이 더 추가된 것이다.

죄의식도 확대된다. 십대 자녀와 부모의 충돌은 부모로부터 이탈해 가는 자연스런 과정으로 아이들은 이를 통해 자신의 정체성을 확립해 나간다. 그런데 그러한 갈등은 나중에 고통스런 후회나 죄의식을 동반한 회상으로 되돌아올 수 있다. 십대들은 자기가 사망을 야기했다거나 사망을 막는 데 실패했다는 결론에서 벗어나지 못한다. 그들은 현실을 외면하려고 애쓰면서 더 많은 시간을 홀로 혹은 잠든 채 보내면서 일시적인 우울증에 빠져들 수도 있다. 자신의 느낌을 털어놓을 수 있는 사람을 찾아보도록 격려한다(이때 부모는 자기가 대화 상대로 선정되지 않더라도 실망하지 말 것).

십대들은 중요한 업무를 맡기면 신뢰받고 있다는 생각 때문에 만족감을 느낀다. 중요한 의식을 계획하거나 결정을 내리는 일에 참여시키면 도움이 된다. 그리고 이들은 힘든 시기에 가정을 꾸려 나가는 데 더욱 중요한 역할을 기꺼이 맡으려 할 수도 있다. 집과 학교에서, 그리고 활동 참여나 친구들과의 어울림 등에서 가능한 한 빨리 '정상적인' 일상으로 되돌아가도록 격려하라.

　꽤 성숙한 듯 보이지만 이들에게는 미래나 가족 내에서의 안정감이 필요하다. 이들의 질문에 숨김없이 공개적이고 정직하게 대답한다. 저항에 부닥치더라도 제멋대로 행동하거나 학교 성적이 엉망이 되고, 건전치 못한 교제를 한다거나 술이나 약물에 탐닉하려는 경향을 보이면 넘어서는 안 되는 선을 분명하게 그어 준다.

자녀들을 세심하게 배려한다

여러분이 슬프면 자녀들도 마찬가지다. 작은 눈으로 지켜보고 배운다. 웃기도 하고 울기도 하라. 좌절과 기쁨, 극도의 피로감 등을 있는 그대로 보여 주라. 자연발생적인 애도 과정은 피할 수 없는 여정이다. 그러나 애도 자체를 무시하거나 뒤로 미루게 되면 애도 과정은 더 오래 끌고 더욱 힘들어진다. 아이들이 다가오는 새 생활에 적응해 나가는 동안에도 슬픔은 왔다 갔다를 반복한다는 것을 염두에 둔다. 여러분과 여러분 가족의 슬픔을 더 키울 수 있는 행사, 날짜, 환경 등에 세심하게 신경을 쓴다. 아이들의 삶에서 적지 않은 부분을 차지했던 고인의 유품을 정리해 버릴 때 아이들을 참여시켜 그 가운데서 개인적인 기념품을 고를 수 있도록 허락해 준다.

　힘든 시기를 겪고 있는 아이를 도울 수 있는 좋은 자원은 많이 있다. 슬픔에 빠진 아이를 위해 참고할 만한 서적이 없나 찾아보고 전문 상담가나 애도 지원 팀을 알아보도록 한다. 학교의 상담지도교사(지도교사는 학생의 가족 가운데 사망자가 곧 생기리라는 정보를 미리 알고 있어야 한다)는 아이가 정상적인 학교생활로 어렵지 않게 돌아오도록 도와줄 뿐만 아니라 그 과정에서 이용 가능한 지원 방법을 알려줄 것이다. 호스피스에서는 모든 연령대의 어린이에게 애도 지원을 하는데 어떤 호스피스에서는 같은 과정을 겪고 있는 다른 아이들과 함께 웃고 놀 수 있는 애도 캠프를 운영한다.

기억하기

아이들도 슬퍼한다. 애도는 정상적인 삶의 일부분이므로 애도의 방법을 잘
가르치도록 한다.

40

죽은 아내가 왔다 갔어요

나는 최근 가까운 백화점에 갔다가 반갑게도 루스를 우연히 만났다. 루스는 내가 보살핀 환자의 아내다. 그녀의 남편 래리는 석 달 전에 사망했다. 그런데 루스를 보니 기운이 하나도 없고 우울해 보여 걱정이 되었다. 나는 루스가 우리 사별 지원팀의 도움을 받고 있는지 궁금했다. 호스피스에서는 사망 후 첫 생일, 첫 추수감사절 등 처음 돌아오는 모든 추모일을 함께 해 주는 등 사망 후 13개월 동안 가족과 친지들에게 헤아릴 수 없이 귀중한 서비스를 제공한다. 이 유익한 지원은 대개 무료다.

도움을 요청했는지 내가 묻자 루스는 재빨리 이렇게 대답했다. "안 했어요. 요즘 모든 게 엉망이 되었어요. 사람들은 아마 내가 미친 걸로 생각할 거예요."

"무슨 일이에요?" 내가 묻자 루스는 내 한쪽 팔을 잡고 의류 매장의 조용한 코너로 갔다. 눈에는 눈물이 그렁그렁했다.

"남편이 죽으면 슬픔을 견디기가 어려우리라고 알고는 있었어요. 그렇지만 지금 나는 정신이 이상해지는 것 같아요. 우리 애들도 내 걱정을 하면서 나더러 정신과 치료를 받으라는 말까지 한다니까요." 루스는 남이 들을까 봐 주위를 두리번거리며 이렇게 말했다.

"뭐가 문제인지 얘기를 해 보세요." 내가 물었다.

"잘 자고 있는데 남편이 나를 부르는 소리를 듣고 잠을 깬 적이 몇 번 있어요. 남편의 소리가 너무나 분명하고 컸어요. 남편이 죽은 방으로 찾아가 보기까지 했어요. 물론 그 방에 있던 환자용 침대는 이미 치우고 없어요. 그런 일을 겪고 나면 정말로 끔찍한 기분에 빠지고 눈물이 솟구치지요. 그러고 나면 다시 잠들 수가 없어요. 그러다 보니 요즘에는 완전히 불면증에 시달리게 됐어요. 다시 남편의 소리가 들릴까 겁나요. 도대체 내게 무슨 일이 일어나는 건지 모르겠어요."

"그런데 루스, 그런 일은 아주 일반적이라는 얘기를 들으시면 놀랄 거예요. 당신은 지금 정신이 이상해지고 있는 것 아니에요. 이런 경험은 슬픔에 빠진 사람들에게 흔히 일어나요. 아직 사별 지원팀의 지원을 안 받고 있다니 안타깝네요. 지금이라도 시작하세요. 그 정도는 아무것도 아니라는 걸 이해하도록 도와줄 겁니다." 안도의 물결이 루스의 얼굴에 스쳤다.

나는 또한 빌 구겐하임과 주디 구겐하임 부부가 쓴 '하늘나라에서 온 인사' Hello From Heaven라는 책을 읽으라고 추천했다. 이 책은 저자들이 '사후의 의사소통' ADC이라고 이름 붙인 사례를 3000건이나 직접 조사해 저술한 것이다. 이 책을 읽기 전에 나도 고인의 사랑하는 사람들이 비슷한 경험을 토로하는 경우를 많이 보아 왔다. 나는 그런 순간을 '천사의 키스' 라고 불렀다.

사람들은 종종 자기 혼자만 특별한 슬픔을 느낀다는 생각 때문에 특별하다고 할 수 없는 이런 현상들에 공포를 느낀다. 여러 느낌이 쉽게 한데 합쳐지면서 사람들은 자신이 멀쩡하지 않다는 생각을 하게 된다. 루스가 놀라고 당황한 것도 바로 이 때문이다. 유족들에게는 이미 사망한 사람과의 이렇게 너무나 생생한 체험이 아주 흔하다고 우리 호스피스의 사별 지원팀은 말해 줄 수 있을 것이다.

"아마 정말로 남편이 당신과 접촉하고 싶었던 것일 수 있습니다." 나는 이렇게 내 생각을 말했다. "난 그렇게는 전혀 생각하지 못했어요. 저는 증명될 수 있고 합리적인 것만 믿으며 자랐거든요. 다른 사람들도 그럼 경험을 한다는 것과 내가 이상해지는 게 아니라는 걸 들으니 마음이 놓입니다. 왜 아무도 이런 얘기를 하지 않을까요? 당장 그 책을 봐야겠어요." 루스는 그렇게 말하며 나를 껴안고는 작별 인사를 했다.

구겐하임의 '하늘나라에서 온 인사' 에는 ADC(사후의 의사소통)에 대해 다음과 같이 정의하고 있다.

사후의 의사소통을 뜻하는 ADC는 고인이 된 가족이나 친지로부터 직접적이고 자연스러운 접촉을 받았을 때 일어나는 영적인 체험이다. 심령술사나 영매 또는 최면술사 같은 중개자나 제3자가 없기 때문에 직접적인 경험이다. 고인이 된 친척이나 친구는 일대일로 살아 있는 사람과 접촉한다. 이것은 고인이 살아 있는 사람과 접촉할 시간, 장소, 방법을 정하고 일어나기 때문에 자발적으로 발생하는 일이라 할 수 있다.

이러한 경험은 다양한 방식으로 일어날 수 있는데 모두 우리가 '정상적' 이라고 규정할 수 있는 영역을 초월한다. 이해할 수 없지만 어떤 사람들은 돌아가신 분이 곁에 가까이 있다는 느낌을 가질 때가 있다. 내 환자였던 분의 딸은 이런 말을 했다. "설명할 수는 없지만 어머니가 이 방에 나와 함께 있다는 생각이 들었어요. 너무도 평화로운 느낌이 들었어요."

사랑하는 사람을 잃은 많은 사람들이 환영을 보았다는 말을 한다. "차를 운전해서 지나가는데 사촌이 버스 정류장에 있는 걸 봤어요. 순간적으로 너무 기뻤어요. 하지만 사촌을 부르려고 고개를 돌렸더니 아무도 없더군요."

또 어떤 이들은 무어라 설명하기 어려운 소리를 듣는다고 한다. 어떤 어머니는 이런 얘기를 했다. "아들이 응급 수술을 받고 있을 때 나는 수술실 대기실에서 울며 앉아 있었어요. 그때 돌아가신 친정아버지께서 '모든 게 다 잘될 거야' 라고 말씀하는 소리를 들었어요. 엄청난 평화와 안도감이 나를 감싸는 기분이었어요. 아버지 말씀이 옳았고 아들은 아주 잘 회복했어요."

사랑했던 고인의 손길을 직접 느끼는 경우도 있다. "곤하게 자고 있는데 뺨에 가벼운 키스를 받고는 따스함과 사랑을 느끼며 잠이 깼어요. 나중에 전화가 왔는데 한 시간 전에 제 동생이 교통사고로 사망했다는 소식이었어요."

고인을 생각나게 하는 냄새를 맡는 일도 드물지 않게 일어난다. 어떤 남성은 이런 얘기를 털어놓았다. "아내와 사별한 후 2년째 혼자 지내 왔어요. 명절날이 특히 지내기 힘듭니다. 지난주 집으로 차를 몰고 가는데 크리스마스 장식을 한 집들, 화려한 조명, 크리스마스트리를 운반하는 가족들 모습이 곳곳에서 눈에 띄었어요. 몹시 울적하고 외로운 기분이 들었습니다. 그런데 집에 도착해 문을 여는데 기적 같은 일이 벌어졌어요. 아내가 즐겨 요리하던 칠면조 고기, 그리고 칠면조 속에 채워 넣던 맛있는 요리 냄새가 온 집안에 가득하지 뭡니까. 나는 아내가 나와 함께 있다는 걸 알았지요."

어떤 가족과 친지는 고인으로부터 중요한 메시지를 받는다는 얘기를 했다. 어느 고인의 가족은 이렇게 말했다. "집을 보러 다니는 중이었는데 할머니 목소리가 들리더니 내가 맘에 들어서 계약을 하려고 하는 그 집에 대해 계약을 하지 말라는 것이었어요. 너무나 완강한 말투였어요. 그래서 우리는 다른 집을 구하기로 결정했어요. 한 달 후 앞서 내가 계약하려고 했던 그 집이 전기배선 불량으로 한밤중에 홀딱 불에 타 버리는 사건이 났답니다. 그 집을 샀더라면 우리는 아마 잠자다 모두 불에 타 죽었을 거예요."

마지막으로는 생생한 꿈을 꾸는 경우가 있다. 꿈속에서 사망한 사람이 나타나 자기는 행복할 뿐만 아니라 아프기 전의 힘과 활력을 회복했다는 말을 하는 경우가 있다. 그것은 우리가 사랑하는 사람이 허약하고 지친 상태로 생을 마감했더라도 다른 세상에 가서는 다시 완벽하고 온전하게 회복되었다는 사실을 우리에게 알려 주고 싶어 하는 것 같다. 어떤 남성은 이런 이야기를 들려주었다.

"우리 조카 로스는 열두 살 때 다리를 절단해야 했는데도 골암으로 몇 년 후 사망했습니다. 치료를 받는 동안 로스는 백혈병으로 화학치료를 받고 있던 어린 소녀 리사와 친구가 되었어요. 리사는 머리가 빠져서 부끄러워했지만 로스는 항상 리사에게 예쁘고 용감한 소녀라고 말해 주었지요. 안타깝게도 리사도 일 년 더 있다가 죽었습니다."

그는 이렇게 말을 계속했다. "그런데 꼭 이 말을 하고 싶군요. 나는 그 아이들이 지금은 모두 잘 있다고 믿고 있답니다. 어느 날 밤 꿈에서 그 아이들이 햇빛이 가득한 아름다운 벌판에서 달리는 모습을 너무나 생생하게 보았어요. 둘 다 아주 행복해 보였어요. 로스는 내게 고개를 돌려 미소를 짓고 손을 흔들었어요. 두 다리를 다 가지고 있더군요. 리사의 아름다운 머리칼도 도로 다 나 있었어요. 지금껏 내가 꾼 다른 어떤 꿈보다도 훨씬 더 생생한 꿈이었어요. 마치 그 아이들이 정말로 내게 자기들이 어떻게 지내는지 알려 주려고 한 것처럼 나는 아주 평온한 느낌 속에서 잠을 깨었습니다. 나는 그 얘기를 하러 리사의 어머니를 찾아갔어요. 리사의 어머니는 무척 많이 울었어요. 그렇지만 딸애가 그렇게 온전하고 행복하다는 걸 알게 되어 감사하다고 했습니다. 그 꿈은 리사 어머니에게도 평온한 마음을 갖게 했습니다."

터무니없는 이야기들이라고 여기는 사람들도 있겠지만 잠을 깨어 있는 상태에서 너무도 생생하게 일어나는 경우도 흔히 있다. 많은 사람들이 이런 일들을 우연한 일, 백일몽이라거나 또는 점심 때 와인을 너무 많이 마셨기 때문일 거라며 가볍게 무시해 버리기도 하지만 루스 같은 사람은 자기가 미쳐 가고 있는 중일 거라고 느낀다. 어쨌든 여러 증거들을 종합해 보면 사망하는 순간과 사망 전후에 강력하고 중요한 의사소통이 일어날 수 있다는 결론을 내릴 수 있다. 우리가 그런 소통을 '받아들이든' 그렇지 않든 상관없이 그런 소통이 일어나는 것은 분명하다. 그런 의사소통을 '받아들이지 않으면' 우리는 자신에게 어떤 소식을 전해 주고, 격려해 주려고 하는 멋진 정보를 놓치는 것이 된다. 우리가 그 의사소통을 받아들인다면 그 정보는 우리가 갖고 있는 죽음과 애도의 공포를 줄여 주고, 우리도 언젠가는 사랑하는 사람과 다시 만나리라는 소중한 인식을 우리에게 심어 준다. 이러한 체험들은 사랑은 영원하다는 것을 우리에게 가르쳐 준다. 사랑은 결코 소멸하지 않는다.

기억하기

사랑은 결코 소멸하지 않는다. 여러분에게 위안을 주고 길잡이 역할을 해줄 '천사의 키스'를 받아들이도록 한다.

 부록

사전의료지시서Advance Directives 가장 효력 있는 서류

아무도 이 세상을 살아서 걸어나갈 수 없지만 우리들 중 10%는 아무런 경고 없이 갑자기 사망한다. 다시 말해 우리 가운데 90%는 미리 생각하고 미리 계획하고 우리 생의 마지막 장을 위해 우리의 희망 사항을 사람들에게 미리 알릴 수 있는 기회가 있다는 것이다.

자신의 생각을 기록으로 남긴다.
- 여러분의 생각을 기록한 문건을 다음과 같은 사람들에게 준다.
  관계된 모든 가족 구성원
  여러분이 위임한 의사결정권 대리인
  의사
  법정 대리인

- 사본 몇 부를 집안 안전한 곳에 보관한다. 안전금고는 접근이 너무 용이하기 때문에 피한다.
- 한 부는 병원에 입원할 때 직접 가지고 간다. 이 사본은 병원 측에서 진료기록과 함께 보관한다.

언제든지 마음을 바꿀 수 있음을 명심한다. 사고 능력을 가지고 있는 한 당신은 언제든지 기록으로 남긴 희망 사항의 내용을 뒤엎는 내용을 구두로 밝힐 수 있다.

반드시 구비해야 할 중요한 문서들

의료처치위임장HCPOA

여러분 스스로 의사표시를 할 수 없을 경우에 대비해 자신의 희망이 무엇인지 알고, 그 희망에 따라 의료처치 방법을 결정할 대리인을 정해서 밝히는 문서다. 대리인이 반드시 친척일 필요는 없다. 대부분의 미국 주법에서는 의사 한두 명이 여러분이 이러한 결정을 내릴 능력이 없다는 사실을 보증한 다음에야 위임장의 법적 효력이 인정된다. 대리인이 이러한 임무를 수행하지 못할 경우를 대비해 예비 대리인을 정해 두는 것이 좋다. 금전적인 결정을 내리거나 당신의 재산에 접근할 수 있는 법적인 권리는 대리인에게 없다. 대리인으로부터 법률적인 도움을 받으면 도움이 되지만 의무사항은 아니다. 그러나 의료처치위임장을

(가족이 아닌 사람이나 당신의 재산으로부터 수혜를 받지 않을 사람에게) 열람하게 하고 공증을 받을 필요는 있다. 일부 의료기관에서는 구두로 대리인을 설정하는 것은 인정치 않고 문서로 만든 의료처치위임장을 요구한다.

다음은 대리인을 지정할 때 고려해야 할 중요한 사항이다.

- 여러분이 원하는 희망 사항과 가치가 무엇인지 알고 신뢰할 수 있는 사람인가?
- 감정에 치우치지 않는 사람으로 논란과 압박이 휘몰아치는 시기에 가족과 의료진 앞에서 여러분의 입장을 확고하게 지켜 줄 수 있는 사람인가?
- 여러분의 희망 사항을 관철하고 필요한 결정을 내리는 데 관련되는 정보 수집 능력을 가진 사람인가?
- 이러한 책임을 기꺼이 수행할 의지와 능력을 가진 사람인가?
- 가족들이 보이는 스트레스 반응에 최대한 부드럽게 대응하고, 가능한 한 애도 정도에 따라 대응할 수 있는 사람인가?

재정 위임장

여러분의 은행 계좌를 비롯해 다른 금융 계좌에 접근할 권한이 없는 사람 가운데서 당신이 집행할 능력이 없거나 집행할 의사가 없는 경우에 한해 대신 청구서 지불 등 재정적으로 당신을 대리할 권한을 위임하는 문서. 이 대리인은 의료처치에 대한 지시는 할 수 없고 재정적인 결정만 대신한다.

다음은 재정 대리인을 지정할 때 고려해야 할 중요한 사항이다.

- 여러분이 원하는 희망 사항과 가치가 무엇인지 알고 신뢰할 수 있는 사람인가?
- 여러분의 이익을 최우선시하지 않는 가족과 요금 청구 기관 앞에서 확고한 자세를 취할 수 있는 사람인가?
- 여러분의 희망 사항을 관철하고 필요한 결정을 내리는 데 관련되는 정보 수집 능력과 시간을 가진 사람인가?
- 각종 청구서를 챙기고 재정적으로 필요할 때 달려와서 여러분 대신 일을 처리해 줄 수 있는 사람인가?
- 가족들이 과도한 스트레스와 슬픔에 빠져 장례 비용을 과다하게 지출한다든지 재정적인 문제를 잘못 처리할 수 있다는 점을 아는 사람인가?
- 혹시라도 환자의 재산에 욕심을 낼 가능성은 없는 사람인가?

말기 환자의 생전 유서

말기 환자가 되거나 어떤 생명 연장조치로도 소생 가능성이 없는 경우 생명 연장 및 유지를 위한 의료처치에 대해 자신의 희망을 적어둔 문서이다. 자신이 원하는 치료법을 필요한 만큼 상세하게 모두 적어 넣을 수 있다. 자신의 선택을 다음의 사례처럼 제한할 수 있다. "나는 항생제가 필요할 경우 주사가 아닌 알약 형태의 항생제만을 원한다"라든가 "나는 2주 안에 (혹은 언제든) 체중이 늘지 않거나, 상태가 호전되지 않을 경우 어떠한 인공적인 영양 공급도 중단하기 바란다" 같은 것이다. 사전의료지시서 관련 법률은 미국 내 주마다 다양하기 때문에 생전 유서 작성 시 법적인 도움을 구하는 게 유익하기는 하나 필수 사항은 아니다. 생전 유서는 가족 구성원이 아닌 사람이나 여러분의 사망 또는 재산으로부터 혜택을 입지 않을 사람에 의해 열람되고 공증되어야 한다.

심폐소생술거부DNR 문서

미국의 많은 주에서는 생전 유서와 의료처치위임장을 당신이 911(한국은 119번) 응급전화를 해서 부른 구급 의료 요원들은 인정하지 않는다. 응급전화를 거는 순간 오직 의사의 지시로만 중단될 수 있는 법적 조치의 첫 단계를 수용한 것으로 간주되기 때문이다. 911 응급 시스템은 어떤 비용을 치르더라도 생명을 구하기 위해 설립되고 정부에서 관리하는 시스템이다. 일단 응급전화를 했다면 여러분의 집에서라 할지라도 구급 요원들이 실시하는 행동을 중지시키거나 방해할 수 없다고 법에 규정되어 있다. 미국 내 몇몇 주의 경우 911 응급 시스템보다 우선할 수 있는 문서는 주 당국이 발행하고 의사가 서명하는 '심폐소생술거부DNR 문서' 뿐이다. 따라서 각 주에서 요구하는 사항이 무엇인지 반드시 점검해 봐야 한다. 여러분이 사는 지역의 호스피스나 앰뷸런스 서비스를 갖춘 소방서에서 명확하게 설명해 줄 것이다. 일단 이 문서를 작성하면 쉽게 보이는 장소에 비치해 두어야 하며 집을 떠날 때는 환자가 주머니나 지갑에 소지하도록 한다. 심폐소생술이나 인공호흡기 같은 원치 않는 처치를 피하는 가장 안전한 방법은 아예 911 응급전화를 걸지 않는 것이다. 호스피스 서비스를 이용하는 환자라면 호스피스에 전화를 하도록 한다. 그러면 호스피스에서 지원 인력을 보내 행동요령을 알려줄 것이다.

유언장

유언장은 여러분 소유의 동산과 부동산의 처분에 대한 자신의 희망을 기술한 법적 문서이다. 유언장에 적시된 내용은 여러분의 사망과 함께 사전에 지정한 유언 집행자에 의해 사후 집행된다. 다음 사항을 고려하도록 한다. 만일 변호사를 고용해 유언장을 만들고 유언 집행자를 지정할 정도의 재력이 된다면 가족 구성원 대신 사람을 고용해 유언 집행을 의뢰

하는 게 좋다. 슬퍼하는 일만으로도 벅찬데 상속 문제를 둘러싸고 유언 집행자가 가족끼리 다투는 일에 말려들지 않는 게 좋기 때문이다. 이렇게 될 경우 유언 집행을 맡은 가족 구성원은 매우 힘든 처지에 놓이게 된다. 애도 기간은 갈등으로 가족이 분열되는 시기가 아니라 가족끼리 힘을 모으고 서로 격려하는 시간이 되어야 한다.

윤리적인 유언

유대교에서 흔히 작성되는 윤리적인 유언은 11세기부터 있었다. 일반적으로 자신의 죽음 뒤에 남겨질 사람들과 마지막 생각, 희망, 도덕률 등을 함께 나누는 방법으로 죽어 가는 사람이 작성하는 편지다. 이 유언에는 흔히 평생에 터득한 지혜와 교훈을 포함해 그 사람의 일생에 관한 소개도 포함된다. 가족에게 보내는 메시지는 기본적으로 다음과 같다. '다음은 내가 어떤 사람이며 어디서 왔고 평생 무엇을 배웠고 가족들에게 어떤 지혜를 남겨 주고 싶은지에 대한 이야기이다.' 이것은 사랑하는 사람들과 함께 일생을 되돌아 보는 소중한 기회를 제공한다.

다섯 가지 소망

다섯 가지 소망은 모든 사람에게 어울리는 사전의료지시서 형태로 의학적, 개인적, 감정적, 정신적인 면을 망라하고 있다. 가족 및 의사와 함께 환자에게 원하는 소망에 대해 이야기해 보도록 권고한다.

다섯 가지 소망은 가족과 의사에게 다음 사항에 대한 여러분의 뜻을 알려 준다.

1. 본인이 의료처치와 관련한 결정을 내릴 수 없는 상황에 처했을 때 누가 자신을 대리해 의료 지시를 하기 바라는가?
2. 어떤 의료 처치를 원하고 어떤 치료를 거부하는가?
3. 어느 정도 편안하기를 원하는가?
4. 사람들이 자신에게 어떻게 대해 주기를 바라는가?
5. 사랑하는 사람이 어디까지 알기를 바라는가?

이 '다섯 가지 소망'의 양식은 미국변호사협회의 법률 및 노화분과위원회가 마련했고 미국의 40개 주와 워싱턴 DC에서 법적으로 유효하다. 작성하기 쉬운 장점이 있으며, 해당되는 사항을 골라 네모 칸에다 체크 표시를 하거나 동그라미 표시를 하고, 필요한 경우에는 몇 마디 적어 넣으면 된다. 상세한 내용을 알고 싶거나 문서를 미리 열람해 보려면 다음 웹사이트를 참고하기 바람. www.agingwithdignity.org/5wishes.html

온라인상으로나 전화, 우편으로 문서 양식을 주문할 수 있다.

Aging with Dignity

P.O. Box 1661

Tallahassee, FL 32302-1661

전화: (850) 681-2010

무료 전화: 1-888-5WISHes(1-888-594-7437)

문서 보관 요령

무엇보다도 중요한 일은 이렇게 수집한 정보와 작성한 문서들을 어떻게 관리하느냐이다. 이런 정보들을 본인은 물론 가족과 소중한 사람들이 쉽게 찾아볼 수 있도록 별도의 노트북 같은 곳에 모두 저장해 두면 큰 도움이 될 것이다. 중요한 것은 이 정보를 알 필요가 있는 사람이면 누구나 그것이 어디에 보관되어 있는지와 노트북에 담겨 있는 내용이 무엇인지 알고 있어야 한다는 점이다. 법적 서류의 원본은 변호사에게 맡겨 보관하거나 안전금고에 보관한다. 안전금고 설정 시에는 금고의 신분확인 카드상에 본인 외에 한 명을 더 설정해 본인이 접근 불가능한 사정이 생겼을 때 대신 접근할 수 있도록 한다. 신분카드의 사본을 별도의 노트북에 같이 보관한다. 신분카드 한 장은 신분증과 함께 지갑에 넣어 둔다. 신분증에는 여러분이 사전의료지시서를 작성했다는 사실과 함께 본인이 말을 할 수 없는 상황에 처할 경우 그 문서들이 어디에 보관되어 있는지를 알려 주는 정보를 적시한다.

여러분의 삶에서 소중한 사람에게 자신의 걱정과 원하는 게 무엇인지를 언제 말하는 게 좋을지 알기란 쉬운 일이 아니다. 그런 사람들을 이 문서를 준비하는 과정에 참여시키거나, 아니면 그저 노트북에 서류 저장을 마친 다음 한번 훑어보라고 부탁하는 것도 한 가지 방법이 될 수 있다. 위기 상황의 한가운데에 들어서 있지 않고, 죽음이란 것이 먼 미래의 일이라 여겨지는 때에 이러한 일들에 관해 이야기하는 게 훨씬 더 쉬우며 가벼운 마음으로 할 수 있다. 가장 이상적인 것은 이야기하는 쪽과 듣는 쪽 모두 건강할 때 이런 문제를 의논하는 것이다.

소중한 선물

지금까지 이 멋진 법적인 도구의 혜택을 이용한 사람은 미국 전체 인구의 25%밖에 안 된다. 이것을 통해 여러분은 스스로 마음의 평화를 얻는 것은 물론이고 가족과 친구들에게는 가장 사랑스러운 선물을 안겨 주었다.

말기 환자의 권리장전

- 나는 사망 시까지 살아 있는 인간으로서 대우 받을 권리를 갖고 있다.
- 나는 비록 관심의 초점이 바뀔지는 모르겠으나 끝까지 희망에 차 있을 권리를 갖고 있다.
- 나는 끝까지 희망으로 가득 찬 사람의 손에 의해 간호 받을 권리를 가지고 있다.
- 나는 나의 죽음에 관해 나 나름의 느낌과 감정을 표현할 권리를 갖고 있다.
- 나는 나의 간호에 관한 결정에 참여할 권리를 갖고 있다.
- 나는 나에 대한 의료 처치의 목표가 '치료'에서 '편한 죽음'으로 바뀌더라도 의학과 간호 면에서 계속 보살핌을 받을 권리를 갖고 있다.
- 나는 혼자 죽어 가지 않을 권리를 갖고 있다.
- 나는 통증을 겪지 않을 권리를 갖고 있다.
- 나는 내 질문에 대해 솔직한 답변을 들을 권리를 갖고 있다.
- 나는 속임을 당하지 않을 권리를 갖고 있다.
- 나는 나의 죽음을 받아들이는 데 가족으로부터 또한 가족을 위해 다른 사람의 도움을 받을 권리가 있다.
- 나는 평화롭게 그리고 품위 있게 죽을 권리를 갖고 있다.
- 나는 내 개성을 유지할 권리가 있으며 다른 사람의 신념에 반하는 결정을 내렸다고 심판 받지 않을 권리를 갖고 있다.
- 나는 다른 사람에게 어떤 의미를 갖건 상관없이 나의 종교적, 영적인 경험에 관해 토론하고 견해를 널리 말할 권리를 갖고 있다.
- 나는 사후에 시신의 존엄성이 지켜지기를 기대할 권리를 갖고 있다.
- 나는 내가 필요로 하는 것을 이해하려고 노력하고, 죽음에 임하는 나를 도우면서 나름대로 만족할 줄 아는 동정심과 감수성, 그리고 식견 있는 사람에 의해 보살핌을 받을 권리를 갖고 있다.

말기 환자 권리장전은 사우스웨스턴 미시간 연수교육위원회 후원으로 아멜리아 J. 바버스가 주도해 미국 미시간 주 랜싱에서 1975년에 열린 '말기 환자와 그들을 돕는 사람들'을 주제로 한 워크숍에서 채택되었다.

미국 호스피스 메디케어 의료보험

메디케어 호스피털 보험(파트 A)에 가입하면 호스피스 의료 서비스 지원을 받을 수 있다. 수혜자가 되려면 메디케어 보험 가입자가 말기 증세로 기대 여명이 6개월 이하라는 담당 의사의 보증이 있어야 한다. 그러한 환자들은 더 이상 치료 목적의 치료를 받지 않는 반면, 호스피스가 제공할 수 있는 의료 및 지원 요법을 받을 수 있다. 메디케어 의료보험에 포함된 호스피스 서비스에는 가정 서비스와 입원 서비스, 그리고 일반적인 메디케어로는 수혜 불가능한 다양한 서비스가 있다. 초점은 치료가 아니라 간호에 맞추어진다. 통증에서 벗어나 안락함을 느끼도록 해 줌으로써 얼마 남지 않은 날들과 시간을 최대한 활용하도록 환자를 돕는 데 주안점을 둔다.

메디케어로 보장되는 서비스는 다음과 같다.
- 의사의 진료
- 간호(단속적이기는 하나 24시간 호출에 응함)
- 말기 증세와 관련된 의료기구와 의약품 공급
- 증세 관리와 통증 해소를 위한 외래환자용 약품
- 호흡곤란 환자를 포함해 단기간에 상태가 악화된 입원환자의 간호
- 가정 건강 보조 및 가사 서비스
- 물리 요법, 작업 요법(가벼운 일을 적당히 주어서 장애의 회복을 꾀하는 요법), 언어병리학적 서비스
- 의학적, 사회적 서비스
- 식이요법 상담 및 영적인 상담

호스피스 간호는 얼마 동안 지속되나?

특별한 수혜 기간이 호스피스 서비스에 적용된다. 메디케어 수혜자는 90일간의 호스피스 간호를 두 차례 선택할 수 있다. 그 후 60일간의 돌봄은 제한 없이 제공된다. 수혜 기간은 연속적으로 또는 이따금씩 이용될 수 있다. 하지만 다음에 곧이어 다른 수혜 기간을 쓰거나 제각각 다른 때에 쓰거나 관계없이 각 기간이 시작될 때에는 말기 증세임을 증명 받아야 한다. 환자는 또한 아무 때고 호스피스 서비스를 취소하고 표준적인 메디케어 보장 조

건으로 돌아갈 수 있는 권리를 갖고 있다. 그러면서 다음 번 수혜 기간에 호스피스 수혜를 다시 선택할 수 있다.

다른 보험 혜택도 가능한가?

메디케어 수혜자가 호스피스 서비스를 선택하면 말기증 치료만을 위해 표준적인 메디케어 혜택은 포기하는 것이다. 만일 메디케어 호스피스 혜택을 사용하기 위해 파트 A에 가입해야 하는 환자가 메디케어 파트 B에도 가입했다면 그 환자는 말기 증세와 무관한 건강상의 문제를 치료하기 위하여 메디케어 파트 A와 B의 모든 적절한 혜택을 다 사용할 수 있다. 표준적인 혜택을 사용했을 경우 환자는 메디케어 공제액과 공동보험비에 대한 책임이 있다.

여러분이 거주하는 지역에서 메디케어가 승인한 호스피스 프로그램이 가능한지 알아보려면 가까운 사회보장 관리 사무소, 주 및 지역의 보건과, 주의 호스피스 단체, 또는 국립 호스피스 조합 호스피스 핫라인(800-658-8898)에 문의하면 된다.

출전: www.hospicenet.org

호스피스 서비스에 관한 미국 메디케어의 발표 내용 전문은 아래 사이트 참고
www.medicare..gov/publications/pubs/pdf/02154.pdf

감사의 말

책을 쓰는 게 너무도 힘들고 고통스러웠다. 너무도 오랜 여정인 데다 곳곳에서 장애물을 만나고, 예상치 못한 웅덩이가 도사리고 있었다. 괜한 의심도 샀고 컴퓨터는 툭하면 먹통이 되었으며 집에 끔찍한 화재가 나서 아까운 물건들이 몽땅 타 버리기도 했다. 거기다 사랑하는 사람들이 중병에 걸려 숨을 거두었다.

하지만 내가 이 책에서 소개하는 용감한 환자와 용감한 가족들이 겪은 마지막 여행들은 하나같이 상상을 초월하는 힘들고 고통스러운 이야기들이었다. 그렇기 때문에 나는 그들에 대한 애도와 존경의 표시로라도 책을 마치려고 기를 쓰고 매달렸다. 그들이 가르쳐 준 교훈을 기록으로 남기고, 그들에 대한 감사의 마음을 영원히 간직한다는 일념으로 나는 힘든 작업을 포기하지 않았다.

이 집필 여행 동안 가장 든든한 후원자 겸 동료가 되어 준 것은 놀랍고도 아름다운 나의 딸 에린 니키추크였다. 에린은 예쁜 아이 셋을 기르는 틈틈이 합리적이고 다양한 재능으로 나를 도와주었다. 에린에게 사랑과 자부심, 고마움을 담아 보낸다.

가장 도움이 될 만한 최신 정보를 책에 담기 위해 나는 임종과 죽음에 관한 최고의 전문가들로부터 고마운 도움을 받았다. 그들과 함께 일한 것을 나는 영광스럽고도 고맙게 생각한다. 여기 소개하는 분들은 특별하고도 중요한 재능을 발휘해서 나의 작업을 도와주었다.

나의 리서치 어시스턴트 케이티 오닐은 신세대 간호사를 대표하는 사람이다.

론 컬버슨은 '간호에 유머를 주입해 넣는' 놀라운 재능을 가진 사람이다.

매리 나라얀은 다른 문화권에 대한 존경심에 우리 눈을 뜨게 해 주었다.

세리 쇼월터는 애도의 중요성을 미국 원주민들이 갖고 있는 풍부한 전통과 접목시켜 주었다.

빌 구겐하임은 우리의 가슴과 마음을 '사후 의사소통'의 세계로 인도해 주었다.

스티븐 키어넌은 환자의 권리에 대한 풍부한 식견으로 나를 도와주었다.

다음은 이 책의 원고를 기꺼이 읽어 보고 도움 말을 해준, 최고로 명석한 의료인들이며 항상 내게 격려와 지원을 아끼지 않은 분들이다.

신디 데퍼: 공인간호사RN로 뉴멕시코 주 칼스배드 소재 레이크사이드 크리스천 호스피스 원장.

잰 월터실드: 공인간호사RN로 같은 병원의 교육원장.

실비아 팔라타와 헬렌 팔라타: 텍사스 주 휴스턴의 멋진 치어리더들.

시니 커밍스: 공인간호사RN, 공인호스피스 겸 완화간호사CHPN로 나의 최고 슈퍼바이저.

나탈리 커: 간호학 석사인 RN으로 델라웨어에서 함께 일한 호스피스 동료.

둘시 캐플로코언: 버지니아 주에서 일하는 매우 우수한 나의 동료.

바버라 쿨럼 목사: 메릴랜드 주에서 일하며 의료윤리 분야에서 나를 친절하게 지도해 주었다.

위스콘신 주 매디슨에 있는 호스피스 케어에서 일하는 나의 동료들에게도 감사 인사를 빼놓을 수 없다. 이들은 '닥 록'과 장기간호팀 치료실장인 켈리 피셔 RN, 조지언 루드부시 수녀의 지도 아래 내게 귀중한 정보와 영감을 불어넣어 주었다.

다음은 나의 집필 여행에 소중한 도움을 준 호스피스, 완화간호 및 종양학 분야의 최고 전문가들이다.

알렉스 퍼랠타: 텍사스 주 휴스턴에서 활동하는 의학박사.

이라 바이요크: 뉴햄프셔 주 레바논 소재 다트머스 메디컬 스쿨 다트머스 히치코크 메디컬 시스템 의학박사.

매리 조 레코위츠: 조지아 주 애틀랜타 소재 에모리대 메디컬 스쿨 의학박사.

이분들은 이 책에 담긴 내용의 정확성을 크게 높여 주었으며 나는 이분들의 도움으로 안심하고 자신 있게 책을 내놓을 수 있었다.

나의 에이전트인 게일 로스와 에디터인 토니 버뱅크에게도 감사 인사를 전한다. 두 사람은 출판과 관련된 여러 가지 내용을 내게 가르쳐 주며 말할 수 없이 많은 도움을 주었다.

이 책을 읽는 나의 독자 여러분들 역시 나름대로 힘들고 충격적인 여정을 준비하고 있을 수 있다. 어쩌면 사랑하는 특별한 사람이 죽어 가고 있을지도 모르겠다. 이 책을 손에 들기로 한 여러분의 용기에 먼저 박수를 보내지 않을 수 없다. 여러분 앞에 닥치고 있는 어려움과 걱정을 이겨 내는 데 이 책이 가이드 역할을 했으면 하는 게 나의 열렬한 기도이자 희망이다. 이 책이 단 한 사람의 짐이라도 덜어 주고 두려움과 고통을 완화해 줄 수 있다면 더 이상 바랄 게 없다.

이 힘든 여행을 시작한 여러분께 경의를 표한다. 이 책과 함께하는 이 여행이 나의 삶을 바꾼 것처럼 여러분의 삶도 바꾸게 될 것으로 믿는다.